A.O.P.H.A.

Association pour la Promotion de l'Histoire et de l'Archéologie Orientales

mémoires n° 3

ULTRA MARE

Mélanges de langue arabe et d'islamologie offerts à Aubert Martin

Édités par Frédéric BAUDEN

Peeters
Louvain · Paris · Dudley(MA)
2004

Library of Congress Cataloging-in-Publication Data

Ultra mare: mélanges de langue arabe et d'islamologie offerts à Aubert Martin / édités par Frédéric Bauden.
p. cm. -- (Mémoires / Association pour la promotion de l'histoire et de l'archéologie orientales ; no 3)
Contributions in French, English, Italian, and Spanish.
Includes bibliographical references.
ISBN 90-429-1484-X (Peeters Leuven : alk. paper) -- ISBN 2-87723-801-6 (Peeters France : alk. paper)
1. Arabic language. 2. Islamic Empire--History. I. Title: Mélanges de langue arabe et d'islamologie offers à Aubert Martin. II. Martin, Aubert. III. Bauden, Frédéric. IV. Mémoires (Association pour la promotion de l'histoire et de l'archéologie ortientales) ; no 3.

PJ6024.M375U48 2004
492.7--dc22 2004040081

D. 2004/0602/88
ISBN 90-429-1484-X (Peeters Leuven)
ISBN 2-87723-801-6 (Peeters France)

AVANT-PROPOS

> *"Si je me suis laissé entraîner, c'est qu'un regard sur la mer, c'est un regard sur le possible ... Mais un regard sur le possible, si ce n'est pas encore de la philosophie, c'est sans doute un germe de philosophie, de la philosophie à l'état naissant."*
> Paul Valéry, *Inspirations méditerranéennes. Variété* III, p. 247.

En 2001, le Professeur Aubert Martin fêtait son soixante-cinquième anniversaire. Pendant les vingt années qui ont précédé, il fut le titulaire de la chaire de langue arabe et d'études islamiques à l'Université de Liège[1], chaire qu'il assuma avec abnégation et professionalisme. Héritier d'une longue tradition remontant à la fondation de cette institution, et qui vit se succéder d'illustres représentants, parmi lesquels Victor Chauvin (1872-1913) et Philippe Marçais (1967-1984), son maître, il n'eut de cesse de dispenser un enseignement allant de pair avec les valeurs humanistes qui lui sont chères.

Alliant modestie et probité, il parvenait toujours à forcer l'estime de ses auditeurs par son respect de l'autre et de ses différences, en tâchant de ménager les susceptibilités que pouvaient heurter certaines questions sensibles. Pédagogue, il le fut jusqu'au bout des ongles, puisqu'il mit un point d'honneur à se faire comprendre par-dessus tout de tous, faisant sien le propos d'un homme qu'il fréquenta de longues années, par l'intermédiaire de son commentateur : ἡ γὰρ νοῦ ἐνέργεια ζωή (Aristote, *Métaphysique*, 1072b.27).

Philologue classique de formation, sa vocation pour la culture arabo-musulmane lui venait de son souci de connaître l'autre côté de la Méditerranée, de passer outre cette frontière naturelle, afin d'en ramener une connaissance approfondie de ce monde, mais aussi de sa propre culture. Il lui consacra tous ses efforts pour en comprendre les influences et l'apport communs.

C'est au professeur et au scientifique autant qu'à l'homme que ses élèves, ses collègues et ses amis ont souhaité rendre hommage en publiant ce recueil d'articles qui traitent de la langue arabe ou d'autres domaines de la civilisation arabo-musulmane (littérature, islamologie, histoire ou philosophie). À tous ceux qui ont accepté d'y prendre part, ainsi qu'aux autres qui n'ont pas été en mesure de le faire pour de multiples raisons, j'adresse tous mes remerciements.

F. B.

---

[1] De 1982 à 1994, il fut aussi professeur à l'Université Libre de Bruxelles, où il donna un cours d'*Initiation à l'arabe moderne* et un cours d'*Explications d'auteurs arabes contemporains.*

BIBLIOGRAPHIE D'AUBERT MARTIN

Ouvrages

- *Éléments de bibliographie des études arabes*. Paris : Publications Orientalistes de France, 1975, 234 p.
- Averroès. *Grand Commentaire de la* Métaphysique *d'Aristote (Tafsīr mā ba'd aṭ-ṭabī'a)*. Livre Lām-Lambda traduit de l'arabe et annoté par Aubert Martin. Paris : Les Belles Lettres (*Bibliothèque de la Faculté de Philosophie et Lettres de l'Université de Liège*, Fascicule CCXXXIV), 1984, 308 p.
- *Mélanges à la mémoire de Philippe Marçais*. Édités par Aubert Martin. Paris : Librairie d'Amérique et d'Orient, 1985, 200 p.
- Philippe Marçais, *Parlers arabes du Fezzân*. Textes, traductions et éléments de morphologie rassemblés et présentés par Dominique Caubet, Aubert Martin et Laurence Denooz. Genève : Librairie Droz (*Bibliothèque de la Faculté de Philosophie et Lettres de l'Université de Liège*, Fascicule CCLXXXI), 2001, XLI-283 p. avec planches.

Autres publications

- *Mahomet, le prophète de l'Islam*. Liège : Faculté ouverte, 1982, 11 p.
- *Comment les Arabes nous ont transmis l'héritage antique*. Liège : Faculté ouverte, 1984, 19 p.
- "L'écriture arabe avant l'Islam. Notes sommaires sur quelques jalons épigraphiques", dans *Art et Fact* (Revue des historiens de l'art, des archéologues, des musicologues et des orientalistes de l'Université de Liège), n° 3 (1984), pp. 146-150.
- "Un cas particulier de la *muzāwadja* dans la langue d'Averroès", dans A. Martin (éd.), *Mélanges à la mémoire de Philippe Marçais*, Paris, 1985, pp. 103-111.
- *La vie quotidienne à Cordoue au Xe siècle*. Liège : Faculté ouverte, 1985, 23 p.
- "Y a-t-il des rites d'initiation dans l'Islam ?", dans *Les rites d'initiation*. Actes du Colloque de Liège et de Louvain-la-Neuve (20-21 novembre 1984), Louvain-la-Neuve, 1986, pp. 379-387. (Traduction italienne : "Ci sono riti di iniziazione nell'Islam ?", dans *I riti di iniziazione*, Milano : Jaca Book, 1989, pp. 179-185).
- "Les Arabes, transmetteurs du savoir antique", dans *Civilisations* XXXVIII/1 (1988), pp. 15-25.
- "Les Djinns dans le *Coran*", dans *Anges et Démons*. Actes du Colloque de Liège et Louvain-la-Neuve (25-26 décembre 1987), Louvain-la-Neuve, 1989, pp. 355-365.

- "La *Métaphysique*. Tradition arabe et syriaque", dans *Dictionnaire des philosophes antiques*, t. I, Paris : C.N.R.S., 1989, pp. 528-534.
- *Averroès entre l'Orient et l'Occident*. Liège : Faculté ouverte, 1991, 20 p.
- "Averroès. Le premier moteur. La pensée qui se pense soi-même", dans *Aristote, La Métaphysique*, Paris : Presses Pocket, 1991, pp. 525-537 (extrait du *Grand Commentaire de la* Métaphysique *d'Aristote*, Paris, 1984). Nouvelle édition : Le Grand Livre du mois, 1997.
- "Du grec à l'arabe. Quelques simples remarques sur la formation du vocabulaire philosophique", dans *Serta leodiniensa secunda*, Liège, 1992, pp. 323-330.
- "Islamic Manuscripts in Belgium", dans Geoffrey Roper (ed.), *World Survey of Islamic Manuscripts*, vol. I, London : Al-Furqān Islamic Foundation, 1992, pp. 73-82.
- "Un *Coran* liégeois", en collaboration avec Frédéric Bauden, dans *La Vie wallonne* 56 (fasc. 417-418), 1992, pp. 5-20.
- *La vie future selon l'Islam*. Liège : Faculté ouverte, 1994, 28 p.
- "Proverbes et dictons : la première philosophie ?", dans *Aristotelica Secunda*, Mélanges offerts à Christian Rutten, publiés sous la direction d'André Motte et Joseph Denooz. Liège : C.I.P.L. (Université de Liège, Faculté de Philosophie et Lettres, Centre d'Études aristotéliciennes), 1996, pp. 53-60.
- "Taha Hussein (1889-1973)", dans *~~Voir~~. Figures littéraires de la cécité du Moyen Âge au XXe siècle*, n°s 12-13 (1996), pp. 126-129.
- "Paroles d'aveugles (Bashshār ibn Burd et Taha Hussein)", dans *~~Voir~~*, n° 14 (1997), pp. 64-71.
- "L'âge d'or de la civilisation arabo-musulmane", dans *Vivant Univers*, Namur, 1997, pp. 20-27.
- Préface à Laurence Denooz, *Transmission de l'art médical de la Grèce à l'Islam. Étude du traité* Sur les fœtus de sept mois *de Galien, de sa traduction par Ḥunayn b. Isḥâq et de son commentaire par Ṯâbit b. Qurra*. Liège : A.P.H.A.O. (*Mémoires*, n° 2), 1999, pp. 3-4.
- "Abû l-ʿAlâ al-Maʿarrî (363/973-449/1058)", dans *~~Voir~~. Cultures visuelles de la cécité au XIXe siècle* I, n° 21 (2000), pp. 70-71.
- "Al-Aʿmâ al-Tutîlî (XIe/XIIe siècle)", dans *~~Voir~~. Cultures visuelles de la cécité au XIXe siècle* II, n° 22 (2001), pp. 64-65.
- "Jésus dans le Coran", dans *Foi et Sagesse* (إيمان وحكمة), n° 7 (mars 2003), pp. 5-24.

En préparation

- Pères François Comelin, Philémon de la Motte et Joseph Bernard, de l'ordre de la Sainte-Trinité, dits Mathurins, *Voyage pour la rédemption des captifs aux Royaumes d'Alger et de Tunis, fait en 1719.* Paris, 1721, 169 et LX p. Publication avec une introduction et des notes par Aubert Martin.

LE MOYEN ARABE DE LA VERSION ARABE DU DISCOURS 40 DE GRÉGOIRE DE NAZIANZE

PREMIERS ÉLÉMENTS D'ANALYSE

J. GRAND'HENRY
Université Catholique de Louvain

1. La version arabe des discours de Grégoire de Nazianze

On sait que la traduction en arabe des œuvres grecques du Père de l'Église Grégoire de Nazianze date du Xe siècle, à une époque où circulaient déjà depuis plusieurs siècles des traductions en latin, arménien, copte et syriaque[1] de ces œuvres.

"Contrairement au syriaque qui reprend la collection complète des *Discours*, le corpus grégorien n'a pas été traduit entièrement en arabe. De nombreuses pièces, authentiques ou non, ont circulé en arabe sous le nom du Nazianzène qui, sans avoir le succès de Jean Chrysostome, Grégoire de Nysse ou Basile le Grand, est cependant très présent dans la tradition manuscrite arabe"[2].

"Ce qu'on appelle la collection complète des *Discours* de Grégoire de Nazianze en arabe consiste en une sélection de 30 pièces : homélies, lettres et poèmes, tous extraits des collections grecques dites M et N (cette dernière se joignant à un groupe X, N-X et M constituant deux groupes dérivés d'un subarchétype des manuscrits grecs distinct du modèle grec des versions anciennes, à savoir la version latine et la version arménienne)[3] à l'exception d'une pièce apocryphe adventice et de la biographie de Grégoire qui clôt le recueil"[4]. Tous ces textes sont écrits dans une langue dont la science philologique s'est trop peu préoccupée jusqu'à présent : le moyen arabe. Il s'agit d'une langue typique d'un état d'évolution intermédiaire entre l'arabe classique et l'arabe moderne dialectal. On y retrouve des caractères présents dans l'un et l'autre des états historiques de la langue arabe. Dans l'état actuel de la science, un ouvrage magistral sert, entre autres, de référence : celui de Joshua Blau[5]. Les recherches plus récentes confirment largement la perti-

---

1 L.TUERLINCKX (2001), p. V.

2 J. GRAND'HENRY/L. TUERLINCKX (2000), pp. 211-212.

3 Cette mise à jour, ajoutée par nous, est justifiée par le fait que la connaissance des familles de manuscrits de la tradition grecque s'est affinée au cours des dernières années, grâce aux analyses de membres, notamment hellénistes, arménisants et syriacisants, de notre groupe de recherche 'Édition des discours de Grégoire de Nazianze' de Louvain-la-Neuve. On lira notamment : V. SOMERS (1977) ; C. MACÉ/Cl. SANSPEUR (2000), spécialement pp. 377-378 et 414-416 ; M. DUBUISSON/C. MACÉ (à paraître).

4 J. GRAND'HENRY/L. TUERLINCKX (2000), p. 213.

5 J. BLAU (1966-7), vol. I à III.

nence des analyses du savant arabisant cité ci-dessus. Toutefois, les textes mis à jour et édités dans les 30 dernières années permettent de compléter ces analyses en soulignant davantage la polymorphie structurelle du moyen arabe. Plusieurs codes linguistiques coexistent et entrent en concurrence, ce qui explique l'apparition de formes diverses des mêmes mots dans les mêmes textes. On commence à comprendre que, tant le moyen arabe des juifs que celui des chrétiens et peut-être aussi celui des musulmans, auraient pu aboutir à la création de nouvelles langues littéraires si le vaste mouvement de renaissance de la langue et de la culture arabes classiques au XIXe siècle (*al-Nahḍa*) n'avait pas contrecarré cette évolution.

2. Le discours 40 : l'histoire du texte

L'édition critique de la version arabe du discours 40 est pratiquement achevée et encodée par nos soins : elle fera l'objet d'une publication dans un avenir proche. On donnera ici quelques éléments essentiels de l'histoire du texte : le texte arabe du discours 40 comporte deux grandes familles de manuscrits : l'une, la plus ancienne et la plus proche du milieu d'origine, à savoir la région du nord de la Syrie (plus particulièrement la région d'Alep-Antioche), peut être qualifiée de 'syro-sinaïtique' ; l'autre, plus récente et ayant fait l'objet de remaniements, peut être appelée 'égyptienne' dans la mesure où elle a été élaborée dans les milieux monastiques d'Égypte orientale et centrale. L'édition critique de la version arabe du discours 40 apporte un élément nouveau essentiel pour l'histoire du texte : trois manuscrits (*Mi, J* et *Y*) ont des points communs importants, ce qui permet de les rattacher à une *proto-version syrienne*. C'est surtout l'existence du manuscrit *Mi* daté du XIe siècle, qui permet de parler de proto-version, les deux familles de manuscrits signalées ci-dessus remontant au XIIIe siècle. Sur le plan linguistique, le texte des manuscrits *Mi, J* et *Y* représente un stade archaïque du moyen arabe, encore passablement proche de l'arabe classique, tandis que celui des manuscrits *FONG EHI PU DQ* représente un stade plus avancé dans l'évolution d'un moyen arabe déjà normalisé.

3. Analyse linguistique

3.1. Méthode

Du fait que l'édition critique de la version arabe du discours 40 de Grégoire de Nazianze est en cours de publication par nos soins, il n'est pas encore possible de se référer aux numéros des pages imprimées de la version arabe pour les citations de cet ouvrage futur qui figurent dans le présent article. On se contentera donc de donner le passage grec correspondant accompagné des références à la

Patrologia Graeca, volume XXXVI[1]. Ainsi qu'il a été expliqué plus haut à propos de l'histoire du texte du discours 40 arabe, il y a une différence passablement importante entre la situation du manuscrit *Mi* daté du XIe s. qui présente plusieurs caractères archaïques tant dans l'écriture que la langue, et celle de tous les autres manuscrits datés du XIIIe au XIXe s. Dans certains cas, il est essentiel de détailler l'analyse linguistique en spécifiant à quels manuscrits elle se rapporte ; dans d'autres, où c'est l'opposition globale entre le MA du manuscrit *Mi* et celui de la totalité des mss. plus récents qu'il importe de souligner, il a paru commode d'opposer ces deux entités par les abréviations MA1 (= moyen arabe du ms. *Mi*) et MA2 (= moyen arabe de tous les autres mss.). Quand il n'est pas autrement spécifié que le texte cité est celui de tel ou tel manuscrit (variante qu'on retrouvera dans l'apparat critique lors de la parution du volume imprimé), les textes cités ci-dessous constituent l'édition critique qui résulte de la confrontation des variantes, de l'élaboration du *stemma codicum* et de la mise en évidence des principes d'édition qui s'en dégagent. Il est important de signaler que tous les textes analysés ci-dessous sont postérieurs au Xe s. et n'entrent pas directement dans le cadre des analyses de J. Blau sur le moyen arabe des chrétiens. Celles-ci se limitent aux textes d'arabe chrétien du premier millénaire. Dans cette mesure, nos analyses ont pour objectif de faire progresser la connaissance de la grammaire du moyen arabe chrétien pour la période postérieure au Xe siècle.

3.2. Phonétique et phonologie

3.2.1. Consonnes : le *hamza* de l'arabe classique

À première vue, il pourrait sembler suffisant de caractériser la situation du *hamza* dans l'ensemble des textes de MA en parlant de disparition complète, et c'est bien ce qui semble se passer dans la majorité des cas. Un examen des faits plus approfondi nous fait cependant apercevoir qu'il y a une véritable présence du *hamza*, quoique souvent sporadique, à peu près dans tous les manuscrits, indépendamment de l'époque considérée. Les raisons de la présence du *hamza* dans certains cas et de son absence dans d'autres ne sont pas toujours apparentes. À défaut d'explication globale, il faut donc travailler au cas par cas et analyser chaque occurrence séparément.

3.2.1.1. *Taḫfīf al-hamza bayna bayna* : le phénomène est déjà connu de l'arabe classique où il apparaît sporadiquement. Il est pratiquement généralisé en moyen arabe, en particulier dans la traduction de Grégoire de Nazianze. On trouve par exemple dans l'introduction au discours 40 (qui ne figure pas dans la *PG*) :

---

1 *Patrologia Græca* (1979). On cite chaque fois le numéro de la colonne grecque, le paragraphe et la ligne sans reprendre la mention *PG* XXXVI.

وسال القديس ان يقول « et il *demanda* au saint de dire (...) ». Cette forme de l'AC سأل sans *hamza* est présente dans tous les mss.

3.2.1.2. AC *ā'i* → MA *āyi* : قد كان لايقا « il était convenable » (360, B 1-2). Le phénomène est noté également par J. Blau dans les textes de MAC du premier millénaire[1].

3.2.1.3. AC *i'i* → MA *iyi* (peut-être prononcé *ī*) : قدام باريها « devant son Créateur ».

3.2.1.4. AC *a'a* → MA *ā* : والاخر بالقيامة التي ابتدا بها « et l'autre par la Résurrection qu'Il a inaugurée » (361 A 9). Le même type de phénomène est noté par J.Blau[2].

3.2.1.5. AC *-āC* (*C* = consonne) → MA *-ā* : AC شأن → MA شان « affaire » (361 B 2-3).

3.2.1.6. AC *-ā'* en finale → MA *-ā* : AC بهاء → MA بها « splendeur » (361 B 5).

3.2.1.7. AC *i'a* → MA *iya* : AC الخطئة → MA الخطية « le péché » (361 B 9-11).

3.2.1.8. AC *šay'an* → MA *šayyan* : فانها تعطى لنا قبل ان نقدم قبلها شيا « (ce) cadeau nous est donné avant que nous ayons offert au préalable quelque chose » (361 D 1-2).

3.2.1.9. AC *i'* → MA *ī* : AC شئت → MA شيت « tu veux » (368 B 8).

3.2.1.10. AC *ā'u* + pronom personnel → MA *āu* + pronom personnel : الذين غناوهم الاتفاق في الطبيعة « eux dont la richesse (consiste) dans l'accord naturel » (364 B 10). Les mss. *JY* et *U* (milieu syrien) ont غناهم.

3.2.1.11. AC *aw'* en finale → MAC *aw* ou *aww* (comme dans les dialectes modernes) : يصل اليها الضو بانعطافها الى الضو الاول وخدمتها اياه « la lumière lui parvient par le fait qu'ils (les Anges) se penchent vers la Lumière Première et la servent » (364 B 12-13).

3.2.1.12. AC *ā'* en finale → MA *ā* : وهو دور الكواكب والضيا الذي من العلو ينير العالم كله « Il s'agit de la révolution des astres et de la lumière qui (vient) d'en haut (et) éclaire le monde entier » (364 C 6-8). De même : وحتى نعطي لكلامنا اضوا كثيرة « et pour que nous donnions à notre discours des lumières nombreuses » (364 D 9). À noter que les mss. *FN* (famille sinaïtique, XIIIe s.) et *HI* (famille égyptienne, XVIIe, XVIIIe s.) ont اضوآ au lieu de اضوا, tandis que les mss. *G* (XVIIe s.) et *E* (XVIIe s. d'après une copie du XVe s.), *J* et *Y* (XVIIIe s.) restituent la forme classique اضواء.

---

1 J. BLAU (1966-7), I, p. 93 (§ 11.4.1.1).

2 *Op. cit.*, p. 97 (§ 11.4.2.1).

3.2.2. Emploi de l'*alif* déviant par rapport à l'AC

3.2.2.1. Emploi systématique de l'*alif otiosum* après un *wāw* 3ème consonne radicale verbale : كيف امسكت عما يتلوا الكلام ؟ « comment as-tu [pu] omettre ce qui suit dans le discours ? » (372 A 3). Cette graphie est typique du MA des chrétiens ; elle est déjà signalée par J. Blau pour les textes du premier millénaire[1].

3.2.2.2. Orthographe déviante de l'*alif maqṣūra* dans MA1 seulement :
- MA1 : وان كنت معافا « même si tu es en bonne santé » (372 C 9).
- MA2 : وان كنت معافى : l'orthographe classique du *tanwīn alif* apparaît dans MA 2. On voit que la remarque de J. Blau[2] : "*Alif maqṣûra bi-ṣûrat- 'al-yā* is very often represented by *alif* (*mamdūda*)" est surtout valable pour les textes du premier millénaire et ne s'applique pas à ceux du deuxième millénaire qui ont une orthographe plus proche ou identique à celle de l'AC dans ce domaine.

3.2.2. Voyelles : allongement de voyelles brèves de l'AC

3.2.2.1. La désinence féminine de la 2ème personne de l'accompli

قد خشيت « tu as eu peur » (380 D 4) est représenté dans le ms. *U* (famille syrienne, début du XIXe s.) par la forme قد خشيتي avec voyelle longue dans la désinence de l'accompli. Ce phénomène se présente aussi dans les textes analysés par J. Blau[3]. Il en donne deux explications possibles :

- *-tī* marquant la deuxième personne du singulier féminin peut être une forme de *scriptio plena* pour distinguer graphiquement la forme féminine de la forme masculine, les consonnes finales étant identiques en AC (*t(a), t(i)*).

- Il est cependant plus probable que cette orthographe soit influencée par la forme qu'avait en MAC le suffixe de l'accompli précédant les pronoms joints, dans *katabtīhā* « tu l'as écrite » p.ex. Du fait que toutes les voyelles longues sont abrégées en position finale en MAC, l'auteur (ou le copiste) veut ici 'restituer' une forme à finale non abrégée quand il l'emploie sans pronom joint. Ce serait en somme une variété de l'hypercorrection.

On peut se demander aussi si l'analogie avec le pronom isolé de la 2ème personne féminine انتي n'a pas joué. Cette forme à allongement vocalique est déjà signalée dans l'arabe des papyri[4], en MAC[5] du premier millénaire et en moyen

[1] *Op. cit.*, pp. 127-128.

[2] *Op. cit.*, p. 81 (§ 10.1).

[3] *Op. cit.*, p. 145 B.

[4] S. HOPKINS (1984), p. 62 (§ 59).

[5] J. BLAU (1966-7), I, p. 133 (§ 30.1).

arabe du Proche-Orient (temps modernes) (= LAPOM) [1] . D'autre part, le suffixe -*tī* des verbes accomplis en LAPOM paraît être aux temps modernes un indicateur morphologique (pour distinguer de la forme masculine) de *connotation essentiellement dialectale* : "Dans les passages dialectaux (dialogues réels rapportés, dialogues de fiction dans les contes) où la 2ème pers. fém. sing. est utilisée, elle est le plus souvent notée par un ي, qu'il faut interpréter comme un indicateur morphologique, et non comme une voyelle longue, sauf avant suffixe pronominal (pour ce dernier phénomène en arabe classique, *cf.* par ex. WRIGHT (1967), I, p. 102, § 186d)".

3.2.2.2. Allongement d'une ancienne voyelle brève en syllabe ouverte

On le rencontre p.ex. dans le mot سيمة « marque », correspondant à l'AC سمة.

3.3. Morphologie

3.3.1. Usages variables et invariables de ذو

Le fait que le moyen arabe représente une période de transition dans l'évolution de la langue se laisse appréhender d'une façon particulièrement nette à travers la variété de formes, les unes variables, les autres invariables qu'on rencontre pour l'AC ذو et sa flexion de cas.

Dans le ms. *Mi* , on trouve p. ex. : ونحن ذوي طراة ونشاط شديد « et nous serons pleins de fraîcheur (lit. ceux de la fraîcheur) et de dynamisme intense » (368 A 4). Seul le manuscrit *Mi* du XIe s. a cette forme proche de celle des dialectes, où le cas indirect est le seul utilisé. Toutefois, il est à noter qu'on trouve pour ce passage ذو invariable dans les mss. *F N J Q*, par conséquent sur une période qui va du XIIIe au XVIIIe s., tandis qu'on trouve ذوو, la forme classique correcte requise par le cas et le nombre, dans les manuscrits *G, EHI, Y, PU, D*, qui vont du XVIIe au XIXe s. J. Blau[2] considère que ذو invariable est le plus fréquent en MAC[3] dans les positions syntaxiques où on attendrait ذا et ذي en AC.

Par contre, les emplois de ذو variable (ذا et ذي) doivent être considérés comme des hypercorrections, ajoute-t-il[4]. Selon le même auteur, cette variété de formes pour une même position en MA pourrait être mise en rapport avec le fait que ذو était déjà sorti de l'usage en MA, mais il aurait été refait par analogie sur le

---

1 J. LENTIN (1997), I, p. 192 (§ 5.1.1).

2 J. BLAU (1966-7), II, p. 321 (§ 219, 3.1.2).

3 *Ibid.* (§ 219.3.1).

4 *Ibid.* (§ 219.3.2).

modèle de ابو et اخو[1]. En ce qui concerne nos textes, on voit que les explications de J. Blau peuvent s'appliquer aussi aux exemples des manuscrits *F N J Q*, mais non à la forme archaïque de *Mi* (forme *ḏawī* au cas sujet) et non à celle, déjà moderne, de *G EHI Y PU D* (*ḏawū* conforme à l'usage classique pour le cas sujet pluriel). En moyen arabe du Proche-Orient moderne, les formes ذو pour ذا de l'AC, ذا pour ذي de l'AC, ذي pour ذا de l'AC, sont signalées. "*On suggérera là encore qu'il peut s'agir de formes figées parallèles* (souligné par nous) ذو ذا ذي (p. ex. dial. *zi/ḏu l-ḥijje*)"[2]. Nous aurions tendance à faire un pas de plus et à parler de 'formes concurrentes' dans la mesure où des syntagmes comme : نحن ذوو طراة et نحن ذوي طراة ont pu coexister (avant le XIIIe s.), de même que نحن ذو طراة ,نحن ذي طراة ,نحن ذا طراة (formes non attestées dans nos textes mais d'un type attesté dans le moyen arabe du Proche-Orient moderne). Cette 'concurrence' nous paraît refléter des usages *parallèles* à un moment et dans un milieu où il n'y a pas encore de système normatif bien établi. D'habitude, dans la mesure où aucun moyen arabe des chrétiens ou des juifs n'a réussi à s'imposer comme nouveau moyen de communication écrite massivement accepté, c'est généralement un compromis entre arabe classique et moyen arabe qui a fini par l'emporter avec, au cours des temps modernes, une proportion de plus en plus grande de classicismes. Ce qui paraît à notre sens un des phénomènes les plus intéressants à observer pour nos textes en tout cas, c'est l'existence d'une forme que nous appellerions 'pré-moyen arabe' en ذوي figé qui précède celle du moyen arabe en ذو figé.

3.3.2. MA احدة pour AC احدى

368 A 12-14 : ولما كنا مركبين من شيين وهما النفس والجسم بطبيعتين احدتهما ترى والاخرى لا ترى « et parce que nous sommes composés de deux éléments qui sont l'âme et le corps, et de deux natures, l'une visible et l'autre invisible ».

On lit dans la grammaire du MAC de J. Blau[3] : "احدة with *tā' marbūṭa* instead of *alif maqṣūra* occurs in *status pronominalis* too, indicating that it was actually pronounced with *t* : احدتهما « one (fem.) of them », احدة « one of the women »". Il est à noter que les formes au cas sujet احديهما et احديهن (au lieu de AC احداهما et احداهن) pour le duel apparaissent, dit J. Blau, tant en MA ancien que récent et, de fait, on les retrouve dans nos textes.

D'après nous cependant, احدة est (faussement d'après l'AC qui a en réalité احدى) analogique de واحدة, de même que احد correspond (correctement) par le

---

1 *Ibid.*, note 12.

2 J. LENTIN (1997), II, p. 697 en haut.

3 J. BLAU (1966-7), II, p. 237 (§ 192.2).

sens et partiellement par la forme à واحد (D'après J. Blau[1],'*aḥadat* serait "rederived from the masculine احد").

On conclura de cette brève étude contenant des premiers éléments d'analyse linguistique de la version arabe du discours 40 de Grégoire de Nazianze que ce texte, postérieur à ceux analysés par J. Blau, éclaire l'évolution du moyen arabe (et, du même coup, l'histoire même de la langue arabe) d'un jour nouveau : d'une part, on s'aperçoit que la période du moyen arabe proprement dit (des environs du XIIIe s. aux environs du XVIIIe s.) semble avoir été précédée d'une période 'pré-moyen arabe' encore relativement proche par certains aspects de l'arabe classique ; d'autre part, on s'aperçoit qu'il existe bien en moyen arabe des formes concurrentes, certaines d'entre elles se préparant vraisemblablement à disparaître vers le XIXe s. Mais ce dernier siècle, comme on le sait, est aussi celui de la Renaissance arabe qui a imposé l'arabe néo-classique comme seule langue écrite dans l'ensemble du monde arabe, qu'il soit musulman, chrétien ou juif. Les 'langues arabes écrites' qui s'étaient développées jusque là ont vu leur évolution s'arrêter brusquement et les diverses formes de moyen arabe n'ont pas pu évoluer vers des 'arabes nationaux ou communautaires (au sens religieux)', évolution pourtant déjà fort avancée tant au moyen âge que pendant les temps modernes.

Bibliographie et abréviations

AC = arabe classique.

J. BLAU (1966-7) : *A Grammar of Christian Arabic (based mainly on South Palestinian Texts from the first Millennium).* Louvain (*Corpus Scriptorum Christianorum Orientalium*, 267, 276, 279 ; *Subsidia,* 27, 28, 29), 3 vol.

M. DUBUISSON/C. MACÉ (à paraître) : *L'apport des traductions anciennes à l'histoire du texte de Grégoire de Nazianze. Application au Discours 2*. Rome (*Orientalia Christiana Periodica*).

J. GRAND'HENRY/L. TUERLINCKX (2000) : *La version arabe des* Discours *de Grégoire de Nazianze,* dans *Studia Nazianzenica I, edita a* Bernard Coulie. Turnhout-Leuven : Brepols (*Corpus Christianorum, Series Graeca* 41, *Corpus Nazianzenum* 8).

S. HOPKINS (1984) : *Studies in the Grammar of Early Arabic.* Oxford (*London Oriental Series,* 37).

LAPOM = langue arabe du Proche-Orient moderne.

J. LENTIN (1997) : *Recherches sur l'histoire de la langue arabe au Proche-Orient à l'époque moderne* (thèse de doctorat d'Etat, Université de la Sorbonne nouvelle,

[1] *Op. cit.*, I, p. 237, note 177.

Paris III). Atelier National de Reproduction des Thèses, Université de Lille III, 2 volumes.
MA = moyen arabe.
MAC = moyen arabe chrétien.
C. MACÉ/Cl. SANSPEUR (2000) : *Nouvelles perspectives pour l'histoire du texte des Discours de Grégoire de Nazianze. Le cas du Discours 6 en grec et en arménien*, dans *Le Muséon* 113 (2000), pp. 377-416.
Patrologia Græca (1979) : cursus completus, omnium SS. Patrum, Doctorum Scriptorumque Ecclesiasticorum sive latinorum, sive graecorum, accurante J.-P. Migne.Tomus XXXVI. Paris, 1858. Reprint Turnhout : Brepols, 1979. [*PG*]
V. SOMERS (1977) : *Histoire des collections complètes des Discours de Grégoire de Nazianze*. Louvain-la-Neuve (*Publications de l'Institut Orientaliste*, 48).
L.TUERLINCKX (2001) : *Sancti Gregorii Nazianzeni Opera. Versio arabica antiqua, II, orationes I, XLV, XLIV (arab. 9, 10, 11)*. Turnhout-Leuven : Brepols (*Corpus Christianorum, Series Graeca* 43, *Corpus Nazianzenum* 10).
W. WRIGHT (1967) : *A Grammar of the Arabic Language*. Third edition revised by W. Robertson Smith and M.J. de Goeje. Cambridge : Cambridge University Press, 2 vol.

REMARQUES SUR LES PARLERS ARABES DU FEZZÂN (LIBYE)

L. BETTINI
Università di Firenze

Introduction

La parution de l'extraordinaire travail d'édition de l'ouvrage inédit et inachevé *Parlers arabes du Fezzân,* accompli par A. Martin et D. Caubet[1], rend accessibles des témoignages d'un domaine linguistique jusqu'à maintenant inexploré, le Fezzân, qui se situe dans la partie occidentale du désert de Libye. Les enquêtes, dont ce livre est le fruit, ont été menées dans le Fezzân et entreprises en 1944 et 1945 par W. Marçais. Elles ont été poursuivies entre 1949 et 1970 par Ph. Marçais, qui n'a pas pu achever son ouvrage ; les textes oraux recueillis n'ont pas pu être revus et la description grammaticale se limite à la morphologie verbale et à une amorce de morphologie nominale. Le professeur A. Martin, dans l'*Introduction* de cette édition, retrace l'histoire des enquêtes et présente dans les détails le système de transcription phonétique suivi par l'auteur. Nous essaierons ici d'examiner les données des textes, que les éditeurs ont présentés en l'état, aussi bien dans le cadre des études existantes sur les dialectes arabes de Libye, que dans la perspective d'une recherche des phénomènes éventuels qui contribueraient à situer ces parlers dans le cadre plus général des dialectes bédouins arabes. En effet, l'évolution des études sur les dialectes bédouins orientaux permet aujourd'hui des comparaisons plus amples et rigoureuses que dans le passé[2].

Le cadre général

Dans l'ensemble des dialectes arabes occidentaux, auquel ils appartiennent, les dialectes libyens se caractérisent par une influence diffuse des parlers bédouins, définis comme hilaliens[3], sur les parlers sédentaires, comme l'illustre l'exemple de

---

1 Ph. MARÇAIS (2001). Je tiens à remercier Mme M.-Cl. Simeone Senelle, qui a eu l'amabilité de corriger le français de mon texte.

2 *Cf.* W. MARÇAIS (1945) : "Les parlers des Magârha, par exemple, offre sur plusieurs points d'évidentes analogies, non seulement avec l'arabe du désert de la Libye, mais avec celui de la Transjordanie et du Nord de l'Iraq", texte reproduit dans le volume, p. xv. Pour une présentation générale des dialectes arabes bédouins et des rapports entre dialectes orientaux et occidentaux, v. J. ROSENHOUSE (1984).

3 Du nom d'une des trois tribus bédouines qui ont envahi l'Afrique du Nord aux XIe-XIIe siècles, ouvrant ainsi la deuxième période de l'arabisation ; du point de vue des parlers arabes introduits par ces trois tribus, le domaine des Sulaym serait oriental, celui des Maʿqil occidental, celui des Hilāl plutôt central, mais avec des débordements à l'est et à l'ouest, v. Ph. MARÇAIS (1960a), p. 385.

la présence de la consonne /g/, réflexe de l'arabe ancien /q/, dans le dialecte citadin de Tripoli[1]. Les études anciennes sur la Libye, qui remontent à la période de la colonisation italienne, si elles fournissent des descriptions détaillées des variétés d'arabe parlées à Benghazi et à Tripoli[2], n'abordent pas les questions de classification dialectale ; les essais de classification générale des dialectes maghrébins accomplis par J. Cantineau et par W. et Ph. Marçais[3] sont basés sur la distinction entre dialectes sédentaires (pré-hilaliens) et bédouins, et par conséquent ils dépassent, le cas échéant, les frontières du pays à chaque fois concerné. C'est dans ce cadre qu'ils peuvent faire allusion aux dialectes libyens[4]. La démarche d'un chercheur qui a entrepris récemment une analyse des dialectes libyens, J. Owens, procède dans l'espace circonscrit par les frontières de la Libye, qu'il divise en trois régions : orientale, occidentale et intermédiaire[5].

Les parlers du Fezzân

Avant la parution de ce livre, les notes de W. Marçais[6] constituaient tout ce qu'on savait sur les parlers du Fezzân. Le recueil de textes qui constitue la première partie du livre comprend 15 textes en prose, 7 en poésie et plusieurs textes de chants ainsi répartis : 8 chants de chameliers provenant de tribus différentes, 2 échantillons de chants guerriers regroupés dans le même texte et 3 chants de travail. Ils sont traduits, sauf le texte 2, une grande partie du texte 3 et du texte 8 et les textes 11 et 13 ; le texte 10 n'est traduit que partiellement ; pour d'autres textes, par exemple le texte 7, la traduction n'est probablement qu'un premier essai. Ils ont été relevés auprès de locuteurs aussi bien sédentaires que nomades ; l'origine n'est pas toujours notée, on peut cependant identifier les textes bédouins par la présence des consonnes interdentales que les textes recueillis auprès des sédentaires ne possèdent pas ; par contre, tous les parlers connaissent la distinction de genre dans les indices personnels du pluriel du verbe, dans les pronoms et dans les

---

1 W. FISCHER/O. JASTROW (1980), p. 36 ; Ph. MARÇAIS (1977), p. ix ; J. GRAND'HENRY (2000), p. 54, parle de "l'absence de frontière précise en Libye entre parlers de citadins et parlers de nomades".

2 Les études de cette période sont dénombrées par J. CANTINEAU (1955), et surtout par M. LARIA (1995), p. 123, note 4.

3 V. J. CANTINEAU (1938), p. 705 ; Idem (1941) ; W. MARÇAIS (1950) ; Ph. MARÇAIS (1960b).

4 Par exemple, W. MARÇAIS (1950), pp. 199, 200, 202, 218.

5 La zone orientale comprend la région de Tobrouk à Benghazi sur la côte jusqu'à al-Kufra au sud, la zone occidentale la région de Tripoli sur la côte jusqu'à Darj au sud, entre les deux, la région intermédiaire inclut Misurata sur la côte et Sebha au sud, v. J. OWENS (1984), p. 244.

6 W. MARÇAIS (1945).

démonstratifs, comme dans d'autres parlers libyens[1] ; l'affixe personnel de troisième personne masc. sing. est, comme partout en Libye, *–a(h)* après consonne, *–h* après voyelle.

W. Marçais écrivait à propos de ces parlers : "On pourrait en gros représenter l'ensemble de l'arabe fezzanais par une chaîne aux deux bouts de laquelle se situent le parler des nomades Megârha, d'une part, celui des sédentaires d'Ej Jedid, de l'autre, et où, d'anneau en anneau se marque la transition graduelle de l'un à l'autre des types extrêmes"[2]. L'analyse des textes présentés dans le recueil ne permet pas de documenter cette affirmation, sans doute, et d'abord, à cause de leur nombre restreint par rapport au matériel que W. Marçais avait sûrement à l'esprit, et également à cause de leur nature. Du point de vue syntaxique, les textes sont aussi bien hétérogènes, du fait que les textes en prose et en poésie ne se situent pas sur le même registre, que répétitifs, parce que les textes en prose sont une description neutre des aspects de la vie quotidienne et manquent donc de dialogues, situations inattendues, etc. qui exigeraient l'utilisation d'emplois linguistiques variés[3]. Du point de vue phonétique, dans le jeu des très nombreuses nuances des textes oraux transcrits, plusieurs facteurs, dont il est difficile d'évaluer le rôle, peuvent agir, comme notamment des phénomènes liés au débit de la parole, surtout au niveau de la structure syllabique et de la nature des voyelles, ou bien encore le fait que l'ouvrage n'a pas subi de révision finale. Les variantes présentes, à tous les niveaux, sont donc nombreuses, mais il est difficile de les distribuer de manière cohérente[4].

---

1 Surtout les dialectes orientaux, v. J. OWENS (1983), pp. 102, 104. Les démonstratifs féminins pluriels relevés dans les textes sont *hādīken* p. 58, *hādên* p.16.

2 W. MARÇAIS (1945), reproduit ici p. xv.

3 Par exemple, un "fait dialectal différenciatif" pour les dialectes bédouins (Ph. MARÇAIS (1960a), p. 388), comme la structure du verbe sain à la conj. suffixale 3e pers. fém. sing. + affixe personnel à initiale vocalique, n'est attesté dans les textes que par un seul exemple : *tkūn rafaʿtak* « il t'abrite », p. 20 (texte bédouin). Cette forme correspondrait, si elle est confirmée, à la variante de la même structure employée par les nomades du Sahara central, selon Marçais dans l'article que l'on vient de citer ; *cf.* également A. DHINA (1938), (dialecte de nomades sahariens), p. 321. Dans la description grammaticale qui suit les textes, la forme verbale sans affixe est *rfaʿat,* p. 111.

4 *Cf.* par exemple ce que Ph. Marçais même dit à propos de la "situation ... particulièrement confuse" des diphtongues dans les parlers de bédouins de Libye (Ph. MARÇAIS (1977), p. 17), repris et commenté ici par A. Martin, pp. xxvi-xxvii. Dans quelques cas, des variantes sont signalées par Ph. Marçais et elles sont attribuées à un groupe ou à un autre, surtout dans l'exposition du fonctionnement morphologique, par exemple aux pp. 110, 116, 133, 134, 135, 174. Cependant, certains phénomènes signalés ne se trouvent pas dans les textes, ou l'inverse : par exemple le verbe *bdí*, p. 76, pl. masc. *bədyu* p. 84, ne correspond à aucun des paradigmes qui se trouvent dans l'exposition grammaticale, p. 132. Est-ce un passif, comme il est dit dans W. MARÇAIS/F. JELLOULI (1931-3), p. 238 ? Les deux exemples se trouvent dans deux vers dont le premier n'est pas traduit. De même, la description grammaticale ne fait pas allusion à la IIIe forme dérivée du verbe, alors que les textes en fournissent des exemples : *iʿāwdu,* p. 6, *iṣāfəḥūhum,* p. 59, *išārek,* p. 60, *isāwi,* p. 72, *ndāwi*, p. 72. Ces exemples

Nous nous tiendrons donc ici à une analyse interne des données de cet échantillon de textes lesquels, malgré les limites que l'on vient d'évoquer, restent néanmoins les seuls qu'on possède sur ces parlers très mal connus, en essayant d'en situer les traits dans le cadre aussi bien des dialectes libyens que des dialectes bédouins occidentaux[1].

1. Les consonnes

Dans tous les parlers, la consonne /ǧ/ de l'arabe ancien est réalisée comme chuintante[2] et la fricative vélaire sonore /ġ/ est réalisée comme telle et non comme occlusive /q/[3] ; dans le cas de contact entre une consonne chuintante et une sifflante, il y a perte de l'élément chuintant[4].

2. La structure syllabique et la flexion verbale

Selon Ph. Marçais, une partie considérable des dialectes de la Cyrénaïque, du Fezzân et de l'extrême sud tunisien constitue une sorte de charnière entre dialectes orientaux et dialectes maghrébins en ce qui concerne les voyelles brèves,

---

donnent une idée de la complexité des variétés dialectales, qui évidemment ne sont enregistrées par les textes qu'en partie. Il faut ajouter, en outre, que la transcription non phonologique adoptée par l'auteur, si elle reflète toutes les nuances des réalisations phonétiques qui peuvent varier dans un même texte, ne permet pas de déterminer le statut phonologique des voyelles, et donc la présence de clivages dialectaux éventuels basés sur ces faits. Dans l'impossibilité d'opérer des distinctions à l'intérieur de ces parlers, sauf de manière approximative, les textes seront en principe traités comme un ensemble.

1 Les textes seront cités dans la traduction de l'auteur ; une autre traduction ne sera proposée que pour les textes non traduits.

2 Cette consonne se trouve dans les textes transcrite /j/ ou /ẓ/, les éditeurs ayant respecté l'état dans lequel l'ouvrage se trouvait, v. p. xxiii, note 21. La réalisation chuintante est celle de "tous les parlers nomades du Sahara maghrébin", J. GRAND'HENRY (1979), p. 215 ; en Libye, c'est également la réalisation à Tripoli et dans la Cyrénaïque. Il faut ajouter que la manière de réaliser cette consonne, même si elle se produit de façon différente, est discriminante également pour les parlers bédouins orientaux, dans lesquels elle regarde aussi bien les réflexes de l'arabe ancien /ǧ/, que ceux de l'arabe ancien /q/ (qui est réalisé /g/), quand il est affriqué.

3 Contrairement à ce qui se passe dans les parlers bédouins de l'Algérie centrale et saharienne (groupe A selon J. CANTINEAU (1941)). *Cf.* par exemple J. GRAND'HENRY (1976), p. 3 et dans les dialectes bédouins orientaux, *cf.* B. INGHAM (1994), p. 15.

4 *Cf. ẓnāẓa*, p. 56, *ẓwāẓ*, p. 4, *ẓīẓat*, p. 98, *ʿaẓūẓ*, p. 46, *mẓassᵊra*, p. 41, *ẓahâẓ* p. 4, *iẓəẓẓu*, p. 38, *ẓesda*, p. 56 *yensᵊẓen*, p. 54, *ẓens*, p. 56 (v. C. TAINE-CHEIKH (1991), pp. 1533-34, qui constate la même situation en Mauritanie, avec les dialectes bédouins de l'Est maghrébin, mais non dans les parlers bédouins sahariens, et W. MARÇAIS (1950), p. 200). Deux chuintantes ne subissent pas d'altérations : *išajjoʿ*, p. 36, *tšūš*, p. 96, *šežrat*, p. 15, *dijāj*, p. 52 (mais aussi *dižâža*, p. 48).

puisque, à la conjugaison suffixale, les verbes à voyelle thématique /i/ sont devenus monosyllabiques, et les verbes à voyelle thématique /a/ sont dissyllabiques[1].

La flexion verbale des parlers du Fezzân présente à la conjugaison suffixale de la forme nue deux types de flexion, selon que la voyelle thématique est /a/ ou non. Ceci fournit les deux schèmes : *ḫanab* et *rjeḥ*.

Ce partage repose sur le maintien de /a/ en syllabe ouverte dans une séquence CaCaC ; selon l'environnement consonantique cette voyelle peut se présenter comme *i, u*. Par contre dans une séquence Ci/uCi/uC, sur laquelle repose le deuxième type, la première voyelle, en syllabe ouverte, tombe. Cette situation est rare dans les dialectes maghrébins ; cependant elle a été déjà relevée en Cyrénaïque[2].

La description grammaticale des *Parlers arabes du Fezzân* (pp. 111-116), présente donc pour le schème CaCaC de la conjugaison suffixale de la forme nue, à la 3e pers. masc. et fém., les formes suivantes :

ġaban fém. *ġbanat*
saḥar fém. *sḥarat*
ġaraf fém. *ġrofat*
foṣal fém. *fṣalat*
fətaḥ fém. *ftaḥat*
kanas fém. pl. *knesan*[3].

Pour rendre compte de cette variation des voyelles, tout en prenant en compte que /a/ en syllabe fermée garde son timbre indépendamment du contexte consonantique, la *Grammaire* des *Parlers arabes du Fezzân* distingue trois catégories de verbes, dans lesquelles la variation du timbre des voyelles est classée selon la nature de la deuxième et troisième consonne. Si on examine la voyelle de la première syllabe, ouverte, selon la description que Johnstone[4] fait de la structure de la syllabe dans un dialecte du Najd, on constate que cette description et les

---

1 Ph. MARÇAIS (1960b), p. 598.

2 V. T.M. MITCHELL (1960), qui dit (p. 385, note 1) que cette forme en Cyrénaïque "is, in fact, reminiscent of that found in Bedouin dialects of Arabia" ; v. également M. LARIA (1995), pp. 126-128.

3 Telle est la situation relevée dans un parler sédentaire de la région du Wādi š-šāṭi, dans d'autres parlers sédentaires, la flexion est du type CvCaC, CvCC+désinence à initiale vocalique, p. 116.

4 T.M. JOHNSTONE (1967). Dans sa description, la présence d'une consonne /ḫ, ġ, ḥ, ʿ, h/ comme consonne initiale de la syllabe ouverte ou de la syllabe suivante, ou la présence d'une consonne /l, r, n, w/ comme consonne initiale de la syllabe suivant la syllabe ouverte, ont pour effet de préserver la présence de /a/. Johnstone remarque (p. 4, note 9, et pp. 14 et 16) que les phénomènes phonétiques qu'il décrit existent au moins dans un des parlers de la Cyrénaïque.

règles qui en découlent, s'appliquent également aux exemples donnés dans les textes du Fezzân[1].

La même situation se reproduit dans la conjugaison préfixale (pp. 117-123), où les verbes à voyelle thématique /a/ ne subissent pas la chute de la voyelle (ce qui a pour conséquence la présence d'une voyelle de disjonction entre deuxième et troisième consonne, aux formes pourvues de suffixes) : *yaḏbaḥaw, tablaġan, tasmanan*, pp. 117-118 (et *tasleman, tagdemaw, yagroban*, p. 118, avec réduction de la voyelle /a/ hors des contextes phonétiques décrits[2]). Ceci contraste avec les verbes à voyelle thématique autre que /a/, où il y a élision de la voyelle et présence de voyelle de disjonction : *tikunsen, tefetlen, yilehjen*, pp. 121-122.

Dans cette ressemblance remarquable entre parlers du Fezzân et dialectes bédouins orientaux, les faits communs à retenir sont : une voyelle /a/ en syllabe ouverte peut se réduire à *i, u* dans certains contextes consonantiques, mais elle ne tombe pas, à la différence des autres voyelles ; deux voyelles /a/ consécutives en syllabe ouverte ne se maintiennent pas et c'est la première qui est élidée. De ces deux phénomènes, c'est le deuxième qui est le plus instable, dans les dialectes bédouins orientaux comme dans les dialectes libyens. En Orient, la flexion 'normalisée' du type *kitab, kitbat, kitabt* gagne du terrain[3] ; dans les dialectes libyens la flexion 'bédouine' *kitab, ktibat, kitabt* subsiste en Cyrénaïque encore de nos jours[4]. Mais, alors qu'en Orient l'élision de la première voyelle /a/ dans une séquence de deux syllabes ouvertes à voyelle /a/ est un fait commun qui porte aussi bien sur les verbes que sur les noms, dans les dialectes bédouins occidentaux, elle est beaucoup moins bien attestée pour les noms. Elle existe en Cyrénaïque[5], les textes du Fezzân n'en présentent aucun exemple. Ils ont *ruguba* (p. 38), *šežra* (p. 15), *wuldi* (pp. 4, 10), là où les dialectes bédouins orientaux ont respectivement *rguba, sǧara, wlidi.*

---

1 Non seulement pour les verbes, mais aussi pour le noms de forme CvCa, CvCāC et CaCīC, pp. 158-165.

2 Cependant, dans la description grammaticale, il est dit (p. 119) que, dans ce cas, il peut y avoir chute de cette voyelle, surtout dans un parler rapide, mais que la présence d'une sonante *n, l, r,* comme première radicale "empêcherait volontiers" l'apparition de la voyelle de disjonction dans les formes pourvues de suffixes. Les textes ont *yaraḥlau* (p. 28) à côté de *yarḥalau,* (p. 49), *yerobṭôlha* (p. 10) à côté de *yarbeṭōh* (p. 56).

3 *Cf.* par exemple le type défini par B. INGHAM (1982), p. 37, comme "mésopotamien extrême" (c'est-à-dire l'Iraq méridional), opposé au type "arabique", ou les dialectes bédouins en Israël, J. ROSENHOUSE (1984), p. 136.

4 V. T.M. MITCHELL (1960), et les résultats des enquêtes menées dans les années 1992 et 1993 par M. LARIA (1995).

5 Pas nécessairement à Benghazi, v. T.M. MITCHELL (1960), pp. 369, note 1 et 382, note 3 ; M. LARIA (1995), pp. 124 et 128.

Un autre aspect de la structure syllabique met en valeur une ressemblance avec les dialectes de la Péninsule Arabique[1]. Dans les textes, apparaît une tendance diffuse à l'insertion d'une voyelle de disjonction entre la deuxième et troisième consonne des noms de schème CvCC en présence d'un suffixe consonantique ou de la consonne initiale du mot suivant : *baṭon*, p. 15, *gabel*, p. 48, *wuden*, p. 12, *ḥukom*, p. 4, *ṣofor*, p. 38, *faẓar*, p. 46. Ces exemples contrastent avec les suivants : *səbt*, p. 50, *kalb*, p. 96, *ḥarb*, p. 96, *farg*, p. 102, *šarg*, p. 96. Selon la description que Ingham fait d'un dialecte central de la Péninsule Arabique, l'absence de voyelle de disjonction dans le contexte cité, lorsque la première consonne du groupe n'est pas une des consonnes /h, ḥ, ẖ, ġ, ʿ/ et la deuxième n'est pas une des consonnes /m, l, r, n, w, y/ est un trait typique des dialectes nord-arabiques[2].

Un phénomène, portant sur la structure syllabique et dû à l'action des consonnes pharyngales et laryngales, le syndrome dit *gahawa*, typique des dialectes bédouins orientaux et documenté dans les dialectes libyens, est absent de ces parlers. Le seul exemple relevé est le suivant :

> *w-un-nāga ... teled waḥadha* (p. 41) « et la chamelle... accouche toute seule »[3].

---

[1] Cet aspect sera signalé plus comme une tendance que comme un fait, à cause de la nature de la transcription des textes, déjà évoquée, qui rend difficile de trancher sur des faits de phonétique.

[2] B. INGHAM (1982), p. 59. *Cf.* également, dans les parlers du Fezzân, la flexion des verbes "de racine concave", pp. 129-130, où, à la conjugaison suffixale, première pers. sing., la voyelle de disjonction est notée comme ultra-brève : *sug^{ə}t* « j'ai conduit » ; J. OWENS (1983), p. 101, atteste la forme *gult* comme occidentale (par rapport à *gilit*, forme orientale) ; il affirme (p. 100) que la présence de la voyelle de disjonction apparaît plus à l'est qu'à l'ouest, dans les dialectes libyens.

[3] Traduction personnelle. *Cf.* G. BORIS (1958), *s.v. waḥd* : "suivi des affixes personnels « seul »". J. OWENS (1983) relève la présence de ce phénomène (selon lequel –aCC- devient –aCaC- quand la première consonne est une pharyngale ou une laryngale) dans les dialectes libyens orientaux et seulement dans deux schèmes nominaux : vCCvC, qui se présente comme *aḥmar* à l'ouest et *ḥamar* à l'est, et CvCCvC, qui se présente comme *taʿlab* à l'ouest et *iṯʿalab* à l'est. En réalité, E. GRIFFINI (1913), (dialecte de Tripoli), en donne plusieurs exemples, non liés, c'est vrai, à des schèmes précis (mais concernant également des formes verbales, contrairement à ce que Owens, *op. cit.*, p. 100, a relevé) : *mahabūl, yahabil*, p. 45, *s.v.* « impazzire », *yahedi*, p. 61, *s.v.* « guidare », *ahel*, p. 110, *s.v.* « famiglia », et p. 131, *s.v.* « gente ». Selon le même ouvrage, toutefois, les deux cas considérés comme typiques par Owens *ḥamar* et *ḫaḏar* sont respectivement *aḥmar* et *aḫḏar*. Ces exemples montrent la complexité de la situation, ce qui rend à mon avis remarquable l'absence du phénomène au Fezzân. *Cf.* également les exemples donnés par W. MARÇAIS (1908), pp. 67-68 (dialecte bédouin "tellien").

3. Remarques sur quelques faits syntaxiques

3. 1. La relation d'appartenance

Elle est exprimée couramment, et dans une large majorité, par l'annexion directe, dans les textes de sédentaires comme dans ceux des bédouins. Dans les cas où l'annexion indirecte est utilisée, les particules qui la réalisent sont *mtāᶜ*, *mtāᶜat* et *jan, jant*[1].

3. 2. L'accord

Malgré la distinction des genres dans le verbe au pluriel, les cas d'accord d'un nom féminin pluriel avec un verbe au masculin ne manquent pas[2] :

> *wēn yaᶜərfu n-nəsāwīn* (p. 42) « lorsque les femmes savent » ;
> *w-iḏallo n-nəsāwīn ihəzzu fīha* (p. 42) « et les femmes de secouer l'outre » ;
> *əl-bēt yəbnōh ən-nəsāwīn w-iṭayyiḥōh* (p. 28) « la tente, ce sont les femmes qui la montent, qui la plient » ;
> *ijú n-nesāwīn* (p. 22) « les femmes viennent ».

Avec les noms des animaux et des inanimés, l'accord de l'adjectif et du pronom se fait au pluriel féminin[3] :

pour les animaux :

> *w-īḏā ᶜandək jədyān ṣġār tḫāf ᶜalēhən mn-ən-nou ikūnu*[4] *marbūṭāt f-ər-ruffa* (p. 26) « si tu as des chevreaux petits, pour lesquels tu crains la forte chaleur, ils doivent être attachés sur les bas-côtés (de la tente) » ;
> *lə-bᶜāir əlli ḫanabhən* (p. 40) « les chameaux qu'il a volés »[5].

---

1 Ph. MARÇAIS (1977), pp. 168-169, enregistre pour le Fezzân des formes de ces deux particules qui ne correspondent pas exactement à celles relevées dans les textes. Selon J. GRAND'HENRY (1976), p. 71, “le caractère variable de la particule d'annexion indirecte est également un fait typiquement bédouin”.

2 *Cf.* E. PANETTA (1943), II, p. 133.

3 Comme dans les parlers bédouins d'Orient. *Cf.* B. INGHAM (1994), pp. 64-65 ; v. également E. PANETTA (1943), II, p. 113 ; W. MARÇAIS (1950), pp. 215-216.

4 Avec l'accord au masculin que l'on vient de voir.

5 Traduction personnelle.

pour les inanimés :

> *ḥattā-yabdu ʿəšrīn-bēt yabdu məṣṣāṭrāt* (p. 28) « y aurait-il vingt tentes, elles seraient (ainsi) en ligne » ;
> *oʿyūnha mġammdāt* (p. 6) « les yeux fermés » ;
> *u-trakkəb ʿalēhən əl-gədra* (p. 26) « sur lesquelles [= les pierres du foyer] elle monte la marmite » ;
> *hādên yatubḫûhen* (p. 16) « celles-ci [=les plantes] on les fait cuire »[1].

Les collectifs, comme *nās,* ont des accords très variés[2]. Le masculin pluriel prévaut :

> *bāš yišbeḥōha n-nās* (p. 8) « pour que les gens la voient ».

Toutefois il peut aussi être associé à d'autres types d'accord :

> *ijú n-nās l-oḫrāt iḥāḏu bēta* (p. 22) « les autres gens viennent dresser la leur (= tente) ».

L'accord au féminin singulier existe également :

> *gabᵉl en-nās tḫošš l-ej-jāmoʿ* (p. 52) « avant que les gens n'entrent à la mosquée ».

3.3. L'indétermination

Elle est couramment exprimée par l'absence de l'article déterminatif :

> *ʿandna tarrās, ʿabd* (p. 40) « chez nous il y a un homme, un esclave »[3] ;

plus rarement par le nom de nombre *wāḥad* « un » :

> *wâḥed ražel* (p. 16) « un homme ».

Les textes présentent en outre quelques cas de *tanwīn* : *ṣāḥbən* (p. 66) « un ami », *ṭlēbən* (p. 96) « un faible désir » (dans deux vers de poésie) ; peut-être *mᵊrāren* (p. 41, non traduit) « des fois ».

---

1 Traduction personnelle. La forme verbale est probablement à corriger : *yaṭubḫûhen, cf.* la *Grammaire*, p. 121.

2 Selon J. GRAND'HENRY (1981), p. 665, l'accord de *nās* au féminin singulier est typique des parlers de bédouins. Dans les textes, il n'est pas possible d'établir un partage sur ce point entre parlers de sédentaires et de bédouins.

3 Traduction personnelle.

3.4. Les auxiliaires

3.4.1. Le futur

Le verbe *bā, yəbbi, ibí* « vouloir » donne origine à un préverbe, *b-, bī-*, utilisé devant un verbe à la conjugaison préfixale. Selon Ph. Marçais, dans les parlers de Libye, la conjugaison suffixale *bā* ne s'utilise que sous la forme négative : *mā bā-š* « il ne veut pas », et le préverbe *bi/b, bbi* marque "l'imminence, la possibilité (parfois la volonté, la finalité)"[1].

Dans les textes, la conjugaison suffixale *bā* se trouve en effet employé sous la forme négative, mais au féminin, c'est la conjugaison préfixale *mā tābā-š*, « elle ne veut pas » qui est utilisée, dans des contextes tout à fait analogues à ceux de l'emploi de la conjugaison suffixale au masculin[2]. Ce cas mis à part, la conjugaison préfixale *yəbbi /ibí* est utilisée dans le sens de « vouloir » :

> *nəbbi bintak lī-wuldi* (p. 4) « je voudrais ta fille pour mon fils » ;
> *ibí wulda yəbra* (p. 50) « [il] veut que son fils guérisse » ;
> *əl-wāḥəd əll ibí yəḫnəb ijí l-əl-bəll f-əl-məfla* (p. 40) « celui qui veut voler (un chameau) va chercher les chameaux au pâturage »[3].

Le préverbe *b-/bī-* est très employé, beaucoup plus que la seule conjugaison préfixale du verbe. Il peut garder le sens de « vouloir » :

> *īdā-b-yugətlōh yugətlōh* (p. 40) : « s'ils veulent le tuer, ils le tuent »[4].

Cet exemple comparé au précédent montre bien le passage de la conjugaison préfixale au préverbe. Mais souvent il donne au verbe qui le suit la signification d'une imminence ou d'un futur, sans que la volonté soit impliquée :

> *yaʿarfu enna b-īhīj* (p. 36) « on sait qu'il entre en rut » ;
> *mnēn bi-tələd* (p. 49) « dès qu'elle est en train d'accoucher »[5] ;
> *w-ul-ġada ma-b-ijīkum* (p.100) « le déjeuner ne nous [*sic*] arrivera pas ».

---

[1] Ph. MARÇAIS (1977), p. 73.

[2] Troisième pers. masc. pl. *mā-bú*, p. 84, dans un vers d'un parler bédouin. Selon E. GRIFFINI (1913), (qui concerne le parler de Tripoli), p. 308, *s.v.* « volere », il existe deux verbes, *bbā, yibbi* et *bā, yāba*, chacun ayant sa propre flexion à la conjugaison suffixale et préfixale ; selon E. PANETTA (1943), II, pp. 239-242, il n'est utilisé que *bā* à la conjugaison suffixale (avec négation) et *ibbī* à la conjugaison préfixale ; situation analogue chez J. OWENS (1984), p. 116.

[3] Traduction personnelle.

[4] Traduction personnelle.

[5] Traduction personnelle.

Selon Owens le préverbe *b-* comme marqueur du futur est un trait des dialectes libyens centraux et occidentaux[1].

D'autres périphrases peuvent également être utilisées pour exprimer le futur proche :

> *ḥatta gerīb yūṣlak* (p. 18) « jusqu'à ce qu'il soit près de te rejoindre » ;
> *mnēn yəgrəb tələd ngīmu* (p. 49) « quand le moment où elle accouche approche, nous faisons halte »[2] (*cf.* à la ligne suivante : *mnēn bi-tələd,* qui désigne peut-être un futur imminent).

Le verbe *ijí* « il vient », couramment utilisé aux deux conjugaisons dans ce sens, peut également donner une valeur de futur à la conj. préfixale :

> *bēš l-ulēd ijí yegra* (p. 52) « afin que l'enfant plus tard apprenne le Coran ».

De plus, il peut s'accompagner du préverbe *b-*, ou d'un autre verbe avec préverbe *b- :*

> *waget b-iži yurgud* *ᶜᵃla-gᵘfâh*[3] (p.14) « quand il est sur le point de dormir, couché sur son dos »[4] (*cf. wagᵉt bī-yurgud* (p. 12) « quand le patient va dormir », même texte) ;
> *u-wagᵉt jjí b-tarakkəb* (p. 22) « et quand elle doit remettre (la marmite en place) » ;
> *u-baᶜd ijí b-yarga* (p. 32) « et quand (les cheveux) sont déjà sur le point de se dresser »[5].

---

1 J. OWENS (1984), p. 242 ; Idem (1983), pp. 102, 104 et 109. E. PANETTA (1943) ne mentionne pas non plus ce caractère. De ce point de vue, comme de celui de la flexion de ce verbe, la situation des parlers de ces textes se rallierait donc plutôt aux parlers libyens de l'ouest. Un phénomène analogue se produit dans les dialectes bédouins orientaux et surtout du Najd. V. B. INGHAM (1994), pp. 119-121 ; S. A. SOWAYAN (1992), p. 249. Un rapprochement entre les dialectes bédouins orientaux et occidentaux dans ce cas se trouve déjà dans A. SOCIN (1901), p. 168.

2 Traduction personnelle.

3 G. BORIS (1958), *s.v.* : « tout le derrière du corps ».

4 Traduction personnelle.

5 Traduction personnelle. L'auteur traduit : « les cheveux s'élèvent en hauteur » ; cette traduction, qui ne tient pas compte de la structure de la phrase initiée par *baᶜd,* n'est qu'un premier essai, de même, à ce qu'il me semble, la traduction de la phrase qui précède.

3.4.2. Les auxiliaires inchoatifs

ṭabbaṣ[1], *iṭabboṣ,* jamais employé dans les textes comme verbe plein, est employé comme auxiliaire à la conjugaison suffixale et préfixale :

> *ṭabbaṣ iġanni ʿalēha* (p. 68) « [il] se mit à chanter ces vers en son honneur » ;
> *ṭabboṣ būh ʿabd-ej-jelīl ihāji* (p. 96) « Abdeljelil, son père, se mit à entonner le chant de guerre » ;
> *w-iṭabbsu idīru f-eš-šāhi* (p. 50) « et l'on se met à faire du thé » ;
> *iṭabboṣ yadmar w-yabda yahdar* (p. 36) « il se met à grogner et à crier » ;
> *iṭabboṣ iʿaḏḏ fīhum u-yabda iḥaṣṣor fīhum* (p. 36) « il commence à les mordre, les bousculer » ;

inōḏ/ḍ : « il se lève », seulement à la conjugaison suffixale ; employé également comme verbe plein :

> *w-inōḏ fi-sāʿ* (p. 41) « et il se lève aussitôt »[2].

Comme auxiliaire :

> *l-ulēd ṣġeyyər yəmrəd*[3] *w-inōḏ yəmši u-b-yəjri* (p. 49) « l'enfant (tant qu'il) est petit, [qu']il marche à quatre pattes, [qu']il commence à marcher debout et [qu']il est sur le point de courir [il reste avec sa mère] »[4] ;
> *lên inôḍ yalga ʿalāhen ḫubᵉt yâser* (p. 14) « jusqu'à ce qu'il commence à trouver sur eux (= les yeux) beaucoup de saleté »[5].

3.4.3. Les auxiliaires de continuité

gāʿed yugʿod « être assis ; rester », employé couramment comme verbe plein, surtout dans la deuxième signification :

> *iḏā-kān rājelha gāʿed* (p. 32) « quand son mari est là, assis » ;

---

[1] *Cf.* G. BORIS (1958), *s.v.*, qui donne comme signification lexicale « se baisser, se pencher ». Il s'agit donc d'un verbe de position du corps, utilisé comme auxiliaire ; dans les textes, sur sept occurrences, une seulement est avec *s ;* E. GRIFFINI (1913), pp. 147-48, donne seulement la forme à conjugaison suffixale, avec *s* ; non mentionné dans E. PANETTA (1943), II, pp. 269-76.

[2] Traduction personnelle ; dans le texte le verbe est glosé par l'auteur : *yūguf*.

[3] G. BORIS (1958), *s.v.*

[4] Traduction personnelle.

[5] Traduction personnelle.

l-mara f-əl-bēt tugʿod fī-sibt-ən-nəswān (p. 49) « la femme à la maison reste dans le compartiment des femmes »[1].

Comme auxiliaire :

yugʿod bārək (p. 40) « il [= le chameau] reste accroupi »[2] ;
u-yugʿod yarḏaʿ fēha (p. 41) « et il continue à têter »[3].

iḍ/ḍall

ḍḍall ummha tʿalləm fēha (p. 54) « sa mère ne cesse pas de l'instruire »[4] ;
w-iḍallo n-nəsāwīn ihəzzu fīha ... lēn lə-ḥlīb idīr əz-zebda (p. 42) « et les femmes de secouer l'outre... jusqu'à ce que le lait fasse le beurre ».

3.4.4. Enfin, dans ces parlers on peut relever une tendance à marquer la prédication[5] en utilisant ce type de verbes à la conjugaison préfixale, de même que le verbe *ikūn* :

el-bēt iḍell magṭūʿ bī-margūm (p. 20) « la tente est divisée (en deux) par une tenture » ;
el-bēt el-kəbīr iḍell ʿošrīni (p. 20) « la grande tente est dite de vingt » ;
wēn n-nāga iḍall ḥwārha meyyit (p. 34) « quand une chamelle perd son petit » ;
el-ġanam w-əl-begar yabda fī-jīha (p. 20) « ovins et bovins en occupent une partie » ;
wag^{a}t l-bent təbda ṣġei^{y}ra bnayya (p. 54) « lorsque la fille est toute petite »[6] ;
bədyu marāmi (p. 84) « [ils] sont restés jetés à terre » ;
yabda šāreh ʿale-l-bəll (p. 92) « il se plaît avec ses chameaux ».

De même pour le verbe *ikūn* :

---

1 Traduction personnelle.

2 Traduction personnelle.

3 Traduction personnelle.

4 Traduction personnelle. *Cf.* à la même page : *t^{a}ʿâwed t^{a}ʿallem bentha.*

5 Comme dans les dialectes de l'est du Maghreb, et particulièrement chez les bédouins de Tunisie méridionale. V. J. GRAND'HENRY (1977), pp. 244-245.

6 Traduction personnelle.

et-terīs ikūnu mgaʿmezīn fi-jīha (p. 32) « les hommes sont assis d'un côté ».

On peut considérer de la même manière le verbe *iwalli* « il revient ». Ce verbe peut garder sa signification lexicale :

baʿd yalga l-ʿəšəb mūš məttākəl iwalli (p. 28) « quand il en (= le pâturage) a trouvé qui n'a pas été mangé, il revient » ;

ou bien il peut marquer la prédication, avec le sens de « devenir » :

iwalli jdaʿ (p. 38) « il devient (un chameau) *jdaʿ* »[1] ;
iwalli logoṭ (p. 44) « il devient fromage maigre » ;
twalli fteiya (p. 54) « elle devient fillette »[2].

On peut considérer enfin de la même manière un autre emploi du verbe *ijí* « il vient » :

bēš ijí nāšəṭ (p. 41) « afin qu'il s'active »[3] ;
ən-nāga awwəl-marra mnēn jjí mzassəra ʿandha ʿāmēn (p. 38) « la chamelle, quand elle entre en rut la première fois, est âgée de deux ans »[4].

3.4.5. De l'*itératif* un seul cas a été relevé :

kēf tʿūd en-nāga mzassᵉra u-tbí al-faḥᵉl (p. 41) « quand la chamelle est à nouveau en rut et veut le chameau »[5].

4. Le passif

Il est exprimé dans les textes par le passif apophonique :

ḥatta-j-jubna tuʿṭa mā-tušra u-lā tubāʿ (p. 44) « le fromage (également) se donne et ne s'achète ni se vend » ;

ou bien par la VIIᵉ forme dérivée :

el-gedra nkesrat (p. 100) « la marmite s'est cassée » ;

---

1 Traduction personnelle. *Cf.* les *Noms du chameau*, p. 184 des *Parlers arabes du Fezzân : jedaʿ :* « qui a quatre ans passés ».

2 Traduction personnelle.

3 Traduction personnelle.

4 Traduction personnelle.

5 Traduction personnelle.

lə-bᶜāir əlli nḫənəbən (p. 40) « les chameaux qui ont été volés »[1] ;

ou bien par la VIIIe :

u-tamši toġtᵉsel b-el-me (p. 48) « et elle va se faire laver avec de l'eau »[2] ;
baᶜd yalga l-ᶜəšəb mūš məttākəl (p. 28) « quand il en (= du pâturage) a trouvé qui n'a pas été mangé »[3].

5. Lexique

Si l'on considère les différences lexicales est/ouest dénombrées pour les dialectes libyens par Owens[4], les textes se rallient aux dialectes de l'ouest : le verbe le plus courant pour « voir » est : *šbeḥ, šebḥan,* p. 114, *tašbaḥ yašbaḥ/ak, yašabḥa* ; (*rā* se trouve seulement dans des vers, p. 68, glosé *šāf*) ; de même la « main » est, dans les textes, *īd* et jamais *yad* comme à l'est, « beaucoup » *yāser,* fém. *yasra,* « pierre » *rešād,* « demain » *ġodwa,* « ongle » *b-ḏufri* (p. 66 « avec mon ongle »). Un élément absent de ces textes est le présentatif *rā* suivi des pronoms suffixes qui se trouve dans les dialectes libyens orientaux[5].

La préposition *ᶜan* qui, selon Boris, est totalement confondue avec *ᶜalā* dans le dialecte des Marazig (Sud tunisien)[6], est bien attestée dans les textes[7], avec les notions de « ôter » qqch. *de* qqn ou qqch., « protéger » qqn *de* qqch., « éloigner » *de* :

ḥīn inaḥḥu ᶜanha š-šmāl igūlu yibəhlūha (p. 41) « quand on lui (= à une chamelle) enlève le filet *šmāl*, on dit : on lui découvre les mamelles »[8].

---

1 Traduction personnelle.

2 Traduction personnelle.

3 V. la description détaillée de ces formes dérivées aux pp. 138-148.

4 J. OWENS (1983), pp. 107, 110, qui ajoute que les dialectes occidentaux ne forment pas un groupe cohérent comme les dialectes orientaux.

5 Idem (1984), pp. 210-211.

6 G. BORIS (1958), p. 420.

7 Cette préposition n'est pas citée non plus par W. MARÇAIS (1908), p. 170, ni par W. MARÇAIS/F. JELLOULI (1931-3), ni par E. GRIFFINI (1913) ; selon E. PANETTA (1943), II, p. 294, cette préposition est employée très rarement, sauf avec l'adjectif “lointain” et le verbe “savoir”. J. OWENS (1984) ne la mentionne pas. Par contre, elle est bien vivante dans le dialecte des Arbāᶜ, v. A. DHINA (1938), p. 346. Les occurrences des textes du Fezzân sont réparties entre textes bédouins et sédentaires et entre poésie et prose.

8 Traduction personnelle. *šmāl* est traduit par l'auteur à la p. 162 par « filet » ; pour *yibəhlūha,* v. G. BORIS (1958), p. 50.

iḫušš l-əl-bēt ʿan-əṣ-ṣagaʿ (p. 26) « [il] le (= le cheval) fait entrer dans la tente pour le protéger du froid ».

Enfin, la préposition qui signifie « avec » est toujours *ʿma/ā*, sauf deux cas dans le même texte, p. 8, où on a *mʿā*.

6. Parlers du Fezzân et classification dialectale

En comparant avec les autres dialectes libyens, les parlers de ces textes partagent avec les dialectes orientaux la structure syllabique (sauf le syndrome dit *gahawa),* la distinction des genres au pluriel dans la flexion du verbe, dans les pronoms et les démonstratifs, et la présence des consonnes interdentales dans les parlers de bédouins ; avec les dialectes occidentaux, ils partagent le lexique et le préverbe *b-*. Comme dans les autres dialectes libyens, les numéraux de onze à dix-neuf n'ont pas le *ʿayn* initial de *ʿašar*[1].

Au niveau des classifications existantes des dialectes bédouins occidentaux et sur la base des isoglosses qu'elles considèrent, les parlers du Fezzân présentent des affinités avec les dialectes sahariens : la conservation du vocalisme bref, et même de manière plus accusée que ceux-ci (si l'on en juge par les transcriptions), la réalisation *j* de l'ancien /ǧ/ et les structures syllabiques de type *rafaʿtak, rugubta, yuḏorbu* (p. 32) ; en outre, comme dans certains de ces dialectes, on trouve la préposition *ʿan* et *tnēn* (p. 50), *te/ṯəntēn* (pp. 16, 40)[2] pour signifier « deux ».

Plusieurs traits les rapprochent des dialectes du sud tunisien, que W. Marçais qualifiait de "sulaymites" et dénommait *S*[3] : /ġ/ inaltéré, affixe personnel de 3e pers. masc. sing. *–a(h)*, même traitement du contact chuintante-sifflante, distinction des genres au pluriel du verbe et du pronom, forme passive à *n-* préfixé et *–t-* infixé (la forme dérivée à *t-* préfixé des dialectes sahariens étant inusitée), accord des inanimés au féminin pluriel. Les textes du Fezzân se rapprochent aussi de ces dialectes d'un point de vue lexical[4].

Cependant, le fait que l'on retrouve tous ces traits dans l'un ou l'autre des dialectes libyens m'amène à penser que c'est avant tout à l'intérieur de la Libye qu'il faut chercher les éléments permettant de classer ces parlers.

---

1 Contre la situation décrite par W. MARÇAIS (1908), p. 144.

2 E. GRIFFINI (1913), p. 98 ; E PANETTA (1943), II, p. 159 ; très fréquent chez les Sahariens selon W. MARÇAIS (1908), p. 144. La forme *zōz* existe également (pp. 6, 11).

3 W. MARÇAIS (1950), p. 214.

4 *Cf. op. cit.*, p. 216 et G. BORIS (1958).

Bibliographie

G. BORIS (1958) : *Lexique du parler arabe des Marazig*. Paris : Klincksieck, xv-686 p.

J. CANTINEAU (1938) : "Les parlers arabes du Département d'Alger", dans *Revue Africaine* 81 (1938), pp. 703-711.

J. CANTINEAU (1941) : "Les parlers arabes des Territoires du Sud", dans *Revue Africaine* 85 (1941), pp. 72-77.

J. CANTINEAU (1955) : "La dialectologie arabe", dans *Orbis* 4 (1955), pp. 139-169.

A. DHINA (1938) : "Notes sur la phonétique et la morphologie du parler des Arbâʿ", dans *Revue Africaine* 79 (1938), pp. 313-353.

W. FISCHER/O. JASTROW (1980) (éds.) : *Handbuch der arabischen Dialekte*. Wiesbaden : Harrassowitz (*Porta Linguarum Orientalium*, neue Serie, 16), 312 p.

J. GRAND'HENRY (1976) : *Les parlers arabes de la région du Mzāb (Sahara algérien)*. Leiden : Brill (*Studies in Semitic Languages and Linguistics*, IV), xvii-136 p.

J. GRAND'HENRY (1976-8) : "La syntaxe du verbe en arabe parlé maghrébin", I, dans *Le Muséon* 89 (1976), pp. 458-475 ; II, dans *Le Muséon* 90 (1977), pp. 237-258 ; III, dans *Le Muséon* 90 (1977), pp. 439-456 ; IV, dans *Le Muséon* 91 (1978), pp. 211-224.

J. GRAND'HENRY (1979) : "Le parler arabe de la Saoura (Sud-ouest algérien)" dans *Arabica* 26 (1979), pp. 213-228.

J. GRAND'HENRY (1981) : "Les niveaux de langue dans la poésie populaire arabe du Maghreb", dans Y.L. Arbeitman/A.R. Bomhard (eds), *Essays in Historical linguistics, in Memory of J. A. Kern*, Amsterdam : John Benjamins B.V. (*Amsterdam Studies in the Theory and History of Linguistic Sciences*, IV), pp. 651-658.

J. GRAND'HENRY (1985) : "Un texte arabe de Tripoli (Libye)", dans A. Martin (éd.), *Mélanges à la mémoire de Philippe Marçais*, Paris, pp. 67-73.

J. GRAND'HENRY (2000) : "Deux textes arabes de Benghazi (Libye)", dans L. Bettini (éd.), *Studi di dialettologia araba* (= *Oriente Moderno* 19 (80) n.s.), pp. 47-57.

E. GRIFFINI (1913) : *L'arabo parlato della Libia*. Milano : Hoepli, li-378 p.

B. INGHAM (1982) : *North east Arabian dialects*. London and Boston : Kegan Paul International, xxiii-209-١٧ p.

B. INGHAM (1994) : *Najdi Arabic : Central Arabian*. Amsterdam/Philadelphia : John Benjamins (*London Oriental and African Language Library*, 1), xvi-215 p.

T.M. JOHNSTONE (1967) : "Aspects of Syllabication in the Spoken Arabic of ʿAnaiza", dans *Bulletin of the School of Oriental and African Studies* 30 (1967), pp. 1-16.

M. LARIA (1993) : "Classi morfologiche del verbo nel dialetto della Cirenaica", dans *Quaderni di Studi Arabi* 11 (1993), pp. 107-115.

M. LARIA (1995) : "Some characteristic features of Cyrenaic Arabic", dans *Proceedings of the 2nd International Conference of* L'Association Internationale pour la Dialectologie Arabe, Cambridge, pp. 123-132

Ph. MARÇAIS (1960a) : *Langues,* dans l'article "Algérie" dans *EI*² I, pp. 384-390.

Ph. MARÇAIS (1960b) : *Les dialectes occidentaux,* dans l'article "ʿArabiyya", *EI*² I, pp. 597-601.

Ph. MARÇAIS (1977) : *Esquisse gammaticale de l'arabe maghrébin.* Paris : Adrien Maisonneuve, xv-284 p.

Ph. MARÇAIS (2001) : *Parlers arabes du Fezzân.* Textes, traductions et éléments de morphologie rassemblés et présentés par D. Caubet, A. Martin et L. Denooz. Liège (*Bibliothèque de la Faculté de Philosophie et Lettres*, CCLXXXI), xli-287 p.

W. MARÇAIS (1908) : *Le dialecte arabe des Ulâd Brāhîm de Saïda.* Paris, 201 p.

W. MARÇAIS (1945) : "Linguistique", compte rendu sommaire des recherches des membres de la Mission scientifique du Fezzan (fév.-avr. 1944), dans *Travaux de l'Institut de de Recherches Sahariennes* 3 (1945), pp. 186-188. (Le texte de cette contribution a été reproduit en entier dans Ph. MARÇAIS (2001), pp. xiv-xvi).

W. MARÇAIS (1950) : "Les parlers arabes", dans A. Basset *et alii* (éds.), *Initiation à la Tunisie*, Paris : Adrien Maisonneuve, pp. 195-219.

W. MARÇAIS/F. JELLOULI (1931-3) : "Trois textes arabes d'el-Ḥâmma de Gabès", dans *Journal Asiatique* 218 (1931), pp. 193-247, 221 (1932), pp. 193-270, (223) 1933, pp. 1-88.

T.F. MITCHELL (1952) : "The Active Participle in an Arabic dialect of Cyrenaica", dans *Bulletin of the School of Oriental and African Studies* 14 (1952), pp. 11-33.

T.F. MITCHELL (1960) : "Prominence and Syllabication in Arabic", dans *Bulletin of the School of Oriental and African Studies* 23 (1960), pp. 369-389.

J. OWENS (1983) : "Libyan Arabic Dialects", dans *Orbis* 32 (1983 [87]), pp. 97-117.

J. OWENS (1984) : *A short reference grammar of Eastern Libyan Arabic.* Wiesbaden : Harrassowitz, xv-246 p.

E. PANETTA (1943) : *L'arabo parlato a Bengasi,* I-II. Roma : La Libreria dello Stato, 190-336 p.

J. ROSENHOUSE (1984) : *The Bedouin Arabic Dialects.* Wiesbaden : Harrassowitz, x-384 p.

A. SOCIN (1901) : *Diwan aus Centralarabie.* III Theil : *Einleitung, Glossar und Indices.* Leipzig.

S. A. SOWAYAN (1992) : *The Arabian Oral Historical Narrative.* Wiesbaden : Harrassowitz (*Semitica viva,* 6).

C. TAINE-CHEIKH (1991) : "L'arabe des Biḍân", dans A. Kaye (éd.), *Semitic Studies in honor of Wolf Leslau,* I-II, Wiesbaden : Harrassowitz, pp. 1528-1548.

QUEL ARABE POUR COMMUNIQUER ?
PASSÉ ET PRÉSENT

J.J. DE RUITER
Université de Tilburg

Introduction

Le Coran mentionne plusieurs fois la langue arabe en mettant, notamment, l'accent sur le rôle qu'elle joue dans la communication du message de Dieu aux hommes de façon claire et compréhensible. La sourate XVI (*al-Naḥl*), verset 103, dit : *wa-hāḏā lisān*^{un} *ʿarabiyy*^{un} *mubīn*^{un} (« ceci est une langue arabe claire[1] ») ; un verset comparable est celui de la sourate XXVI (*al-Šuʿarāʾ*), verset 195 : *bi-lisān*^{in} *ʿarabiyy*^{in} *mubīn*^{in} (« en langue arabe claire »). La langue arabe est l'outil par excellence pour la communication du message de Dieu aux hommes afin qu'ils le comprennent : ainsi la sourate XII (*Yūsuf*), verset 2, dit : *innā anzalnā-hu qurʾān*^{an} *ʿarabiyy*^{an} *laʿalla-kum taʿqilūna* (« Nous les avons fait descendre sur toi en un Coran arabe. Peut-être comprendrez-vous ! »). La sourate XXXIX (*al-Zumar*), verset 28, exprime le même sentiment : *qurʾān*^{an} *ʿarabiyy*^{an} *ġayr*^{a} *ḏī ʿiwaǧ*^{in} *laʿalla-hum yattaqūna* (« dans un Coran arabe, exempt de tortuosité. Peut-être craindront-ils Dieu ! »), tout comme le fait la sourate XLIII (*al-Zuḫruf*), verset 3 : *innā ǧaʿalnā-hu qurʾān*^{an} *ʿarabiyy*^{an} *laʿalla-kum taʿqilūna* (« Nous en avons fait un Coran arabe ! Peut-être comprendrez-vous ! »). Le verset 3 de la sourate XLI (*Fuṣṣilat*) rattache la langue arabe aux gens qui savent, c'est-à-dire à ceux qui adoptent une attitude positive dans l'acceptation du message de Dieu : *fuṣṣilat āyātu-hu qurʾān*^{an} *ʿarabiyy*^{an} *li-qawm*^{in} *yaʿlamūna* (« [...] les Versets sont clairement exposés ; un Coran arabe, destiné à un peuple qui comprend »). Quant à la sourate XX (*Ṭaha*), verset 113, elle explique pourquoi le Coran est révélé en langue arabe. Si les hommes réalisent les conséquences d'un refus du message divin, ils se soumettent à la volonté de Dieu : *wa-kaḏālika anzalnā-hu qurʾān*^{an} *ʿarabiyy*^{an} *wa-ṣarrafnā fī-hi min al-waʿīd laʿalla-hum yattaqūna aw yuḥdiṯ la-hum ḏikr*^{an} (« Nous avons fait descendre ainsi un Coran arabe au cours duquel nous avons formulé des menaces. Il se peut qu'ils craignent Dieu et qu'un Rappel leur soit renouvelé »). La sourate XLII (*al-Šūrà*), verset 7, associe la langue arabe aux habitants de la Mecque et de ses environs afin de les avertir : *wa-kaḏālika awḥaynā ilay-ka qurʾān*^{an} *ʿarabiyy*^{an} *li-tunḏir umm al-qurà wa-man ḥawla-hā* (« Voici comment Nous te révélons un Coran arabe afin que tu avertisses la Mère des cités et ceux qui habitent aux alentours »). La sourate XLVI (*al-Aḥqāf*), verset 12, poursuit en disant que c'est un livre en langue arabe pour avertir ceux qui commettent des injustices et pour louer ceux qui font du bien : *wa-hāḏā kitāb*^{un} *muṣaddiq*^{un} *lisān*^{an} *ʿarabiyy*^{an} *li-yunḏir allaḏīna*

[1] Textes du Coran tirés de la traduction de D. MASSON (1967).

ẓalamū wa-bušrà li-al-muḥsinīna (« Mais celui-ci est un Livre confirmant les autres, écrit en langue arabe, destiné à avertir les injustes et à annoncer la bonne nouvelle à ceux qui font le bien »). Dans un dernier verset (44), la sourate XLI (*Fuṣṣilat*), le Coran spécule sur les conséquences qu'aurait entraînées la révélation du texte dans une autre langue que l'arabe : *wa-law ǧaʿalnā-hu qur'ān*[an] *aʿǧamiyy*[an] *la-qālū law lā fuṣṣilat āyātu-hu : a-aʿǧamiyy*[un] *wa-ʿarabiyy*[un] *?* (« Si nous en avions fait un Coran récité dans une langue étrangère, ils auraient dit : “Pourquoi ses versets n'ont-ils pas été exposés clairement, et pourquoi utiliser une langue étrangère alors que nous parlons arabe ?” »). Ces conséquences auraient été évidemment négatives ou, en tout cas, ne méritent pas une recommandation.

Ce tour d'horizon des versets du Coran, où la langue arabe est mentionnée, montre clairement que cette langue joue surtout un rôle de langue de communication : à plusieurs reprises, le Coran précise qu'elle, la langue arabe, est claire (*mubīn*), que les gens peuvent la comprendre et saisir les invitations et les avertissements du Coran. Personne ne peut y échapper. Il est remarquable qu'il n'y ait pas plus d'attributs qui soient mentionnés pour la langue arabe dans le Coran : sa beauté, son éloquence ou sa richesse lexicale. Aujourd'hui, ce sont, entre autres, ces aspects de la langue arabe qui abondent dans la littérature sur cette languageage, et que l'on observe dans les attitudes des Arabes et des musulmans. Cependant, à l'époque du prophète Muḥammad, son rôle en tant que langue de communication était parfaitement normal et naturel. Le prophète devait communiquer un message au monde, surtout aux Arabes, et il avait besoin d'un outil de communication qui pouvait être compris par les incroyants de l'époque. Le message a été compris, comme le montre l'histoire : aujourd'hui, le monde compte plus d'un milliard de musulmans.

Le statut assez élevé de la langue arabe a continué à exister à travers les siècles et, de nos jours, elle jouit encore d'attitudes très favorables auprès des arabophones, fussent-ils musulmans ou non. Dans cette modeste contribution au *liber amicorum* en l'honneur du Professeur Aubert Martin, je voudrais montrer pour quelles raisons la langue arabe peut encore évoquer des sentiments assez sensibles et positifs chez les arabophones et les locuteurs pour qui l'arabe est la deuxième langue aujourd'hui, mais aussi que les raisons et les motifs qui se cachent derrière ces attitudes sont d'une autre nature que ceux qui prévalaient au moment de la révélation. Cet article présente en fait les résultats d'une recherche socio-linguistique, menée auprès de 278 sujets marocains, au cours de laquelle leurs attitudes, notamment à l'égard de la langue arabe, ainsi que les motifs et les raisons qui sont à la base de ces attitudes, ont été examinés. Par la suite, ces motifs invoqués seront comparés aux raisons liées à l'importance accordée à la langue arabe, comme le Coran a pu les exprimer. Des différences remarquables se dévoileront.

L'enquête au Maroc

Les données socio-linguistiques présentées dans cette contribution sont issues d'une recherche menée au Maroc. Le Maroc est un pays arabe plurilingue dans lequel plusieurs langues jouent des rôles assez spécifiques. Il s'agit des variétés de la langue arabe : l'arabe dialectal, langue maternelle d'environ 50-55% de la population ; l'arabe standard (ou littéraire ou classique), langue officielle du royaume et qui n'est la langue maternelle de personne ; les variétés berbères ou amazighes, langue maternelle d'environ 45-50% de la population ; les langues française et espagnole, et plus récemment anglaise[1]. Le Maroc connaissait jusqu'aux années 80 du siècle dernier une politique linguistique changeante concernant l'utilisation de la langue arabe ou de la langue française dans son système éducatif, mais au cours des vingt dernières années, tous les élèves marocains dans l'enseignement primaire et secondaire public ont reçu un enseignement en langue arabe : le primaire et le secondaire ont été complètement arabisés. Plus récemment, ce sont les dialectes arabes qui prévalent plus que tout. La question est, entre autres, de savoir si l'arabe dialectal est approprié comme langue d'instruction dans le système éducatif[2].

La recherche socio-linguistique en question vise à déterminer le statut des langues du Maroc au début du troisième millénaire[3]. Elle englobe les langues en vigueur au Maroc, mais elle porte un intérêt particulier aux variétés de l'arabe : l'arabe littéraire et l'arabe dialectal. La recherche s'est concentrée sur les jeunes locuteurs marocains bien éduqués ou qui sont en train de suivre une formation. Ce sont ceux qui ont suivi un enseignement primaire et secondaire arabisé. On peut supposer qu'ensuite ils ont développé des attitudes, favorables ou défavorables, à l'égard de la langue arabe littéraire. Les sujets ont été recrutés dans diverses régions du Maroc afin que des différences régionales puissent être détectées.

Pour l'étude socio-linguistique, tous les sujets se sont vu soumettre un questionnaire comportant une soixantaine de questions qui portaient sur leur profil socio-linguistique. Dans cet article, les réponses des sujets aux questions concernant leurs attitudes à l'égard de l'arabe littéraire et de l'arabe dialectal sont présentées[4].

Les caractéristiques des sujets de l'enquête

Au total, 278 sujets ont participé à l'enquête. Ce sont, pour la plupart, des sujets originaires de Rabat et de Casablanca. Un peu plus d'un quart vient des régions centrales du Maroc, c'est-à-dire de Beni-Mellal et de Marrakech. De petits

---

1 A. BOUKOUS (1991).

2 J.J. DE RUITER (2001) ; A. YOUSSI (1992).

3 J.J. DE RUITER, (à paraître).

4 Voir *op. cit.* pour l'ensemble des résultats de la recheche.

groupes de sujets sont de Fès et d'Oujda[1]. Un peu plus des trois quarts des sujets sont arabophones, tandis que presque un quart d'entre eux sont de langue maternelle amazighe.

Avec un peu plus de 60% du total des sujets, les femmes sont évidemment surreprésentéees dans l'enquête. Cela est sans doute dû au fait que les sujets étaient surtout recrutés dans les Facultés de Lettres de plusieurs universités et dans les écoles de langues, où abondent traditionnellement les filles.

Concernant leur âge, la plupart des sujets sont des jeunes d'environ 22 ans. Étant donné que la recherche a été menée dans la période allant de 2000 à 2002, on peut supposer qu'ils ont suivi la majeure partie de leur formation, sinon la totalité, sous une régime arabophone dans l'enseignement primaire et secondaire.

Dans le rapport final de la recherche, les données obtenues sont analysées sur base de la région d'origine, du sexe et aussi de la langue maternelle[2]. Le présent article se limite aux données du groupe pris dans son intégralité.

Les attitudes des sujets à l'égard des variétés de l'arabe

Les 278 sujets étaient interrogés sur leurs attitudes à l'égard de la beauté de l'arabe littéraire et de l'arabe dialectal. Les deux questions étaient formulées comme suit : “Dans quelle mesure trouves-tu la langue arabe littéraire/dialectale belle ou laide ?”. Les sujets pouvaient choisir leur réponse sur une échelle qui allait de 1 (très beau) à 5 (très laid). Ils avaient également la possibilité de commenter leur appréciation. Ces dernières réponses sont rubriquées et présentées à la fin de cette section. Le tableau 1 présente les choix des sujets sur l'échelle, pour l'arabe littéraire et l'arabe dialectal.

Tableau 1 : Évaluation de la beauté de l'arabe littéraire (AL) et de l'arabe dialectal (AD)

(N = nombre de sujets ayant donné une réponse ; % = pourcentage de sujets ayant donné une réponse ; moyenne AL : 1.63 ; écart type : 0.85 ; moyenne AD : 2.5 ; écart-type : 0.96)

[1] Dans la publication finale seront ajoutées les données de l'enquête effectuée dans les villes d'Agadir, Meknès et Tanger (au moment de la publication de cet article non encore disponibles) et, éventuellement, les données de sujets additionnels des villes mentionnées.

[2] Voir pour ces analyses J.J. DE RUITER (à paraître).

Échelle	N-AL	%-AL	N-AD	%-AD
1) Très beau	152	55,9	46	16,5
2) Beau	79	29,0	87	31,3
3) Ni beau ni laid	33	12,1	113	40,6
4) Laid	5	1,8	25	9
5) Très laid	3	1,1	7	2,5
Total	272	100	278	100

Plus de la moitié des sujets considère l'arabe littéraire comme très beau, tandis que presque 30% le trouve beau et seulement 12% le juge comme ni beau ni laid. Ils sont cependant moins de 3% à considérer que l'arabe littéraire est laid ou très laid. En ce qui concerne la beauté de l'arabe dialectal, l'image est plus modérée. Le plus grand groupe, 40%, trouve l'arabe dialectal ni beau ni laid. Un peu moins de 50% le trouve très beau ou beau, alors qu'environ 10% le considère laid ou très laid.

Les sujets avaient la possibilité de donner des commentaires écrits pour justifier leur choix à propos de la beauté de l'arabe littéraire et de l'arabe dialectal. Les commentaires ont donné lieu à une richesse d'opinions qui expriment vraiment une valeur additionnelle aux réponses choisies sur l'échelle. La question qui se posait était de savoir comment présenter les divers commentaires des 278 sujets. En les lisant, il apparaît clairement qu'ils englobent *grosso modo* des remarques qui pouvaient être saisies sous différentes catégories positives et négatives. Le tableau suivant présente ces catégories. Il faut remarquer que certains n'ont pas fourni de commentaires pour leur réponse.

Tableau 2 : Diverses catégories tirées des commentaires des sujets sur la beauté de l'arabe littéraire et de l'arabe dialectal

Catégories (abréviations)	Sens
ARAB	Les Arabes/les états arabes/être Arabe
COMM	Communication
CORAN	Coran/livre saint/textes saints
CULT	Culture/civilisation/histoire/arts
ISLAM	Islam/religion/le prophète Muḥammad
L1	Langue maternelle
LEX	Richesse lexicale

LIT	Littérature/poésie
PERS	Appréciation personnelle pour la langue
RICH	Richesse linguistique de la langue
STATUT	Statut élevé de la langue
NEG-ARAB	Langue dite 'inutile' hors du Maroc pour communiquer avec les autres Arabes
NEG-COMM	Manque de communication/ communication faible
NEG-L1	N'est pas la langue maternelle
NEG-LEX	Ne contient pas un lexique riche/ contient des mots 'sales'
NEG-PERS	Dédain personnel pour la langue
NEG-RICH	Absence de richesse linguistique
NEG-STATUT	Absence de statut de la langue
Pas de commentaire	Le sujet n'a pas fait de commentaire

Pour chaque catégorie, des exemples de commentaires sont présentés ci-dessous. Les commentaires étaient en général donnés en français, de temps en temps dans un français très relâché. Quelques-uns s'exprimaient en anglais ou en arabe. La langue des commentaires présentés ici a fait l'objet d'une correction. Les citations sont pourvues des codes identifiant les sujets[1].

ARAB : *C'est la langue qui unit notre monde arabe* (sujet MARR2 sur la beauté de l'arabe littéraire).

NEG-ARAB : *Parce que les autres pays ne comprennent pas l'arabe dialectal* (sujet CASA12 sur la beauté de l'arabe dialectal).

COMM : *C'est ma langue maternelle et je l'utilise pour être capable de communiquer avec ma famille et les gens "illiterate". I can speak my mind the way I like in this language* (sujet FES2 sur la beauté de l'arabe dialectal).

NEG-COMM : *De toute façon parce que l'arabe n'est pas adapté au développement technologique, social, économique* (sujet OUJ2 sur la beauté de l'arabe littéraire).

CORAN : *Car (c'est la) langue du Coran* (sujet RABAT60 sur la beauté de l'arabe littéraire).

---

[1] BM = sujet de Beni-Mellal; CASA = sujet de Casablanca; FES = sujet de Fès; MARR = sujet de Marrakech; OUJ = sujet d'Oujda; RABAT = sujet de Rabat.

CULT :	*Comme l'arabe littéraire, l'arabe dialectal est une de nos anciennes cultures* (sujet CASA32 sur la beauté de l'arabe dialectal). *Parce qu'elle contient des expressions d'une extrême beauté ainsi qu'il y a de l'art dans l'écriture* (sujet BM45 sur la beauté de l'arabe littéraire).
ISLAM :	*L'arabe littéral est beau parce que c'est la langue de l'islam et du Coran* (sujet BM1 sur la beauté de l'arabe littéraire).
L1 :	*C'est notre langue parlée et c'est aussi la langue où l'on se sent à l'aise en la parlant et en s'exprimant, et c'est aussi la langue avec laquelle on a grandi et celle qu'on a parlée (quand on était) tout petits* (sujet CASA20 sur la beauté de l'arabe dialectal). *J'aime ma langue maternelle* (sujet RABAT44 sur la beauté de l'arabe littéraire).
NEG-L1 :	*Parce qu'elle n'est pas ma langue maternelle et je la trouve difficile lorsque je la parle* (sujet OUJ1 sur la beauté de l'arabe littéraire).
LEX :	*C'est une langue mélangée avec des mots modernes ; l'arabe littéral avec l'accent marocain* (sujet BM6 sur la beauté de l'arabe dialectal). *C'est une langue riche au niveau du vocabulaire. C'est une langue très expressive. Dieu l'a choisie comme langue du Coran* (sujet RABAT84 sur la beauté de l'arabe littéraire).
NEG-LEX :	*Parce qu'il y a des mots vulgaires et mal utilisés dans lesquels on ne peut pas exprimer toutes nos idées* (CASA17 sur la beauté de l'arabe dialectal). *Il répond au besoin de la communication quotidienne des Marocains malgré (le fait) qu'il est pauvre en expressions de sentiment et plus ou moins littéraires* (sujet RABAT62 sur la beauté de l'arabe dialectal).
LIT :	*Langue de grande poésie, d'éloquence* (sujet MARR12 sur la beauté de l'arabe littéraire).
PERS :	*Elle est plus facile que l'arabe littéraire* (sujet CASA19 sur la beauté de l'arabe dialectal). *Je ne le trouve ni beau ni laid. Je trouve que c'est une langue normale* (sujet RABAT55 sur la beauté de l'arabe littéraire).
NEG-PERS :	*Parce que je ne la pratique pas* (sujet CASA13 sur la beauté de l'arabe littéraire). *Car il y a des situations où je n'aime pas parler en dialecte* (RABAT33 sur la beauté de l'arabe dialectal).
RICH :	*C'est une langue très soignée* (sujet MARR26 sur la beauté de l'arabe littéraire). *Les proverbes* (RABAT105 sur la beauté de l'arabe dialectal).
NEG-RICH :	*Elle n'a aucun sens* (sujet CASA57 sur la beauté de l'arabe dialectal).

STATUT : *Parce que c'est notre langue pragmatique* (BM34 sur la beauté de l'arabe dialectal).
L'arabe littéral est beau parce qu'il contient pas mal de règles (sujet MARR17 sur la beauté de l'arabe littéraire).

NEG-STATUT : *L'arabe dialectal n'a aucune importance dans le monde des études parce qu'il contient des termes qui n'ont pas de sens* (sujet CASA15 sur la beauté de l'arabe dialectal).
Cette haine que j'ai pour l'arabe, et surtout le littéral, est due à ma haine des Arabes qui font de la petitesse, de la bassesse, la base de leurs vies (RABAT96 sur la beauté de l'arabe littéraire).
C'est un dialecte qui ne respecte pas la grammaire (sujet MARR15 sur la beauté de l'arabe dialectal).

Dans le tableau suivant, les catégories de commentaires sur la beauté de l'arabe littéraire sont résumées. Dans certains cas, des sujets ont fait des commentaires qui pouvaient être classifiés dans plus d'une catégorie. Ces deuxième et même troisième commentaires sont aussi présentés dans le tableau (C1, C2 et C3). Quant à la première colonne, elle regroupe les catégories de commentaires, tandis que deux colonnes suivent indiquant les nombres de fois qu'un certain commentaire a été donné et la distribution de ces nombres en pourcentage.

Tableau 3 : Beauté de l'arabe littéraire
premier, deuxième et troisième commentaires (C1, C2, C3) des sujets

Catégories	N	%	N	%	N	%
	C1		C2		C3	
ARAB	10	3,6	9	3,2	1	0,4
COMM	17	6,1	9	3,2	2	0,7
CORAN	69	24,8	18	6,5	2	0,7
CULT	10	3,6	3	1,1	-	-
ISLAM	11	4,0	13	4,7	2	0,7
L1	15	5,4	8	2,9	1	0,4
LEX	5	1,8	8	2,9	-	-
LIT	21	7,6	9	3,2	1	0,4
PERS	29	10,5	4	1,4	1	0,4
RICH	29	10,4	10	3,6	3	1,1
STATUT	15	5,4	4	1,5	2	0,7
NEG-COMM	12	4,3	-	-	-	-

NEG-L1	1	0,4	-	-	-	-
NEG-LEX	1	0,4	-	-	-	-
NEG-PERS	5	1,8	2	0,7	-	-
NEG-STATUT	1	0,4	-	-	-	-
Pas de commentaire	27	9,7	181	65,1	263	94,6
Total	278	100	278	100	278	100

La langue arabe littéraire est surtout liée au Coran, le livre saint de l'Islam. Environ un quart des commentaires concernent ce thème. Dans le même contexte, il y a un petit groupe de 4% qui fait mention de l'Islam. Ensuite, environ 10% des commentaires expriment des valeurs positives personnelles des sujets à l'égard de cette langue. 10% encore apprécient la langue arabe classique pour sa richesse linguistique et 8% des commentaires touchent à la langue arabe classique en tant que langue littéraire, surtout la langue de l'héritage poétique, tandis que 2% vantent sa richesse lexicale. Des petits groupes prennent en considération la fonction communicative de l'arabe littéraire, son rôle dans le monde arabe comme facteur unifiant, ou même comme langue maternelle. Un petit groupe de sujets fait aussi mention du statut élevé de la langue arabe littéraire. Les commentaires négatifs ne concernent qu'environ 7% du total des commentaires. Ils accentuent le rôle négatif de l'arabe littéraire comme langue de communication des arabophones, une langue qui doit être apprise à l'école et qui ne fonctionne pas comme langue maternelle. Dans 10% des cas, aucun commentaire n'a été enregistré. Les deuxième et troisième commentaires sont d'une même nature et d'une même distribution que les premiers.

En ce qui concerne les commentaires des sujets sur la beauté de l'arabe dialectal, la plupart ne donnaient qu'un seul commentaire et un nombre limité donnaient un deuxième commentaire, comme cela est démontré dans le tableau 4.

Tableau 4 : Beauté de l'arabe dialectal
premier et deuxième commentaires (C1, C2) des sujets

Catégories	N	%	N	%
	C1		C2	
ARAB	-	-	1	0,4
COMM	89	32,0	11	4,0
CORAN	2	0,7	-	-
CULT	3	1,1	-	-

L1	33	11,9	1	0,4
LEX	6	2,2	2	0,7
ISLAM	-	-	1	0,4
PERS	23	8,3	6	2,2
RICH	4	1,4	1	0,4
STATUT	11	4,0	2	0,7
NEG-ARAB	11	4,0	1	0,4
NEG-COMM	11	4,0	1	0,4
NEG-L1	2	0,7	-	-
NEG-LEX	17	6,1	7	2,5
NEG-PERS	4	1,4	1	0,4
NEG-RICH	1	0,4	-	-
NEG-STATUT	22	7,9	4	1,5
Pas de commentaire	39	14,0	239	86,0
Total	278	100	278	100

Ce qui frappe tout de suite dans les commentaires sur la beauté de l'arabe dialectal, c'est la distribution absolument contraire à ceux exprimés sur la beauté de la langue arabe littéraire. Un tiers des sujets insistent sur la fonction communicative de l'arabe dialectal, et un peu plus de 10% le considèrent comme la langue maternelle des arabophones : c'est évidemment la langue de communication quotidienne avec la famille, dans la rue et avec les illettrés. C'est la langue maternelle, acquise dès l'enfance et tenue en haut respect. 8% adoptent une attitude personnelle positive à l'égard de l'arabe dialectal et 4% insistent sur le statut relativement élevé de cette langue. Les catégories ARAB, CORAN et ISLAM sont vides ou presque vides. Ainsi l'arabe dialectal n'est pas considéré comme la langue par excellence des Arabes, du Coran ou de la religion. Les catégories CULT, LEX et RICH concernent ensemble à peine 5% des commentaires. Les commentaires négatifs absorbent une partie beaucoup plus grande que les commentaires négatifs sur l'arabe littéraire. De même, il y a plus de catégories négatives que dans les commentaires sur l'arabe littéraire. Les sujets mentionnent l'absence de valeur de l'arabe marocain dialectal dans le monde arabe comme langue de communication, ou les différences régionales de l'arabe dialectal dans la société marocaine qui peuvent entraver une communication fluide entre les Marocains. Remarquables sont les commentaires qui touchent aux mots 'sales' que l'arabe marocain devrait contenir et les mots d'origine étrangère, évidemment des choses 'abjectes'. Dans 14% des cas, aucun commentaire n'a été donné.

Conclusion

La langue arabe littéraire n'est plus la langue de communication quotidienne, comme le montrent les opinions des 278 sujets marocains à l'égard de la langue arabe littéraire et de l'arabe dialectal. L'histoire nous a aussi prouvé que l'arabe du Coran n'est plus la langue de communication quotidienne, si tant est qu'elle le fût jamais du temps du Prophète. Des dialectes se sont développés, dont la distance linguistique avec l'arabe littéraire peut être considérée comme assez large. Il ne va pas de soi qu'un enfant arabophone sans éducation comprenne les versets du Coran : il a besoin d'un taux d'instruction considérable dans cette langue afin qu'il soit à même de les comprendre. L'arabe est devenu une langue 'pluriforme', même si ça paraît paradoxal : il y a l'arabe classique, l'arabe standard moderne ou littéraire et de nombreux dialectes. Pour communiquer, l'arabe dialectal est considéré d'une grande importance, surtout s'il s'agit des messages personnels et quotidiens. La division est claire : la communication se fait en dialectal et le littéraire sert à des notions de beauté, culture, littérature et religion. La question qui se pose est de savoir quelle variété de l'arabe le prophète choisirait s'il devait communiquer son message de soumission au monde d'aujourd'hui : l'arabe littéraire, langue de beauté, ou l'arabe dialectal, langue de communication ?

Bibliographie

A. BOUKOUS (1991) : *Société, langues et cultures au Maroc. Enjeux symboliques.* Rabat : Publications de la Faculté des Lettres et des Sciences Humaines (*Essais et études*, 8).

Coran (1967) : *Le Coran*. D. Masson (trad.), Paris: Gallimard.

J.J. DE RUITER (2001) : "Analyse (socio-)linguistique de la Charte nationale marocaine d'éducation et de formation", dans *L'Arabisant, Journal de l'Association Française des Arabisants (AFDA)* 35 (2001), pp. 63-74.

J.J. DE RUITER (à paraître) : *Formé sous la politique linguistique du Maroc : le profil socio-linguistique des jeunes Marocains au début du troisième millénaire* (titre provisoire). Paris : L'Harmattan.

A. YOUSSI (1992) : *Grammaire et lexique de l'arabe marocain moderne.* Casablanca: Wallada.

TAWFĪQ AL-ḤAKĪM ET LES MYTHOLOGIES MÉDITERRANÉENNES

L. DENOOZ
Université de Nancy2/Université Libre de Bruxelles

Le relevé systématique des sujets mythologiques et pseudo-historiques traités dans l'œuvre de l'écrivain égyptien contemporain Tawfīq al-Ḥakīm[1] (1898-1987) et leur répartition selon leur origine géographique contribuent à faire apparaître deux particularités :

1) l'intérêt quasi-exclusif de Tawfīq al-Ḥakīm pour des cultures méditerranéennes ou orientales dont l'influence sur l'Égypte moderne est incontestable : l'Égypte ancienne, le judaïsme, la Grèce antique, l'Empire romain et le monde arabo-islamique, l'Inde et la Chine[2] ;

2) la prépondérance de l'influence de l'Égypte pharaonique et de la Grèce classique.

I. La mythologie et Tawfīq al-Ḥakīm : entre conformisme culturel et originalité

Cette préférence n'est pas une originalité de Tawfīq al-Ḥakīm : elle s'inscrit dans un courant littéraire arabe de la première moitié du XXe siècle, parfois appelé ‘néoclassicisme’, et dont la caractéristique essentielle consiste en une reviviscence délibérée du classicisme de la littérature arabe et en un retour conscient au passé glorieux et idéal des communautés anciennes autochtones, à une espèce d'âge d'or éthique, culturel et politique. Ce retour aux valeurs antiques s'opère notamment via l'exploitation des traditions indigènes, expression de leur fierté nationale[3] : les auteurs néoclassiques, puisant dans la mémoire des civilisations qui se sont succédé sur le sol de leurs ancêtres, sélectionnent les thèmes qui leur permettent d'exalter la grandeur de leur peuple[4]. Ainsi, dès sa genèse en France, l'égyptologie fit de nombreux adeptes parmi les Égyptiens, qui retrouvèrent, selon Champollion, le “caractère d'inaltérabilité qui est propre à toutes les institutions égyptiennes”[5] ou selon Tawfīq al-Ḥakīm[6], *al-istiqrār*, la « permanence » ou la « stabilité » : l'Égypte

---

1 Ses œuvres complètes ont été éditées en quatre volumes sous le titre *al-Mu' allafāt al-kāmila*. C'est à cette édition (*M.K.*) que toutes les citations ḥakīmiennes dans cet article font référence.

2 Alors qu'il connaît les mythes celtiques, germaniques ou norvégiens. *Taḥta šams al-fikr*, dans *M.K.*, I, p. 488.

3 Pour plus d'informations sur l'horizon d'attente de cette période nationaliste, voir A. HOURANI (1991), pp. 332-349 ; L.-W. DEHEUVELS (1995), pp. 446-453.

4 Sur le néoclassicisme, voir E. MACHUT-MENDECKA (1997), pp. 42-70.

5 A. LOUCA (1977), p. 118.

6 *Taḥta šams al-fikr*, dans *M.K.*, I, p. 478, col. 1.

est toujours elle-même et éternelle, comme le Nil[1]. Influencé par les théories de Paul Valéry[2], Ṭāhā Ḥusayn rattache historiquement et culturellement l'Égypte à l'Europe[3] : l'hellénisme est dorénavant conçu comme partie intégrante de l'héritage national égyptien[4].

S'inscrivant dans un courant littéraire contemporain de son époque, Tawfīq al-Ḥakīm n'est pas davantage original dans le choix des sujets qu'il emprunte à ces deux civilisations. Ainsi le mythe d'Œdipe, auquel il consacra une pièce en 1949, fut exploité à de nombreuses reprises dans la littérature arabe : à côté de traductions de la pièce de Sophocle[5], de celle de Voltaire[6], ou de celle d'André Gide[7], figurent aussi des œuvres originales, notamment celles de ʿAlī Aḥmad Bākaṯīr (1949) et d'al-Sālim (1970). De même, le thème de Pygmalion qu'il a traité à plusieurs reprises[8] le fut aussi par Zakariyyā al-Ḥiǧǧāwī, ainsi que par le syro-libanais Ḫalīl al-Hindāwī (1942).

Les sujets mythologiques appartenaient donc à un courant littéraire à la mode. Néanmoins, si la Grèce antique occupe une place particulière dans la théorie de Tawfīq al-Ḥakīm, ce n'est pas seulement par attachement au néoclassicisme. Selon une théorie ḥakīmienne[9] fondée sur les notions d'individuation apollinienne et de collectivisation dionysiaque chères à Nietzsche[10], Tawfīq al-Ḥakīm classe les cultures selon une répartition géographique courante, mais contestable : la spiritualité est orientale, la matérialité est occidentale. L'idéal artistique serait une culture *kāmila* et *muttazina*, « parfaite et équilibrée », qui se situerait à l'intersection de l'Orient et de l'Occident et qui concilierait esprit (*rūḥ*) et raison (*ʿaql*) ou sentiments (*šuʿūr*) et logique (*manṭiq*). Or la phase 'classique' ou l''âge d'or' de la civilisation grecque — que Tawfīq al-Ḥakīm situe entre le VIe et le Ve siècles

---

1 G. DELANOUE (1977), p. 130.

2 P. VALÉRY (1957), pp. 1000-1014, en particulier pp. 1008-1013.

3 Ṭ. ḤUSAYN (1982), pp. 36 et 39.

4 A. LOUCA (1977), p. 122.

5 Faraḥ Anṭūn, 1912 ; Ṭāhā Ḥusayn, 1939.

6 Naǧīb Sulaymān al-Ḥaddād, 1905.

7 Ḥabīb al-Yāziǧī, 1932 ; Ṭāhā Ḥusayn, 1946.

8 En 1928 dans *Bayna al-ḥulm wa-al-ḥaqīqa*, en 1942 dans *Pygmalion* et en 1965 dans *Šams al-Nahār*.

9 Exposée dans une lettre à Ṭāhā Ḥusayn, éditée dans *Taḥta šams al-fikr* (Chap. II : *Fī al-adab wa-al-fann wa-al-ṯaqāfa*, § 1 : *al-Ḫalq*, dans *M.K.*, I, p. 475-479. Rééd. *Miṣr bayna ʿahdayni*, dans *M.K.*, IV, p. 567-570).

10 Dans *Die Geburt der Tragödie*, Nietzsche proclame que la perfection de l'art grec antique résulte de l'équilibre entre le matérialisme d'Apollon et le spiritualisme de Dionysos. Son influence sur Tawfīq al-Ḥakīm est d'autant plus certaine que le dramaturge emploie les noms de ces deux divinités et fait de la Grèce l'idéal *kāmil* et *muttazin*.

av. J.-Chr., en excluant, contrairement à l'habitude des historiens de l'Antiquité, la première moitié du IVe siècle en raison de la prédominance de la raison et de la logique durant cette période — représente le seul exemple historique de la civilisation *kāmila* et *muttazina*, ce qui justifie son intérêt pour la mythologie grecque[1].

Ainsi, loin de n'être qu'un fantaisiste non engagé, Tawfīq al-Ḥakīm fait preuve d'une constance peu banale dans ses choix mythologiques ou dans son traitement thématique. Il n'en reste pas moins qu'il préféra rester éloigné du réalisme social et du réalisme politique. Cela lui valut de nombreuses critiques de la part des intellectuels, dont certains lui reprochaient son insensibilité vis-à-vis des problèmes quotidiens des Égyptiens et une certaine frivolité[2]. Or c'est précisément là que réside l'originalité de Tawfīq al-Ḥakīm : il a cherché à résoudre ces problèmes — en particulier la question de l'identité politique et culturelle de l'Égypte —, sous le couvert de fantaisie et de divertissement, dans des pièces exploitant les traditions grecques et égyptiennes antiques.

II. Méthodes d'exploitation de la mythologie dans l'œuvre ḥakīmienne

L'étude des œuvres de Tawfīq al-Ḥakīm amène à distinguer plusieurs catégories de techniques d'exploitation de la mythologie, dont certaines peuvent intervenir ensemble dans la même œuvre.

Indices internes de l'influence mythologique

Le recours à la mythologie dans l'œuvre de Tawfīq al-Ḥakīm est parfois simplement implicite et le lecteur doit faire des investigations profondes pour retrouver les influences. Dans *Isis*, Thot et Mustat sont mis en évidence à l'intérieur d'un groupe de sept joueurs de flûte, qui, par leur nombre et la forme de leur chapeau, rappellent les sept scorpions d'Isis[3]. Or si la personnalité du Thot ḥakīmien justifie l'emprunt de son nom au dieu égyptien de la sagesse et des incantations magiques, le nom de Mustat n'apparaît ni dans *Le Livre des Morts* ni dans le *De Iside et Osiride* dont Tawfīq al-Ḥakīm s'inspire largement : il est probablement emprunté à la stèle Metternich, seule attestation de Mestet pour désigner l'un des scorpions[4]. L'association de Mustat et des scorpions n'est en effet sans doute pas

---

1 Pour cette hypothèse d'analyse, voir L. DENOOZ (2002).

2 S. QUṬB (1944), p. 26 ; S. MŪSÀ (1929), pp. 16-17 ; A. AMĪN (1944), p. 9 (republié dans *Fayḍ al-ḫāṭir*, VI, p. 65-79). Voir aussi J. BRUGMAN (1984), p. 201.

3 M. CAZENAVE (1996), s.v. “scorpion”, p. 616, col. 2.

4 Jean Winand, maître de recherches du FNRS à l'Université de Liège, m'a suggéré l'identification de Mustat avec Mestet. La stèle Metternich, datant de Nekhtharheb (378-361 av. J.-Chr.), commandée, d'après un modèle ancien, par Nessa-toum, fils d'Ankh-Psammétique, contient le récit de guérisons par la déesse Eset ou Isis.

l'effet d'une coïncidence, d'autant que, dans *Isis*, seul Mustat fait partie des Scorpions, même si Thot, qui les appelle « nos frères », *iḫwānu-nā*[1], en est indissociable. Or Tawfīq al-Ḥakīm a eu connaissance de la stèle Metternich par la traduction qu'Étienne Drioton en publia dans *Le théâtre égyptien*[2] et dont il lui avait envoyé un exemplaire dédicacé[3].

La difficulté de reconnaître les influences mythologiques est amplifiée par la rareté des indications paratextuelles[4] sur le thème mythique ou historique de la pièce. Tout au plus des titres comme *Isis*, *Œdipe-Roi*, *Pygmalion* ou *Schéhérazade* permettent-ils de définir grossièrement le cadre mythique traité, sans pour autant attester de la véracité du récit : si, dans l'ensemble, l'intrigue d'*Isis* correspond à la légende pharaonique, les trois autres pièces débordent largement de leurs cadres mythiques et en offrent des versions revisitées, à la fois relativement fidèles et profondément altérées. Néanmoins, dans chacun de ces récits, la reprise des personnages et des situations originales renforce le rôle signalétique des titres. Mais, si les noms des personnages principaux d'*Œdipe-Roi* rattachent directement la pièce à la légende des Labdacides, au contraire, dans *Praxa aw muškilat al-ḥukm*, l'emprunt du prénom 'Praxagora' à l'héroïne de *L'assemblée des femmes* ne semble pas suffisamment explicite à Tawfīq al-Ḥakīm : il y joint une dédicace de sa pièce à Aristophane, auprès duquel il s'excuse dans la préface, par un artifice littéraire plaisant, de n'être pas à la hauteur de *L'assemblée des femmes*, tout en admettant que la lecture d'Aristophane lui ait révélé les caractéristiques de l'art dramatique qu'il ignorait jusqu'alors, en dépit de ses multiples expériences d'écriture[5].

L'inspiration mythologique se révèle aussi dans les discours des héros qui, par des allusions constantes et répétitives, comparent leur vie à celle de héros légendaires. Ce procédé narratif leur confère une apparence de détachement et d'objectivité vis-à-vis de leur situation. Dans *Luʿbat al-mawt*, les deux interlocuteurs se réfèrent à la vie de la reine Cléopâtre VII et à l'amour qu'elle porta à deux conquérants romains, César d'abord, Marc-Antoine ensuite. Ainsi, pour faire comprendre à l'historien que l'amour qu'elle lui porte la satisfait plus que celui qu'elle ressentait pour le jongleur Antoine, Cléopâtre, la danseuse, plaide l'irréflexion de l'enfance (*nazal al-ṭufūla*) pour l'amour qu'elle avait pour Antoine et parle de sentiment mature (*al-nuḍǧ*) pour définir l'amour de la reine pour César et, de là,

---

[1] *Isis*, dans *M.K.*, II, p. 856, col 2 ; p. 865, col. 1.

[2] Le Caire, 1942, pp. 82-90.

[3] *Taḥta šams al-fikr*, dans *M.K.*, I, p. 489.

[4] La paratextualité est la relation du texte avec son environnement externe (titres, préfaces, notes, épigraphes, illustrations, ...), où le lecteur trouve des indications pour la réception de l'œuvre. Voir G. GENETTE (1982), pp. 7-12 et J. KRISTEVA (1969).

[5] *Praxa*, dans *M.K.*, I, p. 645, col. 2.

l'amour qu'elle-même ressent envers l'historien[1]. De même, d'autres allusions transparentes et conscientes, employées dans des essais, illustrent quelque idée philosophique : la décoration du fronton du Parthénon et l'art tragique représenté par la muse masquée Melpomène[2] symbolisent ainsi la culture *kāmila* et *muttazina* que fut l'âge d'or de la Grèce[3].

Parfois aussi une indication à la fois métatextuelle[4] et paratextuelle contribue, plusieurs années après la publication d'un texte, à le rattacher à un mythe. Ainsi, alors que le sculpteur de *Bayna al-ḥulm wa-al-ḥaqīqa* est nommé *huwa* et que sa femme jalouse est désignée par le pronom *hiya*, et que par conséquent rien, sinon peut-être la profession du héros, ne dévoile la parenté de *Bayna al-ḥulm wa al-ḥaqīqa* (1938) avec la légende de Pygmalion, Tawfīq al-Ḥakīm la signale dans la préface à *Pygmalion* (1943)[5]. Vingt-deux ans plus tard, il écrivit *Šams al-Nahār* que l'on peut considérer comme la dernière version ḥakīmienne du mythe de Pygmalion, plus travaillée et plus évoluée que les deux premières, mais fondamentalement proche encore du thème initial et peut-être plus encore de la pièce de Bernard Shaw qui s'en inspire. Par ailleurs, d'autres mythes font l'objet de plusieurs mentions : le mythe isiaque est traité dans *Isis* et dans plusieurs essais[6], le thème de Cléopâtre l'est aussi dans plusieurs œuvres appartenant à des genres littéraires divers[7] et dont la comparaison permet de déterminer ce que l'auteur connaît ou ignore de la légende de la descendante des Lagides : l'héroïne de *Luʿbat al-mawt* est simplement comparée à son antique homonyme, tandis que dans *ʿAṣà al-Ḥakīm*, le fantôme de Cléopâtre s'adresse directement à Tawfīq al-Ḥakīm.

Enfin, l'indication paratextuelle est parfois même négative, lorsque Tawfīq al-Ḥakīm présente un texte en niant sa relation avec un hypotexte déterminé. Il présente le *Našīd al-anšād*, écrit en 1940, comme l'imitation du seul *Cantique des Cantiques* de la tradition judéo-chrétienne. En raison des circonstances politiques,

---

1 *Luʿbat al-mawt*, dans *M.K.*, III, p. 341, col. 1.

2 *Taḥta šams al-fikr*, dans *M.K.*, I, p. 478, col. 1.

3 *Pygmalion*, dans *M.K.*, I, p. 864, col. 2.

4 Il s'agit de la relation d'analyse ou de critique qui unit un texte à un autre, écrit par le même auteur ou par un commentateur externe. Voir G. GENETTE (1982), pp. 7-12.

5 *Pygmalion*, dans *M.K.*, I, p. 875, col. 2.

6 *Taḥta šams al-fikr*, dans *M.K.*, I, p. 511, col. 1 ; *Taḥta al-miṣbāḥ al-aḫḍar*, dans *M.K.*, I, p. 856, col. 2 ; *al-Ribāṭ al-muqaddas*, dans *M.K.*, II, p. 113, col. 1 ; *Maṣīr ṣarṣār*, dans *M.K.*, III, p. 741, col. 2.

7 *Rāqiṣat al-maʿbad*, dans *M.K.*, I, p. 698, col. 2 ; *Fann al-adab*, dans *M.K.*, II, p. 531, col. 2 ; *ʿAṣà al-Ḥakīm*, dans *M.K.*, II, pp. 784-786 ; *Luʿbat al-mawt*, dans *M.K.*, II, pp. 313-355 (*passim*) ; *Siǧn al-ʿumr*, dans *M.K.*, III, p. 676, col. 2 ; p. 682, col. 2 ; *Laylat al-zifāf*, dans *M.K.*, III, p. 869-873.

à savoir le *qiyām al-ḥarb al-ʿalāmiyya al-ṯāniya*, le « déclenchement de la seconde guerre mondiale », il n'aurait pu se procurer les textes de Renan et de Gide[1].

L'exploitation du mythe par Tawfīq al-Ḥakīm : conformité ou discordance ?

L'évocation de certains thèmes mythologiques est tellement réduite qu'il est presque impossible de déterminer ce qu'en connaissait réellement Tawfīq al-Ḥakīm : il cite les noms de héros mythiques sans en rappeler la légende, tels Pâris[2], Hatshepsout[3] ou Télémaque[4]. Aussi bien Adonis[5] n'est-il cité qu'en tant qu'amant de Vénus : Tawfīq al-Ḥakīm ne donne aucune explication de son mythe, qui appartient à la fois à la mythologie assyro-babylonienne et à la mythologie grecque.

Par ailleurs, même lorsqu'il propose une adaptation fidèle de la légende antique, il n'en retient que les faits essentiels, parfois légèrement modifiés. Ainsi, *Isis* contient certains invariants du mythe : les inventions agraires d'Osiris, la lutte fratricide pour le pouvoir, le coffre, Byblos, la dissection et enfin la vengeance d'Horus. La plupart des innovations apportées par Tawfīq al-Ḥakīm sont motivées par le caractère humain des personnages, au point que l'on pourrait presque résumer les différences par cette seule distinction : dans le mythe pharaonique, les héros possèdent les attributs de la divinité, notamment la magie et l'immortalité, tandis que les personnages d'*Isis* se caractérisent par leur humanité. Cette particularité constitue une constante de l'œuvre ḥakīmienne : l'auteur égyptien adresse à des hommes un message porté par des hommes. Par ailleurs, le meurtre d'Osiris chez Tawfīq al-Ḥakīm aurait donc essentiellement un mobile politique, alors que la légende antique contient, en plus de cette lutte pour le pouvoir, une opposition manichéenne entre la méchanceté de Seth et la bonté d'Osiris-Onnuphris. Dans la pièce ḥakīmienne, l'opposition entre le bien et le mal n'est plus aussi claire : il s'agit d'un combat politique, qui n'exclut en rien les sentiments d'amitié fraternelle, brièvement évoqués. Ainsi Osiris n'est pas absolument innocent dans ce qui lui arrive : il a négligé volontairement le pouvoir, au profit de la science et des inventions. Même s'il s'est laissé conduire par son intérêt pour le peuple, il n'est pas épargné par la critique : il aurait dû voir que son frère abusait de son pouvoir. Aussi bien Typhon est partagé, un bref instant, entre sa soif de pouvoir et son amour réel pour son frère. Plus qu'une lutte entre le bien et le mal, la pièce ḥakīmienne se présente comme une réflexion philosophique sur les diverses manières

1 *Našīd al-anšād*, dans *M.K.*, I, p. 714.

2 *Qālabu-nā al-masraḥī*, dans *M.K.*, III, p. 892, col. 2.

3 *Laylat al-zifāf*, dans *M.K.*, III, p. 873, col. 1.

4 *ʿAṣà al-Ḥakīm*, dans *M.K.*, II, p. 756, col. 1.

5 *Pygmalion*, dans *M.K.*, I, p. 884, col. 1.

de faire triompher une conception et sur la valeur de cette victoire, variable selon les procédés employés. Cette différence d'objectifs entre la légende antique, qui magnifie les valeurs du bien et de la résurrection, et la version moderne explique aussi la présence de quelques variantes.

Souvent, Tawfīq al-Ḥakīm pulvérise les carcans, dépasse les limites spatiales, temporelles et thématiques du mythe et développe toutes les virtualités qu'il y avait découvertes, allant jusqu'à modifier la fin de l'histoire, son seul objectif étant de traduire ses idées philosophiques en un langage imagé et universel. Parfois, il modifie les contextes mythologiques, en situant des personnages presque modernes ou universels dans un décor antique ou en les changeant de milieu historique ou géographique. Ainsi fait-il évoluer les personnages allégoriques de *Praxa* dans une ville grecque antique, tandis que ceux d'*Ahl al-kahf* ont échangé l'Islam de Muḥammad contre un monde romain chrétien, qui les rapproche de la légende des Dormants d'Éphèse que le Coran s'était appropriée. Par ailleurs, dès qu'une légende ou un mythe laisse un élément en suspens ou dans le flou, le dramaturge s'engouffre dans la brèche et laisse son imagination travailler sans entrer en conflit avec la tradition : l'histoire des Sept Dormants d'Éphèse, surtout dans la version coranique, est imprécise sur le nombre des jeunes gens, que Tawfīq al-Ḥakīm ramène à trois, dont chacun est le support d'une idée abstraite (la rationalité, la sensibilité et la matérialité).

En outre, la plupart des œuvres dramatiques de Tawfīq al-Ḥakīm étendent le mythe et en prolongent largement les potentialités, notamment symboliques et psychanalytiques, analysant souvent les événements qui se déroulent après ceux que le mythe a immortalisés. *Schéhérazade* se situe après que les mille et une nuits se sont écoulées, les personnages cherchent alors à réintégrer le cours normal de la vie : Schéhérazade ne risque plus d'être tuée par son mari, lequel, tout à sa nouvelle quête existentielle, ne craint plus du tout d'être trompé par sa femme. Dans *Œdipe-Roi*, l'épisode de la Sphinge est transformé en une énorme mystification par laquelle Œdipe et le devin Tirésias ont pu s'emparer du pouvoir de Thèbes : Tirésias, désireux de renouveler la dynastie thébaine, manipule le peuple, en dissimulant ses calculs politiques sous l'apparence de fausses prédictions divines ; il conseille à Laïos d'exposer son bébé, futur héritier du trône. Après la mort de Laïos, pour éviter l'avènement de Créon, il convainc Œdipe, dont il ignore l'identité réelle, de se proclamer vainqueur du Sphinx, monstre effrayant sorti de son imagination à partir d'un simple lion tué par Œdipe ; l'énigme et sa réponse ont été inventées par Tirésias pour justifier *a posteriori* la prise du pouvoir. Enfin, la prolongation fournit à Tawfīq al-Ḥakīm un cadre ouvert, qu'il a tout loisir de remplir au gré de sa fantaisie : souvent, comme dans *Pygmalion* et dans *Ahl al-kahf*, il ajoute des personnages qu'il emprunte à la mythologie (Narcisse et Ismène) ou dont il invente le nom et le caractère (Prisca et Ghalias ; Qamar et l'esclave noir).

Si Tawfīq al-Ḥakīm modifie profondément les mythes, comme d'autres auteurs modernes le font, il n'hésite pas non plus à revisiter l'histoire, bouleversant l'ordre chronologique ou réécrivant les événements. Quelques erreurs émaillent le récit qu'il fait de la vie de Cléopâtre : selon *Luʿbat al-mawt*, Cléopâtre aurait laissé partir César 'vers son trépas' romain, alors qu'elle l'aimait et qu'il était pour elle une garantie de sécurité et de pouvoir[1] tandis que, dans *ʿAṣà al-Ḥakīm*, elle se plaint que César lui a échappé[2]. Pourtant, en mai 47, ce n'était pas vers son trépas qu'elle l'avait laissé partir d'Égypte, mais vers une campagne foudroyante en Orient (*Veni, vidi, vici*), après laquelle il rentra à Rome où, même si sa position était dangereuse, rien ne présageait encore la conjuration et où, par ailleurs, Cléopâtre le rejoignit deux ans avant son assassinat. Cette inexactitude renforce la comparaison entre les deux Cléopâtre de *Luʿbat al-mawt* : certain de mourir, l'historien veut convaincre la danseuse de le laisser quitter l'hôtel et lui suggère que César aussi se savait menacé s'il rentrait à Rome. Un deuxième anachronisme découle du premier : Tawfīq al-Ḥakīm prétend que Cléopâtre demanda la permission à Rome d'assister à l'enterrement de César[3]. Or, privée de protection par la mort de César, elle dut rapidement gagner la sécurité de l'Égypte, sans attendre les funérailles organisées par Marc-Antoine. C'est l'enterrement de ce même Antoine — et non de Jules César —, devenu par la suite son amant puis son mari, que Cléopâtre demanda l'autorisation d'organiser. Mais emporté une fois encore par la nécessité de la comparaison entre César et lui-même, l'historien revisite l'histoire, sans se soucier de la véracité de ses affirmations.

Aspect structural des exploitations du mythe par Tawfīq al-Ḥakīm

La connaissance et l'amour de la mythologie antique sont nés à Tawfīq al-Ḥakīm de son premier séjour à Paris, durant lequel il a écouté les leçons d'illustres professeurs de la Sorbonne[4] et lu les sources antiques traduites en français ou les œuvres européennes modernes d'inspiration mythologique. En effet, quoiqu'il y fasse lui-même rarement allusion, quelques sources directes sont décelables dans son œuvre : *Schéhérazade* (1934) s'inspire du prologue-cadre des *Mille et une Nuits* ; l'adaptation ḥakīmienne du mythe d'Œdipe tire ses origines à la fois de la tragédie de Sophocle et de *La Machine infernale* de Jean Cocteau, tandis que

1 *M.K.*, III, p. 344, col. 1.

2 *M.K.*, II, p. 784, col. 2.

3 *Luʿbat al-mawt*, dans *M.K.*, III, p. 354, col. 1.

4 Tels Brunschvicg, Lacroix, Robin, Fougère, Schneider ou encore Brunot. Voir *Zahrat al-ʿumr*, dans *M.K.*, II, p. 53-54.

les sources des multiples versions du mythe isiaque sont, notamment, le *Livre des Morts* et le *De Iside et Osiride* de Plutarque[1].

Par ailleurs, d'un point de vue mythologique, l'œuvre de Tawfīq al-Ḥakīm est doublement remarquable par la diversité de sa thématique et par son originalité, puisqu'il ne se contente pas d'exploiter la mythologie d'une seule région : il esquisse parfois, dans une même pièce, des assimilations de mythes relevant de différents pays. On peut notamment rapprocher *Sulaymān al-Ḥakīm* de l'histoire du pêcheur et du Djinn des *Mille et une Nuits* et du Coran (XXVII, 15-44). De même, *Ahl al-kahf* se voit attribuer une triple origine thématique (la sourate XVIII du Coran et son *Tafsīr*, la légende chrétienne des Sept Dormants d'Éphèse et enfin la légende japonaise d'Urashima) et diverses influences littéraires subsidiaires (*Le Temps est un songe* d'Henri-René Lenormand, *Regard en arrière* d'Edward Bellamy[2] et de la fin d'*Aïda* de Giuseppe Verdi[3]). Le dramaturge renonce souvent à établir explicitement les relations de son œuvre avec des textes modernes de la littérature étrangère : quoique l'auteur n'y fasse jamais allusion, *Le Temps est un songe* a influencé — au moins indirectement — l'écriture de *Riḥla ilà al-ġad*, peut-être aussi dans une certaine mesure, *Law ʿarafa al-šabāb*, ainsi que, probablement, *Yā ṭāliʿ al-šağara* et *al-Ṭaʿām li-kull fam*, dans lesquelles deux actions, naturellement distinctes dans le Temps et dans l'Espace, se déroulent sur une même scène, ce qui permet aux personnages de l'une des deux actions d'observer les événements vécus par ceux de la deuxième action, comme s'ils y assistaient en direct.

Parfois aussi, les personnages mythiques s'intègrent dans une histoire qui leur est complètement étrangère. Dans *Laylat al-zifāf*[4] (1949), Cléopâtre apparaît au général Douglas MacArthur, qu'elle réveille d'une voix ensorceleuse et douce, en l'appelant “Marc-Antoine”. La ressemblance, physique, morale et intellectuelle, entre les deux conquérants a provoqué son « retour dans le monde d'ici-bas » (*al-ʿawda ilà al-dunyā*). La similitude entre les noms a joué un rôle essentiel dans la comparaison que le dramaturge a établie entre les deux chefs militaires, et ce d'autant que Tawfīq al-Ḥakīm transcrit “MacArthur” en le divisant en “Māk” et

---

1 J. FONTAINE (1978), p. 314, a mis d'autres relations en évidence. Ainsi rapproche-t-il *al-ʿArīs* de *Le coup d'Arthur* d'Albin Valabrègue ; *Ḫātam Sulaymān* de *L'anneau de Sakuntala* de Kalidasa ; *Urīd aqtul* d'*Un imbécile* de Pirandello ; *al-Rağul al-laḏī ṣamad* d'*Un ennemi du peuple* d'Ibsen ; *Yā ṭāliʿ al-šağara* de *Soliloques* d'Eugène Ionesco et de *Tous ceux qui tombent* de Samuel Beckett ; *Maṣīr ṣarṣār* d'*Agamemnon* de Louis Marques ; *Ḥimār al-Ḥakīm* de *Platero et moi* de Juan Ramon Jimenez ; *al-Ḫurūğ min al-ğanna* de *La déserteuse* de Maurice Rostand ; *Nahr al-ğunūn* d'*À chacun sa vérité* de Pirandello. Voir aussi L. DENOOZ (2002), pp. 184-186.

2 J. FONTAINE (1978), *ibid.*

3 J. HAYWOOD (1971), p. 200 ; P. STARKEY (1977), p. 137.

4 *M.K.*, III, pp. 869-873.

"Ārṯur" et que Cléopâtre elle-même a du mal à distinguer "Marc" de "Mac"[1]. De même, dans *Ḥimārī qāla-lī*[2] (1945), Schéhérazade vient rendre visite à Hitler, pour plaider en faveur de la démocratie. Le führer confère à ses tentatives pour distraire le roi de ses idées meurtrières un rôle très original : loin de s'être proposée spontanément pour délivrer la ville des massacres quotidiens, la jeune femme, dangereuse révolutionnaire, avocate de la liberté d'opinion, aurait été envoyée par le peuple, qui, las de faire les frais de la folie de son roi, aurait fomenté une conspiration. Niant d'abord énergiquement, Schéhérazade admet ensuite implicitement la thèse d'un complot, en particulier lorsqu'elle ne disconvient pas que l'existence de la Gestapo aurait pu déranger ses plans[3]. Cette interprétation du mythe de Schéhérazade est doublement originale : elle modifie l'espace temporel, géographique et socioculturel de la légende, d'une part ; elle confère à la princesse une dimension politique que ni les *Mille et une Nuits* ni aucune réinterprétation de la tradition ne lui ont jamais concédée.

À l'inverse, d'autres associations ne sont pas suscitées par l'application des méthodes de la mythologie comparée, mais plutôt par l'originalité du message de Tawfīq al-Ḥakīm. Il arrive qu'un seul mythe paraisse insuffisant à l'auteur pour illustrer la théorie qu'il a développée. Par conséquent il insère un deuxième mythe, dont la conjonction avec le premier pourra apporter une nouvelle signification, commune aux deux thèmes. Par exemple, dans *Pygmalion*, l'introduction du thème de Narcisse, qui vient se greffer à l'intérieur de celui de Pygmalion, pose un problème mythologique : pourquoi Tawfīq al-Ḥakīm réunit-il ces deux mythes sans aucun lien apparent ? Les mythes de Pygmalion et de Narcisse n'avaient jamais encore été rapprochés, ni dans la mythologie antique, ni chez les auteurs européens modernes[4]. Selon Tawfīq al-Ḥakīm, la passion que Pygmalion voue à son art est l'un des aspects de l'égoïsme et de l'égocentrisme, dont Pygmalion et Narcisse sont en définitive deux facettes différentes. Dans la pièce ḥakīmienne, Pygmalion et Narcisse sont obnubilés chacun par leur reflet, que l'artiste recherche dans ses œuvres d'art et que le jeune homme fat et imbu de sa beauté trouve dans l'eau de l'étang[5]. Souvent, les héros ḥakīmiens cherchent dans l'amour leur propre reflet : les termes *anāniyya* et *aṯara*, « égocentrisme » et « égoïsme », reviennent dans leurs discours pour qualifier cet amour qu'ils portent à un objet qu'ils idéalisent et au travers duquel ils s'aiment eux-mêmes. Le 'narcissisme de Pygmalion' correspond donc au narcissisme psychanalytique tel que Freud le décrit : non seulement le sujet s'aime lui-même, mais encore il s'aime à travers l'autre, en particulier

---

1 *Op. cit.*, p. 869, col. 2.

2 *M.K.*, I, p. 593-642 ; en particulier le chapitre intitulé *Ḥimārī wa-Hitlir* (pp. 601-604).

3 *Op. cit.*, p. 603, col. 1.

4 A. 'ITMĀN (1993), p. 22.

5 *Pygmalion*, dans *M.K.*, I, p. 882, col. 1.

lorsque cet autre se présente comme la projection d'un complexe détaché du sujet. Freud, dans *L'inquiétante étrangeté*, compare l'amour que le narcissique porte à l'autre à celui que Nathanaël porte à la poupée Olympia, dans *L'homme au sable* de Hoffmann, amour comparable à celui que Pygmalion porte à sa statue dans le mythe grec[1]. Tel est aussi, dans la pièce ḥakīmienne, l'amour que Pygmalion porte à Galatée, à tel point qu'elle finit par déplorer qu'elle n'est pas son œuvre d'art ni, par conséquent, son idéal[2] : lors d'un examen introspectif, Pygmalion se compare à Narcisse, qu'il accuse d'être *al-ḫaṭī'at al-latī kutiba ʿalà kull fannān an yaḥmil wizra-hā ... al-iftitān bi-al-nafs*[3], « la faute dont tout artiste est destiné à porter le poids... l'engouement de soi... ». La pièce se termine donc sur une inversion des rôles, puisque c'est maintenant Pygmalion qui se penche sur ce qu'il appelle *al-ġadīr al-rākid fī aġwār nafsī*, « la mare stagnante des profondeurs de son âme »[4].

Quoique Tawfīq al-Ḥakīm travaille davantage par *transformation de texte* que par *imitation de style*[5], l'intertextualité[6] se dévoile souvent, dans l'œuvre de Tawfīq al-Ḥakīm, non seulement par la transposition thématique, mais par la transtylisation[7] dont Genette décrit quelques types, parmi lesquels la transmétrisation ou le *rewriting* journalistique, absents de l'œuvre de Tawfīq al-Ḥakīm, mais aussi la traduction ou le plagiat : or certaines œuvres ḥakīmiennes sont de véritables traductions arabes de textes étrangers, comme *Aminūsa* ou *Carmosine* d'Alfred de Musset.

Le dramaturge insère plusieurs extraits d'œuvres antiques, qu'il n'a pu lire qu'en traduction, puisqu'il ne lisait ni le latin, ni le grec, ni l'égyptien ancien. Parmi d'autres exemples, il attribue à Goethe l'aphorisme *al-Fann ṭawīl wa al-ḥayāt qaṣīra* ! « L'art est long et la vie brève[8] ». Or Goethe a emprunté son *Die Kunst ist lang, das Leben kurz*[9] à Hippocrate : Ὁ βίος βραχύς, ἡ δὲ τέχνη μακρή[10]. Tawfīq al-Ḥakīm semble complètement ignorer l'existence du texte grec : qui plus est, il ne cite jamais le nom du père de la médecine. Dans *Taḥta šams al-fikr*[11]

---

[1] M.-Ch. LAMBOTTE (1998), pp. 341-351.

[2] *Pygmalion*, dans *M.K.*, I, p. 888, col. 1.

[3] *Op. cit.*, p. 893, col. 1.

[4] *Ibid.*

[5] G. GENETTE (1982), p. 33 *sq.*

[6] Relation de co-présence entre deux textes. Voir J. KRISTEVA (1969) ; M. RIFFATERRE (1979a), (1979b), (1982), (1987).

[7] Voir G. GENETTE (1982).

[8] *M.K.*, I, p. 499, col. 1.

[9] *Gœthes Werke* (1959), p. 7.

[10] HPC, *Aphorismes*, I, 1.

[11] *M.K.*, I, p. 511, col. 1.

(1938), il traduit en arabe un hymne égyptien de prière à Osiris extrait du *Livre des Morts*[1] : il en a probablement pris connaissance dans *Les mystères de l'Orient. Égypte - Babylone* de Dmitrii Mérejkovsky[2], dont il a traduit d'autres extraits dans *ʿAwdat al-rūḥ*[3]. De même, dans *ʿAṣà al-Ḥakīm*, la narration de la mort de Cléopâtre et d'Antoine correspond au récit de Plutarque, à partir duquel l'imaginaire collectif a fondé son opinion sur les amants vaincus : après la défaite de la bataille d'Actium[4], Antoine reçoit la nouvelle de la mort de Cléopâtre et crie sa douleur dans des termes calqués sur ceux de Plutarque[5], probablement dans la traduction française par Ricard[6].

De même, dans *Pygmalion*, Tawfīq al-Ḥakīm constate que, pour plaire, l'amoureux doit se présenter sous l'aspect qui flattera les sens de l'être aimé : il déplore la situation de Zeus, obligé de se métamorphoser en cygne pour Léda, en taureau pour Europe et en pluie d'or pour Danaé[7]. S'il ne s'agit pas d'une traduction littérale, l'influence d'*Amphitryon 38* est cependant incontestable : ces métamorphoses de Zeus — que Tawfīq al-Ḥakīm appelle Jupiter, comme Giraudoux, bien qu'il connaisse le nom grec du dieu — sont précisément celles que Giraudoux avait retenues[8].

Néanmoins, il est difficile de déterminer, comme dans le cas précédent, les sources par l'examen de la traduction des noms propres. Tantôt Tawfīq al-Ḥakīm s'inspire du grec, comme pour *Dūlyā*, du grec Δαυλία (χώρα) plutôt que du français Daulis, lui-même dérivé du grec Δαύλις ou encore pour *Fūkīs*, importé du grec, Φωκίς (χώρα), la Phocide. Tantôt il s'inspire du français : *Dilf*, transposition de Delphes, est préféré à Δελφοί. Parfois même, on peut hésiter entre les deux inspirations, comme pour *Sītāyrūn* où le *sīn* rappelle la consonne initiale du français Cithéron et où la diphtongue *ay* vient du grec Κιθαίρων. En outre, certains noms étaient déjà traduits en arabe et leur usage avait été fixé, comme, par exemple, *Ūdīb* ou *Tarsyās*, notamment depuis la traduction arabe de l'*Iliade* faite par Saʿd Allāh al-Bustānī en 1904[9]. Enfin, Tawfīq al-Ḥakīm hésite sur les noms propres au point de donner plusieurs versions d'un même nom. Si Apollon a trois orthographes

---

1 Conservé à Lepsius, *Todtenbuch*, Bl. 51. Publié par E.A.W. BUDGE (1928), p. 388.

2 D. MÉREJKOVSKY (1927), p. 169.

3 Les pages 109-111 relatives à Champollion et à la pierre de Rosette, à Philon de Byzance et à son livre sur *Les sept merveilles du monde* et enfin à l'égyptologue français Alexandre Moret. Voir W. HUTCHINS (1990), p. 181.

4 *ʿAṣà al-Ḥakīm*, dans *M.K.*, II, p. 785, col. 1.

5 PLUTARQUE, *Ant.*, LXXVI, 5-6.

6 PLUTARQUE (1862), p. 838.

7 *Pygmalion*, dans *M.K.*, I, p. 875, col. 2.

8 J. GIRAUDOUX (1967), pp. 13, 103 et 108.

9 Tous ces noms appartiennent à la légende d'Œdipe (*Œdipe-Roi*, dans *M.K.*, II, pp. 165-216).

(*Abbūllūn*, *Abbūlūn* ou *Abūlū*[1]), Marc-Antoine est cité à la française, *Antwān*, à l'italienne, *Antūnyū* ou *Mārk Antūnyū* et à l'anglaise *Antūnī*[2]. Ainsi en est-il aussi des noms d'auteur : Homère devient *Hūmīr* ou *Hūmīrūs*[3] ; Eschyle *Išīl*, *Ašīl*, *Išīlūs* ou *Ašīlūs*[4] ; Sophocle, *Sūfūkl*, *Sūfūklīs* ou *Sūfūklis*[5] ; et enfin Euripide, *Ayrūbīd* ou *Īrūbīdis*[6]. L'hésitation entre *Sīt*[7] et *Ṭīfūn*[8] pour le dieu égyptien Seth-Typhon est peut-être encore plus frappante, de même que la citation de la célèbre formule d'Archimède (*Aršimīdis*), que l'on trouve, à deux lignes d'intervalle[9], une première fois transcrite approximativement (*yūrīkā*, *yūrīkā*), la seconde fois, traduite (*wağadtu-hā*, *wağadtu-hā*).

Autre trait original de l'œuvre de Tawfīq al-Ḥakīm, ses sources appartiennent à plusieurs types de disciplines. Déjà l'une de ses premières pièces, *ʿAlī Bābā*, doit beaucoup aux peintures de Vanloo et de Busnach. *Pygmalion* se ressent de l'influence conjointe de divers chefs-d'œuvre de catégories artistiques distinctes : les *Métamorphoses* d'Ovide, le tableau *Pygmalion et Galatée* de Jean Raoux, l'opéra *Pygmalion* de Rameau, les pièces *Pygmalion* de Bernard Shaw ou *Amphitryon 38* de Giraudoux et enfin, le film *Pygmalion* d'Anthony Asquith. De même, dans l'histoire de Cléopâtre, se rejoignent *La Vie d'Antoine* de Plutarque et le film *Cléopâtre* de Cecil B. DeMille. Ces influences transdisciplinaires s'apparentent à une déformation stylistique, sinon à une véritable transtylisation[10]. Dès lors, compte tenu de ces

---

1 *Taḥta šams al-fikr*, dans *M.K.*, I, p. 478 ; *Taḥta al-miṣbāḥ al-aḫḍar*, dans *M.K.*, I, p. 835 ; *Zahrat al-ʿumr*, dans *M.K.*, II, pp. 62, 63, 71, 89 ; *Yā ṭāliʿ al-šağara*, dans *M.K.*, III, p. 500 ; *Qālabu-nā al-masraḥī*, dans *M.K.*, III, pp. 892-894.

2 *ʿAṣà al-Ḥakīm*, dans *M.K.*, II, p. 784 ; *Luʿbat al-mawt*, dans *M.K.*, II, pp. 320, 341 ; *Laylat al-zifāf*, dans *M.K.*, III, pp. 869-873.

3 *Taḥta šams al-fikr*, dans *M.K.*, I, pp. 478, 488, 492 ; *Fann al-adab*, dans *M.K.*, II, p. 529 ; *Arinī Allāh*, dans *M.K.*, II, p. 726 ; *Œdipe-Roi*, dans *M.K.*, II, p. 171.

4 *Zahrat al-ʿumr*, dans *M.K.*, II, p. 52 ; *Fann al-adab*, dans *M.K.*, II, p. 529 ; *Œdipe-Roi*, dans M.K., II, pp. 167, 169, 172, 174, 176 ; *Qālabu-nā al-masraḥī*, dans *M.K.*, III, pp. 888, 891.

5 *Taḥta šams al-fikr*, dans *M.K.*, I, p. 489 ; *Œdipe-Roi*, dans *M.K.*, II, pp. 167, 169, 172-175 ; *Fann al-adab*, dans *M.K.*, II, pp. 529, 577, 583, 602, 635, 638 ; *ʿAṣà al-Ḥakīm*, dans *M.K.*, II, p. 765 ; *Zahrat al-ʿumr*, dans *M.K.*, II, pp. 52, 59 ; *Maṣīr ṣarṣār*, dans *M.K.*, III, p. 741, col. 2.

6 *Taḥta šams al-fikr*, dans *M.K.*, I, p. 489, col. 2 ; *Zahrat al-ʿumr*, dans *M.K.*, II, p. 52 ; *Fann al-adab*, dans *M.K.*, II, pp. 529, 635 ; *Œdipe-Roi*, dans *M.K.*, II, pp. 167, 169, 172, 174.

7 *Isis*, dans *M.K.*, II, pp. 845-880.

8 *Al-Ribāṭ al-muqaddas*, dans *M.K.*, II, p. 113.

9 *Fann al-adab*, dans *M.K.*, II, pp. 562-564.

10 Plus appropriée serait l'expression 'pratiques hyperesthétiques transartistiques', calquée sur l'expression 'pratiques hyperesthétiques' par laquelle Genette désigne les imitations ou transformations se réalisant à l'intérieur d'une même discipline artistique. Cette expression néologique désignerait toute imitation ou transformation qui, à partir d'une hypoœuvre donnée,

observations, il serait davantage adéquat de parler de *transformation de thèmes*, de préférence à *transformation de textes*, puisque ses sources ne sont pas exclusivement textuelles : Tawfīq al-Ḥakīm s'inspire aussi bien de la littérature que du théâtre, du cinéma, de l'opéra, de la mythologie, de l'histoire, de la peinture ou encore de la sculpture.

Enfin, il existe un cas au moins où Tawfīq al-Ḥakīm compose des forgeries (ou transformations stylistiques à fonction sérieuse), proches des transmodalisations intramodales : dans *Qālabu-nā al-masraḥī*, il transpose des textes étrangers dans le ‘modèle dramatique arabe’, fondé essentiellement sur les techniques du conteur populaire, démuni de toute contrainte externe au texte (décor, costume, maquillage). Ce théâtre ne mettrait en scène que trois personnages, le narrateur, l'imitateur et le panégyriste[1] : tels sont l'*Agamemnon* d'Eschyle, *Hamlet* de Shakespeare, *Dom Juan* de Molière, *Peer Gynt* d'Ibsen, *La Ceriseraie* de Tchechov, *Six personnages en quête d'auteur* de Pirandello, ou encore *Un ange vient à Babylone* de Dürrenmatt. Le propos de Tawfīq al-Ḥakīm est de démontrer qu'il existe un style théâtral purement arabe, dans lequel il est possible de convertir toutes les œuvres occidentales ou orientales : il s'agit donc bien d'une véritable transtylisation. Sa démarche s'inscrit dans le courant politico-littéraire égyptien de l'époque, qui exalte la personnalité nationale égyptienne. Toutefois, cet exercice reste chez Tawfīq al-Ḥakīm un exemple isolé d'imitation et démontre sa volonté de combler rapidement le retard pris par la littérature arabe en matière de théâtre, en imposant à la littérature mondiale un nouveau genre typiquement égyptien, à côté des modèles habituels.

Conclusion

Qu'il s'agisse de réadaptation, d'allusion, de comparaison ou de réécriture complète, Tawfīq al-Ḥakīm fait preuve d'une connaissance relativement bonne des civilisations antiques. Néanmoins, l'emprunt à des hypotextes est justifié par sa volonté de composer des œuvres dramatiques qui, « toutes, ne soient rien d'autre que différents traits d'un seul visage » (*laysat kullu-hā ġayr malāmiʿ muḫtalifa fī waǧh wāḥid*[2]) : sous des noms, des origines et des comportements multiples, des groupes de héros sont des caractères identiques, symboles d'idées uniques. L'auteur considère les mythes comme de simples cadres, qu'il peut développer ou restreindre à son gré, puisqu'ils sont destinés à mettre en scène des idées abstraites[3] : construisant ses pièces comme des allégories, il n'hésite pas à modifier, profondément parfois, les mythes ou à bousculer les faits historiques. Ainsi, tantôt il omet quelque trait

aboutit à la production d'une hyperœuvre relevant d'une autre discipline artistique — soit, dans le cas de l'œuvre ḥakīmienne, à la production d'un hypertexte.

[1] *Qālabu-nā al-masraḥī*, dans *M.K.*, vol. III, pp. 887-890.

[2] *Pygmalion*, préface, dans *M.K.*, I, p. 864, col. 2.

[3] Voir *ibid.*, col. 1.

d'un héros, par méconnaissance ou, le plus souvent, volontairement, pour établir une correspondance entre ce personnage et ceux du groupe auquel il veut le rattacher : pour rapprocher Isis et Bouddha de Schéhérazade et Bidpay, il ramène les premiers au rang de simples humains. Tantôt, au contraire, il modifie des détails et insère des caractéristiques, des personnages ou des événements, inexistants dans la version archétypale, mais essentiels pour la cohérence de son message : désireux d'intégrer le vizir de Shahriâr dans le groupe de personnages caractérisés par leur sensibilité, il remplace le père de Schéhérazade par Qamar, amoureux de la princesse. Même les invariants subissent des variations chez Tawfīq al-Ḥakīm : certains, telle la présence de Nephthys aux côtés d'Isis dans la quête des membres d'Osiris, ne figurent pas dans le texte ḥakīmien ; d'autres, comme l'épisode de la Sphinge, sont détournés de leur objet originel.

Bibliographie

A. AMĪN (1944) : "Mustaqbal al-adab al-ʿarabī", dans *al-Ṯaqāfa* 6, n° 275 (4 avril 1944), p. 9 (republié dans *Fayḍ al-ḫāṭir*, VI, pp. 65-79).

J. BRUGMAN (1984) : *An Introduction to the History of Modern Arabic Literature in Egypt*. Leyde : Brill.

E.A.W. BUDGE (1928) : *The Book of the Dead, an English translation of the chapters, hymns, etc., of the Theban recension, with introduction, notes, etc.* T. II, Londres : Kegan Paul, Trench, Trubner, 1901 ; 2e éd. révisée.

M. CAZENAVE (éd.) (1996) : *Encyclopédie des Symboles*. Paris : Le Livre de Poche (*Encyclopédies d'aujourd'hui*).

L.-W. DEHEUVELS (1995) : "Le témoignage littéraire : roman et théâtre entre Orient et Occident", dans D. Chevallier & A. Miquel (éd.), *Les Arabes : du Message à l'histoire*. Paris : Fayard, pp. 446-453.

G. DELANOUE (1977) : "Le nationalisme égyptien", dans R. Mantran (dir.), *L'Égypte d'aujourd'hui. Permanences et changements, 1805-1976*. Paris : Éd. du C.N.R.S.

L. DENOOZ (2002) : *Entre Orient et Occident : rôles de l'hellénisme et du pharaonisme dans l'œuvre de Tawfīq al-Ḥakīm*. Liège (*Bibliothèque de la Faculté de Philosophie et Lettres de l'Université de Liège*, CCLXXXII).

J. FONTAINE (1978) : *Mort-Résurrection. Une lecture de Tawfīq al-Ḥakīm*. Tunis : Bouslama.

G. GENETTE (1982) : *Palimpsestes. La littérature au second degré*. Paris : Seuil.

J. GIRAUDOUX (1967) : *Amphitryon 38*. Paris, 1929 ; rééd. (*Le Livre de Poche*, 2207).

Gœthes Werke (1959). Hamburger Ausgabe, éd. Erich Trunz, Hamburg.

T. AL-ḤAKĪM (1997) : *al-Mu'allafāt al-kāmila*. Beyrouth : Makt. Lubnān Nāširūn. [=*M.K.*]

J.A. HAYWOOD (1971) : *Modern Arabic Literature, 1800-1970*. Londres : Lund Humphries.
A. HOURANI (1991) : *Arabic Thought in the Liberal Age 1798-1939* (1962, rééd. corr. 1967 ; Cambridge : Presses Universitaires, 1983), trad. franç. : *La pensée arabe et l'Occident*, par S. Besse Ricord. Paris : Naufal.
W. HUTCHINS (1990) : *The Return of the Spirit, Tawfiq al-Hakim's classic novel of the 1919 revolution*. Washington : Three Continents Press.
A. ʿITMĀN (1993) : *Al-Maṣādir al-klāsīkiyya li-masraḥ Tawfīq al-Ḥakīm*. Le Caire.
J. KRISTEVA (1969) : *Sèméiôtikè*. Paris : Seuil.
M.-C. LAMBOTTE (1998) : “Narcissisme”, dans P. Kaufmann (dir.), *L'apport freudien, éléments pour une encyclopédie de la psychanalyse*. Paris : Larousse-Bordas, pp. 341-351.
A. LOUCA (1977) : “Contacts culturels avec l'Occident”, dans R. Mantran (dir.), *L'Égypte d'aujourd'hui. Permanences et changements, 1805-1976*. Paris : Éd. du C.N.R.S.
E. MACHUT-MENDECKA (1997) : *The Art of Arabic Drama. A Study in Typology*, trad. de Teresa Opalinska. Warszawa : Wydawnictwo Akademickie Dialog.
R. MANTRAN (dir.) (1977) : *L'Égypte d'aujourd'hui. Permanences et changements, 1805-1976*. Paris : Éd. du C.N.R.S.
D. MÉREJKOVSKY (1927) : *Les mystères de l'Orient. Égypte - Babylone*, trad. de Dumesnil de Gramont. Paris : L'Artisan du Livre.
S. MŪSÁ (1929) : “Al-Adab al-ʿarabī al-muʿāṣir”, dans *al-Siyāsa al-usbūʿiyya* 4, n° 161 (6 avril 1929), pp. 16-17.
PLUTARQUE (1862) : *Vie des hommes illustres de Rome*, trad. de Ricard, éd. de M. Dauban. Vol. I, Paris : Dezobry, Fd Tandou et Cie.
S. QUṬB (1944) : “Kutub wa-šaḫṣiyya”, dans *al-Risāla* 12, n° 549 (10 février 1944), p. 26.
M. RIFFATERRE (1979a) : *La production du texte*. Paris.
M. RIFFATERRE (1979b) : “La syllepse intertextuelle”, dans *Poétique* 40 (novembre 1979), pp. 496-501.
M. RIFFATERRE (1987) : “The Intertextual Unconscious : the Trials of Psychoanalysis”, dans *Critical-Inquiry* 13/2 (1987), pp. 371-385.
M. RIFFATERRE (1982) : *Sémiotique de la poésie*. Paris.
P. STARKEY (1977) : “Philosophical Themes in Tawfīq al-Ḥakīm's drama”, dans *Journal of Arabic Literature* 8 (1977), pp. 136-152.
ṬĀHĀ ḤUSAYN (1982) : “Mustaqbal al-ṯaqāfa fī Miṣr”, dans *al-Maǧmūʿat al-kāmila li-muʾallafāt al-duktūr Ṭāhā Ḥusayn*. T. IX, Beyrouth : Dār al-Kitāb al-Lubnānī.
P. VALÉRY (1957) : *Œuvres*, éd. comm. Jean Hytier. T. I, Paris : Gallimard (*La Pléiade*).

SOME TOPICS ABOUT ARAB PRE-ISLAMIC CULTURE

C. LO JACONO
Università degli Studi di Napoli 'L'Orientale'

Quidquid sub terra est,
in apricum proferet ætas
(Horatius, *Epistolæ*, I, 6, 24)

« Time will bring into the light whatever is under the earth », wrote Horace in his first *Epistola*[1]. And in Italy we say that Time — as also this contribution hopes to demonstrate — is often a 'gentleman' in his revealing action.

I have no intention, on this occasion, to dwell on arguments (rather trite for most of us orientalists), discussed years ago by Edward Said, as do I wish to touch upon on his heavy-handed and summary charge regarding the incontestable humble birth of islamology, until a few decades ago not yet distinguished from Arabic studies[2]. However — in dealing with aspects of Arabic pre-Islamic cultures — I cannot avoid in these introductory remarks noting how, still at the beginning of new millennium, for some people it is difficult to free themselves from certain and persistent deviating short cuts, whose ultimate results — leaving aside the question of intentions — is to deny originality and dignity to the cultural realities constituting the object of our scientific endeavours[3]. In the case of South-Arabic studies, one can still detect the tendency to adopt the blinkered methodological approach centered on the primacy of Hebrew studies.

It is well known that in our field, in an early phase, special rank was allotted to the Indo and Irano-Semitic traditions and, within the latter, particular value was attributed to the Hebrew heritage. Other cultural traditions were considered subordinate or at best derivative. It is not surprising thus that Maurice Olender[4] points — with sardonic overtones — to the 'paradisiacal' character of Hebrew and Sanskrit. Although it is difficult to deny the impetus given by this approach to the development of orientalist studies, the distortions caused by it are also evident. This is particularly so in the case of Islam which has for a long time been considered simply a by product of both Jewish traditions and Christianity. It is to this scientific climate that can be traced the use, and abuse, among scholars of South-Arabic, of the Hebrew language for the reading and interpretation of the inscriptions and graffiti produced by the ancient South-Arabic cultures. Common sense would have dictated the use of Arabic, not only because of linguistic affinities but simply

1 HORACE (1978).

2 E.W. SAID (1978).

3 One can usefully consult A. MALVEZZI (1956).

4 M. OLENDER (1989).

because of geographical contiguity. This fact did not escape to professor Lankester Harding who, with regard to the Thamudic inscriptions of Jordan, expressing, what today seems a platitude, wrote that it was "desirable to transliterate into the Arabic rather than the Hebrew script"[1]. This scholar, however, was fully aware that, notwithstanding the affinities between the two languages, such innovation would have caused a reaction among conservative academic circles ready to label this new approach non-scientific. It is worth remembering that it was the prevailing fashion among these circles even to use Latin, as can be seen in the *Corpus Inscriptionum Semiticarum*, to translate Sabaean, Nabataean, Liḥyānī, Thamudic or Himyaritic inscriptions.

1. Passing on to my main argument, it seems to me superfluous to restate the links between the Arabic environment and Hebrew culture. The presence of the latter and the contacts between the two traditions in the Arabic Peninsula are well known. Leaving aside the references found in the *Table of Nations*[2] and the well documented process of partial judaisation, in the 6th century A.D., of the Himyaritic area, it is sufficient to point to the many Jewish colonies present in Western and Central-Northern Arabia : Timna, Wādī al-Qurà, Tabūk, Fadak or Ḫaybar and, above all, Yaṯrib. Of these, the Jewish population — either Arab converts or immigrants to Yaṯrib — as subjects of the Lakhmid dynasty, played an important political and economic role. A role that has found an echo in many Arabic sources which point to their 'royal' function in this city of Ḥiǧāz. But this presence, and the contacts ensuing from it, cannot lead us to accept, in a rather uncritical and supine manner, the hypothesis that the Jewish environment provided the root-inspiration of Islam. This is indeed still a complex question. It can not, however, be adequately answered until the fundamental problem of tracing shared aspects of the two traditions to a possible more ancient, common cultural matrix is critically studied. But this is another question, certainly not within the realm of my competence. However it is the lingering bias of this old thesis that has given added urgency to the scientific study of the 'indigenous' influences in the rise and development of Islam. It becomes thus of the utmost importance to study South-Arabic culture and the influence exercised by it, through trade and other means, on the entire Peninsula. It is also necessary to bring into the picture the relevance of those cultures that develop in Western and Central Arabia. We are now able, fortunately, to tap the growing information, regarding these cultures, provided by epigraphic sources.

2. This approach is certainly not new. Already in 1928 Carlo Conti Rossini linked traces of South-Arabic languages — mostly of Sabaean and Minaean origin

[1] G. LANKESTER HARDING (1952), p. 5.

[2] *Genesis*, 10:1-13.

and, although less evident, also of Qatabanic and Hadrami — found among the languages spoken in the Central and Western areas of the Peninsula and even of the Syrian regions[1], to the spread among the population of the area of numerous and new spiritual and religious concepts and ideas. A confirmation of the thesis advanced by the Italian scholar comes from the subsequent studies relative to Liḥyānis to which I now briefly turn my attention. As you know the language was the vehicle of a culture that in the 3rd century B.C. was diffused in the upper part of the Peninsula, from the Red Sea to the Persian Gulf. As Dussaud underlines the script of this language is apparently of Minaean origin[2], although from a linguistic point of view there are negligible traces of influences from the South-Arabic linguistic milieu.

In the classical sources there are scattered passages referring to the Liḥyānis : the term Λαιανίτης reported by Agatharchides of Cnidos[3] and Diodorus Siculus[4] or the term *Lechieni* in Pliny[5] may correspond with our Liḥyānis. This population was settled in the northern areas of the Ḥiǧāz, their center being al-Ḫurayba (the biblical Dedān, at present al-ʿUlà), not far from the Nabataean city of al-Ḥiǧr/Madā'in Ṣāliḥ. Their primary role was to act as commercial intermediaries along the route that linked the South-Arabic area to Syria. An area that was, soon after this period, following the Nabataean take-over of the region, to acquire a cosmopolitan cultural colouring. The historical process by which the Liḥyānis displaced the Dedanites is still obscure. However we can deduce, from the available epigraphic evidence, that the Liḥyānis reached a sophisticated level of sedentarisation. This led to a monarchical state formation of which we know the names of 6 kings[6]. Moreover numerous graffiti point to the existence of a rich agriculture[7], the construction of palatial structures[8], and to impressive statuary production and building of sanctuaries.

Of these temples — apart the well known one found near Yaṯrib dedicated to the cult of Ḏū Ġāba[9] (i.e. The Lord of Ġāba) — we know of the existence of other Liḥyāni sanctuaries. Of special significance is the one dedicated to Wadd in

1 For the influence of Minaean to Safaitic *cf.* A. JAMME (1971) and E.A. KNAUF (1991).

2 R. DUSSAUD (1955), p. 131.

3 AGATHARCHIDES, in FOTIUS (1855).

4 DIODORUS SICULUS (1953), 42, 4.

5 CAIUS PLINIUS CÆCILIUS SECUNDUS (1982), p. 155.

6 H. MÜLLER (1899) published inscriptions 25 and 27. The two fragments were referred to again by A. JAUSSEN/R. SAVIGNAC (1914), pp. 438 and 441, together with a further fragment (n. 82, p. 452) whose content is the same.

7 This leads one to believe the graffiti no. 158 published by A. JAUSSEN/R. SAVIGNAC (1914), p. 474.

8 See H. MÜLLER (1899), p. 4 and A. JAUSSEN/R. SAVIGNAC (1914), p. 392.

9 A little to the North of Ǧurf, which is three miles to the North of Medina (YĀQŪT, *Muʿǧam* (1979), vol. II, p. 182), or one mile, according to what al-Bakrī has written (AL-BAKRĪ, *Muʿǧam* (1983), vol. II, pp. 376-378).

Dedān[1] and another consecrated to Salmān. With this latter temple were associated a category of people we may label priests. Moreover Jaussen and Savignac[2] have put forward the idea that these 'priests' were assisted (at least in Salmān's sanctuary) by women. This later fact is hardly innovative within a South-Arabic cultural context. In fact there are many archaeological indications of the presence of women in the sanctuaries. Of course this presence was subject to the obvious limitations imposed by the menstrual cycles which must have, although temporarily, barred their access to the sacred area. However such presence was permanently forbidden in the temple of Baʿalšamīm in Dedān[3].

As far as the Liḥyāni creed is concerned, it gives evidence of a strong form of syncretism. This is substantiated by the fact that, together with the cult of *Ḏū Ġāba*, the principal divinity, upholder of the cosmos created by him, there were other divinities such as Ha-lāt/al-Lāt[4], Han-ʿUzzay/al-ʿUzzà, Manāt[5], ʿAws[6], Han-Aktab, Ha-Kutbay and the Nabataean divinities of Baʿalšamīm, Ḫarğ, Waṭan[7], Ha-Maḥr and Ha-Ḥumām. Moreover this pantheon included Wadd and Salmān, whose Minaean origin is well attested, while for Salmān, his cult was current also in the Palmirene area and among the Assyrians. In a temple in al-Ḫurayba, presumably dedicated to Allāt, A. Jaussen and R. Savignac[8] discovered a basin about 4 meters wide and more than 2 meters deep. The structure is most likely a *buthros* (*ʿitr* or *manḥar*), in which the blood of sacrificial victims was kept. The sacred and terrifying aura that came to be associated with the basin most likely acted as an effective barrier so as to discourage access to it ; thus, it was an ideal place in which to store the treasure of the temple. This function may be deduced by the presence, in the rock within the cavity, of four steps that may have been used by the priestly class to descend into it. Concerning the sacrifice, apart from the usual animals such as sheep and camels, we can not state with certainty what else was sacrificed.

---

1 G. RYCKMANS (1951), p. 20.

2 A. JAUSSEN/R. SAVIGNAC (1914), p. 73.

3 H. GRIMME (1929), p. 135.

4 The prefix *h* functions in liḥyānite as a definite article as it does in various Northern Semitic languages. The prefix *hn*, conventionally read *han*, has a similar function in Thamudic and in the other languages belonging to the sub-group defined also by M.C.A. MACDONALD (1995) "frühnordarabisch".

5 Grafitti no. 367 published by A. JAUSSEN/R. SAVIGNAC (1914), p. 529 ("Ḏu Qaynmanāt", from *qayn* « slave »).

6 G. RYCKMANS (1951), pp. 19*ff*.

7 At the dawn of Islam the idol without human form was referred to by the term waṭan (pl. awṭān). *Cf.* IBN AL-KALBĪ, *Aṣnām* (1924), p. 33.

8 A. JAUSSEN/R. SAVIGNAC (1914), pp. 56*ff*.

Some scholars have pointed to the possibility that in some of these temples — in particular in that of the Ḏū Ġāba[1] — human sacrifice was practised, seeing in this an influence from the northern Semitic cultural area. As far as the ritual aspects of the sacrifice, it seems that the Liḥyānis did not practice the holocaust — that is the complete burning of the sacrificial victim, or at least of the fat and bones — as was the case with northern Safaitic culture[2]. More likely the animal was slaughtered and its blood — tangible vehicle of life — was allowed to drop on the simulacrum of the divinity (rock, bethel or idol). In the process often the body of the priest carrying out the sacrifice[3] would get stained by the gushing blood. Such occurrences relative to a later period, although not a radically different religious setting, are recorded by the poet Zuhayr b. Abī Sulmà, who in one of his verses affirms :

"[The falcon] leaves the prey
and gains again the crest of a peak,
like the priest who cleans the ʿitr
and whose head is stained
by the gushing blood of the victims."

In others cases instead of blood milk was poured or dropped on the divinity. This was the case for the cult of the goddess al-Lāt, as attested in the period immediately antecedent to the rise of Islam. Flour had also the same function as

---

1 *Cf. op. cit.*, pp. 380-381. Notwithstanding the fact that the interpretation of fragment no. 49 is to a certain extent called into question by M. LIDZBARSKI (1915), pp. 271 and *ff.*, and despite the scepticism expressed in general by J. HENNINGER (1959), p. 135, taken up again in Idem (1958), the theme of human sacrifice - if not actually cannibalism - still flourished here and there in the immediate pre-Islamic period and in the subsequent Islamic period (ʿAbd al-Muṭṭalib and his vow to sacrifice his tenth male child to Hubal, as well as the phenomenon of *wa'd al-banāt* or, on the other hand, the polemic poetics which set Ǧarīr and Farazdaq against the sinister fame of the Banū Tamīm and the Banū Asad come to mind).

2 Recourse to sacrifices including copious spillings of blood over the stone idols, attested to in Arab Lakhmid culture (AL-IṢFAHĀNĪ, *Aġānī* (1986), p. 91), excludes the possibility that the nickname *al-Muḥarriq*, attributed to al-Munḏir III, can be taken as proof of resorting to a holocaust in sacrificial rites. A verse in ʿAbīd ibn al-Abraṣ further shows us that the term was used also for other rulers of that dynasty ("*Yā qabr bayna buyūt Āl Muḥarriq*", in *ibid.*, p. 67), confirmed by a passage in ʿĀMIR IBN AL-ṬUFAYL, *Diwān* (1913), p. 127) which used the *laqab* to refer also to ʿAmr ibn Hind for whom the nickname could furthermore have had a certain justification, given the decision attributed to the son of al-Munḏir to burn 100 prisoners of the Banū Danzala alive at the end of the second 'day' of Uwāra, occasioned by the death of the brother of ʿAmr.
G. ROTHSTEIN (1899), p. 46, however theorizes concerning this that there was an idol in the Lakhmid area, perhaps kept in the *bayt*, the sacred tent referred to as Ḏāt al-Kaʿabāt, of the Banū Bakr ibn Wā'il, to which victims would normally have been sacrificed through holocaust.

3 On sacrificer and sacrificed see C. GROTTANELLI (1988), in particular pp. 35-40.

blood (this is referred by accounts describing the pre-Islamic cult of ʿUqayṣīr as in Islamic times). If we keep in mind the fact that milk and flour were basic products of the daily diet of the Arabs, one is inclined to quest the not too far-fetched conclusion that the same blood could have been, on particular occasions or circumstances, part of the diet. In Clement of Alexandria we find an indirect reference pertaining to the Sinaitic region of the consumption of blood. The Qur'ān also seems to allude to it as in the following passage : "Their flesh and their food reach not Allah, but the devotion from you reachet Him"[1]. These words may substantiate the hypothesis that — within different time and spatial context — meat and blood were deemed normal means of alimentation. The composite ritual entailed by these sacrifices does not consent to classify them within a rigid typology. The initial phase of the slaughter of the victim with the effusion of blood brings to mind the so-called expiation sacrifice[2]. On the other hand the subsequent consumption allows an analogy with the so-called communion sacrifice. The fact that only among the Sabaeans is attested this later form of sacrifice leads us to think that the sacrifice practised by the Liḥyānis was one of 'communion'.

This conclusion is corroborated by the persistent custom found, even in early Islamic Mecca, of the distribution of the sacrificial meat, which was cut into pieces and boiled in a cauldron. This, with bread and greens added, is the well known *ṯarīd*, which constituted an important source of proteins used to integrate the usually poor diet of the sacrificer as well as that of the offerers. The above considerations induce us to formulate our first set of observations concerning the possible existence in the Central-Western Arab environment of the institution of a priesthood.

Notwithstanding the Liḥyāni religious traditions, the general tendency among the scholars has been to deny strongly the existence of such an institution. R. Dozy[3], followed by Lammens and Nallino, considered the peoples of pre-Islamic Arabia (but not of South Arabia) basically oblivious or indifferent to religious issues given the ingrained and pragmatic attitude prevailing among the Bedouins. Although one may accept analysis as that forwarded by Fahd deeming pre-Islamic religiosity "on-the-whole a set of institutions and practices"[4], it is, nevertheless, difficult not to take into account the strong differences existing between, on one hand, a Bedouin setting — in which nomadic life, as A. Guillaume observed[5], "did not leave room for myth and ritual" — and, on the other hand, the life style that characterised the developed and sophisticated urban environment of Ḥiǧāz and Tihāma. Here, in the 6th-7th centuries, one can see traces of a sensibility which,

1 *Qur'ān* (1971) XXII:37.

2 *Cf.* regarding the two typologies M.G. AMADASI GUZZO (1988), pp. 98-100.

3 (1879), p. 14.

4 T. FAHD (1968), p. 2.

5 A. GUILLAUME (1938), p. 68.

although somewhat coarse, had the potential to lead to those spiritual paths present among the southern Sabaeans, the Qatabanians and the Hadramis. It is even possible to contemplate, during the 5th and 6th centuries, the evolution of this sensibility towards an articulated form of monotheism, to which a growing number of *ḥanīfs* aspired. The latter, certainly did not derive the inspiration of their monotheism from the foreign and distant world of the Jews, Christian or Zoroastrian faiths, rather they appear to be the unconscious heirs of the spiritual impulses coming from Sabaeans or Aramaeans (i.e. El), Palmyrens or Himyarites (« The Merciful » al-Raḥmān) or Thamudians (« The Compassionate » al-Raḥīm) pantheon.

This religious tendency to which the same Muslim historian al-Masʿūdī (d. 956) draws attention[1], leads Chelhod to speak of the incoherence of the central western and northern Arab religious system, a positive although synthetic judgement, especially when compared with C. A. Nallino who spoke of the "purely external and utilitarian nature" of the system[2] which instead, in my opinion, evidenced a strong vitality until it was crushed by Islamic armies. It is hardly strange that a subtle denigration of the history of pagan Arabia was carried out by H. Lammens, whose scholarly competence was conditioned by his militant adherence to the *Societas Jesus.* In fact, if on one hand his recurrent polemic against some aspects of Islam could have brought the scholarly Jesuit to appreciate the resistance of the *Ǧāhiliyya* milieu to the spread of Islam, on the other his tendency to slight any form of religious experience extraneous to his understanding of the monotheistic typology brought him to deny dignity to religious experiences which did not include proper cultural edifices and adequate liturgies officiated by a veritable priestly class.

Against the backdrop of these misconceptions it is useful to proceed, first of all, to the clarification of the meaning and the wider connotations of certain definitions and recurrent terminology. If the term temple is used to indicate an edifice in which, on the basis of a precise liturgy, a cult of one or more divinities is practised, and if the term sacerdos (priest) implies — as was the case for Lammens — whoever had been anointed or had been "sacramentally ordained [...] like in scriptural monotheisms", then it is hardly possible to negate the validity of the thesis of many scholars who speak of the absence of priestly institutions in 6th-7th centuries Arabia. Likewise it is hardly possible to find objections to Lammens' assertion that in that Arabic context the priests had been "supplanted by hierophants, figurants of inferior degree : diviners, augurs, haruspices, employed in the sanctuaries".

However, in the light of the many studies in the field of the 'history of religions', such narrow views have been abandoned. In fact one of Italy's better known scholars in this field — Alfonso Di Nola — has stigmatised the use of the

---

1 AL-MASʿŪDĪ, *Murūǧ* (1982), pp. 256-57.

2 C.A. NALLINO (1941), p. 41.

term 'religion' used simply to denote "a concept basically embedded in the western Christian world"[1]. Moreover the very idea of temple has become far more extensive. Again, limiting myself to the critical work carried out in this field by the Italian scholars, Ricciotti, has underlined that already in the Greek world the space reserved to the cult of gods included "areas with great trees, forests, springs, caves or mountain peaks, or areas associated with particular physical phenomenon [...] a ἱερόν ritually consecrated" by building in it "a sacrificial [...] altar". In the same place "it was possible to build a temple [...] that is the house of the divinity which was usually represented by his image or by symbolic means" [2].

From this latter perspective it can hardly be considered improbable speculation to speak of religion, of temple and of priests also for pre-Islamic Arabia. Thus notwithstanding the absence of a hierarchical structure so dear to Lammens and his fellow travellers, we can speak of the existence of a priesthood, including in it all individuals possessing the charisma necessary to deal with the sacred and the tremendous associated with it (*Psalms*, XCIX, 3), obviously, including the *sacrificium*, who had the privilege/power of acting as intermediary between man and the divinity. It is thus quite obvious that in the so-called *Arabia deserta* the existence of sanctuaries was not an exceptional phenomenon. These were usually situated in the vicinity of springs and trees and they were potential residences of the divinity. To the first typology belong the Kaʿba in Mecca (built near the well of Zemzem), the sanctuary of al-Buss, dedicated to al-ʿUzzà in the Wādī of Ḥurāḍ in Naḫla al-Šāmiyya (in fact Buss is probably the name of the local rivulet), and the temple of al-Ǧadd in Yamāma. For the second typology — that is sanctuaries associated with trees — we can point, again to al-ʿUzzà as represented by three acacias (*samūrāt*) and in Ḥunayn, Ḏāt Anwāṭ which was associated with a large tree to whose branches pilgrims tied every year their weapons and dresses while decorating it with the shells of ostrich's egg.

Heights or caves were also preferred sites for the cult of other divinities : this is the case of Isāf and Nā'ila in Mecca and the same can be said for the cult of Ǧihār in ʿUkāẓ. Even in Yemen there is a cave in Arḥab in honour of Yaʿūq. Apart from these holy natural places there were religious structures whose existence is well documented. Besides the Kaʿba in Mecca and al-Buss dedicated to al-ʿUzzà it is important to signal, from a wide geographical perspective, the sanctuaries of Ḏū al-Ḫalaṣa in ʿAblā' (Tabāla), of Allāt in Ṭā'if, of al-Ǧalsad in Ḥaḍramawt, of Wadd in Dūmat al-Ǧandal and of al-Uqayṣīr in the steppe region bordering on Syria, this later normally covered by a drape similar in style to the one originally donated by an Himyaritic *tubbaʿ* for the Holy Temple of Mecca.

Some of these temples included a reserved grazing area (*ḥimà*). This was generally considered a sacred space (*ḥaram*) from which it was forbidden even to

---

1 A. DI NOLA (1981).

2 G. RICCIOTTI (1950).

retrieve straying animals and to which access was forbidden without the permission of the keeper (*sādin*, *ḥāǧib*), the authorised interpreter of the will of the divinity. During a later phase this *sādin*, viewed as a veritable priest, was highly jealous of his prerogatives and power which he exercised to the exclusive advantage of his immediate group, be it a clan or a tribe. The exercise of such power often lead to contrasts which brought about a change in the priestly personnel affiliated with a given sanctuary.

Entrance to the inner parts of the sanctuaries was far more stringent. This required repeated stops (*wuqūf*) and respectful circumambulations (*ṭawāf*). All of these practices required a preliminary preparation imparted by the *sādin* who imposed rigid penitential practices whose final aim was to attenuate the dangers associated with the nearness of the divinity. These penitential practices included severe fasts, ablutions and humble forms of dressing bordering on nudity. This was the case of Ḏāt Anwāṭ and Hubal in Mecca. Moreover the practice of cutting or shaving of the hair was current. Given the accepted association of hair with vitality and power, this practice came to signify the total submission of the devotee. The analogy with the practice of cutting the 'forelock' (*Cor.*, XCVI :16), proudly exhibited on the forehead by a free man until he was reduced to slavery, is quite evident. The *sādin* also carried out a far more crucial religious function. Through him (or by the devotee himself) the devotee could celebrate the sacrifice. This involved the slaughter of animals — a privileged form of linkage between divinity and man[1]. This often was accompanied by the libations of water from sacred springs and by the offering of the first produce. In fact in the sacrifice, at times, the later became a substitute for the animal itself.

In this priestly class (Wellhausen uses the terms *Priestertum* or *Priesterschaft*[2]), besides the *sādin*, one must include the *kāhin* or *kāhina*, given the not infrequent presence of women with such functions. The *kāhin*, as it is well known, is a figure that can be easily assimilated to the prophets of the Old Testament. With the aid of inebriating substances he could enter into an ecstatic contact with the tribal divinity who induced him to make utterances in a forceful form of poetic prose (*saǧʿ*). The most important task fulfilled by the *kāhin* was to reveal before hand the outcome of a projected armed conflict, moreover he also often performed a judicial function. As a *ḥakam*, he was often competent for such issues as the status of offspring (wether they were legitimate or not), cases of homicide, adultery and robbery. For such tasks he received compensation which was paid only if the case was positively settled.

In addition to the *sādin* and the *kāhin*, another important figure was that of the *ʿārif*. His function was to find animals and objects either lost or stolen, tasks that he accomplished using what may be called inductive magic, that is the analogy

1 F.S. BODENHEIMER (1960), pp. 92 *ff.*

2 J. WELLHAUSEN (1927), pp. 130-131.

based on a presumed similitude that he was able to see between certain natural phenomena and the solution to a given problem. His activities were therefore very similar to those of the *kāhin*. The difference was that the *kāhin* also used intuitive techniques linked to "personified magic forces"[1]. Both, however, although using different methods, were considered able to come up with solutions to medical and amorous problems and both had the capacities to interpret dreams.

There was then the person specialised in physiognomy : the *ḥāzī*. This label was also extended to the *ʿā'if*, the ornithomancer[2], term most likely derived from the name of the divinity al-ʿAwf whose manifestation was through the flight of birds.

The sources speak of many other minor figures : the *qā'if*, the expert in the reading of imprints or traces left by humans or animals ; the *munağğim*, competent in astrology, the *ḫāṭṭ*, an expert reader of the signs left by natural forces on the sand and on the ground. Finally one must mention chiromancers, dowsers (*ruwwād*) and probably hypnotists (*rāqī*). These various mantic techniques, provided with new and acceptable ceremonial, were to survive, and I would add, prosper, in Islamic culture, where their functions were given the dignity of science.

But the most important of these figures remain the *sādin* and the *kāhin* to whom was attributed the capacity to interpret the divine will. This function was often based on belomancy, the ritual use of particular divinatory arrows, devoid of heads and feathers, extracted at random from a quiver. Each of these arrows conveyed a given message concerning the attitude to assume with regards to a particular issue. These also made recourse to the reading of the viscera of sacrificed animals or, as oracles, they had the function of interrogating directly those divinities considered ventriloquists (Suwāʿ, Nuhm, ʿAthar, Munṭabiq or Dimār, the personal idol of ʿAbbās ibn Mirdās). These expressed themselves in impressive and unheard-of forms of speech, given the characteristic and raucous tone (*hamhama*).

3. In the concluding part, I want to tackle the question of the nomadic or sedentary nature of the Thamudian people. We find reference to the Thamudians and their capital Tema (Taymā' ?) in connection with a coalition which in the 8th century B.C. was defeated by the Assyrian ruler Tiglat-Pileser III. Sargon II included the Thamudians among the populations he defeated, and it is most probably due to this event that they migrated from Southern Arabia to the Ḥiğāz, where however they fell under the control of Nabonidus (552-545 B.C.). The *Notitia dignitatum*[3] of the 5th century A.D. informs us of the presence of a military contingent of *equites thamoudœni* in Egypt at the service in the Romans.

1 E. DOUTTÉ (1908), p. 384.

2 T. FAHD (1966), p. 432.

3 *Notitia* (1839), pp. 67-77 and 295.

The fact induces me to attribute to a part of this population the capacity to adapt to a military discipline hardly compatible to the well known rebel nature of the Bedouin and to a nomadic life which, according to Jacques Ryckmans, characterised the Thamudian people. I tend to agree with van den Branden and others, who see the Thamudian as belonging predominantly to a sedentary culture[1]. These scholars have found most of the inscriptions relative to this population in an urban context, but apart from the importance of this fact, we must add that many of these inscriptions deal with salient aspects of agricultural life[2] and even with maritime activities[3].

Notwithstanding the importance of this epigraphic evidence, this indeed is not sufficient proof of the social system prevalent among the Thamudians. But, concerning this issue, in my opinion there is the tendency to slight — if not to ignore — the information provided by indeed a singular source : the Qur'ān. This again brings us to my initial considerations. On one hand we find the Biblical text considered — as it should be — a primary source for the history of the Hebrews, on the other a subtle and persistent scepticism — a faint echo of past anti-Islamic attitudes (of which our discipline is not immune, but is indeed unbridled in other fields of studies) — which has in fact barred the utilisation of the Qur'ān as a trustworthy source. Such bias in the use of the two 'Books' is not to be adduced to a different evaluation regarding the intrinsic credibility of the two sources.

On this aspect it is enough to refer to the critical studies of the Bible carried out by many scholars, such as the Italian biblist Cristiano Grottanelli. This scholar — regarding biblical Masoretic texts — has indeed pointed to "the biblical fictions [...] relative to three early periods [...] from the age called 'of Patriarchs' [...] to the 'Mosaic' age, the Conquest and then the time of Judges". He was able to affirm that "even the most traditionalist scholars no longer believe in the historicity of the figures of the Patriarchs and in the narration found in *Genesis*"[4], but despite this he concludes that it is impossible not to use 'the biblical texts as sources', although in a mediate form[5].

Few scholars would agree to use the Qur'anic text in the same manner. And this, obviously, notwithstanding the fact that the Holy Book, from a historical point of view, dates back only to the 7th century A.D., an era almost contemporary to the historical events to which we are referring, of which there was most likely a lingering memory among the people to whom Muḥammad addressed his prophetic

---

1 A. VAN DEN BRANDEN (1950), p. 7 and Idem (1957).

2 Idem (1957), p. 8. Hu 772b refers to a village dedicated to the god Nahy. (Idem (1950), p. 7). For the design see, in the margin, Eut. 690 (from J. Euting, *Tagebuch einer Reise in Inner Arabien*, I, Leiden, 1896 [II, E. Littmann ed., 1914]). See also E. LITTMANN (1940), p. 24.

3 A. VAN DEN BRANDEN (1950), table XIV. *Cf.* also CIS 4384 (G. RYCKMANS (1901), p. 546).

4 C. GROTTANELLI (1995).

5 *Op. cit.*, p. 16.

mission. If one accepts this simple historical observation, it would follow then that there should be no hesitation in using the Holy Book as a sound historical source. Getting back to our argument, it is true that the Qur'ān does not refer to the Liḥyānis : however there are more than 20 passages concerning the Ṯamūd. This leads one to think — as did Giorgio Levi Della Vida[1] — that basically Liḥyānis and Ṯamūd could be the same people. It is true that many scholars, instead, are of the opinion that the people who called themselves Ṯamūd[2] was a branch of the Liḥyānis who, in a period of almost a thousand years, became prosperous in the area between the Gulf of ʿAqaba and Yanbūʿ[3].

This last theory appears to be more widely accepted ; however, many doubts remain. In the first place there are peculiarities of the Ṯamūdic alphabet which differentiate it from the Liḥyāni. Moreover one must consider the fact that, although the two cultures shared, in almost the same period of time, approximately the same area, it is impossible to arrive to a conclusive answer. This, it is important to note, is certainly also due to the fact that archaeological and epigraphical evidence is scarce ; given the difficulties of carrying out this sort of research in the Ḥiǧāzī area. Thus we are left in the nebulous field of the hypothesis, hoping only for future certainties. We cannot ignore the fact that the Qur'ān constantly, and I would add significantly, associates the name of the arrogant Thamudaeans with their "luxurious mansions", "castles"[4] and "houses"[5], build in their "cities"[6], "in gardens and watersprings, [...] And tilled fields and heavy-sheathed palm-trees"[7]. Moreover it is also highly illuminating that the Qur'ān alludes to their superior engineering skills ("... And with [the tribe of] Thamud who clove the rocks in the valley"[8]), a feat hardly feasible for Bedouins wandering through the steppes of Arabia.

This is a development whose significance is enhanced by the consideration that such skill was absent, even among the urban population as attested by the insurmountable difficulties that the Meccans, at the beginning of the 7th century, had to face in their efforts to restore the Kaʿba. That the Ṯamūd acted as a cultural

1 G. LEVI DELLA VIDA (1928).

2 Jsa 280 ; 300 ; 339 (from A. JAUSSEN/R. SAVIGNAC (1914)), Dghty 51,2 (from C. Doughty, *Documents épigraphiques recueillis dans le Nord de l'Arabie*, Paris, 1891) and HU. 172 (from C. Huber, *Journal d'un Voyage en Arabie*, Paris : Société Asiatique et Société de Géographie, 1891).

3 CLAUDIUS PTOLEMY (1845), 7, p. 406. See also AGATHARCHIDES, in FOTIUS (1855), § 92, p. 181.

4 *Qur'ān* (1971) VII:74.

5 *Qur'ān* (1980?) XXVI:149.

6 *Qur'ān* (1971) XXVII:48.

7 *Qur'ān* (1971) XXVI:146-149.

8 *Qur'ān* (1971) LXXXIX:9.

bridge between South and North Arabic cultures, a fact highlighted by the scholarly onomastic study of Gonzague Ryckmans[1], is mirrored, as in the case of the Liḥyānis, by their ability to assimilate external spiritual and religious ideas. From this argument, the numerous votive *formulæ* dedicated to Nahy and Ruḍà are highly significant. Both have been considered Thamudaean divinities *par excellence* had it not been for the considerations forwarded by Jacques Ryckmans on the Assyrian divinities Nuḫay e Rulday[2]. For a population whose roots were firmly planted in the fertile south-Arabic religious humus, and in particular Minaean, it is not surprising that the cult of Wadd was widespread.

The Thamudaean pantheon included Ḫalasat, an oracular idol whose existence is attested in Ṭabala up to the time of Muḥammad[3]. Then we find the two south-Arabic divinities of Šams and Yaġūṯ[4] — the latter appearing in the Qur'ān as the symbol of all the false divinities. We also have well known divinities such Attarsamīn (ʿAttar of the Heavens) and the Sabaean divinity Qayn who was venerated by Banū ʿAmr ibn ʿAwf of Yaṯrib during the lifetime of the Prophet. Of Sabaean origin were also Hulāl, Yaṯiʿ, Saḥar and Samiʿ. Moreover the Ṯamūd venerated Ḥawl and Sīn, of Ḥaḍrami origin, ʿAmm and ʿAṯirat from Qatabān, the Liḥyāni Waṭan, the Safaitic Daṯin, the Babylonian Hubal, the Syrian Baʿal[5], the Aramaic Ṣalam, the Nabataeans Manāt and Ḏū Šārà. To complete this list one must include 'Il, in this context counterpart of 'Ilat or Lāt (the pan Arabian Great Mother), Malik (the Sovereign), Kāhil (the Powerful), Hādī (the Guide), Sattār (the Protector) and the lunar divinities Mayas and Ġumm. There are references also to other divinities for which we have simply a single reference, and of whose basic characteristics we are ignorant. To this rich and apparently chaotic assembly of divinities[6] animals were sacrificed. The ultimate aim was to obtain peace, health and pardon. This was done in fixed structures, as suggested by the inscription HU 440 (Hub 300)[7] and by the auuspicious expression[8] addressed to Ha-ḏū Bayt.

As the Liḥyānis, the Thamudeans, notwithstanding this abundance of divinities, were never able to create a structured religious system. Some scholars linked this fact to a fundamental mythopoetic poverty of the northern and central-western Arabic world. However one can identify a primitive form of priesthood, seeing in

---

1 G. RYCKMANS (1934).

2 J. RYCKMANS (1956), p. 5.

3 In an isolate attestation, AL-AZRAQĪ, *Aḫbār* (1969), vol. I, p. 124, reports the existence of an unspecified "Kaʿbat al-Šāmiyya" in the lower part (*asfal Makka*) of the Holy City.

4 A. VAN DEN BRANDEN (1950), p. 202 (HU 410 / Hub 297 / Eut 548).

5 *Op. cit.*, p. 198 (HU 395/Hub 296).

6 For this adjective see J. HENNINGER (1959), p. 132.

7 A. VAN DEN BRANDEN (1950), p. 211.

8 In transliteration the inscription reads : *w-d l-h-ḏ-b-t*.

the custodians of the existing fixed sanctuaries, intermediaries of the divinities of which they were the guardians.

4. It is this cultural background that came to furnish the basis on which a great part of the Islamic edifice was built. Although the percolation of old concepts and liturgies into the new system was a complex process that can neither be seen as passive or conscious acceptance, it is an undisputed fact that in Islam there are many traces with a strong pre-Islamic flavour.

Zemzem, although under the new garb, is there to remind us of the ancient cult of the sacred springs. The Ǧabal al-Raḥma in ʿArafa and the little hills in Ṣafà and Marwa bring to mind the cult of venerable high places. On the other hand references concerning stops (*wuqūf*) the pious circuits (*tawāf*) performed in honour of pre-Islamic divinities cannot but bring to mind the emotional stop in ʿArafa which proceed the *ifāḍa* and the circumambulation of the Islamic Kaʿba. "El the early common god and probably the only god of the Semites", affirmed Father Marie-Joseph Lagrange[1]. An idea that apparently finds confirmation in the many votive inscriptions dedicated to the safaitic 'Il, or Thamudaean 'Ilāh (or Lahay) and again in Liḥyāni 'Il (or 'Ilah). This last divinity, under the name Rām (the Elevated one), represented — according to an hypothesis formulated by H. Grimme[2] — the god of lighting of which we can find an echo in the term *al-Ṭāriq* reported in *sura* LXXXVI, that is « The Bright Star ». The Italian Islamist Alessandro Bausani instead translated the term *al-Ṭāriq* with the expression « Che sopravviene di notte »[3] (He who arrives at night), adding in the notes that it is "a celestial body", survival in an ancient phase of an astral cult, born in a nomadic environment.

In conclusion it is not too farfetched to argue that the pre-Islamic cultures contained *in nuce* the ferments of monotheism. This outcome appeared impossible to fulfil within a brief span of time. However the unexpected prophetic role played by Muḥammad gave an impetus and an acceleration to a process that was slowly maturing in the consciences of the Arabs and which had already found an incoherent manifestation in the religiosity of the *ḥanīf*s. The resistance of the pagan element both in Mecca and in Central-Western Arabia was indeed strong and vigorous but the monotheistic impulse had already a spark within the consciences of many. It was thanks to Muḥammad and to his followers that the obstacles represented by those people, who were attached to the ancient faith by deep conviction or less noble motives, were removed with intelligence and not by mere violence.

The old pagan world had to give way to a new order. However it was able to transmit to the victorious Muslims the best of its rough moral and cultural

---

1 M.-J. LAGRANGE (1905), p. 70.

2 H. GRIMME (1929), pp. 134-135.

3 *Corano* (1961), p. 469.

heritage, best represented by those glorious *Ayyām*[1]. Ideals that are proudly voiced by Ḏū al-Iṣbaʿ al-ʿAdwānī thus :

> "I guard my respect without greed, and when in any land
> I fear to be shent, I abide not there to face disgrace
> ...
> Before things base I am stubborn : nought will I yield to the vile :
> unsmirched my honour, the trust of fathers who stood unstained
> ...[2]"

Bibliography

Sources

ʿĀMIR IBN AL-ṬUFAYL, *Dīwān* (1913) : *The Dīwāns of ʿAbīd Ibn al-Abraṣ of Asad and ʿĀmir Ibn aṭ-Ṭufail of ʿĀmir Ibn Ṣaʿṣaʿah.* Ed. Sir Ch. Lyall, Leiden-London : E.J. Brill-Luzac & Co. (*E.J.W. Gibb Memorial Series*).
AGATHARCHIDES, in FOTIUS (1855) : Περὶ τῆς 'Ερυθρᾶς Θαλάσσης, in K. Müller (ed.), *Geographi Græci Minores*, vol. I, Paris : A. Firmin Didot.
AL-AZRAQĪ, *Aḫbār* (1969) : *Aḫbār Makka.* 2 vols. Ed. Rušdī al-Ṣāliḥ Malḥas, Beyrut : Dār al-Andalus.
AL-BAKRĪ, *Muʿǧam* (1983) : *Muʿǧam mā staʿǧam.* 2 vols. Ed. Muṣṭafà al-Saqqā', Beyrut : ʿĀlam al-Kutub.
CAIUS PLINIUS CÆCILIUS SECUNDUS (1982-88) : *Naturalis Historia.* Liber VI, 155. Ed. Gian Biagio Conte, Torino : Einaudi.
CLAUDIUS PTOLEMY (1843-45) : *Claudii Ptolemaei geographia* (Γεωγραφικὴ ὑφήγησις), vol. VI. Edidit Carolus Fridericus Augustus Nobbe, Lipsiae : Sumptibus et typis Caroli Tauchnitii.
Corano (1961) : *Il Corano.* Trad. A. Bausani, Firenze : Sansoni.
DIODORUS SICULUS (1953) : *Library of History* (*Bibliothekes Istorikes*), vol. II. Trans. by C.H. Oldfather, London-Cambridge (Ma.) : W. Heinemann-Harvard U.P. (*The Loeb Classical Library*).
HORACE (1978) : *Satires, Epistles and Ars Poetica.* Trans. by H.R. Fairclough, Cambridge (Ma.)-London : Harvard University Press-W. Heinemann Ltd. (*The Loeb Classical Library*).
IBN AL-KALBĪ, *Aṣnām* (1924) : *Kitāb al-Aṣnām.* Ed. Aḥmad Zakī Pāšā, Cairo : Maṭbaʿa Dār al-Kutub.

---

[1] V. 22 of the *Muʿallaqa* of ʿAmr ibn Kulṯūm, in *Muʿallaqāt* (1991), p. 76.

[2] *Mufaḍḍaliyyāt* (1918), no. XXXI, vv. 8 and 11, II, p. 115.

AL-IṢFAHĀNĪ, *Aġānī* (1986) : *Kitāb al-Aġānī*, vol. XXII. Ed. Sāmir Ǧābir, Beyrut : Dār al-Kutub al-ʿIlmiyya.
AL-MASʿŪDĪ, *Murūǧ* (1982) : *Murūǧ al-ḏahab*, vol. III. Ed. M.M. ʿAbd al-Ḥamīd, Beyrut : Dār al-Maʿrifa.
Muʿallaqāt (1991) : *Le Muʿallaqāt*. Ed. Daniela Amaldi, Venezia : Marsilio.
Mufaḍḍaliyyāt (1918) : *The* Mufaḍḍaliyyāt, *an Anthology of ancient Arabian Odes*. Ed. C.J. Lyall, Oxford : at the Clarendon Press.
Notitia (1839) : *Notitia dignitatum et administrationum omnium tam civilium quam militarum in partibus Orientis*. Ed. E. Böcking, Bonn : Adolphi Marci.
Qur'ān (1971) : *The meaning of the glorious Qur'ān*. Text and explanatory trans. by Marmaduke Mohammed Pickthall, Beyrut : Dār al-Kitāb al-Lubnānī, 1971 [i.e. 1973].
Qur'ān (1980?) : *The meaning of the glorious Qur'ān*. Text, translation and commentary by Abdullah Yusuf Ali. Cairo-Beyrut : Dār al-Kitāb al-Miṣrī-Dār al-Kitāb al-Lubnānī, 2 vols.
YĀQŪT, *Muʿǧam* (1979) : *Muʿǧam al-buldān*. 5 vols. Beyrut : Dār Ṣādir-Dār Bayrūt.

References

M.G. AMADASI GUZZO (1988) : "Sacrifici e banchetti", in C. Grottanelli/N.F. Parise (a cura di), *Sacrificio e società nel mondo antico*, Roma-Bari : Gius. Laterza & Figli, pp. 97-122.
F.S. BODENHEIMER (1960) : *Animal and man in Bible lands*. Leiden : E.J. Brill.
A. DI NOLA (1981) : "Sacro/profano", in *Enciclopedia Einaudi*, t. 12, Torino : Einaudi, p. 315.
E. DOUTTÉ (1908) : *Magie & religion dans l'Afrique du Nord*. Alger : Adolphe Jourdan.
R. DOZY (1879) : *Essai sur l'histoire de l'Islamisme*. Trad. V. Chauvin, Leyde : E.J. Brill.
R. DUSSAUD (1955) : *La pénétration des Arabes en Syrie avant l'Islam*. Paris : P. Geuthner.
T. FAHD (1966) : *La divination arabe. Études religieuses, sociologiques et folkloriques sur le milieu natif de l'Islam*. Leiden (repr. Paris : Sindbad, 1987).
T. FAHD (1968) : *Le panthéon de l'Arabie centrale à la veille de l'Hégire*. Paris : Librairie Orientaliste Paul Geuthner.
H. GRIMME (1929) : *Texte und Untersuchungen zur Safatenisch-arabischen Religion*. Paderborn : F. Schöning (*Studien zur Geschichte und Kultur des Altertums*, XVI, 1).
C. GROTTANELLI (1988) : "Uccidere, donare, mangiare", in Idem/N.F. Parise, *Sacrificio e società nel mondo antico*, Roma-Bari : Gius. Laterza & Figli, pp. 3-53.

C. GROTTANELLI (1995) : "La religione d'Israele prima dell'esilio", in G. Filoramo (ed.), *Storia delle religioni*. Vol. 2, *Ebraismo e Cristianesimo*. Roma-Bari : Gius. Laterza & Figli, pp. 10-13.

A. GUILLAUME (1938) : *Prophecy and Divination among the Hebrews and other Semites*. London : Hodder and Stoughton.

J. HENNINGER (1959) : "La religion bédouine préislamique", in F. Gabrieli (a cura di), *L'antica società beduina*, Roma : Centro di Studi Semitici - Istituto di Studi Orientali dell'Università di Roma, pp. 69-93.

J. HENNINGER (1958) : Review of J. Chelhod, in *Anthropos* 53 (1958), pp. 748-757.

A. JAMME (1971) : "Safaitic Inscriptions from the Country of ʿArʿar al-ʿAnānīyah", in F. Altheim/R. Stiehl, *Christentum am Roten Meer*, vol. I, Berlin-New York : W. De Gruyter, pp. 41-109.

PP. A. JAUSSEN/R. SAVIGNAC (1914) : *Mission archéologique en Arabie*. Vol. II. Paris : P. Geuthner.

E.A. KNAUF (1991) : "More Notes on Ǧabal Qurma, Minaeans and Safaites", in *Zeitschrift der deutschen Palästina Vereins* 107 (1991), pp. 92-101.

M.-J. LAGRANGE (1905) : *Études sur les religions sémitiques*. Paris : V. Lecoffre.

G. LANKESTER HARDING (1952) : *Some Thamudic Inscriptions from the Hashimite Kingdom of the Jordan*. Leiden : E.J. Brill.

G. LEVI DELLA VIDA (1928) : art. "Liḥyān", in *Encyclopaedia of Islam* (first ed., Leiden-Paris), vol. III, pp. 26-28.

M. LIDZBARSKI (1915) : *Ephemeris für semitische Epigraphik*. Vol. III. Giessen : J. Hicker.

E. LITTMANN (1940) : *Thamūd und Ṣafā*. Leipzig : Deutsche Morgenländische Gesellschaft.

M.C.A. MACDONALD (1995) : art. "Safaitic", in *Encyclopaedia of Islam* (second ed., Leiden-Paris : E.J. Brill-G.P. Maisonneuve & Larose), vol. VIII, pp. 760-762.

A. MALVEZZI (1956) : *L'islamismo e la cultura europea*. Firenze : Sansoni.

D.H. MÜLLER (1899) : *Epigraphische Denkmäler aus Arabien*. Wien : Denkschriften Akademie d. Wissenschaften (*phil.-hist.*, band 37).

C.A. NALLINO (1941) : "L'Arabia preislamica", in *Raccolta di scritti editi e inediti*, vol. III, Roma : Istituto per l'Oriente, pp. 1-47.

M. OLENDER (1989) : *Les langues du Paradis. Aryens et Sémites*. Paris : Éd. du Seuil.

G. RICCIOTTI (1950) : art. "Tempio", in *Enciclopedia Italiana Treccani*, vol. XXXIII, Roma : Istituto dell'Enciclopedia Italiana, pp. 469-472.

G. ROTHSTEIN (1899) : *Die Dynastie der Lakhmiden in al-Hīra*. Berlin : Verlag von Reuther & Reichard.

G. RYCKMANS (1901) (curavit) : *Corpus Inscriptionum Semiticarum*. Pars Quinta, *Inscriptiones Saracenicas continens*, T. I, fasc. I, Paris : e Reipublicae Typographeo.

G. RYCKMANS (1934) : *Les noms propres Sud-sémitiques.* 2 vols. Louvain : Bureaux du Muséon/Université de Louvain (*Bibliothèque du Muséon* 2).

G. RYCKMANS (1951) : *Les religions arabes préislamiques*. Louvain : Université de Louvain (*Bibliothèque du Muséon* 26).

J. RYCKMANS (1956) : "Aspects nouveaux du problème thamoudéen", in *Studia Islamica* V (1956), pp. 5-17.

E.W. SAID (1978) : *Orientalism.* New York : Pantheon Books.

A. VAN DEN BRANDEN (1950) : *Les inscriptions thamoudéennes.* Louvain-Heverlée : Université de Louvain (*Bibliothèque du Muséon* 25)

A. VAN DEN BRANDEN (1957) : "L'unité de l'alphabet thamoudéen", in *Studia Islamica* VII (1957), pp. 5-27.

J. WELLHAUSEN (1927) : *Reste arabischen Heidentums*. Berlin-Leipzig : W. De Gruyter & Co.

CLOT-BEY ET LES MANUSCRITS DRUZES EN EUROPE

D. DE SMET
Katholieke Universiteit Leuven

À l'instar du célèbre arabisant liégeois Victor Chauvin, le Professeur Aubert Martin a toujours montré un vif intérêt pour les manuscrits arabes, en particulier ceux conservés dans des collections belges. En témoigne sa contribution au prestigieux *World Survey of Islamic Manuscripts,* pour lequel il a rédigé le chapitre consacré à la Belgique[1]. C'est donc à lui que je dédie les pages qui vont suivre, en un cordial hommage.

En dressant l'inventaire des manuscrits druzes conservés dans les bibliothèques européennes, en vue d'une édition critique des *Rasā'il al-ḥikma,* le Canon religieux des Druzes[2], j'ai découvert presque par hasard que la Bibliothèque Royale Albert Ier à Bruxelles possède un exemplaire du deuxième volume des *Rasā'il*[3]. Le livre d'entrée, conservé à la Section des Manuscrits, nous apprend qu'il fait partie d'un lot de neuf manuscrits (les numéros 19988 à 19996) qui "ont été donnés par le général Clot-Bey, ancien inspecteur du service de santé en Égypte"[4]. Ils ont tous

---

1 A. MARTIN (1992).

2 Sur le Druzisme, mouvement religieux issu de l'ismaélisme fatimide au 11e siècle, voir e.a. S. DE SACY (1838) ; N. ABU-IZZEDIN (1984) ; D. DE SMET (1998). On trouvera une bibliographie assez élaborée dans S. SWAYD (1998).

3 Il s'agit du ms. 19996 qui compte 113 folios, avec 13 lignes par page ; le texte, en une écriture *nasḫī* très soignée et parfaitement lisible, est entouré d'un cadre, parfois double, tracé à l'encre rouge ; les titres des traités et certains mots du texte sont écrits à l'encre rouge, verte ou jaune ; les titres sont ornés de dessins géométriques assez frustes ; le ms. n'est pas daté, mais il me semble relativement ancien (en tout cas antérieur au 19e siècle). Il contient le second volume du Canon druze, soit les traités n°s 15 à 40 (pour leurs titres et contenu, voir S. DE SACY (1838), I, pp. CCCCLXXI-CCCCLXXXII). Ce manuscrit, dont l'origine druze n'a pas été reconnue dans l'inventaire sommaire dressé par H. ELKHADEM (1987), p. 583, offre un texte généralement très fiable, de sorte que je l'ai retenu comme un des manuscrits de base pour mon édition.
F. Bauden m'a signalé que l'Université de Liège possède également un manuscrit druze appartenant au Legs Chauvin (ms. 2231 ; *cf.* J. HOYOUX (1970), p. 152). En fait, il s'agit du même deuxième volume du Canon, auquel font suite les traités n°s 5 et 8, tirés du premier volume. Comparé au ms. de Bruxelles, l'exemplaire de Liège est d'une qualité très inférieure et se trouve, de surcroît, en mauvais état ; le texte, en une écriture peu soignée et rendu parfois illisible par l'humidité, est corrompu en maints endroits. À ma connaissance, ce sont les seuls manuscrits druzes conservés dans des collections publiques belges.

4 Section des Manuscrits - Inventaire. 18001-20000. À l'exception des n°s 19990 (exemplaire très soigné du *Taqwīm al-ṣiḥḥa* d'Ibn Buṭlān, datant du 13e s. ; *cf.* J. BAUWENS (1968), pp. 32-33 ; H. Elkhadem, dans A. RAMAN/P. COCKSHAW (1989), pp. 145-147) et 19991 (fragment d'un Coran magnifique, copié en 1387 par Aḥmad al-Iṣfahānī ; *cf.* J. BAUWENS (1968), p. 9), ces manuscrits n'ont pas encore reçu l'attention qu'ils méritent. Le n° 19988 est

été enregistrés parmi les acquisitions de 1850[1]. Or, mon inventaire des manuscrits du Canon druze a révélé qu'un nombre non négligeable de ceux-ci, déposés dans des bibliothèques à travers toute l'Europe, a été offert par le même Clot-Bey.

Le Druzisme étant une religion secrète et fermée, dont les textes sacrés doivent être rigoureusement tenus cachés aux étrangers, tous les manuscrits druzes en Occident ont été acquis par 'voie dérivée', c'est-à-dire qu'ils ont été volés aux Druzes au cours des nombreux conflits confessionnels et communautaires qui, pendant des siècles, ont ensanglanté la région syro-libanaise[2]. Dès lors, l'historique des manuscrits druzes de Clot-Bey, ainsi que l'étude de leur origine et de leur singulière dispersion, jettent une lumière sur ce phénomène, tout en offrant une contribution à l'histoire de l'orientalisme au 19e siècle.

Le médecin marseillais Antoine-Barthélemy Clot[3], l''Avicenne chrétien' aux dires d'un admirateur enthousiaste[4], fut un des nombreux Français engagés par Muḥammad ʿAlī dans le cadre de sa politique de modernisation de l'Égypte[5]. Arrivé au Caire en 1825, Clot fut nommé chirurgien en chef des armées, fonda un conseil supérieur de santé et organisa une école de médecine pour étudiants égyptiens à Abū Zaʿbal, aux environs du Caire ; au grand scandale des *ʿulamā'*, il donna des cours d'anatomie et établit une école de sages-femmes. Son dévouement lors d'une épidémie de choléra en 1831 lui valut le grade de Bey, tandis que pour son attitude héroïque dans le traitement des pestiférés victimes de l'épidémie de 1835, il fut nommé Général. Bref, en quelques années, Clot était devenu une des personnalités les plus en vue au Caire, ami et conseiller de Muḥammad ʿAlī, dont il était le médecin personnel[6].

Enfant de son temps, Clot était aussi 'antiquaire' : passionné par la culture pharaonique, il profita de ses relations pour amasser un nombre impressionnant

---

un carnet qui contient des fragments de divers ouvrages traitant de science spirituelle (*ʿilm rūḥānī*) : arithmologie, astrologie, alchimie, etc. ; le n° 19989 est un recueil, en persan, d'histoires (*ḥikāyāt*) soufies ; les n° 19992 et 19993 forment un ensemble de dix cartons, sur lesquels figure un long *ḥadīṯ* attribué à Muʿāḏ ibn Ǧabal, un des Compagnons du Prophète (*cf. op. cit.*, p. 21) ; le n° 19994 contient le *Kitāb Subul al-hudà wa-al-rašād*, une biographie du Prophète rédigée en 1563 par Šams al-Dīn Abū ʿAbd Allāh Muḥammad ibn Yūsuf ibn ʿAlī ibn Yūsuf al-Dimašqī al-Ṣāliḥī al-Šāfiʿī al-Ša'mī (*cf.* C. BROCKELMANN, *GAL*, II, p. 304 ; S. II, pp 415-416) ; enfin, le n° 19995 est un traité moderne d'anatomie qui porte le titre *Kitāb al-Tašrīʿ*.

1 *Catalogue* (1853), pp. 242, 249-250.

2 Ph. HITTI (1957), pp. 409-410.

3 En fait, Clot naquit à Grenoble en 1793, mais après ses études de médecine à Montpellier, il s'établit à Marseille, où il mourut en 1868. Nous devons une biographie détaillée à L. BOURGUÈS (1880-2). Ses mémoires ont été publiés par J. TAGHER (1949).

4 "Biographie de M. Antoine Clot-Bey", dans G. SARRUT/B. SAINT-EDME (1839), p. 33.

5 R. SOLÉ (1997), pp. 63-65.

6 Sur la carrière médicale de Clot-Bey en Égypte, voir H. ROGER (1929) ; J.-M. PIBOURDIN (1985) ; D. PANZAC (1989) ; R. KERTENIAN (1998).

d'objets divers (vases, sarcophages, momies, bronzes, ...), qu'il légua à la fin de sa vie au Louvre et au Musée archéologique de Marseille[1]. Tout en n'ayant qu'une connaissance très médiocre de l'arabe[2], il fut à ses heures 'orientaliste', féru de manuscrits arabes, comme nous le verrons à l'instant.

Outre la modernisation de l'Égypte, Muḥammad ʿAlī voulut s'affranchir du pouvoir ottoman et étendre son royaume vers le nord. Profitant de la faiblesse du sultan, il envoya son fils Ibrāhīm Pāšā conquérir la Syrie et le chargea d'y établir une administration égyptienne. Celle-ci imposa à la population syrienne la circonscription et l'impôt, mesures qui n'étaient pas du tout appréciées par les Druzes, peuple depuis toujours fortement attaché à son indépendance. Aussi, en 1838, les Druzes du Ḥawrān se soulevèrent, suivis bientôt par leurs frères du Wādī al-Taym[3]. Ibrāhīm Pāšā partit aussitôt en campagne pour mâter la révolte, mais arrivé au front, il fut pris d'un malaise. Cette nouvelle alarma Muḥammad ʿAlī, qui envoya d'urgence Clot-Bey en Syrie, afin de soigner son fils. Embarqué à Alexandrie le 28 mars 1838, Clot arriva à Damas le 25 avril et se rendit immédiatement sur le front auprès d'Ibrāhīm. Mais entre-temps, celui-ci s'était complètement rétabli de sa maladie. Après une dizaine de jours, Clot retourna à Damas, où il se tenait prêt à intervenir en cas de nécessité. Ibrāhīm ne réussit qu'à briser la résistance des Druzes après avoir reçu l'aide de son allié libanais, l'émir maronite Bašīr. Enfin, le 6 août il fit son entrée triomphale à Damas, après plusieurs mois d'un combat féroce[4].

Si les mémoires de Clot-Bey restent discrets sur cette période, nous sommes assez bien renseignés sur son séjour en Syrie grâce à la correspondance qu'il mena avec Cochelet, le consul-général de France à Alexandrie[5]. Dans une de ses lettres à Cochelet, Clot-Bey écrit qu'il assista à Damas, après le retour d'Ibrāhīm en août 1838, à l'inventarisation et au partage du butin fait aux dépens des Druzes. Parmi les armes, ustensiles et objets divers ramenés par les soldats égyptiens, Clot-Bey fait une découverte à ses yeux spectaculaire, ce qui prouve qu'il avait une certaine connaissance en matière d'orientalisme. Il l'annonce à Cochelet dans les termes suivants :

---

1 Selon G. MASPÉRO (1889), p. VI, Clot-Bey meubla ses loisirs en nettoyant et en 'restaurant' ses trésors, quitte à causer à certaines pièces des dégâts irréparables.

2 Le célèbre philologue allemand Constantin Tischendorf, de passage au Caire en 1844, fut reçu en audience par Ibrāhīm Pāšā, en compagnie de Clot-Bey. L'interprète étant absent au début de l'entrevue, la conversation s'avéra laborieuse, d'où la remarque de Tischendorf : "Clot Bey ist kein starker Arabist" (C. TISCHENDORF (1846), I, p. 72).

3 A.L. AL-SAYYID MARSOT (1984), pp. 232-235 ; K. FIRRO (1992), pp. 61-78.

4 J. TAGHER (1949), pp. 384-388 ; L. BOURGUÈS (1881), pp. 257-286.

5 Cette correspondance a été étudiée par F. CHARLES-ROUX (1949-50), sur base de documents fournis par les descendants de Cochelet.

"La révolte des Druses m'a fourni l'occasion de faire une acquisition précieuse pour la littérature orientale. Ce sont les livres qui ont été pris avec le butin fait par les soldats. Ces manuscrits traitent de l'histoire de la philosophie, des dogmes et de la théologie de la religion druse qui, jusqu'à ce jour, est peu connue. On y trouve aussi la réfutation des religions juive, chrétienne, musulmane, ansarienne, et de la poésie sacrée. Le tout est écrit dans l'arabe le plus pur. Par aucun moyen et à aucun prix, sans la circonstance de la guerre, qui que ce soit n'eût pu faire une pareille collection. Ce n'est pas d'ailleurs sans peine et sans sacrifices en argent que j'ai pu me procurer les seize volumes comprenant les principaux écrits de cette secte. Personne n'ayant mis autant que moi des soins dans cette recherche, n'a réussi à en réunir un égal nombre. S. A. Ibrahim Pacha lui-même ne possède que quelques volumes. L'ouvrage que l'illustre M. de Sacy a publié paraît n'avoir été composé que d'après des auteurs arabes, mais non point sur les traités spécieux[1], qui ne sortaient jamais des mains des sectateurs."[2]

Il ressort de ce texte que Clot-Bey a acquis seize volumes druzes à Damas en août 1838. Leur origine demeure incertaine. Hitti prétend, mais sans citer sa source, qu'ils furent pris aux Druzes par les troupes d'Ibrāhīm "from Shaʿba, one of their most ancient and sacred khalwahs, south-east of Ḥāṣbayya"[3]. Les manuscrits proviendraient donc non du Ḥawrān, mais du Wādī al-Taym, au pied du Mont Hermon. Il existe effectivement un village nommé Chiba, à une quinzaine de kilomètres au sud-est de Ḥāṣbayya, où une confrontation entre Druzes et Égyptiens eut lieu, le 17 juillet 1838[4]. Toutefois, aucun sanctuaire druze n'est attesté dans les environs, Chiba étant un village musulman. En revanche, la *Ḫalwat al-Bayyāḍa*, le principal centre religieux des Druzes, se trouve à quelques kilomètres au sud de Ḥāṣbayya : c'est sans doute à elle que Hitti se réfère, mais je n'ai trouvé aucune mention d'un éventuel pillage de ce sanctuaire lors de la révolte de 1838.

Une fois terminée sa mission auprès d'Ibrāhīm Pāšā, Clot-Bey quitte Damas le 26 août, pour retourner en Égypte par le chemin des écoliers, car il profite de

---

[1] Ceci est faux ! De Sacy travaillait sur les manuscrits du Canon druze déposés à la Bibliothèque du Roi : trois volumes offerts en 1700 à Louis XIV par un médecin syrien Naṣr Allāh ibn Ǧilda (L. DELISLE (1868), pp. 301-302 ; il s'agit des mss. 1408 [ancien fonds 1580], 1415 [1581], 1427 [1582]) ; un volume copié par Pétis de la Croix, l'orientaliste du Roi-Soleil, sur base d'un manuscrit appartenant à la Bibliothèque de l'Oratoire (ms. 1429 [1583]), et deux volumes provenant de ce même fonds (ms. 1416 [Suppl. 271] et ms. 1425 [Suppl. 275] ; aucune bibliothèque parisienne ne possédant à l'époque un manuscrit de la dernière partie du Canon (les traités n°s 71 à 111), de Sacy fit copier le ms. 418 [Marsh 221] de la Bodléenne. Ainsi, il avait en sa possession le Canon complet. Par ailleurs, son *Exposé* se compose pour une large part de paraphrases et de traductions de traités druzes originaux.

[2] F. CHARLES-ROUX (1949-50), p. 254.

[3] Ph. HITTI (1957), p. 410.

[4] K. FIRRO (1992), p. 74.

l'occasion pour faire un peu de tourisme dans le Levant. Comme tout touriste digne de ce nom au 19e siècle, il traverse la montage libanaise et rend visite à l'émir Bašīr dans son palais de Bayt al-Dīn[1]. Apparemment, il réussit à gagner la faveur de l'émir et à lui transmettre son enthousiasme pour les manuscrits druzes : venant lui-même de lutter contre les Druzes aux côtés d'Ibrāhīm, Bašīr aida Clot-Bey à accroître sa collection de manuscrits. Ici encore, une lettre écrite à Cochelet après son retour au Caire, nous offre des informations précieuses :

> "J'ai pu réunir à peu près 60 volumes, ce qui est à peu près tout ce qui a été pris. Car, outre ce qui m'était apporté par les soldats, l'Émir Béchir a fait rechercher dans toute la montagne et m'a fait cadeau des livres qui avaient été pris par son fils et ses petits-fils et par les chrétiens qui agissaient contre les révoltés. J'ai fait classer tous ces ouvrages et j'ai trouvé que la collection complète des livres dogmatiques druses se compose de six volumes[2], dont je possède plusieurs exemplaires. J'ai, en outre, des commentaires, des poésies, des règlements, des abrégés concernant toujours cette secte religieuse[3]. J'ai vu, par le grand ouvrage du savant de Sacy, qu'aucune bibliothèque ne possède encore la réunion complète de ces livres et j'ai acquis la certitude que, sans la circonstance de la révolte, il eût été impossible de se les procurer par aucun moyen. Je pense donc que j'ai fait une acquisition précieuse pour la littérature orientale."[4]

Ce texte nous apprend donc qu'au terme de son voyage en Syrie et au Liban, Clot-Bey avait acquis une soixantaine de manuscrits druzes. Sans doute après son retour au Caire, il les fit classer et identifier par une personne lisant l'arabe et assez compétente en la matière. Enfin, il ressort de la correspondance avec Cochelet que Clot-Bey était persuadé d'avoir entre les mains un véritable trésor de documents ayant une importance incomparable pour la science.

Ce trésor, il ne le garda pas pour lui-même — que pouvait-il en faire après tout, car il n'était pas arabisant — mais il le distribua d'une manière singulière, en offrant ses manuscrits aux souverains les plus puissants de l'Europe. Nous allons essayer de découvrir quels étaient les motifs de cette générosité.

Malgré les nombreuses années passées en Orient, Clot-Bey a toujours gardé un attachement profond à la France, faisant preuve d'un sentiment patriotique très prononcé et non dépourvu de chauvinisme. Quoi de plus naturel alors de faire

---

1 L. BOURGUÈS (1881), pp. 272-275 ; J. TAGHER (1949), pp. 388-389.

2 En effet, les traités formant le Canon druze sont souvent répartis en six volumes, bien qu'une division en quatre volumes soit également attestée ; *cf.* H. WEHR (1942), pp. 189-191.

3 Il s'agit de la littérature non canonique des Druzes, dont l'inventaire reste encore à faire ; on en trouvera un aperçu sommaire et peu fiable dans S. SWAYD (1998), pp. 54-59.

4 F. CHARLES-ROUX (1949-50), p. 257.

profiter en premier lieu sa propre patrie de ses découvertes druzes ? En effet, dans la même lettre à Cochelet que nous venons de citer, il écrit :

> "Je crois devoir d'abord faire hommage d'une collection à la bibliothèque du Roi. J'en ai écrit à M. Jomard[1] et je vous prie de bien vouloir l'annoncer, si toutefois vous le jugez convenable."[2]

Ici se pose une énigme, que je n'ai pas réussi à élucider. Parmi la cinquantaine de manuscrits druzes que possède la Bibliothèque Nationale de Paris, seuls cinq ont été enregistrés comme un don de Clot-Bey[3]. Ils font partie d'un lot de manuscrits que le médecin marseillais a légué à la Bibliothèque en 1866, peu avant sa mort[4]. Il s'agit vraisemblablement d'un reliquat qu'il avait gardé pour lui et qu'il liquida à la fin de sa vie. En revanche, pour la période qui nous occupe ici (1838-1839), aucun manuscrit druze n'a été enregistré à la Bibliothèque Nationale. L'inventaire mentionne pour l'année 1840 trois entrées druzes, mais sans en indiquer la provenance. Bien qu'il semble à première vue évident d'y reconnaître le don de Clot-Bey annoncé dans sa lettre à Cochelet, cela s'avère peu probable vu le contenu et la nature des manuscrits : ils ne couvrent qu'une partie restreinte du Canon et, de surcroît, ne sont pas de première qualité[5]. Comparé aux exemplaires complets et luxueux qu'il offrira à d'autres souverains européens, il me semble exclu que Clot-Bey ait réservé une si maigre part à sa propre patrie. En outre, dans une autre lettre à Cochelet, il préconise d'offrir les manuscrits au Roi Louis-Philippe, avec un vase antique de grande valeur et une girafe vivante[6]. Il s'agit donc d'un cadeau prestigieux, qui, comme nous le verrons à l'instant, avait sans aucun doute une signification politique. Nous verrons également qu'un diplomate russe affirme que ce don a réellement eu lieu. En ce cas, que sont devenus les manuscrits druzes destinés à la Bibliothèque du Roi ? Dans le fonds actuel de la Bibliothèque Nationale, je ne vois rien qui pourrait correspondre à cette donation[7].

---

1 Edmé François Jomard (1777-1862), un ancien de la Campagne d'Égypte et un des éditeurs de la *Description de l'Égypte*, fut nommé conservateur de la Bibliothèque Royale en 1828 ; *cf.* M.L. BIERBRIER (1995), pp. 218-219.

2 F. CHARLES-ROUX (1949-50), p. 257.

3 Notamment quatre manuscrits comportant une partie du Canon : mss. 1419 et 1421 (au contenu identique : les traités n°s 15 à 40), ms. 1424 (traités n°s 42-68) et ms. 1435 (n°s 71-77), et un volume non canonique : ms. 1441 ; *cf.* G. VAJDA/Y. SAUVAN (1985), III, pp. 275-276, 284, 300, 306.

4 *Op. cit.*, II, p. XXVI.

5 En effet, les mss. 1417 et 1420 sont des doubles du deuxième volume du Canon, tandis que le ms. 1430 ne contient que les traités n°s 56 à 68 ; *cf. op. cit.*, III, pp. 274-276, 288.

6 F. CHARLES-ROUX (1949-50), p. 258.

7 Dans les grandes lignes, la collection druze de la BN a été constituée comme suit : à l''ancien fonds' (les trois mss. de Naṣr Allāh ibn Ğilda et les trois mss. de l'Oratoire ; voir *supra*, p. 48,

Malgré les hautes fonctions qu'il exerça au sein d'un état musulman, Clot-Bey était demeuré un fervent catholique[1]. Aussi, il ne voulait quitter la région syro-libanaise sans avoir fait un pèlerinage en Terre Sainte. Après sa visite à l'émir Bašīr, il se rendit donc à Jérusalem, emportant dans ses bagages les fameux manuscrits druzes qu'il venait d'acquérir. Il ne pouvait s'empêcher de parler de sa découverte au "Révérendissime Père Gardien de Terre-Sainte", qui lui suggéra aussitôt d'offrir un volume du Canon à la Bibliothèque du Vatican. Ayant reçu la certitude, par l'intermédiaire de ce prélat, que le Saint-Siège accepterait volontiers une pareille donation, Clot-Bey écrit le 10 décembre 1838, après son retour au Caire, à Cochelet pour lui demander d'envoyer à Rome, "par l'entremise de l'ambassadeur de France auprès du Pape ou par celle de l'agent pontifical à Livourne, une lettre de lui au Souverain Pontife, une autre pour le Cardinal Fransoni, Préfet de la Propagande, et une caisse contenant les précieux volumes"[2]. En même temps, il fait parvenir à Cochelet une copie de sa lettre au Pape Grégoire XVI, datée du 9 janvier 1839 :

> "Très Saint Père. Je dépose humblement aux pieds de Votre Sainteté la collection des livres dogmatiques des Druses, que les événements dont la Syrie vient d'être le théâtre m'ont permis de recueillir sur les lieux mêmes. On pense généralement, dans le Levant, que la nombreuse population de ces sectaires qui, sous le rapport des mœurs, des localités et probablement aussi de l'origine, sont unis par tant de liens aux chrétiens maronites, peut offrir à l'Église une conquête presque aussi facile qu'elle serait importante. À ce titre, Très Saint Père, un recueil d'hérésies susceptibles de fournir de puissants arguments en faveur de notre Sainte Religion, mérite peut-être de fixer les regards du Souverain Pontife et j'ose espérer que, dans Sa paternelle sollicitude pour la propagation de la foi, Votre Sainteté accueillera avec quelque intérêt l'hommage qu'Elle a daigné me permettre de Lui faire, heureux si je dois à cette circonstance d'attirer un moment l'attention du Père de l'Eglise sur un de ses enfants ; heureux si elle peut appeler sur moi la bénédiction de Votre Sainteté. Elle me donnera des forces, Très Saint Père, pour travailler à l'œuvre de civilisation dans laquelle il a plu à la divine Providence de m'assigner une modeste part ; Elle me soutiendra dans les efforts que je ne cesse de faire pour la propagation en Égypte de la science médicale et de ses bienfaits. La culture de la médecine et des connaissances qui s'y rattachent a déjà eu pour

n. 1) se sont ajoutés les trois mss. de 1840 ; deux mss. de provenance inconnue ont été enregistrés en 1860 et deux en 1866 ; le don de Clot-Bey en 1866 compte cinq mss. ; puis, en juillet 1867, le diplomate Eugène Poujade (1815-1885) en a offert quinze (cf. G. VAJDA/Y. SAUVAN (1985), II, p. XXVII) ; enfin sept mss. druzes ont été acquis entre 1884 et 1924 ; *cf.* E. BLOCHET (1925), pp. 5, 191-192, 356, 358-359.

[1] Le pape Pie IX lui ayant donné en 1851 le titre de Comte, il choisit comme devise : *inter infideles fidelis* (« fidèle parmi les infidèles »). *Cf.* J.-M. PIBOURDIN (1985), p. 26.

[2] F. CHARLES-ROUX (1949-50), p. 259.

> effet le soulagement de l'humanité et la pratique d'une tolérance charitable. Les peuples de l'Orient devront peut-être un jour aux lumières dont elles sont la source de prendre conscience de la supériorité morale et intellectuelle de l'Europe, éclairée par le divin flambeau du christianisme. En sollicitant la bénédiction de Votre Sainteté, je La supplie de m'accorder la précieuse faveur de mettre à Ses pieds l'hommage des sentiments de piété filiale et de profond respect avec lesquels je suis, Très Saint Père, de Votre Sainteté le très humble, très obéissant et très fidèle serviteur. Signé Clot-Bey."[1]

Je ne sais si ces manuscrits ont réellement servi à des fins missionnaires, comme le préconise Clot-Bey. Fait est qu'ils se trouvent actuellement à la Bibliothèque du Vatican : il s'agit de cinq volumes contenant le Canon en sa totalité, plus un volume de poèmes druzes[2].

Après son retour au Caire, le 14 octobre 1838, Clot-Bey commence donc à distribuer les manuscrits druzes acquis en Syrie. Dès le 11 septembre, trois mois avant sa lettre au Pape, il adresse le message suivant au Comte de Médem, Consul Général de Russie en Égypte :

> "Me trouvant en Syrie auprès du Prince Ibrahim, tandis qu'il soumettait les Druzes révoltés, je fus informé que des livres relatifs à leur religion faisaient partie du butin enlevé par les troupes. Sentant l'importance que ces manuscrits pouvaient avoir en jetant du jour sur l'histoire et les principes encore peu connus de cette secte, même après la publication de l'ouvrage du savant de Sacy, qui déclare n'avoir eu que des documents incomplets, je ne négligeai rien pour me les procurer, et je parvins à réunir à peu près tous ceux qui avaient été pris. Les plus importants sont six volumes contenant la morale et les dogmes de la religion druze. Pensant que ces traités n'existent pas dans la Bibliothèque Impériale et qu'ils présentent assez d'intérêt pour y trouver une place, je désirerais en faire hommage à Sa Majesté par votre intermédiaire. Veuillez bien, je vous prie, Monsieur le Consul général, me faire savoir si vous jugez cette collection digne

---

1 *Op. cit.*, pp. 259-261.

2 C. CRISPO-MONCADA (1900), pp. 80-86 : n° 912 (traités 1-14), n° 913 (traités 15-40), n° 914 (traités 41-55), n° 915 (traités 56-68), n° 916 (traités 71-113), n° 917 (poèmes druzes dont le contenu est détaillé dans *op. cit.*, pp. 84-86). Ces manuscrits correspondent aux numéros 909 à 914 dans le catalogue de G. LEVI DELLA VIDA (1935) (bien que plus récent, ce catalogue est beaucoup moins détaillé et précis que celui de Crispo-Moncada). Sur un des folios du n° 916 a été inscrit en français : "Livre cinquième et sixième sur les dogmes de la religion des Druses. Manuscrit Original pris en Syrie par les troupes égyptiennes dans la révolte des Druses en 1838" (C. CRISPO-MONCADA (1900), p. 83). Actuellement, la Vaticane possède une quinzaine de manuscrits du Canon (G. LEVI DELLA VIDA (1935), pp. 40-41, 68, 86-87, 202-204) et quelques manuscrits druzes non canoniques (*op. cit.*, pp. 68, 86, 203).

d'être offerte, et si vous seriez assez bon pour vous charger de la transmettre ; dans ce cas j'aurai l'honneur de vous l'adresser."[1]

Dans une lettre annexe adressée au Comte de Nesselrode, Vice-Chancelier du Tsar Nicolas Ier, afin d'appuyer la proposition de Clot-Bey, le Comte de Médem remarque : "à l'offre d'un ouvrage, Mr. Clot Bey a joint en même temps celle d'une belle girafe pour la ménagerie impériale, arrivée depuis près d'une année de l'intérieur de l'Afrique et pour ainsi dire entièrement apprivoisée"[2]. En fin de compte, le Tsar accepta les manuscrits, mais refusa la girafe pour des raisons pratiques. Clot-Bey reçut en récompense les insignes de l'ordre de St. Stanislas de la 2e Classe[3]. Les huit manuscrits druzes offerts au Tsar, dont un exemplaire complet du Canon, ont été déposés au Musée Asiatique de St.-Pétersbourg[4].

Dans sa lettre de recommandation adressée au Chancelier de Nesselrode et datée du 23 novembre 1838, le Comte de Médem croit savoir que Clot-Bey, lors de son voyage en Syrie, "ayant été assez heureux de se procurer trois exemplaires complets de cet ouvrage [c.-à-d. le Canon druze], se propose maintenant d'en présenter un à chacune des trois Cours de Russie, d'Angleterre et de France"[5].

En effet, bien que Clot-Bey en bon Français haït l'Angleterre et les Anglais[6], il fit hommage à la reine Victoria d'un exemplaire complet du Canon druze, qui fut déposé en 1839 au British Museum[7].

Le Comte de Médem, écrivant le 23 avril 1839 à l'Envoyé Bouteneff au sujet de l'attribution à Clot-Bey des insignes de l'Ordre de St. Stanislas, remarque "qu'en faisant hommage à notre Cour comme à celles d'Autriche, de France et d'Angleterre, de l'ouvrage sur la religion des Druzes, Mr. Clot-Bey a fait preuve

---

1 R. CATTAOUI BEY (1936), pp. 249-250.

2 *Op. cit.*, p. 248.

3 *Op. cit.*, pp. 283-285, 330-331.

4 V. ROSEN (1881), pp. 45-46 ; V. POLOSIN (1995), pp. 10-34. Cinq manuscrits contiennent le Canon en son intégralité : n° 96 / 383a (traités 1 à 14 ; ce manuscrit, particulièrement soigné, a été publié en fac-similé par M. Rodionov dans *Rasā'il al-ḥikma* (1995)), n° 97 / 383b (traités 15 à 40), n° 98 / 383c (traités 41 à 55), n° 99 / 383d (traités 56 à 68) et n° 100 / 383e (traités 71 à 113). Y sont adjoints deux manuscrits incomplets du Canon : les n°s 101 / 383f (traités 5, 8, 13, 17, 35) et 102 / 383g (traités 5, 8, 29, 31-34, 39-40, 13, 16-17, 35, 23), ainsi qu'un manuscrit contenant divers écrits druzes non canoniques (dont on trouvera l'inventaire dans V. ROSEN (1881), pp. 46-51).

5 R. CATTAOUI BEY (1936), p. 248. Nous savons qu'en réalité Clot-Bey en acquit un nombre beaucoup plus grand.

6 F. CHARLES-ROUX (1949-50), pp. 308-309.

7 *List* (1843), année 1839, p. 4. Il s'agit des mss. 1143 / Add. 11558 (traités 1 à 14), 1144 / Add. 11559 (traités 15 à 40), 1145 / Add. 11560 (traités 41 à 55), 1147 / Add. 11561 (traités 56 à 68), 1148 / Add. 11562 (traités 71 à 113) et 1149 / Add. 11563 (traités 78 à 113) ; *cf.* W. CURETON/Ch. RIEU (1846), pp. 520-526.

du désintéressement le plus complet, car des offres fort considérables en argent lui ont été faites pour ces livres de la part de plusieurs voyageurs"[1].

Là encore, le Consul Général s'avère bien renseigné. Clot-Bey a effectivement légué à l'Empereur d'Autriche Ferdinand Ier un exemplaire complet du Canon druze, déposé en 1839 à la Bibliothèque Impériale de Vienne[2].

Quant à l'exemplaire dont Médem affirme explicitement qu'il fut offert à la Cour de France, nous avons déjà mentionné qu'il n'a laissé aucune trace à la Bibliothèque Nationale.

À en croire le Comte de Médem dans sa lettre du 23 avril 1839, Clot-Bey aurait fait preuve du désintéressement le plus complet, en offrant gracieusement aux grands de ce monde des manuscrits dont il aurait pu tirer beaucoup d'argent. Toutefois, il semble pour le moins douteux qu'il ait distribué ses manuscrits druzes à travers l'Europe dans le seul but de stimuler la recherche scientifique internationale sur la religion druze. Tous ses biographes s'accordent à reconnaître dans le caractère de Clot-Bey une vanité certaine, un souci permanent d'agrandir sa renommée et d'embellir sa mémoire pour la postérité[3]. En ce sens, il n'était certainement pas insensible à l'Ordre de St. Stanislas dans lequel le Tsar l'avait élevé en récompense pour ses manuscrits[4]. Mais sa générosité avait également une raison politique.

La puissance grandissante de Muḥammad ʿAlī en Égypte, sous la protection de la France, et la conquête de la Syrie par les troupes égyptiennes d'Ibrāhīm Pāšā, n'avaient cessé d'inquiéter l'Angleterre, qui y voyait une atteinte directe à ses intérêts au Moyen-Orient. En mai 1838, en pleine révolte druze, Muḥammad ʿAlī avait proclamé l'indépendance de l'Égypte et de la Syrie face à l'Empire ottoman. L'Angleterre, par l'intermédiaire de Lord Palmerston, fit savoir qu'en cas de conflit avec la Porte, elle soutiendrait inconditionnellement celle-ci contre l'Égypte. Palmerston fut chargé par le gouvernement britannique de lancer une campagne de propagande, afin de discréditer le régime de Muḥammad ʿAlī en Europe. Cette campagne eut son effet. Même en France, un débat exacerbé vit le jour entre les défenseurs du Roi d'Égypte, loué comme un esprit éclairé, promoteur des sciences et des arts, grand admirateur de Napoléon et ami sincère de la culture européenne, faisant preuve d'une tolérance étonnante envers les non-musulmans, et ses détracteurs, qui le présentèrent comme un vulgaire aventurier, un cruel despote oriental et un musulman fanatique, ennemi juré du christianisme et obstacle aux intérêts

---

1 R. CATTAOUI BEY (1936), p. 285.

2 Il s'agit du n° 1573 / Mxt. 227a-f, un ensemble de six manuscrits qui contiennent l'ensemble du Canon ; *cf.* G. FLÜGEL (1867), pp. 28-34 ; D. DUDA (1992), pp. 153-155.

3 J.-M. PIBOURDIN (1985), pp. 27-29 ; R. KERTENIAN (1998), pp. 237, 243.

4 La Bibliothèque Municipale de Marseille conserve un *Recueil factice de pièces relatives aux travaux de Clot-Bey en Egypte*, qui contient une page avec toutes les décorations (une centaine, émanant de pays et d'organismes les plus divers) accumulées par Clot-Bey au cours de sa vie.

européens dans la région[1]. En outre, Palmerston ne ménagea aucun effort pour rallier les principales puissances européennes, dont la Russie, l'Autriche et la Prusse, contre l'Égypte et la France, son alliée. Après avoir écrasé l'armée ottomane à la bataille de Nezib en juin 1839, Ibrāhīm Pāšā avança jusqu'aux confins de l'Anatolie, menaçant même de poursuivre sa route jusqu'à Istanbul. À ce moment, Palmerston et ses alliés décidèrent d'intervenir ouvertement, malgré les protestations de la France qui toutefois restèrent purement verbales, Louis-Philippe ne voulant risquer une guerre avec l'Angleterre. La 'Question d'Orient' était née. Elle se solda — provisoirement du moins — par la capitulation de Muḥammad ʿAlī en 1841, à la suite de laquelle il perdit toutes ses conquêtes hors de l'Égypte[2].

C'est dans ce climat politique que Clot-Bey, défenseur zélé de Muḥammad ʿAlī et des intérêts de la France en Égypte, offrit ses précieux manuscrits druzes précisément aux nations qui s'étaient alliées contre son bienfaiteur et contre sa patrie : l'Angleterre, la Russie et l'Autriche.

Seule la Prusse manque à l'appel, du moins en apparence. Le catalogue des manuscrits arabes de Berlin, rédigé par Ahlwardt, ne donne malheureusement aucune précision quant à l'origine et à la date d'entrée des manuscrits. Mais si, parmi les manuscrits druzes, nous écartons ceux appartenant à des collections acquises à une date postérieure[3], nous constatons que l'ancien fonds de la Staatsbibliothek Preussischer Kulturbesitz possède effectivement un exemplaire plus ou moins complet du Canon druze, composé de quatre manuscrits dont les numéros d'inventaire se suivent, ce qui indique qu'ils ont été acquis en même temps[4]. Vu l'extrême rareté des exemplaires complets du Canon — aucune bibliothèque européenne ne semble en avoir possédé avant les donations de Clot-Bey[5] — j'ose conjecturer que l'exemplaire de Berlin provient également de lui.

De toute évidence, les dons de manuscrits, parfois accompagnés d'autres cadeaux (antiquités pharaoniques, girafes, ...), doivent être compris à la lumière des efforts continuels entrepris par Clot-Bey pour faire connaître les bienfaits du

1 Pour ne citer qu'un exemple, l'ouvrage de P.N. HAMONT (1843) est un pamphlet particulièrement haîneux contre Muḥammad ʿAlī et ses défenseurs.

2 A.L. AL-SAYYID MARSOT (1984), pp. 237-246 ; Kh. FAHMY (1998), pp. 173-176 ; M. SABRY (1930), pp. 405-540 ; E. DRIAULT (1930), I, pp. XXVII-LXVIII.

3 Il s'agit principalement de la collection Wetzstein, acquise en 1862 et 1881, et de la collection Landberg, acquise en 1884.

4 Notamment Mq. 316 (traités 1 à 14), Mq. 317 (traités 15 à 40), Mq. 318 (traités 41 à 55), Mq 319 (traités 71 à 113) ; *cf.* W. AHLWARDT (1891), pp. 591, 598-611. Il manque donc une quinzaine de traités au milieu du Canon : cela peut avoir échappé à Clot-Bey, ou bien son stock d'exemplaires complets était-il épuisé ?

5 Ceci ressort des investigations, très poussées pour l'époque, de S. DE SACY (1824), pp. 3-18, mises à jour dans Idem (1838), I, pp. CCCCLIV-CCCCLIX. De Sacy ne fait aucune mention des manuscrits de Berlin.

régime de Muḥammad ʿAlī, non seulement en France mais dans l'Europe tout entière.

En effet, le 7 mai 1839, à un moment où les succès militaires de Muḥammad ʿAlī inquiétaient de plus en plus les puissances européennes, Clot-Bey quitte l'Égypte, soi-disant pour des raisons de santé. La traversée de la Méditerrannée semble lui avoir fait du bien, car à Malte, au lieu de prendre le bateau de Marseille, il s'embarque pour Civita-Vecchia, afin de faire un peu de 'tourisme' en Italie. Le 24 et le 30 juin, il est reçu par le pape Grégoire XVI, grand amateur d'antiquités : Clot-Bey lui promit un sarcophage et plusieurs bronzes pour le Musée Égyptien qui venait de s'ouvrir au Vatican ; en échange, le pape lui remit divers cadeaux pour Muḥammad ʿAlī[1]. Toujours sous un prétexte touristique, Clot-Bey entreprend alors un curieux périple qui de Rome le mène à Naples, Livourne et Gênes. À peine arrivé auprès de sa mère à Marseille, il repart "toujours tourmenté par le démon du tourisme" pour visiter la Toscane, Parme, Modène, Venise, la Lombardie, le Piémont, la Ligurie et Nice. En janvier 1840, il regagne enfin Marseille[2]. Plutôt que les monuments et les sites archéologiques, ce sont les souverains, les hommes politiques et les diplomates qui l'intéressent au cours de ce voyage : il va de cour en cour, d'audience en audience, distribuant partout des petits cadeaux afin d'entretenir l'amitié.

Ainsi, reçu à la cour de Turin en décembre 1839, il offrit au roi Charles-Albert un exemplaire complet du Canon druze ; en échange, le roi lui fit remettre une riche tabatière et une décoration de l'ordre royal des Saints Maurice et Lazare[3]. Les manuscrits druzes furent déposés aussitôt à la Biblioteca Reale[4].

Interrogé par des journalistes sur les raisons de ce va-et-vient en Italie, Clot-Bey maintint que son voyage n'avait d'autre but que le tourisme. Il ne voulait être qu'un simple médecin en vacances, niant catégoriquement les rumeurs qui lui attribuèrent une mission diplomatique secrète pour le compte de Muḥammad ʿAlī : "ma mission à moi, déclara-t-il, c'est de m'occuper de tout ce qui a trait aux sciences médicales"[5]. Dans ses mémoires, par contre, il avoue qu'il s'agissait bel et bien d'un voyage de propagande : "je me disposai à visiter toutes les cours de la Péninsule, et de faire apprécier les œuvres de civilisation entreprises, en Égypte, par ce Prince"[6].

---

1 F. CHARLES-ROUX (1949-50), pp. 274-276 ; J. TAGHER (1949), pp. 333-336.

2 F. CHARLES-ROUX (1949-50), p. 279 ; J. TAGHER (1949), pp. 337-344.

3 L. BOURGUÈS (1881), p. 457 ; J. TAGHER (1949), p. 344.

4 Il s'agit des manuscrits 82[1] / A. 67 (traités 1 à 14), 82[2] / A. 68 (traités 17 à 40), 82[3] / A. 69 (traités 41 à 55), 82[4] / A. 70 (traités 56 à 68), 82[5] / A. 71 (traités 71 à 77) et 82[6] / A. 72 (traités 78 à 113) ; *cf.* S. NOJA (1984), pp. 563-564 ; P. BRANCA (2000), pp. 51-75.

5 F. CHARLES-ROUX (1949-50), pp. 277-278.

6 J. TAGHER (1949), p. 332.

Cette activité de propagande devint encore plus manifeste lors de son séjour à Paris, de mars à juillet 1840. Au moment même où les principales puissances européennes forgeaient une alliance afin de briser le pouvoir de Muḥammad ʿAlī et exerçaient une pression croissante sur la France pour qu'elle se distancie de son protégé égyptien, Clot-Bey eut des entretiens continuels avec le ministre des affaires étrangères Thiers, le roi Louis-Philippe, des membres du gouvernement et des diplomates[1]. Il livre à l'impression son *Aperçu général sur l'Égypte*, un impressionnant plaidoyer en faveur du régime de Muḥammad ʿAlī, vantant les mérites personnels du roi autant que les bienfaits de sa politique intérieure et extérieure[2].

Même à Paris, Clot-Bey continue à nier qu'il était investi d'une mission diplomatique : "bien qu'il déclarât en toute occasion, qu'il voyageait uniquement par raison de santé, il n'en était pas moins considéré par beaucoup de monde comme un envoyé spécial du vice-roi"[3]. La question demeure s'il agissait pour son propre compte, par gratitude envers ce souverain auquel il devait toute sa renommée, ou si, par contre, Muḥammad ʿAlī l'avait envoyé en Europe pour y accomplir une mission de propagande. Si tel était le cas, sa mission resta bien secrète auprès des diplomates, car le nom de Clot-Bey n'apparaît nulle part dans la correspondance diplomatique française de l'époque[4].

Après son retour au Caire en août 1840, alors que la crise de la 'Question d'Orient' devint de plus en plus aiguë, Clot-Bey continua sa distribution de manuscrits druzes.

En 1841 furent enregistrés à la Königliche Hof- und Staatsbibliothek de Munich sept manuscrits druzes, offerts par Clot-Bey au roi de Bavière. Parmi eux figurent, outre une partie du Canon, quelques écrits non canoniques d'un grand intérêt[5].

---

1 F. CHARLES-ROUX (1949-50), p. 282.

2 J.-M. CARRÉ (1956), I, p. 286. Ainsi, il embellit la répression de la révolte druze par Ibrāhīm Pāšā de la manière suivante : "Ibrahim-Pacha a eu à réprimer, en Syrie, plusieurs révoltes, notamment celles de Naplouze et des Druzes ; cette dernière surtout fut terrible, nous avons été témoin oculaire de sa répression, et nous y avons vu de près la bravoure d'Ibrahim et sa clémence envers les vaincus. On ne peut lui reprocher, dans cette circonstance, un seul trait d'inhumanité" (A.-B. CLOT-BEY (1840), I, p. LXXXVI).

3 L. BOURGUÈS (1881), p. 458.

4 Du moins il n'est pas mentionné dans les cinq gros volumes de correspondances réunis par E. DRIAULT (1930).

5 Il s'agit des manuscrits suivants : n° 225 / Cod. Clotbey 7 (le 'catéchisme' druze et traité 69 du Canon), n° 226 / Cod. Clotbey 2 (traités 59 à 63, 82, 85 à 113), n° 227 / Cod. Clotbey 8 (traité 13), n° 228 / Cod. Clotbey 4 (commentaire du traité 13), n° 229 / Cod. Clotbey 6 (divers traités étrangers au Canon, mais méritant une étude approfondie) ; n° 230 / Cod. Clotbey 3 (pièces non canoniques) et n° 231 / Cod. Clotbey 5 (*Kitāb al-Nuqaṭ wa-al-dawā'ir*, édité par Chr. SEYBOLD (1902)) ; *cf.* J. AUMER (1875), pp. 70-73 ; J.M. MÜLLER (1842), pp. 377-388, 393-398.

Le roi de Suède Charles XIV légua en 1842 un exemplaire complet du Canon druze à la bibliothèque de l'Université d'Uppsala[1]. Selon Tornberg, le roi avait reçu peu auparavant (*paullo ante*) ces manuscrits d'Égypte : "*cujus exemplaria, antea in Europa infrequentia, in bellis Muhammedis Alii adversus Druzos gestis capta, jam in varias immigrarunt bibliothecas*"[2]. Bien qu'il ne fasse aucune mention de Clot-Bey, tout laisse supposer qu'il en est effectivement le donateur[3].

Clot-Bey profita de la visite du célèbre philologue Tischendorf en 1844, pour lui remettre trois manuscrits druzes à l'intention du roi de Saxe. Deux de ces manuscrits furent déposés à la Bibliothèque de Dresden[4], tandis que l'autre fut offert à la bibliothèque de l'Université de Leipzig[5].

Finalement, il reste le manuscrit de Bruxelles, évoqué au début de cet article. Par analogie avec toutes les autres donations faites par Clot-Bey, nous pouvons supposer qu'il fut offert, avec les huit manuscrits appartenant au même lot, au roi Léopold Ier. Toutefois, ni les Archives du Palais Royal[6], ni celles de la Bibliothèque Royale Albert Ier, déposées aux Archives Générales du Royaume, ni les Archives du Ministère de l'Intérieur / Enseignement Supérieur, dont relève la Bibliothèque Royale (elles aussi, déposées aux Archives Générales), ni l'*Annuaire de la Bibliothèque Royale de Belgique*, qui parut de 1840 à 1851, ne contiennent la moindre trace de cette donation. Nous savons uniquement que ces manuscrits furent inscrits dans l'inventaire de la Bibliothèque Royale parmi les acquisitions de 1850, donc à une date tardive par rapport aux autres donations de Clot-Bey. Mais la date de l'enregistrement ne correspond pas nécessairement à la date de la donation. Par ailleurs, nous savons que Clot-Bey a offert en 1839 ou 1840 plusieurs ouvrages médicaux, traduits du français en arabe et imprimés à Būlāq[7]. Les manuscrits arabes auraient-ils été donnés à la même occasion ? Les auraient-on

1 Il s'agit des manuscrits 501 (traités 1 à 14), 502 (traités 15 à 40), 503 (traités 41 à 68), 504 (traités 71 à 77) et 505 (traités 78 à 113) ; *cf.* C.J. TORNBERG (1849), pp. 315-322.

2 *Op. cit.*, p. X.

3 Lors de son passage au Caire en 1844, Tischendorf remarque dans les jardins du palais d'Ibrāhīm sur l'île de Roda, une belle girafe destinée à être offerte au roi de Suède (C. TISCHENDORF (1846), I, p. 74). Manifestement, l'Égypte voulait entretenir de bonnes relations avec la cour suédoise. Nous avons déjà vu à plusieurs reprises qu'en matière de cadeaux diplomatiques, manuscrits druzes et girafes allaient de pair !

4 Ils contiennent respectivement les traités 15 à 40 et 41 à 68 du Canon druze. L'unique catalogue publié de Dresden, celui de Fleischer, date de 1831 ; par conséquent, ces manuscrits n'y figurent pas. Pour leur description et leur contenu, il faudra se rapporter à C. TISCHENDORF (1845), pp. 14-15 ; Idem (1855), pp. 75-77 ; R. NAUMANN (1845), pp. 111-112.

5 Il s'agit du manuscrit n° 292 (traités 15 à 40 du Canon druze) ; *cf.* K. VOLLERS (1906), p. 81.

6 Gustaaf Janssens, Archiviste du Palais Royal, a eu l'obligeance de vérifier s'il existait une correspondance au sujet de ces manuscrits. Qu'il trouve ici toute ma gratitude pour le temps qu'il a investi dans cette recherche infructueuse.

7 Voir l'*Annuaire de la Bibliothèque Royale de Belgique* 2 (1841), p. 10 (parmi les acquisitions de 1839-1840).

mis de côté à défaut d'un collaborateur arabisant capable de les enregistrer ? Ce ne sont là que des suppositions invérifiables pour l'instant.

Si nous additionnons les manuscrits druzes provenant de Clot-Bey — à savoir : Bruxelles (1), Dresden (2), Leipzig (1), Londres (6), Munich (7), Paris (4 en 1866), St. Pétersbourg (8), Turin (6), Uppsala (5), Vatican (6) et Vienne (6) — nous obtenons un total de 52 manuscrits. En y ajoutant les quatre manuscrits de Berlin, dont nous supposons qu'ils proviennent de Clot-Bey, et ceux offerts au roi de France en 1838 (à condition que cette donation ait réellement eu lieu), nous approchons de la soixantaine de manuscrits, précisément le nombre que Clot-Bey lui-même, dans sa correspondance avec Cochelet, affirme avoir acquis lors de son voyage syro-libanais.

Les donations s'échelonnent principalement entre 1838 et 1844, à une époque où le régime de Muḥammad ʿAlī mobilise la politique étrangère et les relations diplomatiques en Europe. Clot-Bey distribue ses manuscrits aux bibliothèques les plus prestigieuses de son temps certes, mais à la fois aux protagonistes de la 'Question d'Orient' (France, Angleterre, Autriche, Russie, Prusse) et aux souverains d'états moins directement impliqués, mais dont l'influence diplomatique n'était point négligeable : la Belgique, la Saxe, la Bavière, le Piémont, la Suède et l'État pontifical. Ce choix indique que ses donations de manuscrits druzes (avec d'autres manuscrits arabes, antiquités égyptiennes, girafes, etc.) font partie d'une offensive de charme, d'une campagne de propagande visant à susciter en Europe de la sympathie pour l'Égypte de Muḥammad ʿAlī.

Clot-Bey, cet 'aventurier marseillais de la médecine' était-il aussi un aventurier de la diplomatie ? Était-il officiellement investi par Muḥammad ʿAlī d'une mission de propagande, ou opérait-il pour son propre compte et de sa propre initiative ? Nous ne le saurons sans doute jamais.

Ce qui importe, c'est qu'il nous a légué un matériel d'une valeur inestimable. Mais, ironie de l'histoire, ses trésors sont restés enfouis jusqu'à aujourd'hui dans le fond des bibliothèques où ils ont été déposés il y a près d'un siècle et demi, aucune étude de quelque envergure n'ayant pratiquement paru sur la doctrine druze depuis Sylvestre de Sacy. Il est donc grand temps de nous mettre au travail !

Bibliographie

N. ABU-IZZEDIN (1984) : *The Druzes. A New Study of their History, Faith and Society*. Leiden.

W. AHLWARDT (1891) : *Die Handschriften-Verzeichnisse der Köninglichen Bibliothek zu Berlin. Neunter Band. Verzeichniss der arabischen Handschriften.* Band III. Berlin.

A.L. AL-SAYYID MARSOT (1984) : *Egypt in the reign of Muhammad Ali.* Cambridge.

J. AUMER (1875) : *Die arabischen Handschriften der K. Hof- und Staatsbibliothek in München*. Munich.

J. BAUWENS (1968) : *Maktūb bilyad. Arabische handschriften in de Albert I-bibliotheek*. Bruxelles.

M.L. BIERBRIER (éd.) (1995) : *Who was who in Egyptology*. 3e éd. Londres.

E. BLOCHET (1925) : *Bibliothèque nationale. Catalogue des manuscrits arabes des nouvelles acquisitions (1884-1924)*. Paris.

L. BOURGUÈS (1880-2) : "Histoire du Dr. Clot-Bey", dans *Revue de Marseille et de Provence* 26 (1880), pp. 289-312, 385-406, 493-516 ; 27 (1881), pp. 71-94, 169-188, 257-286, 451-472, 551-570 ; 28 (1882), pp. 65-86.

P. BRANCA (2000) : "The Druze Manuscripts in the Biblioteca Reale of Turin", dans *Annales Islamologiques* 34 (2000), pp. 47-80.

J.-M. CARRÉ (1956) : *Voyageurs et écrivains français en Égypte*. 2 vols. 2e éd. Le Caire.

Catalogue (1853) : *Catalogue des accroissements de la Bibliothèque Royale. Deuxième série - 1ère livraison (Années 1850-1852)*. Bruxelles.

R. CATTAOUI BEY (1936) : *Le règne de Mohamed Aly d'après les archives russes en Égypte*. Tome III : La mission du Comte Médem (1837-1841) et la mission de M. Krehmer (1841-1844). Rome.

F. CHARLES-ROUX (1949-50) : "Clot Bey et le consul-général Cochelet", dans *Cahiers d'histoire égyptienne* 2 (1949-50), pp. 237-312.

A.-B. CLOT-BEY (1840) : *Aperçu général sur l'Égypte*. 2 vols. Paris.

C. CRISPO-MONCADA (1900) : *I codici Arabi nuovo fondo della Bibliotheca Vaticana*. Palerme.

W. CURETON/Ch. RIEU (1846) : *Catalogus codicum manuscriptorum orientalium qui in Museo Britannico asservantur. Partem secundam codices Arabicos amplectentem*. Londres.

L. DELISLE (1868) : *Le cabinet des manuscrits de la Bibliothèque Impériale*. Vol. I. Paris.

S. DE SACY (1824) : "Notice des manuscrits des livres sacrés des Druzes, qui se trouvent dans diverses bibliothèques de l'Europe", dans *Journal Asiatique* 5 (1824), pp. 3-18.

S. DE SACY (1838) : *Exposé de la religion des Druzes*. 2 vols. Paris.

D. DE SMET (1998) : "Druzisme", dans J. Servier (éd.), *Dictionnaire critique de l'ésotérisme*. Paris, pp. 443-444.

E. DRIAULT (1930) : *L'Égypte et l'Europe. La crise de 1839-1841. Correspondance des consuls de France et instructions du gouvernement*. 5 vols. Le Caire.

D. DUDA (1992) : *Islamische Handschriften II*. Teil 1 : Die Handschriften in arabischer Sprache. Textband. Vienne (*Die Illuminierten Handschriften und Inkunabeln der österreichischen Nationalbibliothek* 5/1).

H. ELKHADEM (1987) : "Inventaire des manuscrits arabes, persans et turcs à la Bibliothèque Royale Albert Ier", dans *Archives et Bibliothèques de Belgique* 58 (1987), pp. 561-585.

Kh. FAHMY (1998) : "The era of Muhammad ʿAlî Pasha", dans M.W. Daly (éd.), *The Cambridge History of Egypt*. Vol. 2. Cambridge, pp. 139-179.

K. FIRRO (1992) : *A History of the Druzes*. Leiden (*HdO. Abt. I, Ergb. 9*).

G. FLÜGEL (1867) : *Die arabischen, persischen und türkischen Handschriften der kaiserlichen-königlichen Hofbibliothek zu Wien*. Dritter Band. Vienne.

P.N. HAMONT (1843) : *L'Égypte sous Méhémet Ali*. Paris.

Ph. HITTI (1957) : *Lebanon in History*. Londres.

J. HOYOUX (1970) : *Inventaire des manuscrits de la Bibliothèque de l'Université de Liège*. Tome I. Liège.

R. KERTENIAN (1998) : "L'œuvre de Clot-Bey, médecin marseillais", dans *Pascal Coste. Toutes les Égypte*. Marseille, pp. 235-244.

G. LEVI DELLA VIDA (1935) : *Elenco dei Manoscritti Arabi Islamici della Biblioteca Vaticana*. Vatican (*Studi e Testi* 67).

List (1843) : *List of Additions to the Manuscripts in the British Museum in the years 1836-1840*. Londres.

A. MARTIN (1992) : "Belgium", dans G. Roper (éd.), *World Survey of Islamic Manuscripts*. Vol. I. Londres, pp. 73-82.

G. MASPÉRO (1889) : *Catalogue du Musée égyptien de Marseille*. Paris.

J.M. MÜLLER (1842) : "Über die arabischen Manuscripte, betreffend die drusische Religion, im Besitze Sr. Majestät des Königs", dans *Gelehrte Anzeigen der königl. bayer. Akademie der Wissenschaften* 15 (1842), pp. 377-388, 393-398.

R. NAUMANN (1845) : "Bibliothekchronik und Miscellaneen", dans *Serapeum* 6 (1845), pp. 111-112.

S. NOJA (1984) : "I manoscritti arabi della Biblioteca Reale di Torino", dans R. Traini (éd.), *Studi in onore di Francesco Gabrieli nel suo ottantesimo compleanno*. Vol. II. Rome, pp. 545-579.

D. PANZAC (1989) : "Médecine révolutionnaire et révolution de la médecine dans l'Égypte de Muhammad Ali : le Dr. Clot-Bey", dans *Revue du Monde Musulman et de la Méditerranée* 52/53 (1989), pp. 95-110.

J.-M. PIBOURDIN (1985) : *Clot-Bey, un aventurier marseillais de la médecine*. Marseille.

V. POLOSIN (1995) : "Druse Mss. of the Institute of Oriental Studies" [en russe], dans *Rasā'il al-ḥikma*. Éd. de M. Rodionov. St.-Pétersbourg, pp. 10-34.

A. RAMAN/P. COCKSHAW (1989) (éds.) : *Koninklijke Bibliotheek van België. Honderdvijftigste verjaardag van de openstelling voor het publiek*. Bruxelles.

Rasā'il al-ḥikma (1995) : éd. de M. Rodionov. St.-Pétersbourg.

H. ROGER (1929) : *Un médecin marseillais fondateur de la Faculté de médecine du Caire. Clot Bey, sa vie et son œuvre*. Marseille.

V. ROSEN (1881) : *Notices sommaires des Manuscrits arabes du Musée Asiatique.* Vol. I. St.-Pétersbourg.

M. SABRY (1930) : *L'Empire égyptien sous Mohamed-Ali et la Question d'Orient (1811-1849).* Paris.

G. SARRUT/B. SAINT-EDME (éds.) (1839) : *Biographie des Hommes du Jour.* Tome IV, 2e partie. Paris.

Chr. SEYBOLD (1902) : *Die Drusenschrift : Kitab Alnoqat Waldawair. Das Buch der Punkte und Kreise.* Leipzig.

R. SOLÉ (1997) : *L'Égypte, passion française.* Paris.

S. SWAYD (1998) : *The Druzes : an annotated bibliography.* Los Angeles (*Institute of Druze Studies Series* 1).

J. TAGHER (1949) : *Mémoires de A.-B. Clot Bey.* Le Caire (*Publications de la Bibliothèque Privée de S.M. Farouk Ier, Roi d'Egypte* 1).

C. TISCHENDORF (1845) : "Rechenschaft über meine handschriftlichen Studien auf meiner wissenschaftlichen Reise von 1840 bis 1844", dans *Anzeige-Blatt für Wissenschaft und Kunst* 110. Vienne.

C. TISCHENDORF (1846) : *Reise in den Orient.* 2 vols. Leipzig.

C. TISCHENDORF (1855) : *Anecdota Sacra et Profana.* Leipzig.

C.J. TORNBERG (1849) : *Codices Arabici, Persici et Turcici Bibliothecae Regiae Universitatis Upsaliensis.* Uppsala.

G. VAJDA/Y. SAUVAN (1985) : *Bibliothèque Nationale. Catalogue des manuscrits arabes.* Deuxième partie. Manuscrits musulmans. Tomes II et III. Paris.

K. VOLLERS (1906) : *Katalog der islamischen, christlich-orientalischen, jüdischen und samaritanischen Handschriften der Universitäts-Bibliothek zu Leipzig.* Leipzig.

H. WEHR (1942) : "Zu den Schriften Ḥamza's im Drusenkanon", dans *ZDMG* 96 (1942), pp. 187-207.

UNA PAGINA DI *AL-KANZ AL-MADFŪN* SUGLI UOMINI PIÙ ILLUSTRI

G. CANOVA
Università Ca' Foscari, Venezia

1. Il *Kitāb al-Kanz al-madfūn wa-al-fulk al-mašḥūn* (« Il tesoro nascosto e la nave carica ») è stato attribuito sia a Yūnus al-Mālikī (metà dell'VIII/XIV sec.), discepolo del teologo e tradizionista Šams al-Dīn al-Ḏahabī (m. 748/1348), sia al poligrafo egiziano Ǧalāl al-Dīn al-Suyūṭī (m. 911/1505). Consiste in un'ampia collezione di aneddoti, storie sul Profeta Muḥammad e sui suoi compagni, vicende di califfi e di uomini che hanno avuto un ruolo importante nell'Islam, dati storici, geografici, linguistici e scientifici (spesso in forma di lunghi elenchi), apologhi, facezie, con una costante presenza di testimonianze poetiche[1]. Più che una vera e propria opera, costruita su uno schema organico e preciso, *al-Kanz al-madfūn* si presenta come un insieme di note eterogenee, desunte dalle fonti più svariate, compilate in momenti diversi. Apparentemente si tratta di schede e citazioni che un autore dai molteplici interessi — quale al-Suyūṭī, se l'opera è frutto della sua rielaborazione — avrebbe potuto raccogliere per servirsene nei suoi scritti.

2. C. Brockelmann segnala l'esistenza di manoscritti di *al-Kanz al-madfūn* nelle biblioteche di Parigi, Madrid, Istanbul, Damasco ; un frammento è conservato a Berlino ; compendi attribuiti a al-Suyūṭī si trovano al Cairo e Leiden (*GAL* S II, p. 81)[2]. La prima edizione è stata stampata da al-Maṭbaʿa al-ʿĀmira a Būlāq nel 1288/1871, con l'indicazione di al-Suyūṭī quale autore[3] ; è stata seguita da quella della M. al-ʿUṯmāniyya, 1303/1886 (*GAL* II, p. 90). La riedizione più recente (1412/1991, *al-ṭabʿa al-aḫīra* !) è dovuta alla storica casa editrice del Cairo Muṣṭafà al-Bābī al-Ḥalabī, che ha da qualche anno cessato l'attività[4].

Ḥāǧǧī Ḫalīfa riporta nel *Kašf al-ẓunūn* la seguente notizia : "*al-Kanz al-madfūn wa-al-fulk al-mašḥūn*, raccolta compilata da Yūnus al-Mālikī, morto nell'anno ..."[5]. Il nome dello shaykh Yūsuf al-Mālikī figura nel colophon del ms. ar. 533

---

1 Nella pagina introduttiva, l'Autore afferma di aver chiesto ispirazione a Dio per procacciarsi queste "pietre preziose, storie, aneddoti, facezie argute e splendidi racconti" (p. 3).

2 BNF, ar. 4660 ; Esc.[2] 533 ; Topk. 2593 ; al-Ẓāhiriyya/al-Asad 3180 ; SBPK, Spr. 2005 (Ahl. 8459[3], 8496[2]) ; Dār al-Kutub, Ṭalʿat *luġa* 425 ; Leiden[2] 1017. Il testo presenta notevoli differenze.

3 *Kitāb al-kanz al-madfūn wa-al-fulk al-mašḥūn / al-mansūb li-al-ʿālim al-ʿallāma al-šayḫ / Ǧalāl al-Dīn al-Suyūṭī / nafaʿa-hu Allāh bi-hi / āmīn.*

4 La nostra ricerca è stata svolta sulla base di questa edizione.

5 ḤĀǦǦĪ ḪALĪFA (1853-8), V, p. 257, n° 10925. G. Flügel traduce il titolo *Thesaurus defossus et orbis coelestis impletus*, leggendo *falak* invece di *fulk*.

dell'Escurial[1]. L'opera è stata compendiata nel IX secolo H. da ʿUbayd ibn Ibrāhīm al-ʿAbbādī, con il titolo *al-Ǧawhar al-maṣūn, al-multaqaṭ min al-Kanz al-madfūn*[2]. Al-Ziriklī[3] la classifica come scritto di Yūnus al-Mālikī, nonostante la comune attribuzione a al-Suyūṭī ; aggiunge tuttavia l'annotazione seguente : "Ho ricavato questi dati dalle fonti citate [*Kašf al-ẓunūn*, catalogo della Dār al-Kutub, Brockelmann], ma non ne sono certo, poiché non scorgo in *al-Kanz al-madfūn* lo stile dell'VIII secolo H."

Una raccolta come questa ben si presta a rimaneggiamenti, aggiunte e interpolazioni, per cui è verosimile che il nucleo originario di narrazioni, dal titolo *al-Kanz al-madfūn* datole dall'oscuro discepolo di al-Ḏahabī, si sia nel corso del tempo arricchito di nuovi materiali, al punto che è difficile attribuire l'opera, come essa ci è giunta, a un singolo autore. L'analisi del suo contenuto ci dà qualche indicazione[4]. Vengono frequentemente citati autori classici quali Ibn al-Ǧawzī, al-Tanūḫī, al-Ǧāḥiẓ, al-Ḥarīrī, al-Masʿūdī, al-Madā'inī, al-Ġazālī, o le massime autorità in fatto di *ḥadīṯ*, ma molti altri riferimenti rimangono anonimi o riguardano personaggi non identificati.

L'autore dell'VIII secolo ci dà notizia di alcune persone incontrate, indicando delle date. Nello *ḏū al-qaʿda* 764 (agosto 1363) ascoltò nella moschea del Ḥaram dei versi recitati da Abū al-ʿAbbās Aḥmad ibn ʿAbd al-Muʿṭī (p. 249) ; nello *šaʿbān* 767 (maggio 1366) parlò di religione a Gerusalemme con il 'fratello in Dio' Nāṣir al-Dīn ibn al-Maylaq[5] (pp. 161-162) ; Šayḫ Abū ʿAbd Allāh ibn al-Busr al-Tūnisī al-Naḥwī gli raccontò una vicenda del granadino Ibn al-Aḥmar con il re dei Franchi (p. 157). Un ulteriore riferimento temporale è costituito dalla menzione dei versi composti da al-Tāǧ (Tāǧ al-Dīn) al-Subkī quand'era in prigione (p. 135), nel 769/1368.

Altri elementi stanno a indicare l'intervento di un autore egiziano, sia esso Ǧalāl al-Dīn al-Suyūṭī o altri. Tra questi indizi figurano : i dati sulle inondazioni del Nilo 'benedetto', con le massime e le minime, dalla *hiǧra* fino all'anno 854/1450, sotto il regno del sultano al-Ẓāhir (pp. 52-53) ; l'elenco dei prodotti agricoli nei vari mesi, menzionati con il nome copto (p. 208) ; etimologie come quella di Mūsà, il cui nome deriverebbe dal copto *mū* « acqua » e dalla pianta *šā*[6] (p. 231),

---

1 H. DERENBOURG (1884), pp. 361-362, segnala che l'opera è citata nella *Zaydat al-amṯāl* di Muṣṭafà ibn Ibrāhīm di Gallipoli, ed è quindi in ogni caso anteriore al 999/1590.

2 *GAL* II, p. 90 ; ḤĀǦǦĪ ḪALĪFA (1853-8), VII, p. 864, n° 257. Su al-ʿAbbādī si veda AL-SAḪĀWĪ, *Ḍaw'* (1934-6), VI, p. 67, n° 223.

3 AL-ZIRIKLĪ (1980), VIII, p. 263.

4 Si vedano anche le indicazioni nel catalogo della Ẓāhiriyya (R.ʿA. MURĀD/Y.M. AL-SAWWĀS (1983), pp. 99-100).

5 Al-qāḍī Nāṣir al-Dīn Muḥammad ibn ʿAbd al-Dā'im (m. 797/1394), noto come Ibn al-Maylaq, autore di *al-Wuǧūh al-musfira* e altre opere religiose. Si veda ḤĀǦǦĪ ḪALĪFA (1853-8), II, p. 634, n° 4234 ; V, p. 527, n° 11956 ; VI, p. 424, n° 14177.

6 In relazione al fatto che Mosè sarebbe stato rinvenuto 'tra l'acqua e le piante' della riva.

riferimenti a storici egiziani, quali Ibn Zūlāq (m. 386-87/996-97) (p. 175) e Ibn Duqmāq, autore della *Nuzhat al-anām fī ta'rīḫ al-Islām* terminata nel 784/1382 (p. 87), o che scrissero sulla piena del Nilo, come Ṣalāḥ al-Dīn al-Ṣafadī (m. 764/1383) (pp. 171-72). L'elogio a Qāyt Bey (p. 120) potrebbe essere dovuto allo stesso al-Suyūṭī, che gli era contemporaneo (più arduo è attribuirgli l'augurio di lunga vita al sultano ottomano Süleymān, vissuto nel secolo successivo ...).

3. Il contenuto di *al-Kanz al-madfūn* è di varia natura. Troviamo narrazioni di lunghezza diseguale, da poche righe e molte pagine, suddivise nel genere *ḥikma*, *fā'ida*, *maṯal*, *nādira*, *ḥikāya*, enigmi, etimologie, brani poetici e in prosa rimata (*sağʿ*), osservazioni linguistiche e scientifiche. Nonostante i molti aneddoti dai toni leggeri e scherzosi, traspare una propensione al pessimismo e alla rassegnazione, assieme a un tono di severo monito contro l'attaccamento alle cose terrene. Non a caso il volume si conclude con la citazione del versetto coranico "Vi meravigliate di questo annuncio ? Ne ridete invece che piangere ?" (*al-Nağm*, 53 : 59-60) ; cui segue il *ḥadīṯ* "Per Colui che ha in mano l'anima di Muḥammad ! Se foste a conoscenza di ciò che io so, avreste molto da piangere e poco da ridere"[1] (p. 369).

Data l'estrema eterogeneità del materiale, siamo costretti a limitare i nostri riferimenti a qualche brano, a titolo di esempio, pur cercando di dare una idea complessiva del contenuto dell'opera. I vari argomenti sono inquadrabili grosso modo in quattro settori principali : letteratura e lingua araba, religione, storia, conoscenza scientifica.

3.1. *Poesia*. Non basta rispettare il metro per fare della buona poesia, degna di essere ricordata. Infatti "la poesia è di tre tipi : poesia che si scrive e si tramanda ; poesia che si ascolta, ma senza troppa attenzione ; poesia che si ignora e si getta" (p. 37). Ṣafī al-Dīn al-Ḥillī (m. 750/1349 ?) ha composto un poema didattico sui metri, usando un metro differente per ogni verso, menzionandolo e riportando le rispettive *tafʿīlāt* nel secondo emistichio : "Il *ṭawīl* ha dei meriti su tutti gli altri metri / *faʿūlun mafāʿīlun faʿūlun mafāʿilun*. // Nella poesia, il *madīd* ha per me delle qualità / *fāʿilātun fāʿilun fāʿilātun*. // Il *basīṭ* appaga la speranza / *mustafʿilun fāʿilun mustafʿilun faʿalun* [sic] // ..." (pp. 27-28). Figurano nel *Kanz* poemi di carattere religioso e mistico, un lungo poema in rima *lām* (*lāmiyya*) di ʿUmar ibn al-Wardī[2] sulla vanità delle vicende umane (pp. 239-242), *muwaššaḥāt*, una composizione in quintine (*taḫmīs*) di rima *aaaab*, *ccccb* ... (pp. 293-300), frammenti della *al-Qaṣīda al-zaynabiyya* attribuita a ʿAlī (pp. 358-360 ; *cfr*. *GAL*, I, p. 44) e molti altri componimenti di poeti noti e di poeti dimenticati.

---

1 *Cfr*. al-Buḫārī, *Ṣaḥīḥ*, *k. al-Kusūf*, 16 :3, *etc*.

2 Zayn al-Dīn Abū Ḥafṣ ʿUmar ibn ʿAlī al-Wardī (m. 749/1349), *faqīh*, storico e letterato. *Cfr*. *GAL* II, p. 140.

3.2. *Letteratura*. Sono riportate alcune riflessioni, in prosa rimata, sull'eloquenza araba (*balāġa*). Il discorso più eloquente è quello di pronta comprensione, "in cui il significato precede la parola". Eloquenza è far apparire il significato genuino (*ṣarīḥ*) e la parola chiara (*faṣīḥ*). Il discorso deve essere di poche parole e di molti significati, deve venire apprezzato dalle persone colte e al tempo stesso capito dalla gente comune. ʿAlī ha affermato che il discorso migliore è quello che indica ed eccelle, è breve e non divaga. Eloquenza è fissare bene un significato nella mente di chi ascolta ; rivolgere la parola agli altri in modo che capiscano ; corrispondere per iscritto in modo che apprendano. Per al-Fārisī consiste nel saper dividere e unire [le parti del discorso]. Per al-Rummānī, il discorso più eloquente è quello che si presta a essere ben compendiato, con pochi traslati, le cui parti anteriore e posteriore siano in armonia tra di loro, un discorso dove abbondano cose che destano meraviglia (*ʿağā'ib*) ed elevatezza di stile (*iʿğāz* « inimitabilità ») (p. 106).

In un'opera come questa non potevano mancare considerazioni sul modello ideale di bellezza femminile. Da *al-Īḍāḥ fī asrār al-nisā'*[1] viene riportata la seguente 'notizia utile' : "La bellezza della donna trae vantaggio dal possedere al massimo grado quattro cose nere : gli occhi, le sopracciglia, le ciglia e i capelli ; quattro bianche : i denti, il colorito della pelle, la scriminatura dei capelli, il bianco dell'occhio ; quattro rosse : la lingua, le labbra, le guance, le natiche ; quattro rotonde : il volto, la testa, le ginocchia, le caviglie ; quattro allungate : la statura, le sopracciglia, il collo, i capelli ; quattro di piacevole odore : la bocca, il naso, l'ascella, il sesso ; quattro ampie : la fronte, il petto, gli occhi, le cosce ; quattro strette : le orecchie, le narici, l'ombelico, la vulva ; quattro piccole : le mani, la bocca, le mammelle, i piedi" (p. 18).

Alcune pagine sono dedicate alle scritte e ai versi amorosi che le ancelle e le cantatrici hanno ricamato sul velo e sulla cintura, o scritto a lettere d'oro sulle guance : ʿInān, ancella di al-Nāṭifānī : "In amore non valgono i consigli" ; Salāma, favorita dell'emiro ʿAbd Allāh ibn Ṭāhir : "Non si comanda al cuore" ; al-Mustaḥsina, ancella di al-Lāḥiqī, sulla guancia destra "Chi visita l'amato guarisce il proprio affanno", e sulla sinistra "Chi scosta il velo merita il dono". Una *qayna* (« schiava cantatrice ») aveva scritto sul suo tamburo : "O Signore ! O un incontro cortese, o una morte schietta !" (pp. 69-71).

3.3. *Lingua araba*. L'Autore di *al-Kanz al-madfūn* riprende citazioni da Sirāğ al-Dīn al-Damanhūrī e Abū ʿAmr ibn al-ʿAlā' dedicate alla fonetica, in particolare l'enfasi, l'allungamento della vocale, la pausa. Sono riportate le 41 funzioni della *lām* illustrate da al-Ḫalīl ibn Aḥmad, con puntuale riferimento a passi coranici (pp. 321-331). Il testo sacro è stato oggetto di ricerche statistiche minuziose. Viene citato ʿIkrima in merito al numero delle lettere (321.180), dei

[1] Forse *al-Īḍāḥ fī asrār al-nikāḥ*, del medico aleppino Ğalāl al-Dīn al-Šayrazī (m. 589/1093). *Cfr. GAL* S I, p. 833.

versetti medinesi e meccani (da 6.217 a 6.236, secondo le varie tradizioni di lettura), delle parole (97.439), dei punti diacritici (179.943), dei segni vocalici (341.128) (pp. 331-332). Anche il nome del Profeta, Muḥammad, ha attirato particolare attenzione da parte dei musulmani. Le quattro lettere che lo compongono (*m ḥ m d*) sono di numero eguale a quelle del nome di Dio (*a l l h*) e hanno ciascuna un significato particolare : *m* sta per *muḥiqq* (« portatore della verità dell'Islam »), *ḥ* indica il verbo *ḥakama* (« il governare e giudicare tra gli uomini, in base alla legge divina »), *m* la *mašfara* (« perdono ») nei confronti della *Umma*, *d* indica la missione di Muḥammad come *dāʿī Allāh* (« colui che invita al culto del vero Dio ») (pp. 144-145).

L'Autore mostra un vivo interesse lessicale e onomastico, con lunghi elenchi di nomi di monti, fiumi, sorgenti, isole, pietre preziose, animali con la rispettiva *kunya* e il nome dei loro piccoli (pp. 60, 222-228, 277-279). La scansione della vita umana trova corrispondenza nel lessico relativo alle varie età, indicatore del vigore fisico della persona. Il feto nel grembo materno è chiamato *ǧanīn* ; quando viene alla luce è *ṣabī* (« bimbo ») ; il piccolo dopo lo svezzamento e fino ai sette anni è *ġulām* (« fanciullo ») ; finché non raggiunge i dieci anni è *yāfiʿ* (« adolescente »), quindi, fino ai quindici, *ḥazwar* (« ragazzo ») ; fino a venticinque è *qumudd* (« giovane robusto ») ; fino ai trenta è *ʿanaṭnaṭ* (« dalla corporatura massiccia ») ; fino ai quaranta è *ṣumull* (« forte ») ; da quaranta a cinquanta è *kahl* (« maturo ») ; poi diventa uno *šayḫ* (« vecchio »), fino agli ottanta anni ; oltre questa età è *harim* (« anziano »), quindi *ʿawd* (« attempato »), *himm* e *mahīr* (« un vecchio decrepito ») (p. 196).

3.4. *Credenze religiose.* I temi religiosi sono trattati in forma di brevi apologhi, parabole, notizie storiche, citazioni dalle principali raccolte di *ḥadīṯ*, mentre sembra mancare un approfondimento dottrinale. L'opera inizia con un detto del Profeta sull'angelo intercessore : "Dio l'Altissimo ha un angelo che estende un'ala in Oriente e l'altra in Occidente ; la sua testa è sotto il trono, i piedi sono sotto la settima terra. Ha tante piume quante sono le creature di Dio. Se un uomo o una donna della mia Nazione pregano per me, il Signore ordina all'angelo di immergersi nel mare di luce sotto il trono. Vi si immerge, esce e scuote le ali : da ogni piuma cade una goccia, dalla quale Dio crea un angelo che intercederà per quel fedele fino al giorno della Resurrezione" (p. 3)[1]. Ma, come ha annunciato il Profeta, "un giorno la mia *Umma* sarà suddivisa in settantatre frazioni (*firqa*)" e una sola si salverà, mentre le altre saranno condotte da Satana verso il fuoco infernale[2]. L'Autore ribadisce il suo attaccamento al sunnismo tradizionalista, e precisa che ognuna delle sei *ṭā'ifa* (« setta ») raggruppa dodici *firqa*, per un totale

---

1 Non abbiamo rintracciato questo passo nel trattato di angiologia di AL-SUYŪṬĪ, *Ḥabā'ik* (s.d.).

2 *Cfr.* Ibn Ḥanbal, *Musnad*, II, p. 332 ; III, p. 120, *etc*.

di settantadue ; esse sono al-Ḥarūriyya (Kharigiti), al-Ǧahmiyya, al-Qadariyya, al-Ǧabriyya, al-Rāfiḍa, al-Murǧi'a[1]. Quindi afferma : "Che Dio ci protegga dalle loro credenze e ci ponga nella frazione che si salva, cogliendoci al momento della morte seguaci del Libro e della *Sunna*" (pp. 32-33).

Alcune 'notizie utili' riguardano la Mecca e la Kaʿba. La Pietra nera avrebbe assunto questo colore, dopo essere stata in origine bianca, a monito della disobbedienza della *Umma* ; il velo che la ricopre, la *kiswa*, è nero in segno di afflizione per il fatto che i profeti non compiono più i giri rituali attorno alla Kaʿba (pp. 133 e 144). La Kaʿba è alta 27 *ḏirāʿ*. I confini del *ḥaram* sono : al-Tanʿīm, tre miglia in direzione Medina ; Aḍāh, 7 miglia in direzione Yemen ; Baṭn Nimra, 9 miglia in direzione al-Ṭā'if ; al-Aʿšāš, dieci miglia in direzione Gedda (p. 176).

3.5. *Genealogie e dinastie*. *Al-Kanz al-madfūn* presenta una tavola delle nazioni che si discosta in certa misura da quelle note. I Rūm, i Persiani e gli Arabi sono discendenti di Sem figlio di Noè. I Rūm si suddividono in due gruppi : Rūm (Bizantini) e Greci. Gli Arabi si caratterizzano per l'eccellenza della poesia, l'eloquenza della lingua, l'articolazione della parola, la *ʿiyāfa* (« trarre pronostici dal volo degli uccelli ») e la *qiyāfa* (« l'arte di seguire le tracce »), la conoscenza delle *anwā'* (« pronostici sul carattere delle stagioni o degli eventi atmosferici »), l'abilità di guidarsi con le stelle, lo *zaǧar* (« far partire degli uccelli per trarre auspici dal loro volo »), il *fa'l* (« divinazione »). I Persiani si distinguono per la politica, l'attitudine alla guerra, l'arte epistolare, l'arte oratoria, il buon abbinamento dei cibi, la medicina, la perfezione architettonica. I Greci sono famosi per la fisica e le quattro discipline (*taʿālīm*) : l'aritmetica, la geometria e la topografia, l'astronomia, la musica. I discendenti di Iafet sono gli Slavi, i Russi, i Turchi e i Cinesi, a loro volta suddivisi in vari gruppi. Fanno parte dei Turchi anche Gog e Magog, il primo alto un braccio e il secondo come una palma. I discendenti di Cam sono i Copti, i Berberi e i Neri. Il testo si dilunga nell'elencare i molti sottogruppi di ciascuna stirpe (p. 156)[2].

L'osservazione di al-Ṣūlī che ogni sesta persona alla guida della *Umma* islamica, a partire dal Profeta Muḥammad, viene deposta — spesso perdendo la vita —, offre lo spunto per un elenco che inizia dall'Inviato di Dio e giunge alla dinastia ottomana. Ad al-Ḥasan, figlio del quarto califfo 'ben guidato' ʿAlī, subentrò l'ommayade Muʿāwiya ibn Abī Sufyān (41/661) ; l'anti-califfo ʿAbd Allāh ibn al-Zubayr fu ucciso da al-Ḥaǧǧāǧ (73/692) ; al-Walīd ibn Yazīd fu destituito (126/774). Anche al-Amīn, sesto califfo della dinastia abbaside instaurata da al-Saffāḥ (« il Sanguinario ») fu deposto e ucciso (198/813). Il testo enumera tutta la

---

1 L'Autore elenca minuziosamente per ciascuna *ṭā'ifa* le dodici *firqa* nelle quali essa si suddivide. Per uno sguardo critico d'assieme, si veda H. LAOUST (1965).

2 Per la suddivisione dei Curdi viene citato AL-MASʿŪDĪ, *Murūǧ* (1973), II, p. 101. Ci ripromettiamo di tornare sulle varie tradizioni della tavola delle nazioni e sulla confusione delle lingue a Babele in un prossimo lavoro.

serie dei califfi, facendo riferimento come fonte, a partire da al-Qādir (381/991), a Ṣalāḥ al-Dīn al-Ṣafadī. Continua con le dinastie che hanno regnato in Egitto e Siria : Fatimidi, Ayyubidi, Turchi (Mamelucchi), fino ai sultani ottomani Selīm I (al-Malik al-Muẓaffar Salīm ibn ʿUṯmān) e suo figlio Süleymān (al-Malik al-Muẓaffar Sulaymān Šāh, che regnò dal 926/1520 al 974/1566) al quale [l'ultimo ?] redattore di *al-Kanz al-madfūn* augura lunga vita (pp. 119-120). Espressioni di elogio sono riservate ad al-Malik al-Ašraf Qāyt Bey (califfo dal 872/1468 al 901/1496) ; su di lui viene invocato il sostegno di Dio per la vittoria contro gli infedeli, assieme alla benedizione del Profeta Muḥammad (pp. 119-120).

3.6. *Genti arabe e loro carattere.* A proposito della struttura segmentale che caratterizza la suddivisione delle popolazioni arabe, sulla quale non esiste una uniformità di definizione presso i lessicografi o gli storici (quali al-Nuwayrī e al-Qalqašandī), l'autore di *al-Kanz al-madfūn* riporta la seguente 'notizia utile' : "Gli Arabi sono di sei 'classi' (*ṭabaqāt*) : *šaʿb* (« gente »), che comprende varie *qabā'il* (sing. *qabīla* « tribù »)[1], che comprende *ʿamā'ir* (sing. *ʿimāra* « sottotribù »), che comprende *buṭūn* (sing. *baṭn*, lett. « ventre » = frazione), che comprende *fuḫūḏ* (sing. *faḫḏ*, lett. « coscia » = sottofrazione), che comprende *faṣā'il* (sing. *faṣīla* « lignaggio »), dopo di che, dicono alcuni, vengono le *ʿašā'ir* (sing. *ʿašīra* « clan »). Muḍar è lo *šaʿb* dell'Inviato di Dio, Kināna la sua *qabīla*, Qurayš la sua *ʿimāra*, Quṣayy il suo *baṭn*, Hāšim il suo *faḫḏ*, Banū ʿAbbās la sua *faṣīla*, secondo al-Zubayr ; altri invece sostengono che i Banū Muṭṭalib sono la sua *faṣīla* e ʿAbd Manāf il suo *baṭn*" (p. 273).

Al-Ḥaǧǧāǧ ibn Yūsuf ibn al-Qirriyya così illustra il carattere, le qualità e i difetti delle varie popolazioni (in prosa rimata) : "La gente del Ḥiǧāz è la più pronta alla sedizione e la più incapace di realizzarla, gli uomini sono a piedi nudi e le donne si vestono e si spogliano ; la gente dello Yemen ascolta e obbedisce, e bada ai bisogni della comunità ; la gente dell'Oman è composta di Arabi che sanno industriarsi [lett. : che fanno scaturire l'acqua] ; quelli del Baḥrayn sono degli arabizzati ; nella Yamāma c'è gente rude e dalle opinioni divergenti ; gli Iracheni sono i più attenti alle minuzie, ma al tempo stesso quelli che più realizzano grandi cose ; nel Fārs la gente è molto coraggiosa e fiera ; nella Ǧazīra ci sono i cavalieri più prodi e più feroci verso gli avversari ; la gente di Siria è 'la più obbediente alla creatura e la più disobbediente verso il Creatore' ; gli Egiziani sono servitori di chi domina, i più sagaci nelle cose di poco conto e i più ignoranti nelle grandi" (p. 221).

3.7. *Scienze.* Per i dotti del passato, quattro erano i tipi di scienza (*ʿulūm*) : il diritto (*fiqh*) per le religioni, la medicina (*ṭibb*) per i corpi, la scienza delle stelle (*nuǧūm*) per il calcolo del tempo, la grammatica (*naḥw*) per la lingua (p. 41).

[1] *Cfr.* Cor. 49 :13 : "Vi abbiamo costituito in popoli (*šuʿūb*) e tribù (*qabā'il*)".

Varie pagine sono dedicate alle credenze degli Arabi legate alle stazioni lunari e al sorgere delle stelle, credenze che trovano espressione in coloriti proverbi (con qualche forzatura lessicale causata dalle esigenze della prosa rimata). Ad esempio : "quando sorge il Cancro il tempo si fa moderato, le terre fioriscono, giungono a compimento le età, i vicini si scambiano doni, il povero dorme in ogni luogo" (p. 204).

In base ai calcoli di al-Ḫwārizmī, il diametro del globo terrestre misura 7000 parasanghe[1]. La terra abitata avrebbe la forma di un uccello, del quale la testa è la Cina, l'ala destra è l'India e il Sind, l'ala sinistra è la terra dei Ḫazar (Caspio), il petto è la Mecca, l'Iraq, la Siria e l'Egitto, e la coda è il Maghreb. Secondo Ardašīr ibn Bābik la terra è suddivisa in quattro parti : la prima abitata dai Turchi, la seconda dai Rūm, la terza dagli Arabi e la quarta dai Neri. Tuttavia solo un terzo è abitato, poiché un terzo è desertico e un terzo superficie del mare (pp. 126-127).

Nel campo della medicina sono riportate citazioni da Galeno, Dioscoride, Ibn Zuhr, Avicenna, Ibn Māsawayh, al-Rāzī. Un paragrafo è dedicato ai rimedi contro il veleno di serpenti e scorpioni o contro il morso del cane rabbioso (pp. 342-345). Non mancano ricette afrodisiache, talismani scritti e formule magiche per rafforzare il desiderio nell'uomo e nella donna, assieme a medicamenti che hanno un effetto anticoncezionale o abortivo, a base di ruta, o sono utili per facilitare il parto (pp. 338-340)[2]. Alcune gravidanze avrebbero avuto una durata inusuale : al-Ḍaḥḥāk ibn Muzāḥim venne alla luce dopo 16 mesi di gravidanza, Šuʿba ibn al-Ḥaǧǧāǧ dopo due anni, al-Ḥaǧǧāǧ ibn Yūsuf dopo trenta mesi, al-Šāfiʿī dopo quattro anni, ma per Abū Ḥanīfa furono sufficienti tre (p. 118). Alcuni neonati, narra Ibn ʿAbbās, parlarono sin da quando erano nella culla ; tra questi figurano Giuseppe e Gesù (pp. 124-125). Una pratica come la circoncisione, che tanta rilevanza ha nel mondo islamico — e semitico in generale —, troverebbe fondamento in una norma igienico-legale : per purificarsi dall'urina, infatti se ne restano gocce nel prepuzio insozzano l'abito e lo rendono impuro (p. 83).

A parte la menzione delle piante usate nei medicamenti, non ci sono molti riferimenti precisi al mondo vegetale. Una nota gentile riguarda i fiori : si ritiene che i più profumati siano la rosa di Ǧūr (Gūr, Fīrūzābād, nel Fārs), la violetta di al-Kūfa, il narciso di Ǧurǧān (Gurgān, a sud-est del Caspio), la violaciocca di Baġdād, il gelsomino (*yāsmīn* [*abyaḍ*] 'Jasminum officinale', L.) dell'Egitto, la henné (*ḥinnā'*) della Mecca, il gelsomino d'Arabia (*full* 'Jasminum sambac', Ait.) dello Yemen (p. 178)[3].

---

1 Una parasanga corrisponde a 6,4 km.

2 Queste ricette ricordano alcune pagine di AL-SUYŪṬĪ, *Raḥma* (s.d.), pp. 131 segg.

3 Ricordiamo che al-Suyūṭī è autore di una *maqāma* sui fiori (AL-SUYŪṬĪ, *Maqāmāt* (1989), pp. 11-49).

4. *Gli uomini più illustri.* L'autore dedica alcune pagine (137-139) a una 'notizia utile' sugli uomini che si sono fatti onore nei vari campi della scienza, delle lettere, della religione, o per la loro integrità morale. I nomi vengono riportati in forma di elenco, indicando per ogni singolo personaggio il ramo del sapere nel quale ha conseguito la fama. Sarebbero stati oltremodo interessanti commenti e osservazioni del compilatore, a giustificazione delle scelte fatte ; nonostante ciò, questa lista conserva una sua utilità, poiché ci illustra un atteggiamento e un giudizio di merito diffuso tra le persone di cultura del XIV-XV secolo, periodo nel quale l'Islam si era ormai ripiegato su se stesso e sul proprio passato. L'Autore di *al-Kanz al-madfūn* professa apertamente la sua ortodossia e l'attaccamento alla dottrina ašʿarita, come figura dall'elogio che conclude il suo elenco. Non manca però qualche presa di posizione personale. Gli sembra difficile, in diversi casi, fare delle scelte singole, per cui si assiste al tentativo di 'recuperare', in un settore egualmente dignitoso, il meno favorito tra due personaggi.

Il primo segretario del Profeta, Ubayy ibn Kaʿb, è considerato il migliore conoscitore del Corano, anche se la sua versione è stata condannata al rogo e soppiantata da quella diventata canonica di Zayd ibn Ṯābit, ricordato qui per la sua pietà religiosa. Per il commento al testo sacro, sono menzionati Ibn ʿAbbās e Muqātil[1]. In merito alla conoscenza del *ḥadīṯ*, il primato spetta a Aḥmad ibn Ḥanbal, ma al-Buḫārī ha il suo giusto riconoscimento per il lavoro critico compiuto nella gran massa di tradizioni, al fine di selezionare quelle 'autentiche' (*ṣaḥīḥ*).

Nel campo delle lettere, una volta riconosciuta l'eccellenza di al-Ḥarīrī nella *maqāma*, non era possibile dimenticare l'iniziatore del genere, al-Hamaḏānī : viene menzionato per la sua grande memoria. Ardua deve essere stata la scelta tra al-Ǧāḥiẓ di *al-Bayān wa-al-tabyīn* e quello del *Kitāb al-Ḥayawān*, ma infine il nostro viene immortalato per la passione con la quale ha rivendicato il primato della lingua araba nel *Bayān*. Nel campo della poesia, al-Mutanabbī non poteva non risultare il poeta di maggior prestigio, per l'eleganza con la quale ha costruito i suoi versi e la saggezza che vi ha instillato. Ma trovano diritto di menzione anche due poeti noti per la loro dissolutezza e per dei componimenti che si distinguono per l'oscenità (*muǧun* e *suḫf*)[2], come Abū Nuwās e al-Ḥaǧǧāǧ Abū ʿAbd Allāh.

Anche le scienze sono ben rappresentate, con ampio riconoscimento nei confronti degli scienziati musulmani e dei traduttori delle opere dei sapienti greci. Avicenna è ritenuto il più degno di menzione per la filosofia — la scelta per la

---

1 Il *Tafsīr* di quest'ultimo ha comunque dovuto attendere fino agli anni 1980-1987 per venire pubblicato (al-Qāhira, 5 voll.), a cura di ʿAbd Allāh Maḥmūd Šaḥāta, ma è stato oggetto di censura da parte delle autorità religiose egiziane e ritirato dall'editore (la governativa al-Hay'a al-miṣriyya al-ʿāmma li-al-kitāb). Si veda Cl. GILLIOT (1991). Fortunatamente, la Mu'assasat al-Ta'rīḫ al-ʿArabī lo ha recentemente ristampato (Bayrūt, 2002).

2 Si vedano le relative voci, a cura di E.K. Rowson, *in* J.E. MEISAMI/P. STARKEY (1998), II, pp. 546-548, 743.

medicina è caduta giustamente su al-Rāzī —, mentre al-Fārābī primeggia nella trasmissione delle scienze antiche. Al-Ġazālī è il paladino della conciliazione tra religione e intelletto umano. Forse Yūsuf al-Mālikī avrebbe potuto aggiungere ancora un nome alla sua lunga lista : quello dello straordinario libraio di Baghdad, Ibn al-Nadīm, autore del *Fihrist*.

"Sono numerosi quelli che hanno conseguito il successo, e che non sono stati eguagliati dai loro successori ; fra questi figurano, nel rispettivo campo :
Abū Bakr al-Ṣiddīq (m. 13/634), nella genealogia (*fī al-nasab*) ;
ʿAlī ibn Abī Ṭālib (m. 40/661), nella determinazione (*al-qaḍā'*) ;
Abū ʿUbayda [ʿĀmir] ibn al-Ǧarrāḥ (m. 18/639), nella fiducia (*al-amāna*) ;
Abū Ḏarr [al-Ġifārī] (m. 32/652-3), nella purezza di linguaggio (*ṣidq al-luġa*) ;
Ubayy ibn Kaʿb (m. 19-35/640-56), nella [conoscenza del] Corano (*al-Qur'ān*) ;
Zayd ibn Ṯābit (m. 45/665), nel rispetto dei doveri religiosi (*al-farā'iḍ*) ;
Ibn ʿAbbās [ʿAbd Allāh] (m. 68/686), nel commento al Corano (*tafsīr al-Qur'ān*) ;
Al-Ḥasan al-Baṣrī (m. 110/728), nell'ammonimento (*al-taḏkīr*) ;
Wahb ibn Munabbih [Abū ʿAbd Allāh] (m. 110/728 ?), nella narrativa [le leggende degli antichi] (*al-qaṣaṣ*) ;
Ibn Sīrīn [Abū Bakr Muḥammad] (m. 110/728), nell'onirocritica (*al-taʿbīr*) ;
Nāfiʿ [ʿAbd al-Raḥmān al-Layṯī] (m. 169/785), nella lettura canonica [del Corano] (*al-qirā'a*) ;
Ibn Isḥāq [Muḥammad ibn Yasār] (m. 150/767), nelle spedizioni militari [del Profeta] (*al-maġāzī*) ;
Abū Ḥanīfa [ibn Nuʿmān ibn Ṯābit] (m. 150/767), nel diritto basato sul *qiyās* (*al-fiqh qiyās*^{an}) ;
Muqātil [ibn Sulaymān ibn Bašīr al-Azdī] (m. 150/767), nell'interpretazione [allegorica del Corano] (*al-ta'wīl*) ;
al-Kalbī [Muḥammad ibn al-Sā'ib] (m. 146/763), nella parte narrativa del Corano (*qaṣaṣ al-Qur'ān*) ;
Abū al-Ḥasan al-Madā'inī (m. 228/842-3), nella storia (*al-aḫbār*) ;
Abū ʿUbayda [Maʿmar ibn al-Muṯannà] (m. 209/824-5), nella Šuʿūbiyya (*šuʿūbiyya*)[1] ;
Al-Ṭabarī [Abū Ǧaʿfar Muḥammad ibn Ǧarīr] (m. 314/923), nelle scienze storiche (*ʿulūm al-aṯar*) ;
Al-Ḫalīl ibn Aḥmad (m. 175/791), nella metrica (*al-ʿarūḍ*) ;
Fuḍayl ibn ʿIyāḍ [al-Ṭāliqānī] (m. 187/803), nel culto (*al-ʿibāda*) ;
Mālik ibn Anas (m. 179/796), nella scienza tradizionale (*al-ʿilm*) ;
Al-Šāfiʿī [Abū ʿAbd Allāh Muḥammad ibn Idrīs] (m. 204/820), nello studio critico del *ḥadīṯ* (*fiqh al-ḥadīṯ*) ;

---

1 Presente solo in BNF, ms. ar. 4660, f. 165a.

Abū ʿUbayd [al-Qāsim ibn Sallām] (m. 224/838), nelle rarità lessicali [nel Corano e nel *ḥadīṯ*] (*al-ġarīb*) ;
ʿAlī ibn al-Madīnī[1] (m. 258/872), nelle "regole che bisogna osservare nello studio delle tradizioni" (Dozy) (*ʿilal al-ḥadīṯ*) ;
Yaḥyà ibn Maʿīn (m. 233/874), nella scienza dei *riǧāl* (*al-riǧāl*) ;
Aḥmad ibn Ḥanbal (m. 241/855), nella tradizione [del Profeta] (*al-sunna*) ;
Al-Buḫārī [Muḥammad ibn Ismāʿīl] (m. 256/870), nella conoscenza critica del *ḥadīṯ* (*naqd al-ḥadīṯ*) ;
Al-Ǧunayd [Abū al-Qāsim al-Baġdādī al-Nihāwandī] (m. 298/910), nel sufismo (*al-taṣawwuf*) ;
Al-Marwazī [Abū Bakr] (m. 275/888), nelle divergenze [nel *ḥadīṯ*] (*al-iḫtilāf*) ;
Al-Ǧubbā'ī [Abū ʿAlī Muḥammad] (m. 303/915), nella Muʿtazila (*al-iʿtizāl*) ;
Al-Ašʿarī [Abū al-Ḥasan] (m. 324/935), nella scienza del *kalām* [teologia] (*al-kalām*) ;
Abū al-Qāsim al-Ṭabarānī (m. 260/971), negli *ḥadīṯ* con *isnād* 'alto' (*al-ʿawālī*)[2] ;
ʿAbd al-Razzāq [ibn Ḥammād al-Ṣanʿānī] (m. 211/827), quale meta di visita da parte dei dotti [per le sue conoscenze del *ḥadīṯ*] (*irtiḥāl al-nās ilay-hi*) ;
Ibn Mandah [Abū ʿAbd Allāh] (m. 310/922), nei grandi viaggi (*siʿat al-riḥla*) ;
Abū Bakr al-Ḫaṭīb [al-Baġdādī] (m. 463/1071), nella scioltezza nel discorso (*surʿat al-ḫiṭāba*) ;
Ibn Ḥazm[3] [ʿAlī ibn Aḥmad] (m. 456/1064), nella Ẓāhiriyya (*al-ẓāhiriyya*) ;
Sībawayhī [Abū Bišr ʿAmr ibn ʿUṯmān] (m. 177/796 ?), nella grammatica (*al-naḥw*) ;
Iyās ibn Muʿāwiya [ibn Qurra] (m. 121/793), nella capacità induttiva (*al-firāsa*) ;
ʿAbd al-Ḥamīd [ibn Yaḥyà al-Kātib] (m. 132/750), quale modello di segretario fedele (*al-kitāba wa-al-wafā'*) ;
Abū Muslim al-Ḫurāsānī (m. 136/754), nella fermezza di comportamento e risolutezza (*ʿuluww al-himma wa-al-ḥazm*) ;
Al-Nadīm al-Mawṣilī [Isḥāq ibn Ibrāhīm] (m. 235/850), nel canto (*al-ġinā'*) ;
Abū al-Faraǧ al-Iṣfahānī (m. 363/967 ?), nella conversazione (*al-muḥāḍara*) ;
Abū Maʿšar [al-Falakī, Ǧaʿfar ibn Muḥammad al-Balḫī] (m. 272/886), nell'astrologia (*al-nuǧūm*) ;
Al-Rāzī [Abū Bakr Muḥammad ibn Zakariyyā'] (m. 312/925), nella medicina (*al-ṭibb*) ;
ʿUmāra ibn Ḥamza [ibn Maymūn] (m. 199/814), nell'orgoglio (*al-tīh*) ;

---

1 Così nell'ed. Būlāq 1288/1871, p. 94 ; Qulī al-Madāynī (?) nell'ed. al-Qāhira 1991. Secondo IBN AL-ṢALĀḤ, *Muqaddimat* (1989), p. 268, Ibn al-Madīnī è l'autore dell'opera più celebre sull'argomento. IBN AL-NADĪM (1988), p. 286, segnala tra i suoi scritti il *Kitāb al-ʿIlal* e il *K. al-Musnad bi-ʿilali-hi.*

2 Sui cinque tipi di *ʿuluww* si veda IBN AL-ṢALĀḤ, *Muqaddimat* (1989), *nawʿ* 29 : *Maʿrifat al-isnād al-ʿālī wa-al-nāzil*.

3 Così nell'ed. Būlāq 1288/1871 ; nell'ed. al-Qāhira 1991 è erroneamente riportato al-Ḥazzām.

Al-Faḍl ibn Yaḥyà [ibn Ḫālid al-Barmakī] (m. 193/808), nella liberalità (*al-ǧūd*) ;
Ǧaʿfar ibn Yaḥyà [al-Barmakī] (m. 187/803), nella firma [sigillo] (*al-tawqīʿ*) ;
Ibn Zaydūn [Abū al-Walīd] (m. 463/1070), nella vastità d'espressione (*siʿat al-ʿibāra*) ;
Ibn al-Qirriyya [Abū Sulaymān] (m. 84/703), nell'eloquenza (*al-balāġa*) ;
al-Ǧāḥiẓ [Abū ʿUṯmān al-Baṣrī] (m. 255/868-9), nell'*adab* e nella 'chiara esposizione' (*al-adab wa-al-bayān*) ;
Al-Ḥarīrī [Abū Muḥammad al-Qāsim al-Baṣrī] (m. 516/1122), nell'arte della *maqāma* (*maqāmāt*) ;
Al-Badīʿ al-Hamaḏānī [Aḥmad Badīʿ al-Zaman] (m. 398/1008), nella memoria (*al-ḥifẓ*) ;
Abū Nuwās (m. 198/813 ?), nel libertinaggio e dissolutezza (*al-muǧūn wa-al-ḫalāʿa*) ;
(Ibn) Ḥaǧǧāǧ [Abū ʿAbd Allāh] (m. 391/1001), nell'oscenità di linguaggio (*suḫf al-alfāẓ*) ;
Al-Mutanabbī [Abū al-Ṭayyib Aḥmad] (m. 354/965), nelle sentenze e nei proverbi in poesia (*al-ḥikam wa-al-amṯāl šiʿr^an^*) ;
Al-Zamaḫšarī [Abū al-Qāsim Maḥmūd] (m. 538/1144), nella dedizione alla lingua araba (*taʿāṭī al-ʿarabiyya*) ;
Al-Nasafī [Naǧm al-Dīn][1] (m. 537/1142), nella dialettica (*al-ǧadal*) ;
Ǧarīr [ibn ʿAṭiyya] (m. 111/729), nella virulenza dell'invettiva (*al-hiǧāʾ al-ḫabīṯ*) ;
Ḥammād al-Rāwiya (m. 155/772), [nella trasmissione della] poesia beduina (*šiʿr al-ʿarab*) ;
Muʿāwiya [ibn Abī Sufyān] (m. 60/680), nella clemenza (*al-ḥilm*) ;
Al-Ma'mūn [ibn Hārūn al-Rašīd] (m. 218/833), nella propensione al perdono (*ḥubb al-ʿafw*) ;
ʿAmr ibn al-ʿĀṣ (m. 43/663), nella sagacia (*al-dahāʾ*) ;
Al-Walīd [ibn ʿAbd al-Malik] (m. 96/715), nel bere vino (*šurb al-ḫamr*) ;
Abū Mūsà al-Ašʿarī (m. 42/662), nell'integrità d'animo (*salāmat al-bāṭin*) ;
ʿAṭāʾ al-Sulamī [ʿIzz al-Dīn] (m. 660/1262), nel timor di Dio (*al-ḫawf min Allāh*) ;
Ibn al-Bawwāb [Abū al-Ḥasan ʿAlī ibn al-Sitrī] (m. 413/1022), nella calligrafia (*al-kitāba*) ;
Al-Qāḍī al-Fāḍil [Abū ʿAlī ʿAbd al-Raḥmān] (m. 596/1200), nell'arte epistolare (*al-tarassul*)[2] ;
Al-ʿImād al-Kātib [= ʿImād al-Dīn al-Kātib al-Iṣfahānī] (m. 597/1201), nella paronomasia (*al-ǧinās*) ;
Ibn al-Ǧawzī [Abū al-Faraǧ] (m. 597/1201), nella predicazione (*al-waʿẓ*) ;
Ašʿab (m. 154/771), nella cupidigia (*al-ṭaʿm*) ;

[1] Autore della *ʿAqīda*, usata come libro di testo nelle grandi moschee con il commento di al-Taftāzānī. Potrebbe anche trattarsi di Ḥāfiẓ al-Dīn al-Nasafī, giurisconsulto e teologo ḥanafita (m. 710/1310).

[2] In BNF, ms. ar. 4660, f. 165a : *al-tarāsul.*

Abū Naṣr al-Fārābī (m. 339/950), nella trasmissione e nel commento delle scienze antiche (*fī naql kalām al-qudamā' wa-maʿrifati-hi wa-tafsīri-hi*) ;
Ḥunayn ibn Isḥāq [al-ʿIbādī] (m. 260/873), nella traduzione dal greco in arabo (*tarǧamat al-yunānī ilà al-ʿarabī*) ;
Ṯābit ibn Qurra al-Ṣābi' (m. 288/901), nel perfezionamento di ciò che è stato tradotto in arabo di testi matematici (*tahḏīb mā nuqila min al-riyāḍī ilà al-ʿarabī*) ;
Ibn Sīnā [Abū ʿAlī al-Ḥusayn] (m. 428/1037), nella filosofia e nelle scienze antiche (*al-falsafa wa-ʿulūm al-awā'il*) ;
Faḫr al-Dīn al-Rāzī (m. 606/1209), nell'erudizione nelle scienze (*al-iṭṭilāʿ ʿalà al-ʿulūm*) ;
Al-Sayf al-Āmidī (m. 631/1233), nella conoscenza del significato delle parole (*al-taḥqīq*) ;
Al-Naṣīr al-Tūsī [= Naṣīr al-Dīn al-Tūsī] (m. 672/1274), nell'astronomia (*al-maǧisṭī*) ;
Ibn al-Hayṯam (m. 430/1039), nella matematica (*al-riyāḍī*) ;
Naǧm al-Dīn [ʿUmar ibn ʿAlī al-Qazwīnī al-maʿrūf bi-] al-Kātibī[1] (m. 693/1293-4), nella logica (*al-manṭiq*) ;
Abū al-ʿAlā' al-Maʿarrī (m. 449/1058), nell'erudizione nella lingua [araba] (*al-iṭṭilāʿ ʿalà al-luġa*) ;
Abū al-ʿAynā' (m. 283/896 ?), nella perentorietà della risposta (*al-aǧwiba al-muskita*) ;
Yazīd [ibn Muʿāwiya] (m. 60/683), nell'avarizia (*al-buḫl*) ;
Al-Qāḍī Aḥmad ibn Abī Du'ād (m. 240/854), nella rettitudine e nel giusto giudizio (*murū'a wa-ḥusn al-taqāḍī*)[2] ;
Ibn al-Muʿtazz [Abū al-ʿAbbās ʿAbd Allāh] (m. 296/908), nella comparazione (*al-tašbīh*) ;
Ibn al-Rūmī (m. 283/896), nell'equivalenza (*al-naẓīr*)[3] ;
Abū Muḥammad al-Ġazālī (m. 505/1111), nella conciliazione tra intelletto e tradizione (*al-ǧamʿ bayna al-maʿqūl wa-al-manqūl*) ;
Al-Ṣūlī [Abū Bakr Muḥammad ibn Yaḥyà] (m. 335/946 ?), nel gioco degli scacchi (*al-šatranǧ*) ;
Abū al-Walīd ibn Rušd (m. 595/1198), nel compendiare gli scritti filosofici e medici degli antichi (*talḫīṣ kutub al-aqdamīn al-falsafiyya wa-al-ṭibbiyya*).
Sayyidī Abū al-Ḥasan al-Bakrī al-Ašʿarī (m. 324/935), discendente della stirpe di Al-Ḥasan, corona dei tempi recenti dei dotti, sopravanza la maggior parte dei sapienti ulema e imam — Dio sia soddisfatto di lui e di tutti loro."

---

1 Autore del compendio di logica *al-Šamsiyya* (ḤĀǦǦĪ ḪALĪFA (1853-8), IV, p. 76, n° 7667).

2 Omesso in BNF, ms. ar. 4660.

3 Su *ašbāh wa-naẓā'ir* si veda AL-SUYŪṬĪ, *Muzhir* (1958), II, p. 3.

Bibliografia essenziale

Fonti primarie

AL-ǦĀḤIẒ, *Bayān* (1985) : *al-Bayān wa-al-tabyīn*. Ed. ʿAbd al-Salām Hārūn, al-Qāhira: Maktabat al-Ḫānǧī, 1985[5], 4 parti in 2 voll.

IBN AL-ṢALĀḤ, *Muqaddimat* (1989) : *Muqaddimat Ibn al-Ṣalāḥ wa-maḥāsin al-iṣṭilāḥ*. Ed. ʿĀ'iša ʿAbd al-Raḥmān, al-Qāhira : Dār al-Maʿārif, 1989[3].

AL-MASʿŪDĪ, *Murūǧ* (1973) : *Murūǧ al-ḏahab wa-maʿādin al-ǧawhar*. Ed. Yūsuf Dāġir, Bayrūt: Dār al-Andalus, 1973[2], 4 voll.

AL-SAḪĀWĪ, *Ḍaw'* (1934-6) : *al-Ḍaw' al-lāmiʿ li-ahl al-qarn al-tāsiʿ*. al-Qāhira : Maktabat al-Quds, 12 parti in 6 voll.

AL-SUYŪṬĪ, *Ḥabā'ik* (s.d.) : *al-Ḥabā'ik fī aḫbār al-malā'ik*. Ed. ʿAbd Allāh al-Ṣadīq, al-Qāhira : Dār al-Ta'līf.

AL-SUYŪṬĪ, *Kanz* (1991) : *Kitāb al-Kanz al-madfūn wa-al-fulk al-mašḥūn*. Būlāq : al-Maṭbaʿa al-ʿĀmira, 1288/1871 ; al-Qāhira : Muṣṭafà al-Bābī al-Ḥalabī, 1991.

AL-SUYŪṬĪ, *Maqāmāt* (1989) : *Maqāmāt al-Suyūṭī al-adabiyya al-ṭibbiyya*. Ed. Muḥammad I. Salīm, al-Qāhira : Maktabat Ibn Sīnā.

AL-SUYŪṬĪ, *Muzhir* (1958) : *al-Muzhir fī ʿulūm al-luġa wa-anwāʿi-hā*. Ed. Muḥammad Ǧād al-Mawlà *et al.*, al-Qāhira : ʿĪsà al-Bābī al-Ḥalabī, 2 voll.

AL-SUYŪṬĪ, *Raḥma* (s.d.) : *al-Raḥma fī al-ṭibb wa-al-ḥikma*. al-Qāhira : ʿAlī Ṣubayḥ.

Opere di riferimento

C. BROCKELMANN (1937-49) : *Geschichte der arabischen Litteratur*. Leiden : Brill, 2 voll. e 3 di supplemento. [*GAL*].

H. DERENBOURG (1884) : *Les manuscrits arabes de l'Escurial*. Tome I, Paris : Leroux.

Encyclopédie de l'Islam. N. ed., Leiden-Paris : Brill-Maisonneuve & Larose, 1960-. [*EI*[2]].

Cl. GILLIOT (1991) : "Muqātil, grand exégète, traditionniste et théologien maudit", in *Journal asiatique*, 279 (1991), pp. 39-92.

ḤĀǦǦĪ ḪALĪFA (1853-8) : *Kašf al-ẓunūn ʿan asāmī al-kutub wa-al-funūn / Lexicon bibliographicum et encyclopædicum*. Ed. G. Flügel, London-Leipzig (New York-London : Johnston Reprint, 1964), 7 voll.

[IBN] AL-NADĪM (1988) : *Kitāb al-Fihrist*. Ed. R. Taǧaddud, Bayrūt : Dār al-Masīra, 1988[3].

ʿU.R. AL-KAḤḤĀLA (1961) : *Muʿǧam al-mu'allifīn. Tarāǧim muṣannifī al-kutub al-ʿarabiyya*. Dimašq : Maṭbaʿat al-Taraqqī.

H. LAOUST (1965) : *Les schismes dans l'Islam*. Paris : Payot.

J.E. MEISAMI/P. STARKEY (1998) (eds) : *Encyclopedia of Arabic Literature*. London-New York, 2 voll.

R.ʿA. MURĀD/Y.M. AL-SAWWĀS (1983) : *Fihris maḫṭūṭāt Dār al-kutub al-ẓāhiriyya* : *al-Adab*, II. Dimašq.

E.M. SARTAIN (1975) : *Jalāl al-Dīn al-Suyūṭī*. Cambridge : C.U.P., 2 voll.

AL-ZIRIKLĪ (1980) : *al-Aʿlām. Qāmūs tarāğim li-ašhar al-riğāl wa-al-nisā'*. Bayrūt : Dār al-ʿIlm li-al-Malāyīn, 1980[5], 8 voll.

IBĀḌĪ PUBLISHING ACTIVITIES IN CAIRO, c. 1880-1960s[1]

M.H. CUSTERS
Hoge School Zuyd Maastricht

Introduction

Al-Ibāḍiyya[2] is the oldest sect, or *madhab* as they themselves never ceased nor cease to emphasize, still in existence, and flourishing, today. They live mainly in Oman, Zanzibar and Pemba in East Africa, Mīzāb (some 600 km by road South of Algiers), Jerba (Tunisia) and the Ğabal Nafūsa and the coastal town of Zuwāra (Tripolitania). Historically the Ibāḍīs are a branch of the Ḫāriğites, but with the essential difference that they never condoned the killing of fellow Muslims who do not agree with their doctrines. Their doctrines differ in a number of points from those of the Sunnites, mostly doctrines of a theological nature and of little impact on daily life as a Muslim. The most conspicuous difference between Sunnī and Ibāḍī Islam is the Ibāḍī doctrine of the Imamate : the Imam should be chosen by the Ibāḍī scholars and be the best Muslim[3]. Scholarly life has always flourished among the Ibāḍīs, and it still does, which resulted in hundreds and hundreds of scholarly works, which were first reproduced as manuscripts and later on in printed form.

This article is an attempt to draw up an inventory of Ibāḍī books printed in Cairo in the period from the last quarter of the nineteenth century until the 1960s. Publications printed elsewhere are left aside. In Algeria, especially in Algiers and Constantine, in the same period, many Ibāḍī books were also printed. Especially active in publishing were Dāwud ibn Ibrāhīm ibn Dāwud ibn ʿAddūn ibn ʿAbd al-ʿAzīz al-Yasğanī[4], who commissioned the printing of at least six Ibāḍī books, and Muḥammad ibn Ṣāliḥ ibn ʿĪsà ibn Sulaymān (ibn Qāsim ibn Muḥammad ibn Ṣāliḥ) al-Yasqanī, who supposedly commissioned the printing of some thirty books,

---

1 Most of the material for this article was collected in May-June 1972, during a trip to Mīzāb, Jerba and Tripoli, financed by Het Oostersch Instituut in Leiden, and a follow-up trip to Cairo in September of the same year.

2 See T. LEWICKI (1971a), pp. 648-660. Convenient modern outlines of al-Ibāḍiyya are e.g. : http ://ibadhiyah.net/books/adhwaa (ʿAlī Yaḥyà Muʿammar : *Aḍwāʾ ʿalà al-Ibāḍiyya*) and http ://ibadhiyah.net/books/al-madkhal (Sulaymān ibn Saʿīd : *Madḫal li-fahm al-Ibāḍiyya*).

3 On the Ibāḍī doctrine of the Imamate, see J.C. WILKINSON (1987).

4 BĀBĀʿAMMĪ (2000), II, p. 141 : (1845-13 Nov. 1935). From Beni Isguen. Between 1900 and 1918 he was an Ibāḍī judge in Mascara (Muʿaskar), Algiers and Berriane. Most of the works he commissioned for printing were of Muḥammad ibn Yūsuf Iṭfayyiš, whose friend he was.

some of which together with ʿUmar ibn Ibrāhīm ibn Muḥammad al-ʿAṭfāwī[1]. In Zanzibar Sultan Barġaš ibn Saʿīd al-Būsaʿīdī (Sultan 1870-1888) embraced the promotion of Ibāḍī scholarship by establishing his al-Maṭbaʿa al-Sulṭāniyya around 1880[2], on which some ten works have been printed, among which the important Koran *Tafsīr* of Muḥammad ibn Yūsuf Iṭfayyiš, *Himyān al-zād* (14 vols.) and *Qāmūs al-šarīʿa* (10 or 17 vols. out of the total of 90) by the Omani scholar Ǧumayyil ibn Ḫamīs al-Saʿdī (first half 19th century). In Tunis, where many Jerban and Mīzābī students studied, only a few Ibāḍī books were published, and in Oman apparently nothing was published around the turn of the 19th-20th century. Apart from this publishing activities, the copying of manuscripts flourished as well, also during the functioning of the printing presses treated hereafter. References to manuscripts are left out as much as possible in this article.

From the end of the 18th century onwards Mīzāb and Oman lived through a renaissance (*Nahḍa*) of Ibāḍī scholarship[3]. In Mīzāb we see the great scholar Ḍiyā' al-Dīn ʿAbd al-ʿAzīz ibn Ibrāhīm al-Ṯamīnī (al-Muṣʿabī) (c. 1717/8-1808)[4] active, who composed some 18 works, among which the famous *fiqh* work *Kitāb al-Nīl*, and after him his student the *Quṭb al-a'imma* Muḥammad ibn Yūsuf Iṭfayyiš (1820/1-1914), a prolific writer, with at least some 125 works to his name, among which the commentary on al-Ṯamīnī's *Kitāb al-Nīl* (republished in 17 volumes)[5]. In Oman Nūr al-Dīn ʿAbd Allāh ibn Ḥumayyid al-Sālimī (c. 1869-1914)[6], the most important instigator of the Imamate of Sālim ibn Rāšid al-Ḫarūṣī (1913-1920), wrote some 40-45 works, among which the important historical work *Tuḥfat al-aʿyān bi-sīrat ahl ʿUmān*.

The works the Ibāḍī scholars composed treated, of course, the Ibāḍī doctrines and history, but a recurrent theme in their treatises is defence of their *maḏhab* against attacks and misconceptions of the outside world. Towards the turn of the 19th and the 20th century and after, the Ibāḍīs were increasingly influenced by the maelstrom of protest against Western influences in the Islamic world, without loosing their conviction of being the one and only really true *maḏhab*, the *Ahl al-ḥaqq* or *Ahl al-istiqāma*. In the East, in Oman and Zanzibar, they had come

[1] *Op. cit.*, II, p. 382 : some thirty titles. He was from Beni Isguen, and he died shortly before 1939. Personally I traced only some seven books he commissioned for printing, four of which together with al-ʿAṭfāwī. Among these i.a. Iṭfayyiš' *Taysīr al-tafsīr*, 6 vols., 5296 p. in all.

[2] See Ph. SADGROVE (2001).

[3] M.ʿA. DABBŪZ (1965) ; J.C. WILKINSON (1987), index, Ibāḍis/ : Nahḍa, neo-Ibāḍism.

[4] On whom see A. de C. MOTYLINSKI/T. LEWICKI (1960c). Z. SMOGORZEWSKI (1928), pp. 252-254, lists 12 works. See also BĀBĀʿAMMĪ (2000), II, pp. 255-256.

[5] On Iṭfayyiš see J. SCHACHT (1960), p. 736. P. CUPERLY (1972) gives an excellent biography, based on M.ʿA. DABBŪZ (1965). See also BĀBĀʿAMMĪ (2000), II, pp. 399-406. According to AL-ZIRIKLĪ (1979), V, p. 157, he supposedly composed more than 300 works.

[6] On whom see J.C. WILKINSON (1995), p. 993. See also A. UBAYDLI (1988). According to Ubaydli, al-Sālimī wrote 26 books.

under ever increasing pressure from the Britains, and in the West, in Tunisia and Algeria, French colonialism had brought a situation of Muslims living under the direct rule of the *Mušrikūn*, culminating in the occupation of Mīzāb in 1882. In 1911 Italy attacked Libya and was countered by the Libyan leader Sulaymān al-Bārūnī, an Ibāḍī from the Ǧabal Nafūsa in Tripolitania. All this brought about an overture to influences of the Salafiyya movement and Pan-Islamism, a desire of seeing all Muslims united against the West. It also intensified the contacts between Ibāḍīs of the East and the West and the exchange of ideas, contacts and exchanges which, anyway, have always been there and have never ceased to exist[1].

Cairo, as center of Islamic learning, with the Azhar University, has always attracted many Ibāḍīs who came to study at al-Azhar, especially Ibāḍīs from the West (Mīzāb, Jerba, Ǧabal Nafūsa). In this article the activities of al-Maṭbaʿa al-Bārūniyya, established by Muḥammad ibn Yūsuf al-Bārūnī, are treated, then those of Maṭbaʿat al-Azhār al-Bārūniyya of Sulaymān al-Bārūnī, the publishing activities of Qāsim ibn Saʿīd al-Šammāḫī and Muṣṭafà ibn Ismāʿīl al-Miṣrī, and, before proceeding to the publishing activities of Abū Isḥāq Ibrāhīm Iṭfayyiš, the available information is given on the Wikālat al-Baḥḥār, the students home for Ibāḍīs in the quarter of the mosque of Ibn Ṭūlūn.

Al-Maṭbaʿa al-Bārūnīyya

Muḥammad ibn Yūsuf (ibn ʿĪsà ibn Abī al-Qāsim) al-Bārūnī (al-Ǧarīǧnī) established an important printing press in Cairo, al-Maṭbaʿa al-Bārūniyya in the Šāriʿ al-Ǧūdariyya in the quarter of Ibn Ṭūlūn (also : Ṭālūn and Ṭaylūn)[2], where many Ibāḍī works, mainly of Maġribī authors, were lithographed. This took place in *Ǧum.* II 1297/May-June 1880[3]. His partners were Sulaymān ibn Masʿūd al-Nafūsī al-Maġdalī (al-Wifātī al-Nafūsī), trader of textiles in Constantine (Algeria), and Muḥammad's *Ibn ʿAmm* Qāsim ibn Saʿīd al-Bārūnī[4]. A. de. C. MOTYLINSKI (1885), p. 47, speaks of a *ṭālib* from the Ǧabal Nafūsa, Sulaymān ibn Masʿūd,

---

[1] There was even talk of Pan-Ibāḍism, which the colonial powers should watch closely (E. INSABATO (1918), p. 19 ; Idem (1920), p. 126), and Neo-Ibāḍism (J.C. WILKINSON (1987), pp. 243-245).

[2] ʿA. MUBĀRAK (1970), III, p. 178 : in the beginning of Ḥārat al-Ǧūdariyya, starting from the beginning of Šāriʿ al-Mu'ayyad and ending at the beginning of Šāriʿ al-Manǧala ; it was 100 meters long. On a modern map the Š. al-Ǧūdariyya runs from the crossing of Š. al-Simarī and Š. Baybars to the East until Š. al-Faḥḥāmīn.

[3] Communication from Sālim ibn Yaʿqūb (Ġīzen, Jerba), July 1971. See on this press also Ph. SADGROVE (2001), especially pp. 4-6. Sadgrove in his article also discusses correspondence of Muḥammad ibn Yūsuf Iṭfayyiš with the Sultans of Zanzibar, i.a on problems he experienced with Muḥammad ibn Yūsuf al-Bārūnī.

[4] From Kabāw in the Ǧabal Nafūsa. He died in 1933 (communication of ʿĪsà Yaḥyà al-Bārūnī, who had it from his father, Sept. 1972).

who had in Cairo a copy of Šammāḫī's *K. al-Siyar* copied and offered it for sale in Mīzāb in 1884. This *ṭālib* was no doubt Sulaymān ibn Masʿūd al-Mağdalī[1], Muḥammad ibn Yūsuf al-Bārūnī's partner in al-Maṭbaʿa al-Bārūniyya in Cairo. Ramaḍān ibn Yaḥyà al-Laynī, from a Jerban family since centuries established in Cairo, was also a partner in the printing press[2].

The first work I could trace that was printed at this printing press was Ğayṭālī's *Qawāʿid al-islām* (1297/1880), but maybe the press was already functioning in 1293/1876 (Anonymous : a collection of didactical *Qaṣīdas*). Other works printed early at this printing press were Šammāḫī's *K. al-Siyar*[3] which was published in 1301/1883-4 (al-Maṭbaʿa al-Bārūniyya is not explicitly mentioned) and Barrādī's *K. al-Ğawāhir al-muntaqāt* (1302/1884-5) (in the latter also al-Maṭbaʿa al-Bārūniyya is not explicitly mentioned). In 1316/1898-9 a fire occurred in the printing press (vol. 7 of Muḥammad ibn Yūsuf Iṭfayyiš' *Šarḥ K. al-Nīl* was in the press)[4], and in 1317/1899-1900 Sulaymān ibn Masʿūd died ; after this, discord arose between Muḥammad and Qāsim[5].

At Bārūnī's printing press at least some 38 Ibāḍī titles were printed, to which probably 12 others can be added which were printed (most probably in Cairo) during its existence. In 1321/1903 Iṭfayyiš' *al-Ğunna fī waṣf al-ğanna* was still printed at al-Maṭbaʿa al-Bārūniyya as was Muṣṭafà ibn Ismāʿīl al-Miṣrī's *al-Hadiyya al-ūlà li-al-mulūk wa-al-umarā' fī al-dā' wa-al-dawā'*. This latter work, still printed at the press in the Šāriʿ al-Ğūdariyya, is not a lithography, so perhaps Muḥammad ibn Yūsuf al-Bārūnī had his printing press modernized after the fire. It looks like Muḥammad stopped his printing activities in or shortly after 1903 : volumes 2 and 3 of Iṭfayyiš' *Wafā' al-ḍamāna* were printed in 1325/1907-8 at Maṭbaʿat al-Azhār al-Bārūniyya, established by Sulaymān ibn ʿAbd Allāh al-Bārūnī, who came to Cairo in 1906. I do not know if Sulaymān's printing press was, in some way, a continuation of Muḥammad ibn Yūsuf's. It was, anyhow, at a different location (beginning of Šāriʿ al-Ḥabbāniyya, Š. Muḥammad ʿAlī 36). Probably

---

1 S. AL-BĀRŪNĪ (1908), p. 49 : a poem on the occasion of the circumcision of Mağdalī's son, beginning of 1305/1887. Sulaymān al-Bārūnī made ample use of Šammāḫī's *K. al-Siyar* in his *al-Azhār al-riyāḍiyya*.

2 Communication of Abū al-Yaqẓān Ibrāhīm (Guerrara, Mīzāb), May 1972. Together with Muḥammad ibn Muḥammad ibn ʿĪsà al-Yasqanī al-Muṣʿabī, he commissioned the printing of *Šarḥ al-Qaṣīda al-ḥā'iyya* [by Abū Naṣr Fatḥ ibn Nūḥ al-Mālūšā'ī] of Muḥammad ibn Yūsuf al-Muṣʿabī (lith., Cairo : Maṭbaʿat al-Kastilyūla, 1315/1898) and *K. al-Ṭahārāt min Dīwān al-ašyāḫ* (see list of works printed at al-Maṭbaʿa al-Bārūniyya). J. SCHACHT (1956), p. 376 (note) : a collection of his books in al-Āğīm. On al-Laynī see p. 136, note 7.

3 Several researchers write that *K. al-Siyar* was printed in Algiers in the same year, and some say Constantine. Maybe they conclude this from the fatherland of Bārūnī's partner.

4 Communication of Abū al-Yaqẓān Ibrāhīm (Guerrara), May 1972 ; Z. SMOGORZEWSKI (1928), p. 255 : a fire occurred, that destroyed the three last vols. of Iṭfayyiš' *Šarḥ K. al-Nīl*.

5 Information from Sālim ibn Yaʿqūb, Ġīzen (Jerba), June 1972.

Sulaymān al-Bārūnī, during his first stay in Cairo (1892-1895), was also a partner of Muḥammad, at least in the project of printing the *Dīwān* of his father ʿAbd Allāh ibn Yaḥyà al-Bārūnī[1]. According to Abū al-Yaqẓān Ibrāhīm (Guerrara, May 1972), before the establishing of Muḥammad ibn Yūsuf al-Bārūnī's printing press another Ibāḍī printing press existed in Cairo, on which al-Ǧayṭālī's *Qawāʿid al-islām* was printed (see however al-Ǧayṭālī's *Qawāʿid al-islām*).

Muḥammad ibn Yūsuf al-Bārūnī went to Cairo around 1875, about 25 years old, after the Turks had penetrated into his house in a matter of tax collection. He studied at al-Azhar University, and after his studies he established his printing press[2]. He had two sons, Yūsuf and Qāsim, and one daughter. Yūsuf was later on with Sulaymān al-Bārūnī in Iraq, Qāsim was a teacher in Cairo and wrote literature ; he died shortly before 1972[3].

Books printed at al-Maṭbaʿa al-Bārūnīyya

1) Anonymous : a collection of didactical *Qaṣīda*s written in 1293/1876, (335 p.) ; 2nd ed. 1304/1886-7, without *al-Diyānāt.* (Bārūniyya ?)[4].

2) Id. : a collection : *K. al-Daʿāʾim li-Abī Bakr Aḥmad Ibn al-Naẓar, wa-yalī-hā Dīwān ... Abī Naṣr al-Nafūsī.* Lith., completed *Ḏū al-ḥiǧǧa* 1298/1881, (8, 335 p., 18x12cm.). (Bārūniyya ?)[5].

3) Id. : a collection : *al-Manẓūma* by Ṣāliḥ al-Ǧāduwī ; *Dīwān* by ʿAbd Allāh ibn ʿUmar ibn Yaḥyà al-ʿUmānī ; *Qaṣīda* by Aflaḥ ibn Rustam (M. GOUVION/E. GOUVION (1926), p. 319). (Bāruniyya ?).

---

1 See ʿAbd Allāh AL-BĀRŪNĪ (n.d.), p. 212.

2 Communication by ʿUmar Aḥmad Sulaymān al-Bārūnī, Tripoli, June 1972.

3 Information from ʿAbd al-Maǧīd ibn Yūsuf, Muḥammad ibn Yūsuf's grandson, who was chairman of the board of directors of al-Hay'a al-Zirāʿiyya al-Miṣriyya in Cairo, Sept. 1972. Another information says that Yūsuf, who had studied medicine for some time, fought with Sulaymān al-Bārūnī against the Italians in Tripolitania and died there. A certain Yūsuf [ibn Muḥammad] al-Bārūnī is mentioned in Z. AL-BĀRŪNĪ (1968 ?), II, pp. 246, 373, 377, 395 (where Zaʿīma calls him a hypocrite and a troublemaker, which Sulaymān only found out after he had left Libya), 401, 403, 431, 440.

4 The edition of 1293/1876 contains : *K. al-Daʿāʾim*, Abū Bakr Aḥmad Ibn al-Naẓar al-ʿUmānī ; *Dīwān* and *Nūniyya fī al-tawḥīd*, Abū Naṣr Fatḥ ibn Nūḥ [al-Malūšāʾī al-Nafūsī] ; *Manẓūma*, Ṣāliḥ al-Ǧāduwī ; *Dīwān*, ʿAbd Allāh ibn ʿUmar ibn Yaḥyà al-ʿUmānī ; *Qaṣīda*, al-Imām Aflaḥ ibn ʿAbd al-Wahhāb ; *Diyānāt*, ʿĀmir ibn ʿAlī al-Šammāḫī (A. de C. MOTYLINSKI (1908), pp. 544-545). Is this collection the same as : Abū Ḥafṣ ʿUmar ibn Ǧamīʿ, *K. al-Tawḥīd*. Lith., Cairo : Bārūniyya, 1304/1886-7, (276 p.), together with four other works ? On Ibn al-Naẓar see T. LEWICKI (1971b). On al-Imām Aflaḥ see M. TALBI (1995). On al-Šammāḫī see M. BEN CHENEB (1997). On al-Malūšāʾī see BĀBĀʿAMMĪ (2000), II, pp. 337-338. On al-Ǧāduwī see *op. cit.*, II, p. 231.

5 It contains : *al-Daʿāʾim* (pp. 1-195) ; Abū Naṣr (pp. 196-292) ; *al-Manẓūmāt al-ǧāduwiyya fī al-aḥkām wa-al-šarīʿa* (pp. 292-306) ; *ʿAbd Allāh ibn ʿUmar ibn Ziyād ibn Aḥmad al-ʿUmānī fī al-aḥkām wa-al-daʿāwiya wa-al-bayānāt wa-al-īmān* ...(pp. 306-328) ; *Qaṣīdat Aflaḥ ibn ʿAbd al-Wahhāb al-Fārisī* (pp. 329-331) ; ʿĀmir ibn ʿAlī al-Šammāḫī : *al-Diyānāt* (pp. 332-335).

4) Id. : *Hāḏā K. Maǧmūʿ min muhimmāt al-mutūn al-muštamila min ġālib ḫawāṣṣ al-funūn ǧamaʿtu-hu li-šiddat iḥtiyāǧ al-ṭālib ilay-hi wa-ḍabaṭtu-hu li-yashul*[a] *ḥifẓu-hu ʿalay-hi rāǧiy*[an] *an yaʿumm*[a] *nafʿu-hu al-iḫwān wa-yaʿūd*[a] *li-al-ṯawāb ʿalà maḍà al-zamān* [...]. [Cairo :] Bārūniyya, 1305/1887-8. Lith., (277, 2 p., 24x15 cm.), 130 texts. Is this an Ibāḍī work ?

5) Id. : *K. al-Ṣalāt* [*min dīwān al-ašyāḫ/al-ʿazzāba*]. Cairo : Bārūniyya, 28 *Šaʿbān* 1315/1898, (2, 90 p.)[1].

6) Id. : *Ṣawm al-dīwān li-al-ašyāḫ*. Lith., [Cairo] : Bārūniyya (Šāriʿ al-Ǧūdariyya), 1315/1897-8, (117, 3 p.). Commissioned by Muḥammad ibn Yūsuf al-Bārūnī. The three last parts, on *aḥkām*, on the printing presses of ʿĪsà ibn Yūsuf al-Bārūnī (*sic*).

7) Id. : *K. Ṭahārāt al-dīwān, ta'līf al-ašyāḫ*. Lith. [Cairo] : Bārūniyya (bi-Šāriʿ al-Ǧūdariyya), 28 *Šaʿbān* 1315/1897, (2, 90 p.). Commissioned by Muḥammad ibn Muḥammad ibn ʿĪsà al-Muṣʿabī and Ramaḍān ibn Yaḥyà al-Laynī[2].

8) al-Barrādī, Abū al-Qāsim ibn Ibrāhīm (2nd half 8th/14th c.) : *Hāḏā K. al-Ǧawāhir, ta'līf al-Imām ... Abū al-Qāsim ibn Ibrāhīm al-Barrādī*. Lith., [Cairo : Bārūniyya ?], 1302/1884-5, (6, 239 p., 22,5x15 cm.). Commissioned by Muḥammad ibn Yūsuf al-Bārūnī and his partner Sulaymān ibn Masʿūd al-Maǧdalī. For sale in the latter's shop in Constantine or from Muḥammad in Cairo[3].

9) al-Bārūnī, ʿAbd Allāh ibn Yaḥyà (1820-16 April 1913) : *Hāḏā K. muštamil ʿalà dīwān ... ʿAbd Allāh al-Bārūnī wa-dīwān tilmīḏi-hi ... ʿAmr [ibn ʿĪsà al-Tandanmīrtī] wa-dīwān šayḫ al-islām wa-li-ġayri-him ayḍ*[an] ..., n.pl., n.d. Lith., (212 p., 24x16 cm.). On the last page (212) : Muḥammad ibn Yūsuf al-Bārūnī and Sulaymān, *Ibn al-Nāẓim*, and their partner. The latest date mentioned in this work is 19 *Šawwāl* 1310/1893, so probably it was printed shortly after this date. *Ibn al-Nāẓim* might indicate that Sulaymān al-Bārūnī participated in the printing of this *Dīwān*[4].

10) al-Bārūnī, Muḥammad ibn Yūsuf : a collection of 5 works. Lith., (4, 180 p., 18,5x12 cm.). [Commissioned by] Muḥammad ibn Yūsuf ibn ʿĪsà al-Bārūnī[5].

11) al-Bārūnī, Muḥammad ibn Yūsuf and Qāsim : published recently a fairly complete work on the Ibāḍīyya in general (M. GOUVION/E. GOUVION (1926), p. 318).

---

1 R. RUBINACCI (1952), p. 108, and information from Sālim ibn Yaʿqūb, Ġīzen (Jerba), June 1972. On *Dīwān al-ašyāḫ* or *al-ʿazzāba* see J. VAN ESS (1976), pp. 52-54 ; F. AL-ǦAʿBĪRĪ (1975), pp. 260-265 ; A. de C. MOTYLINSKI (1885), pp. 25-26 (nr. 59).

2 On the back-cover of Muḥammad ibn Yūsuf Iṭfayyiš' *al-Tuḥfa wa-al-taw' am*, Tunis 1344/1925-6 : *K. Ṭahārat al-dīwān li-al-mašāyiḫ*. Printed in Cairo. This probably is a later edition, perhaps published by Abū Isḥāq Ibrāhīm Iṭfayyiš.

3 On al-Barrādī see R. RUBINACCI (1960), p. 1053. The full title is : *K. al-Ǧawāhir al-muntaqāt fī itmām mā aḫalla bi-hi K. al-Ṭabaqāt* (of Abū al-ʿAbbās Aḥmad ibn Saʿīd ibn Sulaymān ibn ʿAlī ibn Yaḫlaf al-Darǧīnī : *K. Ṭabaqāt al-mašāyiḫ bi-al-Maġrib*, ed. Ibrāhīm Ṭallāy, 2 vols., Constantine : Maṭbaʿat al-Baʿṯ, 1394/1974 ; also an ed. Muscat : Maktabat al-Istiqāma ; on the origin of this work and for a table of contents, see A. de C. MOTYLINSKI (1885), pp. 38-43).

4 On the author, see M. CUSTERS (1972), pp. 6-7 ; BĀBĀʿAMMĪ (2000), II, p. 280 ; ʿA.Y. MUʿAMMAR (1964), II/2, pp. 131-135. See M.M. ǦIBRĀN (1993).

5 Contains : *Šarḥ al-ʿaqīda* (pp. 1-49) ; *al-Diyānāt* by ʿĀmir ibn ʿAlī al-Šammāḫī with annotations by ʿUmar al-Ṯulāṯī (pp. 49-79) ; *K. al-Ṣawm* by Abū Zakariyyā' al-Ǧanāwunī (pp. 80-135) ; *K. al-Manāsik* by al-Warānī (pp. 135-165) ; *al-Daʿā' im* ; *al-Niyyāt li-al-ʿibādāt* (pp. 166-180).

12) al-Ǧanāwunī, [Abū Zakariyyā'] Yaḥyà ibn al-Ḫayr ibn Abī al-Ḫayr (c. 1st half 6th/12th c.) : *K. al-Nikāḥ*. Followed by *Rawḍat al-muštāq bi-zuhrat al-ašrāq* (on *fiqh* questions) by ʿUmar ibn Ramaḍān al-Tilātī *ǧamaʿa* (*ǧumiʿa* ?) *fī-hi ġarā'ib maḏhab al-Ibāḍiyya* (pp. 315-335). By hand of Muḥammad ibn Yūsuf al-Bārūnī. Lith., n.pl., n.d. (c. 335 p., 20,5x14,5 cm.)[1].

13) Id. : *K. al-Nikāḥ wa-al-ṭalāq*. Cairo : Bārūniyya, 1305/1887. With gloss by Abū Sitta al-Qaṣbī ?

14) Id. : *K. al-Ṣawm*. Cairo : al-Bārūniyya, 1310/1892-3[2].

15) Id. : *K. al-Waḍʿ* (*fī al-furūʿ*) *wa-bi-hāmiši-hi ḥāšiyat Muḥammad Abī Sitta al-Qaṣbī*. Lith., Cairo : Bārūniyya, 1305/1887, (692, 8 pp. ; in-8)[3].

16) al-Ǧayṭālī al-Nafūsī, Abū Ṭāhir Ismāʿīl ibn Mūsà (d. 750/1349-50 or 730/1329-30) : *K. al-Farā'iḍ*. Lith., Cairo : Bārūniyya, 27 *Ḏū al-qaʿda* 1305/1888. Commissioned by Muḥammad ibn Yūsuf al-Bārūnī, and Sulaymān Masʿūd al-Maǧdalī in Constantine (8, 279, 106 p.)[4].

---

1 *K. al-Nikāḥ* with gloss of [Abū ʿAbd Allāh] Muḥammad [ibn ʿUmar ibn] Abī Sitta [al-Qaṣbī al-Nafūsī]. Lith., (334 p.). Ph. SADGROVE (2001), p. 6, mentions an ed. of *K. al-Nikāḥ* of 1893-4 (Bārūniyya ?). B. ŠARĪFĪ (1990), IV, p. 605 : *K. al-Nikāḥ*. Ed. ʿAlī Yaḥyà Muʿammar, Cairo : Nahḍa, 1396/1976. An ed. by Sulaymān ʿAbd Allāh ʿAwn and Muḥammad Sāsī Zaʿrūd, Cairo : Maṭbaʿat Nahḍat Miṣr, 1976 (perhaps the same as Muʿammar ?). On al-Ǧanāwunī see A. de C. MOTYLINSKI/T. LEWICKI (1960b). P. CUPERLY (1980-1) places the author in the first half or the middle of the 5th/11th c.

2 Ed. by Sulaymān Mūsà al-Ǧanāwunī and ʿAlī Sālim ʿAllūš, Beirut : Dār al-Fatḥ li-al-Ṭibāʿa wa-al-Našr, 1393/1973-4, (95 p., 24x16,5 cm.). See p. 114, note 5.

3 Muḥammad ibn Yūsuf Iṭfayyiš : *K. Ǧāmiʿ al-waḍʿ wa-al-ḥāšiya*. Lith., [Maġrib], *Šawwāl* 1306/1889, (5, 388 p.). Commissioned by Dāwud ibn Ibrāhīm ibn Dāwud ibn ʿAbd al-ʿAzīz. *K. al-Waḍʿ, muḫtaṣar fī uṣūl al-fiqh*. Ed. and annotations by Abū Isḥāq Ibrāhīm Iṭfayyiš. Cairo : Maṭbaʿat al-Faǧǧāla al-Ǧadīda (38, Š. al-Šayḫ al-Quwayšī, ḫalfa Madrasat al-Tiǧāra bi-al-Ẓāhir), 1st impr., 1381/1961-2, (254, 1 p.). In the introduction a biography of the author. Sixth reprint : [Muscat] : Maktabat al-Istiqāma, [circa 1982], (16, 254 p.). J. SCHACHT (1956), p. 384 (nr. 30) : MSS. With a gloss (*Ḥāšiyat al-aḥkām*) of Yūsuf al-Muṣʿabī ; with an autograph gloss of Muḥammad ibn Yūsuf Iṭfayyiš, identical with his *Šarḥ R. al-Waḍʿ wa-al-ḥāšiya*, of which also a printed edition ; *Šarḥ Šawāhid al-waḍʿ* by Muḥammad ibn Yūsuf Iṭfayyiš. AL-SĀLIMĪ (1968), p. 76 : they say that the author is Yaḥyà al-Ǧanāwunī. It is also said that the author is unknown. Abū Sitta wrote a gloss to it, and Muḥammad ibn Yūsuf Iṭfayyiš wrote an abbreviated version with his gloss and he made additions to the work. Ṣāliḥ ibn ʿUmar ibn Dāwud al-Yasqanī (1871-1928) wrote also a gloss. Al-Ḫarūṣī, Saʿīd ibn Ḫalaf : *Qawāʿid al-šarʿ fī naẓm K. al-Waḍʿ*. Muscat : MNHC, 1403/1983, (411 p.). A. de C. MOTYLINSKI/T. LEWICKI (1960b) : also called *K. al-Lamʿ* (*Lumaʿ* ?). It (ed. Cairo 1305/1887) deals with dogmatics (pp. 1-116) and ritual law : ablutions, purification, prayer, alms, pilgrimage, etc. (pp. 117-692). See E. FRANCESCA (1987) ; G. IGONETTI (1981) ; R. RUBINACCI (1957) ; Idem (1964) ; Idem (1970) ; R. STROTHMANN (1927), p. 14.

4 J. SCHACHT (1956), p. 388 (nrs. 55, 56) : printed ed. with a gloss of Yūsuf ibn Muḥammad al-Muṣʿabī, and *Maqāyīs ǧurūḥāt* (*al-ǧurūḥ*) *wa-istiḫrāǧ al-maǧhūlāt* [by al-Ǧayṭālī]. T. LEWICKI (1965), p. 515 : a lithographed edition of *Maqāyīs al-ǧurūḥ wa-istiḫrāǧ al-maǧhūlāt* is appended to *K. al-Farā'iḍ*. Ibid. : *K. fī al-Ḥisāb wa-qism al-farā'iḍ* or simply *K. al-Farā'iḍ*. A treatise on the calculation and division of inheritances based on a compilation by Abū al-ʿAbbās Aḥmad ibn Saʿīd al-Darǧīnī. Z. SMOGORZEWSKI (1928), p. 252 : the Cairo

17) Id. : *K. al-Ḥaǧǧ wa-al-manāsik*. With a gloss of Muḥammad ibn ʿUmar ibn Abī Sitta al-Qaṣbī al-Sidwīkišī. Cairo 1879. (Bārūniyya ?)[1].

18) Id. : *K. Qanāṭir al-ḫayrāt*. Cairo : Bārūniyya, *Ǧum.* II 1307/1900. Lith., 3 vols., (12, 494 ; 8, 459 ; 12, 566 p. ; 23,5x16 cm.)[2].

19) Id. : *Qawāʿid al-islām*. Lith., 1297/1879-80, (8, 430 p., 25x18 cm.). With gloss of Abū ʿAbd Allāh Muḥammad ibn ʿUmar ibn Abī Sitta al-Qaṣbī. Commissioned by Muḥammad ibn Yūsuf ibn ʿĪsà al-Bārūnī and his *Ibn ʿAmm* Qāsim ibn Saʿīd al-Bārūnī[3].

20) *Hāḏā Maǧmūʿ yaštamilᵘ ʿalà r. fī iḫtiṣār al-farāʾiḍ wa-r. fī al-ḥaqāʾiq al-muḥtāǧ ilay-hā wa-r. fī bayān kullⁱ firqa wa-mā zāġat bi-hi ʿan al-ḥaqq wa-r. fī bayān iʿtiqādi-nā wa-al-radd ʿalà man nasaba-nā li-ġayr al-ḥaqq wa-ġayr ḏālika*. Cairo : Bārūniyya (bi-al-Ǧūdariyya), n.d., (112 p., 21x14 cm.). Commissioned by Muḥammad ibn Yūsuf al-Bārūnī, (not a lith.)[4].

---

edition of 1305/1888 has a gloss by [Abū Yaʿqūb] Yūsuf [ibn Muḥammad] al-Muṣʿabī. A second gloss, not completed, was composed by Muḥammad ibn Yūsuf Iṭfayyiš, and a third one, also not completed, by Ibrāhīm ibn Bakr. On al-Ǧayṭālī see T. LEWICKI, *ibid.*

1 M. GOUVION/E. GOUVION (1926), p. 319.

2 Reissue of vol. 1 by ʿAmr ibn Ḫalīfa al-Nāmī : *yaḥtawī ʿalà Qanṭaray al-ʿilm wa-al-īmān*, Cairo : Maktabat Wahba (Š. al-Ǧumhūriyya 14), 1385/1965 (406 p., 24x17 cm.). Sayyid Kasrawī Ḥasan and ʿAbd al-Samīʿ Ḫallāf Maḥmūd (eds.), *Qanāṭir al-ḫayrāt*. 3 vols. Beirut : Dār al-Kutub al-ʿIlmiyya, 1422/2001, (XI, 440 ; 400 ; 528 p., 24,5x17,5 cm.). R. RUBINACCI (1957), pp. 5-6, describes the passage of the faithful over 17 bridges into Paradise. The first part of the third bridge which treats *ṭahāra* is an almost literal copy of the corresponding chapter in Ġazālī's *Iḥyāʾ ʿulūm al-dīn*, except the last part concerning the nullification of the ritual ablution. E. FRANCESCA (1987), p. 2 (note 6) : 'the bridge' on *zakāt* is almost a literal copy of the corresponding chapter in Ġazālī's *Iḥyāʾ ʿulūm al-dīn*. See *op. cit.* ; M.M. MORENO (1949) ; C.A. NALLINO (1916) ; R. RUBINACCI (1970) ; R. STROTHMANN (1927), p. 16.

3 Also Cairo : Bārūniyya, 1307/1889. Lith., with a gloss by Abū ʿAbd Allāh Muḥammad ibn ʿUmar ibn Abī Sitta al-Qaṣbī (10th/16th c.). Re-edited with commentary by ʿAbd al-Raḥmān ibn ʿUmar Bakillī, *Muftī* of Berriane (1901-1986), Ghardaïa : al-Maṭbaʿa al-ʿArabiyya, 1396/1976, 2 vols., (383, 290 p.). P. CUPERLY (1984), pp. 143-144 : *K. al-Tawḥīd*, an introduction to *Qawāʿid al-islām*, on the position of the Ibāḍīs towards the Ḏimmīs. *Op. cit.*, p. 121 (note) : a very abridged form of the author's *ʿAqīdat al-tawḥīd* at the beginning of *Qawāʿid al-islām* ; published by Dūdū Sulaymān ibn Ayyūb of Bou Noura. See *op. cit.*, pp. 121-144 ; A.K. ENNAMI (1971) ; R. RUBINACCI (1970). Ṣāliḥ ibn ʿUmar ibn Dāwud al-Yasqanī (1871-1928) wrote a gloss to *Qawāʿid al-islām*.

4 Contains : Abū ʿAmmār ʿAbd al-Kāfī ibn Abī Yaʿqūb ibn Ismāʿīl al-Tanāwutī al-Warǧlānī, *K. fī iḫtiṣār al-mawārīṯ wa-al-farāʾiḍ* (pp. 2-27) ; Abū al-Qāsim ibn Ibrāhīm al-Barrādī, *R. fī al-ḥaqāʾiq al-muḥtāǧ ilay-hā* (pp. 28-51) ; Abū ʿAmr ʿUṯmān ibn Ḫalīfa al-Māriġnī, [*R. fī bayān kullⁱ firqa wa-mā zāġat bi-hi ʿan al-ḥaqq*] (pp. 52-70) ; Muḥammad ibn Abī al-Qāsim al-Muṣʿabī, *R. fī bayān iʿtiqādi-nā wa-al-radd ʿammā qaḍā-hu bi-hi al-muḫālif fī ḥaqqi-nā. Qāla ... li-baʿḍ al-muḫālifīn fī Madīnat al-Ǧazāʾir* (pp. 70-86) ; Yūsuf ibn Muḥammad al-Muṣʿabī, *Hāḏihi R. ... li-baʿḍ al-muḫālifīn fī ʿaqīdati-nā wa-mukāfaḥat al-wāšī wa-asʾila* (pp. 86-106) ; *Fihrist* (pp. 107-112). On al-Warǧlānī see R. STROTHMANN (2000), p. 183 and J. VAN ESS (1980), p. 15.

21) al-Ḥadramī, Abū Isḥāq Ibrāhīm ibn Qays (5th/11th c.) : *Muḫtaṣar al-ḫiṣāl*. Lith. Cairo : Bārūniyya, 15 *Šaʿbān* 1310/1893, (15, 231 p., 23x16 cm.). Muḥammad ibn Yūsuf al-Bārūnī and Sulaymān ibn Masʿūd al-Maǧdalī[1].

22) Iṭfayyiš, Muḥammad ibn Yūsuf (1820/1-1914) : *Ǧāmiʿ al-šaml fī ḥadīṯ ḫātim (ḫayr) al-rusul*. Lith., Cairo : al-Bārūniyya, 1304/1886-7, (436 p.)[2].

23) Id. : *K. al-Ǧāmiʿ li-al-waḍʿ wa-al-ḥāšiya*. Lith., Maġribī writing, *Šawwāl* 1306/1889, (5, 388 p., 25x17,5 cm.). Commissioned by Dāwud ibn Ibrāhīm ibn Dāwud ibn ʿAddūn ibn ʿAbd al-ʿAzīz al-Yasǧanī al-Wahbī. (Bārūniyya ?). At the beginning of the book (a librarian ?) has written : Imprimerie arabe[3].

24) Id. : *Ǧawāb li-ʿulamāʾ Makka*. Lith. in gold, (14 p., 14x9,5 cm.). [Commissioned by] Muḥammad ibn Yūsuf al-Bārūnī ; for sale from Sulaymān ibn Masʿūd al-Maǧdalī in Constantine.

25) Id. : *al-Ǧunna fī waṣf al-ǧanna*. Lith., Cairo : Bārūniyya, *Ṣafar* 1321/1903, (206, 2 p., 28x19,5 cm.). Care of Muḥammad ibn Yūsuf al-Bārūnī. (An afterword, dated 15 *Rab*. II, 1300/1883)[4].

26) Id. : *Šarḥ K. al-Nīl wa-šifāʾ al-ʿalīl*. Cairo : Bārūniyya, 1306/1888-9 (vols. 1-7). Vols. 8-10 edited by Abū Isḥāq Ibrāhīm Iṭfayyiš and printed at al-Maṭbaʿa al-Salafiyya in Cairo, 1343/1924-5[5].

---

1 ʿAbd Allāh AL-SĀLIMĪ (1968), p. 75 : he composed this work in a strange unprecedented way (which then is explained). A.K. BANG/K.S. VIKØR (1999), p. 9 : *Šarḥ Muḫtaṣar al-ḫiṣāl*, by ʿAlī ibn Muḥammad ibn ʿAlī al- Munḏirī. The author headed an Ibāḍī Imamate in Ḥadramawt and Yemen around the beginning of the 11th century.

2 Ph. SADGROVE (2001), p. 7 : Cairo 1882 and 1886-7. Ed. by Muḥammad ʿAbd al-Qādir ʿAṭāʾ, Beirut : Dār al-Kutub al-ʿIlmiyya, 1407/1987, 2 vols. in one, (384, 360 p., 24x17 cm.). Ed. Muscat : MNHC, 1404/1984, (434, 4 p.).

3 I have seen a copy : (388 p., 25x17,5 cm.), lith., completed *Ḏū al-ḥiǧǧa* 1304/1887, [Cairo] : Bārūniyya. P. CUPERLY (1972), p. 265 : Cairo : Bārūniyya, 1306/1888-9, (388 p.). J. SCHACHT (1956), p. 384 (nr. 30) : this is a compilation of *K. al-Waḍʿ fī al-furūʿ* by Abū Zakariyyāʾ al-Ǧanāwunī and the gloss to it by [Abū ʿAbd Allāh Muḥammad ibn ʿUmar ibn] Abī Sitta al-Qaṣbī [al-Nafūsī]. The remark in the copy of Leiden University might indicate that this book was printed at al-Maṭbaʿa al-ʿArabiyya in Algiers or Constantine.

4 Cairo : al-Maṭbaʿa al-Salafiyya, beginning *Ǧum*. II 1345/1926-7, (330 p., 24x15 cm.). 2nd ed. Commissioned by Sālim ibn Qāsim ibn Sulṭān al-Riyāmī from Zanzibar. ʿAbd Allāh AL-SĀLIMĪ (1968), p. 69 : a commentary on the *Qaṣīda* of Abū ʿAbd Allāh Muḥammad ibn Ibrāhīm ibn Sulaymān al-Kindī, known as *al-ʿAbīriyya fī waṣf al-ǧanna*. See on this work I. IṬFAYYIŠ (1925-31), III, nrs. 1-2, p. 109.

5 In May 1972 I noted down in the library of the mosque of Berriane (Mīzāb) : vol. 1, (719 p.), Muḥammad ibn Yūsuf al-Bārūnī ; vol. 2, (5, 815 p.) ; vol. 3, (639 p.), al-Maṭbaʿa al-Adabiyya (bi-Sūq al-Ḫuḍār al-Qadīm), Muḥammad ibn Yūsuf al-Bārūnī ; vol. 4, (3, 754 p.) ; vol. 5, (4, 734 p.) ; vol. 6, (4, 716 p.) ; vol. 7, (3, 652 p.) : a fire occurred in al-Maṭbaʿa al-Bārūniyya ; vol. 8, (5, 503, 1 p.), al-Maṭbaʿa al-Salafiyya, Sālim ibn Muḥammad ibn Sālim al-Ruwāḥī and Abū Isḥāq Ibrāhīm Iṭfayyiš, *taṣḥīḥ* Iṭfayyiš ; vol. 9, (525,3 p.), al-Maṭbaʿa al-Salafiyya, 1343/1924-5 (id.) ; vol. 10, (534, 10 p.), al-Maṭbaʿa al-Salafiyya, 1343/1924-5 (id.). The work was published in 17 vols. in Beirut by Dār al-Fatḥ in cooperation with Maktabat al-Iršād (Jeddah) and Dār al-Turāṯ al-ʿArabī (Libya) : *K. al-Nīl wa-šifāʾ al-ʿalīl, taʾlīf ...ʿAbd al-ʿAzīz al-Ṯamīnī al-mutawaffà sanat 1223 A.H. wa-Šarḥ K. al-Nīl wa-..., taʾlīf ... Muḥammad ibn Yūsuf Iṭfayyiš*, 1392-1393/1972-1973 (24, 479 ; 692 ; 468 ; 548 ; 416 ; 552,2 ; 536 ; 701 ;

27) Id. : *Tartīb K. al-Muʿallaqāt fī aḫbār ahl al-daʿwa*. Lith., Cairo : Bārūniyya, n.d[1].

28) Id. : *Tuḥfat al-ḥibb fī aṣl al-ṭibb*. Lith., 3 *Raǧab* 1304/1887, (4, 406 p., 24x16cm.). (Bārūniyya ?)[2].

29) Id. : *K. Uǧūr al-šuhūr ʿalà murūr al-duhūr*. Lith., Cairo : Bārūniyya, *Raǧab* 1310/1893, (48 p., 24,5x17 cm.)[3].

30) Id. : *(K. al-Ḥadīṯ al-musammà bi-) Wafāʾ al-ḍamāna bi-adāʾ al-amāna fī al-ḥadīṯ al-šarīf.* 3 vols. Cairo, 1306-1326 A.H. Vol. 1, Cairo : Bārūniyya, lith., 1306/1888-9, (5, 800 p.)[4].

31) al-Maḥrūqī, Darwīš ibn Ǧumʿa ibn ʿUmar [al-Maḥrūqī] al-Ādamī (11th/17th c.) : *K. al-Dalāʾil (fī al-lawāzim wa-al-wasāʾil)*. Cairo 1320/1902-3. (Bārūniyya ?)[5].

---

606 ; 662 ; 494 ; 447 ; 678 ; 807 ; 662 ; 639,1 ; 750 pp. ; 24x17 cm.). This edition was published again by Maktabat al-Iršād in Jeddah in 1985. According to Bakillī (ed. of Ṯamīnī's *K. al-Nīl*, vol. 1, Algiers 1387/1967, pp. 5-6), Ṣāliḥ ibn ʿUmar [ibn Dāwud] al-Yasǧanī (1871-1928) wrote marginal glosses to some parts of it (MS in his library). R. STROTHMANN (1927), p. 14.

1 A.K. ENNAMI (1970), p. 78 (note). T. LEWICKI (1961), pp. 132-133 : an arrangement of the anonymous *K. al-Muʿallaqāt*, a collection of stories on outstanding Ibāḍī-Wahbī personalities, mentioned in Barrādī's *Ǧawāhir* (p. 221). Of the original version we only know extracts cited by al-Šammāḫī in his *K. al-Siyar* (pp. 363, 490, 495, 521, 523, 537). These extracts concern the famous Ibāḍī sheikhs (especially from the Oued Righ and Ouargla) from the beginning of the 4th/10th to the middle of the 6th/12th centuries. In all probability the *Muʿallaqāt* was composed shortly after this date. Muḥammad ibn Yūsuf Iṭfayyiš wrote also *Taqrīrāt ʿalà K. al-Muʿallaqāt*, MS. A.K. ENNAMI (1970), pp. 77-78, says that *K. al-Alwāḥ. Taʾlīf ... Abū al-ʿAbbās Aḥmad ibn Muḥammad ibn Bakr al-Fursaṭāʾī* (MS) might be the same as *K. al-Muʿallaqāt*. Z. SMOGORZEWSKI (1928), p. 253 : ʿAbd al-ʿAzīz al-Ṯamīnī wrote a shortened version of *K. Abī Masʾala* and *K. al-Alwāḥ* of Abū al-ʿAbbās Aḥmad al-Nafūsī, entitled *K. al-Miṣbāḥ* (MS), on questions of inheritance. Another *K. al-Alwāḥ* is mentioned by M. GOUVION/E. GOUVION (1926), p. 318, with as author Abū al-ʿAbbās ibn Muḥammad al-Sayyāḥ al-Waǧlī, which, however, most probably is the same work as al-Nafūsī's.

2 Ph. SADGROVE (2001), p. 7 : Cairo 1886, reprinted in Algiers 1886-7. M.ʿA. DABBŪZ (1965), I, p. 318 : on traditional medicine.

3 P. CUPERLY (1972), p. 267 : lith. Algiers 1299/1881-2, (154 p.). J. SCHACHT (1956), p. 396 (nr. 128 b) : also printed in a collection that begins with *Muḫtaṣar al-Manāsik* by al-Ǧayṭālī, and in a collection that begins with *K. al-Ṣawm* by al-Ǧanāwunī.

4 In June 1972 I saw vol. 1 (lith., al-Bārūniyya, 1306/1888-9) in the Masǧid al-Hintātī (Sūq al-Liffa, in the Medina of Tunis), presented to the mosque in 1317/1899-1900 by Muḥammad ibn Yūsuf al-Bārūnī. Reprint in 6 vols. : [Muscat], MNHC, 1406/1986. For vols. 2 and 3 see Maṭbaʿat al-Azhār al-Bārūniyya. R. STROTHMANN (1927), pp. 13-14.

5 *GAL* S II, p. 893 : Cairo 1320/1902-3. G.R. SMITH (1978), p. 173 : Darwīš ibn Ǧumʿa ibn ʿUmar al-Maḥrūqī al-Azdī, *al-Dalāʾil ʿalà al-lawāzim wa-al-wasāʾil*. MS in MNHC, MSS known in North Africa. J. SCHACHT (1956), p. 386 (nr. 44), says the author flourished about 1300/1882-3. Wilkinson adds : "he was a prominent judge of Yaʿāriba times, i.e. 1624-mid-18th century. The British Library has a MS of the *Dalāʾil*, Or. 2085, though this contains only the first 19 *Bābs*".

32) al-Malūšā'ī al-Nafūsī, Abū Naṣr Fatḥ ibn Nūḥ (7th/13th c.) : *al-Qaṣīda al-nūniyya*. At the beginning of *Šarḥ ʿalà al-Qaṣīda al-nūniyya al-musammà bi-al-Nūr by ʿAbd al-ʿAzīz ibn Ibrāhīm al-Muṣʿabī*. Lith., Cairo : Bārūniyya, 1306/1889, (536, 16 p., 24x15 cm.)[1].

33) al-Miṣrī, Muṣṭafà ibn Ismāʿīl : *al-Hadiyya al-ūlà al-islāmiyya li-al-mulūk wa-al-umarā' fī al-dā' wa-al-dawā'*. Cairo : al-Maṭbaʿa al-Bārūniyya (bi-al-Ğūdariyya), n.d., (4, 200, 3 p., 23,5x16 cm.). Not a lith[2].

34) Muḥammad ibn al-Ḥāğğ al-Kabīr : *Durrat al-anwār fī taḥqīq ṣanā'iʿ al-abrār*. Lith., Cairo : Bārūniyya, *Ḏū al-ḥiğğa* 1304/1887, (8, 271 p., 24x15,5 cm.).

35) al-Munḏirī, ʿAlī ibn Muḥammad ibn ʿAlī ibn Muḥammad (1866-1925) : *R. al-Ṣirāṭ al-mustaqīm*. Lith., 9 *Ğum.* I 1317/1899, (32 p., 19,5x14 cm.). (Bārūniyya ?)[3].

36) al-Muṣʿabī, ʿAbd al-ʿAzīz ibn Ibrāhīm : see al-Malūšā'ī.

37) Id. : *Šarḥ al-Manẓūma al-rā'iyya al-musammāt bi-al-Asrār al-nūrāniyya*. Lith., Cairo : Bārūniyya, 1306/1888-9, (460 p., 24x15,5 cm.)[4].

38) Id. : *K. al-Nīl wa-šifā' al-ʿalīl*. 2 vols. in one. Lith., Cairo : Bārūniyya (bi-Šāriʿ Ṭālūn). Vol. 1 : 7 *Šaʿbān* 1305/1888, (8, 367 p.) ; vol. 2 : 12 *Šaʿbān* 1305/1888, (8, 456 p., 22x14 cm.)[5].

---

1 The author of the commentary is the same as ʿAbd al-ʿAzīz ibn Ibrāhīm al-Ṯamīnī (1717-1808). The commentary is also called *al-Asrār al-nūrāniyya ʿalà al-manẓūma al-nūniyya*. It seems to be an adaptation by al-Muṣʿabī of the commentary of al-Badr al-Tilātī (ʿUmar ibn Ramaḍān al-Tilātī), entitled *al-La'ālī al-maymūniyya ʿalà al-manẓūma al-nūniyya*, on Malūšā'ī's *al-Manẓūma al-nūniyya*. Z. SMOGORZEWSKI (1928), p. 254 : on the principal dogmas of faith. Contains a refutation of the arguments of the supporters of the creation of the Koran. Ph. SADGROVE (2001), p. 5, mentions also an ed. of 1880 (Bārūniyya ?). M. QŪĞA (1998), pp. 80 (note) and 155 : *al-Qaṣīda al-nūniyya*. Lith., Cairo : Bārūniyya, 1304/1886-7, 181 *Bayt*s. Idem : *al-Qaṣīda al-ḥā'iyya, taḥrīḍ al-ṭalaba*. Lith., Cairo : Bārūniyya, 1304/1886-7, 99 *Bayt*s. *Šarḥ al-Qaṣīda al-nūniyya li-al-Šayḫ Abī Naṣr Fatḥ ibn Nūḥ al-Malūšā'ī min ʿulamā' al-ibāḍiyya (al-qarn al-sābiʿ al-hiğrī)*. Ta'līf ʿAbd al-ʿAzīz al-Ṯamīnī. Re-edited by Bāfalḥ Būyūb ibn Bāḥmad. Ghardaïa : al-Maṭbaʿa al-ʿArabiyya, 1981, (25, 535 p., 24 cm.). J. SCHACHT (1956), p. 391 (nr. 82) : printed after *K. al-Daʿā'im* of [Abū Bakr Aḥmad] Ibn al-Naẓar [ibn Sulaymān al-Samaw'ilī] al-ʿUmānī, Cairo 1351/1932. See Anonymous : a collection of didactical *Qaṣīdas*. See M.M. MORENO (1949).

2 P. 197 : finished 4 *Ğum.* I 1311/13 nov. 1893 ; p. 137 : a letter dated 1903.

3 See p. 129, notes 2 and 3.

4 See al-Ṯamīnī, ʿAbd al-ʿAzīz ibn Ibrāhīm al-Muṣʿabī, *al-Asrār al-nūrāniyya ʿalà al-manẓūma al-rā'iyya*. Ph. SADGROVE (2001), p. 6, mentions also an ed. of 1886-7 (Bārūniyya ?). Bakillī, ed. of AL-ṮAMĪNĪ (1967-9), I, p. 16 : abridged from the commentary of ʿAmr al-Tilātī on *al-Manẓūma al-rā'iyya*. M.ʿA. DABBŪZ (1965), I, p. 274 : a commentary on *al-Manẓūma al-rā'iyya* of Ibn al-Naẓar. Lithographed in Cairo. Z. SMOGORZEWSKI (1928), p. 254 : Cairo 1306/1888-9, 1 vol., 460 p. On prayer and accompanying rites. An abridged commentary on *al-Azhār al-riyāḍiyya ʿalà al-manẓūma al-rā'iyya* by ʿUmar ibn Ramaḍān al-Tilātī, which is a commentary on *al-Manẓūma al-rā'iyya* of [al-Malūšā'ī], Abū Naṣr Fatḥ ibn Nūḥ.

5 Edited and published by ʿAbd al-Raḥmān ibn ʿUmar Bakillī in Algiers : al-Maṭbaʿa al-ʿArabiyya li-Dār al-Fikr al-Islāmī, vol. 1, 1387/1967, 2nd ed., (310 p.) ; vol. 2, 1388/1968, 2nd ed., (pp. 319-685) ; vol. 3, 1389/1969, 2nd ed., (pp. 693-1121) ; (25x17 cm.). Bakillī gives a

39) al-Qaṣbī al-Nafūsī, Abū ʿAbd Allāh Muḥammad ibn ʿUmar ibn Abī Sitta (1613/4-March 1677) : *Ḥāšiya ʿalà K. al-Waḍʿ* [by al-Ǧanāwunī]. Cairo : Bārūniyya, 1305/1887-8. (691 p.). Also an ed., lith., Cairo 1303/1886, in the margin of Ǧanāwunī's *K. al-Waḍʿ*[1].

40) Id. : *Ǧawābāt*. Lith. Cairo 1315/1897-8[2].

41) Id. : *Maǧmūʿat fatāwà*. Lith., Cairo : Bārūniyya, 1315/1897-8.

42) Rabīʿ ibn Ḥabīb ibn ʿAmr al-Azdī al-Farāhīdī al-Baṣrī al-Ibāḍī (d. 170/786 or 175/791) : *al-Musnad* or *al-Ǧāmiʿ al-ṣaḥīḥ*. Vols. 1 and 2, Cairo, 1306/1888-9, (453, 10 ; 400 p.). In the arrangement of al-Warǧlānī ? (Bārūniyya ?)[3].

43) al-Sālimī, Muḥammad ibn Šayḫān [ibn Ḫalfān ibn Mānīʿ ibn Ḫalfān ibn Ḫamīs] (d. 1927-8) : *Dīwān [Muḥammad] Ibn Šayḫān al-Sālimī*. Lith., Cairo, c. 1310/1892. (Bārūniyya ?)[4].

44) al-Šammāḫī, Abū al-ʿAbbās Aḥmad ibn Saʿīd ibn ʿAbd al-Wāḥid (d. March 1522) : *K. al-Siyar*. Lith., [Cairo 1301/1883-4], (16, 600 p., 22x15 cm.). At the end : *min ḫaṭṭ ʿammi-nā ʿUmar al-Warrānī, min ḫaṭṭ ʿammi-nā Muḥammad ibn Zakariyyā' al-Bārūnī ... ʿalà ḏimmat ...*

---

detailed description of the sources of *K. al-Nīl*. A. de C. MOTYLINSKI/T. LEWICKI (1960c) : a treatise, conceived on the plan of the *Muḫtaṣar* of Ḫalīl, but less concise in style. It is a complete exposition of Ibāḍī legislation, put together from the most authoritative works of Ibāḍī scholarship in Oman, Ǧabal Nafūsa, Jerba and the Mīzāb, all of which can be identified without difficulty. It was on this work that Zeys drew for his studies on this subject. J. SCHACHT (1956), p. 386 (nr. 42) : printed edition of *K. al-Ǧanā'iz* in a collection beginning with *ʿAqīdat al-tawḥīd* of ʿUmar ibn Ǧamīʿ. Ibn Idrīsū, Muḥammad ibn Sulaymān (d. 1298/1880-1), *Tartīb matn K. al-Nīl*. Iṭfayyiš, *Šarḥ K. al-Nīl wa-šifā' al-ʿalīl*. Al-Mīzābī, Muḥammad ibn Sulaymān ibn Ṣāliḥ, *Naẓm al-Nīl*. Al-Ṯamīnī, ʿAbd al-ʿAzīz ibn Ibrāhīm, *al-Takmīl li-baʿḍ mā aḫalla bi-hi K. al-Nīl* (ed. Muḥammad ibn Ṣāliḥ al-Ṯamīnī. Tunis : Maṭbaʿat al-ʿArab, 1344/1925-6, 264 p., 25x17 cm.), and his *al-Ward al-bassām fī riyāḍ al-aḥkām* (ed. Muḥammad ibn Ṣāliḥ al-Ṯamīnī. Tunis : al-Maṭbaʿa al-Tūnisiyya, 1345/1927, 4, 321, 16 p., commissioned by Yūsuf ibn Yaḥyà al-Ṯamīnī ; repr. Muscat : MNHC, 1985) are supplements to *K. al-Nīl*. Al-Yasqanī, Ṣāliḥ ibn ʿUmar ibn Dāwud (1287-1347/1871-1928) wrote a gloss. R. STROTHMANN (1927), p. 14. See Y. BAKKŪŠ (1981) ; E. FRANCESCA (1987) ; Ṣ. AL-ĠARDĀWĪ (n.d.) ; J. HUGUET (1903) ; F. HUREAUX (1882) ; A. IMBERT (1903) ; M. MERCIER (1927) ; R. RUBINACCI (1957) ; Z. SMOGORZEWSKI (1928) ; E. ZEYS (1886) ; Idem (1887) ; Idem (1891) ; Idem (1895).

1 E. FRANCESCA (1987), p. 2 (note 8). See p. 136, note 1 on this author.

2 ʿA.Ḥ. AL-NĀMĪ (2001), p. 310. Ph. SADGROVE (2001), p. 6 : 1897-8 (Bārūniyya ?). Cf. *Maǧmūʿat fatāwà*.

3 See al-Warǧlānī. On al-Rabīʿ ibn Ḥabīb, see T. LEWICKI (1971a), p. 651 ; *EI*[2] VII, p. 663 ; *op. cit.*, VIII, p. 836 ; J. VAN ESS (1976), p. 32 ff.

4 *GAL* S II, p. 823 : c. 1310/1892. Cairo, lith., n.d. In praise of his Ibāḍī sheikhs with poems of his students in appendix. Ed. by Muḥammad ibn ʿAbd Allāh al-Sālimī ; revised by ʿAbd al-Sattār Abū Ǧawda (Ǧūda ?). Amman : Šarikat al-Maṭābiʿ al-Namūḏağiyya, 1979, (428 p.). M.S.N. AL-WUHAYBĪ (1978), p. 5 : publ. or being publ. by MNHC. On the author, see M. AL-SĀLIMĪ (n. d.), pp. 392-7 ; J.C. WILKINSON (1987), pp. 254, 356 (n. 8) (= al-Sālimī, *Nahḍa*).

Muḥammad ibn Yūsuf al-Bārūnī wa-šurakā'i-hi ... fal yaṭlub-hu min šarīki-hi al-ḥāǧǧ Sulaymān ibn Masᶜūd al-Nafūsī bi-Qusanṭīna bi-al-Ǧazā'ir[1].

45) al-Šammāḫī, Abū Sākin ᶜĀmir ibn ᶜAlī (d. 792/1389-90) : *K. al-Īḍāḥ*. Lith., Cairo : Bārūniyya, 1304-1309/1886-1892, 4 vols. Vol. 1 with annotations by Abū Muḥammad ᶜAbd Allāh ibn Saᶜīd al-Sidwīkišī, (611 p., 22,5x16 cm.) ; vol. 2 with annotations of Abū ᶜAbd Allāh Muḥammad ibn ᶜUmar ibn Abī Sitta al-Qaṣbī al-Nafūsī ; vol. 3 with annotations of id., (580, 4 p., 22,5x16 cm.) ; vol. 4, (131 p. +*fihris*, 22,5x16 cm.)[2].

46) Id. : *Uṣūl al-diyānāt*. Lith., (4, 180 p.), Muḥammad ibn Yūsuf ibn ᶜĪsà al-Bārūnī[3].

---

1 At the beginning 16 pp. : *Hāḏihi Fihrist K. al-Siyar*. Page 577 : copied from a copy that was copied from a copy in the handwriting of the author. Pp. 578-584 : *Hāḏihi Nasabat dīn al-muslimīn wāḥid ᶜan wāḥid, ṯiqa ᶜan ṯiqa, min zamāni-nā ilà nabiyyi-nā Muḥammad* by Muḥammad al-Bārūnī. Pp. 584-587 : a *Qaṣīda* in 72 *bayt*s, dated 1301/1883-4. Pp. 588-598 : *Ḏikr asmā' baᶜḍ šuyūḫ al-wahbiyya*. Pp. 598-600 : *Tasmiyat mašāhid al-ǧabal*. A very important work, cited by many Ibāḍī authors and modern researchers. Al-Šammāḫī mentions most of his sources. T. LEWICKI (1934b), pp. 66-67 : already around 1860 H. Duveyrier brought a copy of *K. al-Siyar*, made in the Ǧabal Nafūsa, to Europe. Not much later, Masqueray acquired another copy. He translated partially the first chapters of it, on the Ibāḍiyya in the East, in appendix to his *Chronique d'Abou Zakaria* (Algiers 1878, pp. 325-390). In 1884 an edition was published thanks to Sulaymān ibn Masᶜūd al-Nafūsī, who had the work copied in Cairo in 1301/1883-4. This edition begins with a table of contents of 16 pages. A. de C. MOTYLINSKI (1885), pp. 48-65, translated this table of contents, and in this same article Motylinski gave an index of names of places and tribes. See T. LEWICKI (1934b), 66 ff. and Idem (1961), pp. 19-20, for a detailed account of the contents of this work and its sources. Ed. Muḥammad Ḥasan. *K. al-Siyar. Al-Ǧuz' al-ḫāṣṣ bi-tarāǧim ᶜulamā' al-Maġrib ilà nihāyat al-qarn al-ḫāmis h./XI m.* Tunis : Kulliyat al-ᶜUlūm al-Insāniyya wa-al-Iǧtimāᶜiyya, 1995, (466 p., 24x15,5 cm.). With notes and indexes, and an introduction on al-Šammāḫī, his *K. al-Siyar*, and MSS of the work. ISBN 9973-922-36-0. Ed. Aḥmad ibn Saᶜīd al-Siyābī. [Muscat] : MNHC, 1407/1987, in 2 vols. Second printing 1992. Al-Mazātī, Abū Yaᶜqūb Yūsuf, *Aǧwibat Ibn Ḫaldūn*, ed. ᶜAmr Ḫalīfa al-Nāmī, p. 17 (note) : Benghasi, 25 *Rab.* I 1392/9 May 1972. See R. BASSET (1899). On the author see M. BEN CHENEB (1997) ; R. STROTHMANN (1927), p. 13.

2 *K. al-Īḍāḥ fī al-buyūᶜ*. Lith. Ed. Muḥammad ibn Yūsuf ibn ᶜĪsà ibn Abī al-Qāsim al-Bārūnī, for sale from Sulaymān ibn Masᶜūd al-Maǧdalī, (8, 367 p., 22,5x16 cm.). Re-issue Nālūt : Dār al-Daᶜwa, 1390-91/1970-71, printed in Beirut, 4 vols., (5, 778 ; 639 ; 630 ; 582 pp. ; 24x17 cm.). At the end of vol. 4 of this re-issue : *ašrafa ᶜalà taṣḥīḥ wa-ṭabᶜ K. al-Īḍāḥ bi-aǧzā'i-hi al-arbaᶜa* : Dār al-Fatḥ [Beirut]. Vol. 1 with gloss by Abū Muḥammad ᶜAbd Allāh ibn Saᶜīd al-Sidwīkišī. Vols. 3 and 4 with marginal glosses by Muḥammad ibn ᶜUmar ibn Abī Sitta al-Qaṣbī al-Nafūsī. In the introduction to vol. 1 it is mentioned that the work was earlier issued by al-Maṭbaᶜa al-Bārūniyya in Cairo. Introductions to vols. 1 and 2 by ᶜAlī Ṣāliḥ al-Šāwuš. Owner of Dār al-Daᶜwa was ᶜAlī Yaḥyà Muᶜammar. In 1973 Dār al-Daᶜwa was closed by the Libyan government. F.ᶜU. FAWZĪ (1997), p. 98 : Dār al-Fatḥ [Beirut], 1974. M. MERCIER (1927), pp. 147-149 : translation of chapter 4, on *ḥubus/waqf*. See E. FRANCESCA (1987) ; R. RUBINACCI (1957). On the author, see BĀBĀᶜAMMĪ (2000), II, 240-241 ; M. BEN CHENEB (1997), pp. 289-290.

3 Seen in Maktabat Bālḥāǧǧ, Guerrara, May 1972. In a collection : *Šarḥ al-ᶜAqīda* ; *al-Diyānāt wa-šurūḥu-hā* ; *al-Ṣawm wa-al-manāsik wa-al-duᶜā' wa-al-niyyāt li-al-ᶜibādāt* (*cf.* below, SCHACHT (1956)). See Anonymous, a collection, *K. al-Daᶜā'im* ; Anonymous, a collection

47) al-Sidwīkišī, Abū Muḥammad ʿAbd Allāh ibn Saʿīd (d. 1658) : *Maǧmūʿa min al-fatāwà*. Cairo : Bārūniyya, 1315/1897-8[1].

48) al-Tandammīrtī, ʿAmr ibn ʿĪsà (d. 1903) : *Dīwān al-Šayḫ ʿAmr al-Tandammīrtī*. Cairo : Bārūniyya[2].

49) al-Ṯamīnī, ʿAbd al-ʿAzīz ibn Ibrāhīm al-Musʿabī (1717/8-1808) : *al-Asrār al-nūrāniyya ʿalà al-manẓūma al-rā'iyya*. Cairo : Bārūniyya, 1306/1888-9, (12, 470 p. ; 23,5x15,5 cm.)[3].

50) Id. : *K. al-Nīl wa-šifā' al-ʿalīl*. See al-Musʿabī.

51) Id. : *Šarḥ ʿalà al-Qaṣīda al-nūniyya al-musammà bi-al-Nūr*. See al-Musʿabī.

52) Wālḥāǧǧ, Ḥammū (1635-1716) : *Ǧawāb ʿalà ahl Mazūna maʿa maǧmūʿa min al-rasā'il li-ġayri-hi*. Cairo : Bārūniyya[4].

53) al-Warǧlānī, Abū Yaʿqūb Yūsuf ibn Ibrāhīm ibn Mayyād al-Sadrātī (d. 570/1174-5) : *K. al-Dalīl li-ahl al-ʿuqūl li-bāġī al-sabīl bi-nūr al-dalīl li-taḥqīq maḏhab al-ḥaqq bi-al-burhān wa-al-ṣidq*. Cairo : Bārūniyya (bi-Ṭālūn bi-Miṣr), 1306/1888-9. Lith., 3 parts in 1, (72, 111, 255 p. ; 23x16 cm)[5].

---

of didactical *Qaṣīdas* ; al-Bārūnī, Muḥammad ibn Yūsuf ibn ʿĪsà, a collection of 5 works ; R. RUBINACCI (1957), p. 6 (note 5) : *Uṣūl al-diyānāt*, mentioned in *GAL* S II, p. 349, is actually *K. al-Īḍāḥ*. J. SCHACHT (1956), p. 392 (nr. 86) : printed in a collection beginning with *ʿAqīdat al-tawḥīd* by [Abū Ḥafs] ʿUmar ibn Ǧamīʿ ; there is a commentary of [Abū Muḥammad] ʿAbd Allāh ibn Saʿīd al-Sidwīkišī. P. CUPERLY (1984), pp. 331-337 : *Uṣūl al-diyānāt* or *Matn al-diyānāt*. Text and translation. Text of *Uṣūl al-diyānāt* also in Abū Sulaymān Dāwud ibn Ibrāhīm [al-Ǧarbī], *K. al-ʿAqīda al-mubāraka wa-šurūḥu-hā*, Cairo : Maṭbaʿat al-Faǧǧāla al-Ǧadīda, presented by Muḥammad Ḫalīfa Māḍī, pp. 43-45 (*op. cit.*, p. 334). A.K. ENNAMI (1971), I, 255 ff. : translation.

1 On the author, see BĀBĀʿAMMĪ (2000), II, pp. 268-269.

2 M.ʿA. DABBŪZ (1965), I, p. 401 : printed in Cairo, al-Maṭbaʿa al-Bārūniyya. Dabbūz gives the name as ʿUmar. See ʿAbd Allāh AL-BĀRŪNĪ (n.d.). Is this perhaps *al-Qalā'id al-durriyya tašfīʿ al-qaṣā'id al-ʿarūsiyya fī madḥ ḫayr al-bariyya*. Cairo : Maṭbaʿat al-Islām (beginning Š. al-Dawāwīn), 13 *Ǧum*. I 1324/1906. Commissioned by al-Madrasa al-Bārūniyya in the Ǧabal Nafūsa ? Of this latter work ABŪ AL-YAQẒĀN (1956), I, p. 83, says that is was printed at Maṭbaʿat al-Azhār al-Bārūniyya. On the author, see BĀBĀʿAMMĪ (2000), II, pp. 309-310.

3 See al-Musʿabī. M.ʿA. DABBŪZ (1965), I, p. 274 : was used in secondary education in Mīzāb. A commentary on *al-Manẓūma al-rā'iyya* of Ibn al-Naẓar. Lithographed in Cairo. Z. SMOGORZEWSKI (1928), p. 254 : Cairo 1306/1888-9, 1 vol., (460 p.). On prayer and accompanying rites. An abridged commentary on *al-Azhār al-riyāḍiyya ʿalà al-manẓūma al-rā'iyya* by ʿUmar ibn Ramaḍān al-Tilātī, which is a commentary on *al-Manẓūma al-rā'iyya* of [al-Malūšā'ī,] Abū Naṣr Fatḥ ibn Nūḥ. Ph. SADGROVE (2001), p. 6, mentions also an ed. of 1886-7 (Bārūniyya ?). R. STROTHMANN (1927), p. 16.

4 BĀBĀʿAMMĪ (2000), I, p. 324 ; *op. cit.*, II, pp. 362-363 : Muḥammad ibn al-Ḥāǧǧ Abī al-Qāsim ibn Yaḥyà ibn Abī al-Qāsim al-Ġardāwī al-Musʿabī, known as Ḥammū Wālḥāǧǧ. Wālḥāǧǧ means Ibn al-Ḥāǧǧ.

5 Yūsuf ibn Ibrāhīm al-Warǧlānī, *K. al-Dalīl wa-al-burhān*. Ed. Sālim ibn Ḥamad al-Ḥāriṯī. Muscat : MNHC, 1983, 2 vols., (25 cm.). Second impr. 1997. Vol. 1 contains parts 1 and 2, vol. 2 contains part 3. J.C. WILKINSON (1990), p. 38 : in this work the author presents his ideas on the general development of Ibāḍism. See I.S. ALLOUCHE (1936), pp. 36-54 and 54-72 ; Y. HUWAYDÀ (1965), pp. 58-67 ; ʿAbd al-R. ǦAYLĀLĪ (1977) ; M.M. MORENO

54) Id. : *al-Ǧuz' al-awwal min al-Ṣaḥīḥ fī ḥadīṯ rasūl Allāh, riwāyat al-Rabīʿ ibn Ḥabīb ʿan Abī ʿUbayda Muslim ibn Abī Karīma al-Tamīmī. Tartīb Abī Yaʿqūb Yūsuf ibn Ibrāhīm ibn Mayyād al-Warǧlānī, wa-yalī-hā K. al-Ṭahārāt min dīwān mašāyiḫ Ǧabal Nafūsa*. Lith., 1315/1897-8, (4, 194 p., 24x16 cm.). (Bārūniyya ?)[1].

55) al-Yasqanī, Abū ʿAbd Allāh Muḥammad ibn Sulaymān al-Mīzābī (d. 1896 or 1888) : *Hāḏihi Qaṣīdat ṭahārāt K. al-Dīwān li-Abī ʿAbd Allāh Muḥammad ibn Sulaymān al-Mīzābī al-Yazqanī wa-maʿa-hā ayḍ^{an} baʿḍ al-qaṣā'id wa-al-ağwiba li-baʿḍ al-mašāyiḫ*, n.pl. Lith., 22 *Ḏū al-ḥiğğa* 1315/1898, (80 p., 20x14 cm.), *ʿalà yad ʿAbd Allāh al-Bārūnī*. (Bārūniyya ?)[2].

56) Zāyid, Ḥusayn : *K. fī ḥisābāt al-kawākib*. Cairo : Bārūniyya, *Šawwāl* 1304/1887, (91 p., 24x15,5 cm.). (Probably not an Ibāḍī author).

Maṭbaʿat al-Azhār al-Bārūniyya

Sulaymān al-Bārūnī[3] was born in 1870 (Z. AL-BĀRŪNĪ (1973) : 1873) in Ǧādū, district of Fassāṭū, in the Ǧabal Nafūsa, as son of the much respected Ibāḍī scholar ʿAbd Allāh ibn Yaḥyà ibn Aḥmad al-Bārūnī. At the age of seventeen he went to Tunis to study at the Zaytūna mosque. From 1892-1895 he studied in Cairo at the Azhar University, and after that he studied for about three years with the *Quṭb al-a'imma* Muḥammad ibn Yūsuf Iṭfayyiš in Mīzāb. While in Cairo, Sulaymān lived in a group of Ibāḍīs and was supported especially by two Jerbans, ʿUmar al-ʿAwāmm[4] and Ramaḍān ibn Yaḥyà al-Laynī[5].

(1949). On the author, see BĀBĀʿAMMĪ (2000), II, pp. 481-483 ; T. LEWICKI (1961), pp. 89-90 ; R. STROTHMANN (1927), p. 15.

1 Pp. 1-177 *Tartīb* ; 178-194 *Ṭahārāt* of Saʿīd ibn Aḥmad ibn Yaḥyà al-Bārūnī al-Nafūsī al-Ǧāduwī. See also Maṭbaʿat al-Azhār al-Bārūniyya, al-Sālimī ; and Abū Isḥāq Ibrāhīm Iṭfayyiš, al-Rabīʿ ibn Ḥabīb.

2 On the author, see BĀBĀʿAMMĪ (2000), II, p. 379. Contains : pp. 1-45 (Yasqanī's *Qaṣīda* is based on *K. al-Ṭahārāt* from *Dīwān al-ašyāḫ*) ; 45-48 : *Qaṣīda li-ʿAmr al-Ṯulāṯī al-Ǧarbī fī madḥ al-maḏhab wa-ahli-hā* ; 48-50 : *Qaṣīda*, 1315/1897-8 ; 50-52 : introduction ? ; 53-60 : answer by Abū al-Qāsim al-Barrādī ; 60-66 : answer by Abū Sahl al-Lālūtī ; 66-72 : question and answer of our uncle Yūsuf ibn ʿAmr al-Bārūnī. Question by Muḥammad ibn Yūsuf al-Muṣʿabī, 5 *Ǧum.* II 1196/1782 ; 72-75 : on *al-ṣadaqa* by ʿĪsà ibn Yaddar ibn Ibrāhīm al-Hawwārī ; 76-80 : *Ḏikr masā'il bayna-nā wa-bayna al- ?*.

3 See ABŪ AL-YAQẒĀN (1956) ; Abū al-Q. AL-BĀRŪNĪ (1948) ; S. AL-BĀRŪNĪ (1908) ; Z. AL-BĀRŪNĪ (1964) ; Idem (1973) ; S. BENDRISSOU (2000), III, pp. 15-20 ; F. CORÒ (1938) ; M. CUSTERS (1972) ; A.Ṣ. DAĞĞĀNĪ/ʿA. al-S. ADHAM (1974), pp. 156-158 ; P. GRANDCHAMP (1966) ; M. GAMOUDI (1983) ; M.M. ĞIBRĀN (1982); Idem (1992) ; J.E. PETERSON (1987) ; M. AL-SĀLIMĪ (n.d.), pp. 279-384 ; P. SHINAR (1961), p. 112 ff. ; L. VECCIA VAGLIERI (1960).

4 S. AL-BĀRŪNĪ (1908), p. 89 : a poem on the occasion of his marriage.

5 Communication of Abū al-Yaqẓān Ibrāhīm, Guerrara, May 1972.

On his return to Tripolitania in 1899, Sulaymān was arrested by the Ottoman authorities on the charge of subversive intentions aiming at the establishment of an Ibāḍī Imamate in the Ǧabal Nafūsa[1]. He was released on bail after two and a half months, but in April 1901 he was arrested again and convicted to five years imprisonment. In 1902 he was granted amnesty, but he remained under severe control of the authorities.

In 1906 Sulaymān succeeded in obtaining an exit permit and he travelled to Cairo. Here he revealed himself to be an ardent pan-islamist, despite his bad experience with the Ottoman authorities. It seems he was even nicknamed *Šāʿir al-ḫilāfa*[2]. He founded, together with his two brothers Aḥmad and Yaḥyà, who had travelled with him to Cairo, a printing press, Maṭbaʿat al-Azhār al-Bārūniyya (beginning of Šāriʿ al-Ḥabbāniyya, Šāriʿ Muḥammad ʿAlī nr. 36 ; the present Šāriʿ al-Qalʿa), which published several Ibāḍī works. He also published a short-lived newspaper, called *al-Asad al-islāmī*. The first issue appeared 12 August 1907 and the last one, nr. 3, in April 1908.

During the remaining period of his eventful life we see Sulaymān al-Bārūnī elected representative of the Ǧabal Nafūsa in the Turkish parliament (1908), we see him as the principal leader of resistance forces in Tripolitania after the Italian invasion (1911-1913), we see him appointed Senator, with the title *bāšā*, in Istanbul (1913). After the outbreak of World War I, he was arrested in Egypt during an unsuccessful attempt to persuade the Sanūsīs in Cyrenaica to attack the English in Egypt. In 1916 he came back to Tripolitania, from Istanbul, as governor, in the company of Turkish military experts. After the defeat of the Tripolitanian forces the following year, in November 1918 the Tripolitanian Republic was established under the protection of Italy and Bārūnī was elected in the Council that headed the republic. In 1921, however, he again had to leave Tripolitania. In 1924 we find him in Muscat, at the invitation of Sultan Taymūr ibn Fayṣal, and after that he spent some time with the Imam Muḥammad ibn ʿAbd Allāh al-Ḫalīlī in the interior of Oman. Afterwards he landed in Baghdad, and in 1938 he became advisor to Sultan Saʿīd ibn Taymūr in Muscat. He died of illness while for treatment in Bombay in 1940.

In an article in the first issue of *al-Asad al-islāmī*, entitled *Pan-Islam, Europe and the Maḏāhib in Islam*, Sulaymān al-Bārūnī expressed his ideas on the situation of the Muslim world[3]. Ideas which were not at all uncommon at the time,

---

1 The Ottoman document of accusation is in the National Archives in Tripoli. An Arabic translation in A.Ṣ. DAĞĞĀNĪ/ʿA. al-S. ADHAM (1974), pp. 156-158.

2 M. ʿAFĪFĪ (1969), p. 223. Several eulogies on the Sultan in Sulaymān's *Dīwān*. Sulaymān's opinion on the Sultan in Istanbul was not without criticism, but he blamed his shortcomings on the wicked men around him.

3 M. CUSTERS (1972), pp. 35-39. Text also in Z. AL-BĀRŪNĪ (1964), I, pp. 22-28. Apart from the publications mentioned below, Sulaymān al-Bārūnī wrote articles in several journals and newspapers.

also among his co-religionists, however, Bārūnī in this article took a standpoint that was much closer to the general Islamic world than to the particular position of Ibāḍism. He pointed at the growing consciousness in the Islamic world of weakness towards the European invaders because of discord between the different factions (*maḏāhib* etc.). To counter Europe the Muslims looked at the Caliph (ʿAbd al-Ḥamīd) to unite them. However, most leaders in the Islamic countries were too eager for personal power, and in the field of religion every *maḏhab*, sect or mystical brotherhood claimed the one and only truth. In such a situation united action against the European Powers was impossible. A couple of months after this article was published, Sulaymān sent a list with questions to Muslim personalities asking what could be done to unite the Muslims[1]. Apparently without much effect.

His whole life through Sulaymān remained in close contact with his co-religionists the Ibāḍīs ; he revealed himself as an ardent pan-islamist, a staunch Muslim nationalist and an enemy of imperialism. His mingling of Ibāḍī with anti-imperialist and general Islamic sentiment stems from the contemporary involvement of Ibāḍism with the colonial Powers : the French in Mīzāb, the Italians in Tripolitania, and the British in Oman. In this he was very close to Abū Isḥāq Ibrāhīm Iṭfayyiš in Cairo[2].

Works printed at Maṭbaʿat al-Azhār al-Bārūnīyya

1) Abū Ġānim [Bišr ibn Ġānim] al-Ḫurāsānī (end 2nd/8th c. - beginning 3rd/9th c.) : *al-Mudawwana* (?)[3].

2) al-Bārūnī, Sulaymān [ibn ʿAbd Allāh] : *al-Asad al-islāmī*[4].

3) Id. : *K. al-Azhār al-riyāḍiyya fī a'imma wa-mulūk al-ibāḍiyya*. [Cairo] : Maṭbaʿat al-Azhār al-Bārūniyya, [1325/1907-8 ?]. 2nd part, the only one printed, (311 p., 24x16 cm.)[5].

---

1 See *op. cit.*, I, pp. 19-21. See also ABŪ AL-YAQẒĀN (1956), II, pp. 145-147 and M. AL-SĀLIMĪ (n.d.), pp. 103-104.

2 P. SHINAR (1961), p. 112 ff.

3 In *al-Asad al-islāmī*, nr. 3, p. 4, Bārūnī says that he intends to publish this work, but he has only the disposal of one MS and asks readers for other copies. Most probably never printed at his printing press. On the author : T. LEWICKI (1960).

4 A periodical. Year 1, nr. 1 (3 *Raǧab* 1325/12 Aug. 1907). Cairo : [Maṭbaʿat al-Azhār al-Bārūniyya], (al-Ḥabbāniyya bi-Š. Muḥammad ʿAlī), (c. 54x37 cm.), 4 p. Year 1, nr. 2 (13 *Rab.* I 1326/14 April 1908). Cairo : [Maṭbaʿat al-Azhār al-Bārūniyya], (al-Ḥabbāniyya, Š. Muḥammad ʿAlī 36), 5 p. Year 1, nr. 3 (22 *Rab.* I 1326/ 23 April 1908). Cairo : id., 4 p. Some articles reprinted in Z. AL-BĀRŪNĪ (1964), pp. 10-57.

5 On the state of the Rustamids, G. CRUPI LA ROSA (1953), p. 126 (note) : printed in Cairo, 1304/1886-7 (*sic*), with in appendix *Risālat sullam al-ʿāmma*, of ʿAbd Allāh ibn Yaḥyà al-Bārūnī. F. AL-ĞAʿBĪRĪ (1975), p. 343 : Lith., Cairo, n.d. In the copy in the library of the Pères Blancs, Ghardaïa, an annotation of Père David : vol. 1 has been confiscated by the Turks. However, in his *Dīwān* (1st suppl., note 2) Sulaymān wrote : *wa-al-[ğuz' al-]awwal fī zawāyā al-kitmān*. An edition by Muḥammad ʿAbd Allāh al-Sulaybī : Muscat : MNHC,

4) Id. : *Dīwān al-Bārūnī.* Cairo : Maṭbaʿat al-Azhār al-Bārūniyya (li-ṣāḥibi-hā Sulaymān al-Bārūnī wa-aḫaway-hi) (fī al-Ḥabbāniyya bi-Š. Muḥammad ʿAlī), *Ǧum.* I 1326/June 1908, (128, 32, 16 pp. ; 20x14 cm.)[1].

5) al-Ḥadramī, Abū Isḥāq Ibrāhīm ibn Qays : *Dīwān al-sayf al-naqqād.* [Cairo, 1324/1906-7] (with biography of the author in appendix). Commissioned by Sulaymān al-Bārūnī, n.pl., n.d. (160 p. without appendix, 24x16 cm.)[2].

6) Iṭfayyiš, Muḥammad ibn Yūsuf : *(K. al-Ḥadīṯ al-musammà bi-) Wafā' al-ḍamāna bi-adā' al-amāna fī al-ḥadīṯ al-šarīf.* Vol. 2, Cairo : Maṭbaʿat al-Azhār al-Bārūniyya, 1325/1907-8, (400 p.), commissioned by Bakīr ibn Muḥammad al-Malīkī ; vol. 3 : Cairo : Maṭbaʿat al-Azhār al-Bārūniyya, 1326/1908-9, (408 p., 28x21 cm.) ; the author is mentioned as Muḥammad ibn Yūsuf al-Mīzābī al-Maġribī al-Ibāḍī[3].

7) al-Sālimī, ʿAbd Allāh ibn Ḥumayyid (c. 1869-1914) : *Ḥāšiya ʿalà al-Ǧāmiʿ al-ṣaḥīḥ, musnad al-Imām ... al-Rabīʿ ibn Ḥabīb ibn ʿAmr al-Farāhīdī al-Baṣrī.* Cairo : Maṭbaʿat al-Azhār

1407/1987, (388 p., 24x17 cm.). With an introduction and notes. Also an ed. of 1988 by MNHC. An edition in Tunis : Dār Bū Slāma, 1986, (311 p.). See, for the possible date of publication, p. 56. An analysis of this work : M.M. ǦIBRĀN (1992), pp. 323-331.

1 The addenda are printed after 1326/1908. In the first addendum poems by ʿArībī, Sulaymān al-Ǧāduwī, ʿĀšūr, Muḥammad Bey, Muḥammad al-Šarīf al-Maġribī, Maḥmūd Fawzī al-Šāmī, Saʿīd al-Šammāḫī. In the second addendum eulogies by Karīm Ismāʿīl Ṣabrī, Imām al-ʿAbd, Ibrāhīm al-ʿArab, Aḥmad al-Fassāṭuwī, Burnus Allāh Ḥusayn al-Rifāʿī al-Miḥlāwī, Saʿīd al-Bārūnī, Ṭanṭāwī al-Ǧawharī, ʿAbd al-Ḥamīd al-Ḍawwī (al-Ḍāwī ?), Qāsim al-Bārūnī, Maḥmūd Ṣabrī, Yaḥyà al-Bārūnī, Aḥmad al-Ṭayyib al-Bišṭī al-Ṭarābulusī.
Dīwān al-Bārūnī, li-al-muǧāhid Sulaymān ibn ʿAbd Allāh al-Bārūnī. N.pl., n.d. (1972 ?), (286 p., 24x17 cm.). This edition, of Zaʿīma al-Bārūnī, contains a first part, i.e. the Cairo edition of 1326/1908, and a second part with all Sulaymān's poems (also photos and reproductions), assembled by Zaʿīma al-Bārūnī. It was printed in Beirut at Dār Lubnān li-al-Ṭibāʿa wa-al-Našr. The *Dīwān* contains poems made on various occasions, i.a. during a trip in Mīzāb and beyond, to old Ibāḍī relics, no doubt a kind of fact-finding mission in order to prepare his book *al-Azhār al-riyāḍiyya.* In the course of the *Dīwān* Sulaymān tells much on his course of life.

2 An edition under the supervision of Zaʿīma al-Bārūnī, 2nd ed., photo reproduction of the first mentioned edition, printed by Dār Lubnān li-al-Ṭibāʿa wa-al-Našr, 1393/1973, (4, 160 p., 24x16 cm.) (without appendix). The same edition as Sulaymān al-Bārūnī's, printed in Damascus : al-Maṭbaʿa al-ʿUmūmiyya, 1386/1966-7. Commissioned by Sulaymān ibn Saʿīd al-Siyābī al-ʿUmānī, supervision Maḥmūd ʿAyrān, (211 p., 24x16 cm.) (with appendix). Pp. 191-200 : on al-Ḥadramī, based on information obtained by al-Bārūnī from ʿAbd Allāh ibn Ḥumayyid al-Sālimī (who gives the name of the author as : Abū Isḥāq Ibrāhīm ibn Qays ibn Sulaymān al-Hamdānī al-Ḥaḍramī), and Sālim al-Ruwāḥī, secretary to the Sultan of Zanzibar ; 200 : end of answer, 10 *Ramaḍān* 1324/1906-7, Sulaymān al-Bārūnī ; 201-202 : a letter by Muṣṭafà Luṭfī al-Manfalūṭī ; 202-205 : a letter by Muṣṭafà ibn Ismāʿīl al-ʿUmarī al-Fāridī (Sulaymān al-Bārūnī gives the name as : Muṣṭafà Bey Ismāʿīl Bāšā al-Ṣabrī), *al-muttafiqa (sic) ʿalà madhab Ibn Ibāḍ, bi-al-Ḥilmiyya bi-Miṣr,* 5 *Ramaḍān* 1324/1906 ; 205-209 : a letter by Qāsim Saʿīd al-Šammāḫī, 7 *Ram.* 1324/1906 ; 209-210 : words by ʿAbd al-Wahhāb al-Naǧǧār ; 210-211 : words by Zaynab Fawwāz.

3 See al-Maṭbaʿa al-Bārūniyya for vol. 1. *Al-Asad al-islāmī,* nr. 2, p. 4 : vols. 2 and 3 for sale from *al-Asad al-islāmī* or from Bakīr ibn al-Ḥāǧǧ Muḥammad in Algiers (Algeria ?) or from the bookshop of Yūsuf ibn Masʿūd [al-Maǧdalī] in Constantine.

al-Bārūniyya, 1326/1908. Vols. 1 and 2 (bound in one vol.), (453, 10 ; 400 p., 27x19 cm.). Commissioned by Sultan Fayṣal ibn Turkī, Sultan of Oman (Muscat)[1].

8) al-Tandammīrtī, ʿAmr ibn ʿĪsà : *al-Qalāʾid al-durriyya tašfīʿ al-qaṣāʾid al-ʿarūsiyya fī madḥ ḫayr al-bariyya*. Cairo : Maṭbaʿat al-Islām (beginning Š. al-Dawāwīn), 13 *Ǧum*. I 1324/1906. Commissioned by al-Madrasa al-Bārūniyya in the Ǧabal Nafūsa[2].

Other works (published) by Sulaymān al-Bārūnī

9) al-Bārūnī, ʿAbd Allāh ibn Yaḥyà : *R. Sullam al-ʿāmma wa-al-mubtadiʾīn ilà maʿrifat aʾimmat al-dīn...allafa-hu bi-ṭalab min ... Sulaymān ibn Zayd al-Yafranī, aḥad wuǧahāʾ balad Taqrabūsat min Ǧabal Nafūsa ... 1290 taqrīb[an] ... muḥallāt bi-baʿḍ al-kalimāt ... ḥarrara-hā ibn al-muʾallif*. Ed. and annotations by Sulaymān al-Bārūnī. Cairo : Maṭbaʿat al-Naǧāḥ li-ṣāḥibi-hā Muḥammad Ḥusayn al-Tarzī (bi-awwal Darb Saʿāda bi-ǧiwār al-muḥāfaẓa), 8 *Ḏū al-ḥiǧǧa* 1324/1907, (56 p., 23x16 cm.)[3].

10) al-Bārūnī, Sulaymān ibn ʿAbd Allāh : *Ḥaqīqat al-ḥarb al-ṭarābulusiyya. Al-Fatḥ* (Cairo : al-Maṭbaʿa al-Salafiyya), XI, 513 (17 *Ǧum*. II 1355/1936), pp. 14-15. In *al-Fatḥ* XI, 532 (1 *Ḏū al-qaʿda* 1355/1937), p. 18 : *Kitāb min ṣāḥib al-Saʿāda Sulaymān Bāšā al-Bārūnī*.

11) Id. : *Ǧarīdat al-Bārūnī*[4].

12) Id. : *Ḫāṭirāt al-Bārūnī, wa-hiya r. taštamil[u] ʿalà ḥadīṯ al-baṭal al-kabīr wa-al-muǧāhid al-šahīr Sulaymān Bey al-Bārūnī wa-muzayyana bi-rasmi-hi al-šarīf, wa-hiya bi-al-luġatayni al-ʿarabiyya wa-al-turkiyya*. Istanbul : Maṭbaʿat al-ʿAdl, 1331/1913[5].

---

1 In *al-Asad al-islāmī*, nr. 3, p. 4, 3 vols. are mentioned, but most probably vol. 3 was not printed. *Al-Ǧuzʾ al-ṯāliṯ min Šarḥ al-Ǧāmiʿ al-ṣaḥīḥ musnad al-Imām al-Rabīʿ ibn Ḥabīb ibn ʿAmr al-Farāhīdī al-Azdī*. Muʾallif : Nūr al-Dīn Abū Muḥammad ʿAbd Allāh ibn Ḥumayyid al-Sālimī. Damascus : al-Maṭbaʿa al-ʿUmūmiyya, 1383/1963 (12, 644 p.). Ed. ʿIzz al-Dīn al-Tanūḫī. Commissioned by Sulaymān and Aḥmad, sons of Muḥammad al-Sālimī. Muscat : Maktabat al-Istiqāma, 2nd impr. J.C. WILKINSON (1985), p. 231 (note 1) ; Idem (1987), p. 371 : vol. 3, Damascus 1963. Also an edition Damascus 1968. See also : al-Maṭbaʿa al-Bārūniyya, Rabīʿ ibn Ḥabīb ; and Abū Isḥāq Ibrāhīm Iṭfayyiš, Rabīʿ ibn Ḥabīb.

2 ABŪ AL-YAQẒĀN (1956), I, p. 83 : ʿUmar ; printed at Maṭbaʿat al-Azhār al-Bārūniyya ; on literature. Back-cover of Iṭfayyiš' *al-Tuḥfa wa-al-tawʾam* (Tunis, 1344/1925-6) : *al-Qalāʾid al-durriyya fī tašfīʿ al-qaṣāʾid al-ʿarūsiyya maʿa taḫmīs al-baġdādiyya*. Printed in Cairo (the author is not mentioned). See al-Maṭbaʿa al-Bārūniyya : Tandammīrtī.

3 An analysis of Sulaymān's annotations in M.M. ǦIBRĀN (1992), pp. 331-333.

4 A small, folio-size newspaper he published in Turkey, end of 1919 or beginning of 1920, for about two months (communication of Zaʿīma al-Bārūnī in June 1972). ABŪ AL-YAQẒĀN (1956), p. 84.

5 In Z. AL-BĀRŪNĪ (1964), pp. 460-482. An interview of Sulaymān by Muḥammad Ṣifā.

13) Id. : *Maḏārr al-muʿāhada al-inklīziyya al-saʿūdiyya li-al-islām. Ṣūra mimmā aǧabt[u] bi-hi ǧarīdat Umm al-Qurà, 29 Ram. 1346/1928. Al-Minhāǧ*, IV, 1 (*Muḥarram* 1347/July-Aug. 1928), pp. 2-22.

14) Id. : *Mir'āt al-ʿuyūn*[1].

15) Id. : *Muḏakkirāt ḫāṣṣa*[2].

16) Id. : *Muḫtaṣar tārīḫ al-ʿā'ila al-bārūniyya*. Completed 4 *Ram.* 1358/18 Oct. 1939[3].

17) Id. : *Muḫtaṣar tārīḫ al-Ibāḍiyya*. 2nd impr., enlarged and revised. Al-Sīb : Maktabat al-Ḍāmirī li-al-Našr wa-al-Tawzīʿ, [c. 1980], (88 p., 25 cm.)[4].

18) Id. : *Šakwà wa-bayān ḥāl ilà mawlā-nā amīr al-mu'minīn ʿAbd Allāh ibn Ḥamīd, naṣara-hu Allāh*[5].

19) Id. : [*Tārīḫ al-ḥarb fī Ṭarābulus al-Ġarb*][6].

Qāsim ibn Saʿīd al-Šammāḫī and Muṣṭafà ibn Ismāʿīl al-Miṣrī

Sulaymān al-Bārūnī definitely had a much wider look at the Islamic world in general than many of his fellow Ibāḍīs. In his writings he seldom poses first and foremost as an Ibāḍī, as is also clear from his *Dīwān*. Two of his publishing co-religionists in Cairo, Qāsim ibn Saʿīd al-Šammāḫī and Muṣṭafà ibn Ismāʿīl al-Miṣrī, the latter *al-Miṣrī muwallad[an] al-Ibāḍī maḏhab[an]*, seem to belong much more to the orthodox Salafīs and often defend al-Ibāḍiyya ardently. While passionately pleading for all Muslims to unite to fight the unbelievers, more than once in their reasonings they reach the conclusion that all Muslims should become Ibāḍīs, because al-Ibāḍiyya is the oldest *maḏhab* and the only one purely based on the Koran, the Tradition, the *Ra'y al-muslimīn* and the *Iǧmāʿ al-ṣāliḥīn*. Although, judging from their writings, both were not of a formidable scholarly calibre, they were known all over the Ibāḍī world : in Oman, at Zanzibar, as well as in Mīzāb.

1 S. AL-BĀRŪNĪ (1908), appendix I, p. 9 (note) : on the Banū Bārūn. *Cf. Muḫtaṣar tārīḫ al-ʿā'ila al-bārūniyya*.

2 M. ʿAFĪFĪ (1969), p. 48 (note 1) : in the press. See Z. AL-BĀRŪNĪ (1964), pp. 461-482. *Cf.* above, *Mir' āt al-ʿuyūn*.

3 In al-Ḫizāna al-Bārūniyya, Ḥaššān (Jerba), (July 1971). I was told it was in the handwriting of Sulaymān (who in 1939 was in Oman). Printed in ABŪ AL-YAQẒĀN (1956), I, pp. 8-33, where in the notes al-Šammāḫī's *K. al-Siyar* is mentioned and *Tārīḫ Nafūsa* (Anonymous, *Siyar al-mašāyiḫ* ? ; Anonymous, *Tasmiyat šuyūḫ Ǧabal Nafūsa* ? ; al-Bārūnī, Muḥammad ibn Zakariyyā', *Nasabat dīn al-muslimīn* ?). Completed 20 *Ǧum.* I 1339/1921 in Ǧannāwun in the Ǧabal Nafūsa. See M.M. ǦIBRĀN (1992), pp. 331-333 for a discussion.

4 Catalogue of the library of Exeter University. P. CRONE (2001), p. 335 : 2nd printing, Tunis and Cairo, n.d. *Cf.* al-Bārūnī, Abū al-Rabīʿ : same title. See M.M. ǦIBRĀN (1992), pp. 331-333.

5 See Z. AL-BĀRŪNĪ (1964), pp. 58-83. Completed 25 *Ǧum.* II 1325/5 August 1907 and in 1908 sent to the Sultan-Caliph and several other people.

6 See M.M. ǦIBRĀN (1992), pp. 333-337 for a discussion of this uncompleted project. Many of the documents Sulaymān al-Bārūnī would have used for this project, no doubt, are in Zaʿīma al-Bārūnī : *Ṣafaḥāt ḫālida*.

ʿAbd Allāh ibn Ḥumayyid al-Sālimī, the great Omani scholar and instigator of the Imamate of Sālim ibn Rāšid al-Ḫarūṣī in 1913, knew them, as appears from an answer to a question posed to him by Zanzibaris who mention them, in his *al-Badl al-mağhūd fī al-radd ʿalà al-naṣārà wa-al-yahūd*[1], a work on the same subject as al-Šammāḫī and al-Miṣrī wrote on : against the influence of the unbelievers and imitation of them. The other great Ibāḍī scholar of the time, Muḥammad ibn Yūsuf Iṭfayyiš in Mīzāb, wrote in his *Taysīr al-tafsīr* (vol. 2, p. 791)[2], commenting on Koran VIII, 46 (*Sūrat al-Anfāl* : "*Obey Allāh and His Messenger and do not dispute with one another, lest you should lose courage and your resolve weaken*") : "If they return to the rulings of our *madhab* or close their eyes for the problems that cause difference of opinion and unite, they would overcome the *Ahl al-širk*. These apply currently all kinds of tricks in order to dominate others. As for the *Ahl al-tawḥīd*, some of them help the unbelievers, others do nothing and watch in idleness, others again serve Allāh Almighty and do not occupy themselves with calling for resistance. A fourth group dedicate themselves to writing and this can best be done the way sheikh Muḥammad ʿAbduh does it, and sheikh Muṣṭafà ibn Ismāʿīl and sheikh Qāsim ibn Saʿīd. Therefore I said : Dedicate yourselves to writing, as we have no fighters[3]." Al-Šammāḫī and al-Miṣrī published Iṭfayyiš' *R. in lam taʿrif al-Ibāḍiyya* (with annotations by ʿAbd Allāh ibn Ḥumayyid al-Sālimī), which was paid for by the Sultan of Oman Fayṣal ibn Turkī, and they had the intention to publish (or did they actually publish ?)[4] *R. al-Ṣirāṭ al-mustaqīm* of ʿAlī ibn Muḥammad ibn ʿAlī ibn Muḥammad al-Mundirī, a Zanzibari scholar[5].

Qāsim ibn Saʿīd (ibn Qāsim ibn Sulaymān ibn Muḥammad) al-Šammāḫī (al-ʿĀmirī al-Maġribī al-Yafranī) had two daughters and one son, Saʿīd, who

---

1 http ://ibadhiyah.net/books/badhl-almajhood/chapter3.html (43 p.), p. 26. Both are also mentioned in ʿA.Y. MUʿAMMAR (1964-1979), II/2, pp. 220-221.

2 Algiers, commissioned by ʿUmar ibn Ibrāhīm ibn Muḥammad al-ʿAṭfāwī and his partner Muḥammad ibn Ṣāliḥ ibn ʿĪsà ibn Sulaymān al-Yasqanī, vol. 1, *Ḏū al-qaʿda* 1325/end 1907, (878 p.) ; vol. 2, 1326/1908, (1054 p.) ; vol. 3, (919 p.) ; vol. 4, 1327/1909-10, (576 p.), *Mulḥaq* 577-1097 ; vol. 5, (624 p.) ; vol. 6, *Rağab* 1326/1908, (724 p.). Reprint in Muscat : MNHC, in 10 vols.

3 Written communication from Abū al-Yaqẓān Ibrāhīm ibn ʿĪsà, Guerrara (Mīzāb), 1971.

4 M. AL-MIṢRĪ (n.d.), pp. 83-4 : *wa-qad istasḫara-nā Allāh ... li-ṭabʿ* ... The text says *istaḥara-nā*, which must be a printing failure.

5 Of *R. al-Ṣirāṭ al-mustaqīm* there exists a lith., dated 9 *Ğum.* I 1317/1899, (32 p., 19,5x14 cm.). A more recent ed. : Muscat : Maktabat al-Istiqāma, 1400/1980-1. A.K. BANG/K.S. VIKØR (1999), pp. 8-9 : al-Mundirī was chief judge of Zanzibar from 1908 onwards ; he lived 1866-1925. See on the Mundirī family : R.S. O'FAHEY, R.S./K.S. VIKØR (1996). J. SCHACHT (1956), p. 393 (nr. 104), mentions a printed ed. of *K. al-Ṣirāṭ al-mustaqīm* by Muḥammad ibn ʿAlī al-Mundirī.

fought with the Turks against the Italians in Tripolitania[1] and in the Balkan. One of his daughters, Lallà — a writer —, was married with Muṣṭafà ibn Ismāʿīl al-Miṣrī, and the other one, the youngest, with Abū Isḥāq Ibrāhīm Iṭfayyiš. He was buried in Maḥsama in al-Šarqiyya[2].

Qāsim started publishing end 1890-beginning 1891. He was born in November 1857, after his father (who was from Āǧīm at Jerba) had come to Cairo to study at al-Azhar University in 1842-3. His father was appointed *wakīl* of the Tunisia of Aḥmad Bāy by Muḥammad al-Ṣādiq Bāšā. Qāsim wanted a modern education and to learn English, but his father refused and wished him to become an Islamic scholar. Qāsim ran away and lived for a couple of months among the beduins in the desert. In 1869-70, after mediating of Muṣṭafà Bāšā Ḫāznadār, a good friend of his father, the latter consented in sending his son to modern schools on the condition of never seeing him wear Western cloths. His relation with his father remained tense until 1873-4, when his father's brother Aḥmad passed through Cairo on his way to Mecca and mediated between them. Qāsim, who knew English, had different jobs in modern 'Western' surroundings. In November 1883 his father died, and intrigues were started to disinherit him. Qāsim travelled to Tunisia[3] to be away from this atmosphere of intrigues. Later on he returned to Egypt[4]. According to Sālim ibn Yaʿqūb (Ġīzen, Jerba, June 1972), he died 14 June 1922[5].

Muṣṭafà ibn Ismāʿīl (al-ʿUmarī al-Fāridī al-Ḥamawī *aṣl*[an]) al-Miṣrī (*muwallad*[an] al-Ibāḍī *maḏhab*[an]), son of Ismāʿīl Bāšā Ṣabrī Ṭūbǧī (Topçu) al-Fāridī[6], became an Ibāḍī under the influence of his friend Qāsim ibn Saʿīd al-Šammāḫī. He was married with one of the latter's daughters, Lallà, who was a writer and had an exchange of letters with Malak Ḥifnī Nāṣif, pioneer protagonist of women's rights in Egypt[7]. Muṣṭafà himself had one daughter, who was not alive anymore in

1 E. INSABATO (1918), p. 4/Idem (1920), pp. 102-103 : participated with Izzet Bey el-Ghindi in a mission of the Egyptian Red Cross to Cyrenaica, most probably bringing money and ammunition to the Sanūsīs.

2 Information from Muḥammad ibn Ibrāhīm Iṭfayyiš, Cairo, Sept. 1972.

3 He empowered Muḥammad ibn Yūsuf al-Bārūnī to defend his rights to the inheritance against the husband of his sister, ʿUmar ibn Ṣāliḥ al-Kabāwī, a Jerban. A copy of this document is in the library of Sālim ibn Yaʿqūb (June 1972).

4 The above is based on his biography, as appendix to al-Šammāḫī's *K. Sard al-ḥuǧǧa* (15 p.). BĀBĀʿAMMĪ (2000), II, p. 345, says he was appointed Consul of Tunisia, which must be a confusion with his father.

5 L. MAʿLŪF (1960), part 2, p. 292 : died 1915. According to Muhannà ibn Dāwud, a Jerban textile merchant with a shop in the Sūq al-Faḥḥāmīn in Cairo, whom I met in Sept. 1972, and who lived already 65 years in Cairo, Qāsim died before Muṣṭafà ibn Ismāʿīl al-Miṣrī, who died c. 1912. BĀBĀʿAMMĪ (2000), II, p. 345, says he died in 1916. AL-ZIRIKLĪ (1979), V, p. 186 : 1916.

6 On Ismāʿīl Ṣabrī, see Z.M. MUǦĀHID (1950), II, p. 12.

7 Her pen-name was Bāḥiṯat al-Bādiya, daughter of Ḥifnī Nāṣif, a follower of Muḥammad ʿAbduh. See T. PHILIPP (1991).

September 1972. He owned 24 *feddān* of land and did not work. After his death, half of it went to his daughter and the other half to other relatives. He was of around the same age as Qāsim or slightly older. Muṣṭafà died "*circa* one year before the war between the Ottomans and the English at the Suez Canal, after Qāsim", so *circa* 1914[1].

His ideas are worded excellently by M. HARTMANN (1905), pp. 354-357, where he speaks of *Nibrās al-mašāriqa wa-al-maġāriba* : "This periodical contains passionate arguments for all Muslims to unite to fight the unbelievers. The *Amīr al-Mu'minīn* Abdülhamit II is urged to bring about the rallying of all Muslim rulers around his throne, and at the same time these are called on to join the Sultan in Istanbul. The shortcomings of Turkish rule are discussed quite openly and the blame for that is put on the Sultan's environment. He is warned under threats to stop giving in to influences that harm Islam. Imitation of European examples is fervently opposed, particularly foreign clothing and the learning of foreign languages. Quotations from the Koran are abundantly used. The theological-moralising contents of the periodical are worded in an almost mystical language which, where the struggle against the unbelievers is treated, is pervaded with bitter hatred."

These words apply equally to the essence of the contents of *al-Hadiyya al-ūlà* and to most of the writings of Qāsim ibn Saᶜīd al-Šammāḫī.

Published by Qāsim ibn Saᶜīd al-Šammāḫī and Muṣṭafà ibn Ismāᶜīl al-Miṣrī

1) Iṭfayyiš, Muḥammad ibn Yūsuf : *R. in lam taᶜrif al-Ibāḍiyya yā ᶜUqbī yā Ğazā'irī*. Ed. Qāsim ibn Saᶜīd al-Šammāḫī al-ᶜĀmirī and Muṣṭafà ibn Ismāᶜīl al-ᶜUmarī al-Fāridī. Annotations by ᶜAbd Allāh ibn Ḥumayyid al-Sālimī. Commissioned by Fayṣal ibn Turkī, Sultan of Muscat and Oman. Cairo, n.d., (200 p., 24x16 cm.)[2].

1 Information obtained in Cairo, Sept. 1972 ; I forgot from whom exactly. Cf. however note 3 and the information given by Sālim ibn Yaᶜqūb.

2 Page 177 : completed 3 *Ğum.* I 1328/c. Nov. 1910 by ᶜĪsà ibn ᶜAbd Allāh ibn ᶜĪsà ibn Saᶜīd ibn Bašīr al-Bišrī. On p. 178 al-Sālimī on some miracles in Oman ; 179-195 : *Kašf al-ḥaqīqa li-man ğahala al-ṭarīqa*, a poem by al-Sālimī, completed 8 *Rab.* I 1328/Nov. 1910 by Sayf ibn ᶜAlī, known as al-Furqānī ; 195-200 : from *Ğawhar al-niẓām* ... by al-Sālimī. A vehement attack on a certain ᶜUqbī, author of *Kašf al-liṯām fī-mā yušaġġil qulūb al-ḫawāṣṣ wa-al-ᶜawāmm*, who apparently had said wrong things about al-Ibāḍiyya. In the process many references to Ibāḍism, often incomprehensible for whom is not familiar with al-Ibāḍiyya. Also against Europeans. *GAL* S II, p. 893 : *Ğawāb ᶜalà al-ᶜUqbī*. Lith, Tunis 1323/1905-6. *GAL* S III, p. 1218 (top of page) ; SCHACHT (1956), p. 397 (nr. 139) ; T. LEWICKI (1934a), pp. 73-74 : lith., Tunis 1321/1903-4, in a collection beginning with *al-Radd ᶜalà al-ᶜUqbī* of Muḥammad ibn Yūsuf Iṭfayyiš. After it (part 2, 46-88) : al-Mazātī, Abū al-Rabīᶜ Sulaymān ibn Yaḫlaf, *Kitāb al-Siyar* ; on this work see A.K. ENNAMI (1970), p. 73. Al-ᶜUqbī against whom Iṭfayyiš fulminates, is definitely not the reformist al-Ṭayyib al-ᶜUqbī, who was born in 1307/1890. *Hāḏā Ağwāb šayḫi-nā ... radd*[an] *ᶜalà al-ᶜUqbī al-ṭāᶜin fī al-dīn* (125 p.). *Hāḏā Ağwāb šayḫi-nā ... radd*[an] *ᶜalà al-inğlīzī al-ṭāᶜin fī dīn al-islām* (187 p.). Lith., Tunis. Completed 12 *Rab.* II 1321/1903. Commissioned by Muḥammad ibn Ṣāliḥ ibn ᶜĪsà al-Yasqanī. O. OULD-BRAHAM

2) al-Mundirī, ʿAlī ibn Muḥammad ibn ʿAlī ibn Muḥammad : *R. al-Ṣirāṭ al-mustaqīm*. Lith. Dated 9 *Ǧum.* I 1317/1899, (32 p., 19,5x14 cm.)[1].

Printed works by Qāsim ibn Saʿīd al-Šammāḫī

3) *Buġyat al-ṭālib fīmā yaḥtāǧ[u] ilay-hi al-kātib*. 2 vols[2].

4) *K. al-Ḥukma fī šarḥ ra's al-ḥikma* (li-ʿUṯmān Kamāl al-Dīn, *Muwāʿiẓ*). Alexandria : Maṭbaʿat al-Ittiḥād al-Miṣrī, 1313/1896. Commissioned by Muḥammad Ḥasanayn Sālim. 1st ed., (86 p., 24x16 cm.)[3].

5) *Mas'alat al-barā'a wa-al-tawliya wa-al-ṣaḥāba*[4].

6) *K. Marāšid al-taqiyya*[5].

7) *R. al-Qawl al-matīn fī al-radd ʿalà al-muḫālifīn*. Cairo : Maṭbaʿat al-Manār, 1324/1907-8. Commissioned by Muḥammad ibn Ṣāliḥ ibn ʿĪsà ibn Sulaymān [ibn Qāsim ibn Muḥammad ibn Ṣāliḥ al-Yasǧanī] al-Mīzābī, student of Muḥammad ibn Yūsuf Iṭfayyiš al-Yasǧanī. Completed 26 *Ḏū al-ḥiǧǧa* 1323/1906, (92 p., 22,5x15 cm.)[6].

8) *K. Sard al-ḥuǧǧa ʿalà ahl al-ġafla*. Alexandria : al-Maṭbaʿa al-Ibrāhīmiyya, 1309/1891-2. Completed *Rab.* I 1306/Nov. 1888, (88 p., 22x15 cm.). A *Mulḥaq* of 15 p., dated 15 *Ǧum.* II 1390/Jan. 1892, with his biography[7].

(1988), p. 11 ; B. FEKHAR (1971), p. 391 : *Ǧawāb fī al-radd ʿalà al-ʿUqbī*, an Algerian Sunnī, in the form of questions : *in lam taʿrif al-Ibāḍiyya*. Lith., Tunis 1303/1885-6, (124 p.).

1 See p. 129, notes 2 and 3.

2 AL-ZIRIKLĪ (1979), V, p. 186.

3 Explanatory glosses to a work which contains spiritual councils for youth for moral and virtuous conduct and good behaviour. Al-Šammāḫī does not pose as an Ibāḍī at all, although on several occasions he quotes from *K. al-Īḍāḥ* (pp. 11, 14, 15, 16, (24), 36) of Abū Sākin ʿĀmir al-Šammāḫī and from al-Ǧayṭālī's *K. Qanāṭir al-ḫayrāt* (pp. 2, 12, 39, 42, 45, 51). On pp. 19-20 Aristoteles, Plato and Pythagoras are mentioned, and on p. 83 al-Ġazālī.

4 BĀBĀʿAMMĪ (2000), II, p. 345.

5 Mentioned in al-Šammāḫī, *R. al-Ẓuhūr*, p. 65 ; Id., *R. al-Qawl al-matīn*, p. 75 ; ʿAbd Allāh AL-SĀLIMĪ (1968), p. 60.

6 Al-Šammāḫī attacks sheikh Aḥmad ʿAlī al-Šāḏilī al-Azharī, who published *Maǧallat al-Islām*, for two articles in his journal (VIII, 3-4, *Rab.* I and *Rab.* II 1323/June-July 1905) : *al-Radd ʿalà al-maġrūr* and *al-ʿAqā'id wa-al-muslimūn fī al-Hind* (the latter, taken from *al-Liwā'*, contains a protest from an Indian against *al-Manār*. On enmity between *al-Manār* and *al-Liwā'* see Ch.C. ADAMS (1968), p. 184). Al-Šammāḫī is against discord and division between the different Islamic groups, which stems from the fact that people take the word of their sheikh for more important than the Koran, the Tradition, the *Ra'y al-muslimīn* and the *Iǧmāʿ al-ṣāliḥīn*. He explains al-Ibāḍiyya and he defends Muḥammad ʿAbduh and *al-Manār*.

7 A general work about what one should know to live like a good Muslim. Seems to be a booklet for children or youth. No indication of al-Šammāḫī being an Ibāḍī.

9) *R. al-Ẓuhūr al-maḫtūm fī al-radd ʿalà al-ʿAllāma al-Azharī Ṭamūm*. Cairo, n.d. Completed 22 *Ḏū al-qaʿda* 1327/5 Dec. 1909 (in the house of al-Dafrāwī in al-Ṣalība), (80 p., 18x13 cm.)[1].

Printed works by Muṣṭafà ibn Ismāʿīl al-Miṣrī

10) *Nibrās al-mašāriqa wa-al-maġāriba*. A periodical published in Cairo. I, 1 : 17 *Ǧum.* I 1322/30 July 1904/23 *Ayyūb* 1620 ; address : Ḥārat al-Laymūn 9, awwal Š. al-Surūǧiyya[2] ; publ. three times a month ; (8 p.) ; printed at Maṭbaʿat al-Manār ; subscription price : 3,5 *riyāl maǧīdī* in Istanbul and the Ottoman Empire, 10 *rūbyā* on the Arabian Peninsula, Zanzibar and in India, 16 *frank* in Algeria, Tunisia, Marrākuš and Europe[3].

11) *Ġawṯ ṯumma ġawṯ ṯumma ġawṯ*. (40 p.)[4].

12) *al-Hadiyya al-ūlà al-islāmiyya li-al-mulūk wa-al-umarāʾ fī al-dāʾ wa-al-dawāʾ*. Cairo : al-Maṭbaʿa al-Bārūniyya (bi-al-Ǧūdariyya), n.d. (4, 200, 3 p., 23,5x16 cm.)[5].

---

[1] Pp. 1-31 : introduction by Muṣṭafà ibn Ismāʿīl al-Miṣrī. See pp. 32-33 : Muṣṭafà ibn Ismāʿīl al-ʿUmrī al-Fāridī al-Ḥamawī *aṣl*^an al-Miṣrī *muwallad*^an, son of Ismāʿīl Ṣabrī Bāšā al-Ṭūbǧī al-Fāridī. Pp. 79-80 : poem by Abū al-ʿAzm Muḥammad al-Ḥasan al-Ḥamawī. In defence of the Ibāḍiyya against sheikh Ṭamūm. In the introductory letter of Muṣṭafà ibn Ismāʿīl al-Miṣrī also a pleading for an international Islamic congress to cancel differences, and this should be done on the basis of the Ibāḍī compendium *Qāmūs al-šarīʿa* (Ǧumayyil ibn Ḫamīs al-Saʿdī). Muṣṭafà, writing from his "Markaz al-ʿUzla in the desert between al-Ḫanka and al-Marǧ which is famous with the Arabs of Abū Fawda", asked al-Šammāḫī, on the request of his father Ismāʿīl Ṣabrī, to explain al-Ibāḍiyya to some scholars of al-Azhar who had read al-Miṣrī's *al-Hadiyya al-ūlà*.

[2] ʿA. MUBĀRAK (1970), II, p. 138 : runs from Bāb Š. al-Dāwudiyya to the beginning of Š. al-Ḥilmiyya at its crossing with Š. Muḥammad ʿAlī. The quarter al-Surūǧiyya : A. RAYMOND (1973), map 5 : P7 ; the quarter al-Dāwudiyya ; *ibid.*, map 5 : O8.

[3] The publisher was Muṣṭafà ibn Ismāʿīl al-Miṣrī, but the driving force was Qāsim ibn Saʿīd al-Šammāḫī (who is called owner and ed. in II, 1324/1906 ; he is also called owner in L. MAʿLŪF (1960), part 2, p. 292). In the first year at least 10 issues were published (al-Šammāḫī, *R. al-Qawl al-matīn*, p. 89). The second year (1324/1906) was published in one issue of 104 p., 23x15 cm. (owner and publisher Qāsim ibn Saʿīd al-Šammāḫī). After nr. 9 the periodical was forbidden in Tripolitania (II, pp. 31-32).
I, 1 (17 *Ǧum.* I 1322/30 July 1904), pp. 1-8 ; I, 2 (29 *Ǧum.* I 1322/11 Aug. 1904), pp. 9-16 ; I, 3 (8 *Ǧum.* II 1322/30(?) Aug. 1904), pp. 17-24 ; I, 4 (18 *Raǧab* 1322/28 Sept. 1904), pp. 25-36 ; I, 5 (26 ? *Raǧab* 1322/6 ? Oct. 1904), pp. 37-44 ; I, 6 (7 *Šaʿbān* 1322/16 Oct. 1904), pp. 45-52 ; I, 7 (17 *Šaʿbān* 1322/26 Oct. 1904), pp. 53-60 ; I, 8 (27 *Šaʿbān* 1322/5 Nov. 1904), pp. 61-68 ; I, 9 (24 *Šawwāl* 1322/31 Dec. 1904), pp. 69-84 (director : Muṣṭafà ibn Ismāʿīl, owners and editors Qāsim ibn Saʿīd al-Šammāḫī al-ʿĀmirī and Muṣṭafà ibn Ismāʿīl al-ʿUmarī al-Fāridī) ; I, 10 (6 *Ḏū al-qaʿda* 1323/1 Jan. 1906 (?), pp. 85-92 (address : Ḥārat al-Ǧinn ʿAlī, opposite Niẓārat al-Ḥilmiyya, nr. 20) ; *Mulḥaq* to nr. 10 (Saturday, beginning of *Muḥarram* 1324/Febr. 1906) (at least 10 p.).

[4] Seen in the library of Sālim ibn Yaʿqūb (June 1972), incomplete.

[5] P. 197 : finished 4 *Ǧum.* I 1311/13 nov. 1893 ; 137 : a letter dated 1903. A book calling for a Pan-Islamic type of solution for the Islamic world's turn-of-the-century problems (R.G.

Finally, in relation to the two aforementioned authors, a curious booklet ought to be mentioned : *Awwal quṭra min ġayṯ*, [Cairo] 1329/1911, (40 p., 20×14 cm.), written by Muḥammad Farağ (Ṣād) al-Nağğār[1]. The author was a disciple of sheikh Maḥmūd Ḥaṭṭāb al-Subkī (1274-1352/1858-1933), a teacher at al-Azhar University and a fighter against *bidaʿ* and division amongst the *maḏāhib*[2]. By chance al-Nağğār heard of an honorable and pious sheikh who had retreated in the region of "the Arabs of Abū Fawda", not far from Saryaqūs, Muṣṭafà ibn Ismāʿīl al-Miṣrī. Al-Nağğār visited him several times and became impressed by his ideas, which were very close to those of his sheikh al-Subkī. One day Muṣṭafà ibn Ismāʿīl sent al-Nağğār to Qāsim ibn Saʿīd al-Šammāḫī, who lived in al-Rakība in al-Salība. Al-Nağğār soon started to visit al-Šammāḫī regularly ; he studied Abū Sākin ʿĀmir ibn ʿAlī al-Šammāḫī's *K. al-Īḍāḥ* and more and more he realized the differences of opinion in the four *maḏāhib* and how these were the work of men. The teaching of Qāsim al-Šammāḫī opened his eyes and he was converted to Ibāḍism. Al-Nağğār describes the process of his conversion, and in the second half of his booklet we see him vehemently attacking sheikh Ṭamūm, who had called the Ibāḍiyya Ḫāriğīs, and ardently defending the Ibāḍiyya on the basis of the glosses of ʿAbd Allāh ibn Ḥumayyid al-Sālimī to Muḥammad ibn Yūsuf Iṭfayyiš' *R. in lam taʿrif al-Ibāḍiyya yā ʿUqbī yā Ġazāʾirī*, while at the same time he passionately invites people to follow the teachings of these *Ahl al-ḥaqq*. Along with himself, also his wife, his father-in-law, Ibrāhīm Abū Naṣr, sheikh ʿIzbat al-Sumbāṭī, his father, and his maternal uncle and his son went over to the Ibāḍī doctrine. So, together with Muṣṭafà ibn Ismāʿīl al-Miṣrī, perhaps we can speak here of the beginning of the formation of an Ibāḍī pocket of converts in Cairo.

Before passing on to the third important publisher of Ibāḍī works in Cairo, after al-Maṭbaʿa al-Bārūniyya and Maṭbaʿat al-Azhar al-Bārūniyya, Abū Isḥāq Ibrāhīm Iṭfayyiš, let us have a look at another sign of Ibāḍī scholarly presence in Cairo, the Wikālat al-Baḥḥār or Wikālat al-Ğāmūs.

LANDEN (1967), p. 450). M. GOUVION/E. GOUVION (1926), p. 321 (mentioned). This work is mentioned by J.M. LANDAU (1965), p. 171 (nr. 23) in a list of works on Freemasonry. In nr. 259 Landau refers to Šayḫū : *al-Sirr al-maṣūn fī šīʿat al-farmasūn*. Beirut 1909-1911, p. 236 ff. In the edition of Šayḫū's work mentioned in the bibliography, Muṣṭafà ibn Ismāʿīl al-Miṣrī's book is mentioned on pp. 14-20 of *al-Kurrās al-sādis*, Beirut 1911. Šayḫū reproduces what al-Miṣrī wrote against Freemasonry (p. 125 ff. : *al-Māsūniyya wa-arbāb al-ʿuqūl*) and letters of al-Miṣrī to the sheikh of the Rifāʿiyya order, Abū al-Hudà and Idrīs Bey Rāġib.

[1] He was a railway employee. Information from Muhannà ibn Dāwud (of an old Jerban family living in Cairo), Cairo, Sept. 1972. Al-Nağğār mentions as his address : Qaṣūrat al-Šawāmm which resorts under Qism al-Šubrā. In Sālim ibn Yaʿqūb's catalogue of books in the Wikālat al-Baḥḥār a book with the same title is mentioned, with as author Muḥammad ibn Ṣāliḥ al-Miṣrī al-Ibāḍī.

[2] In Dec. 1912 he established a society called al-Ğamʿiyya al-Šarʿiyya li-al-ʿĀmilīn bi-al-Kitāb wa-al-Sunna al-Muḥammadiyya, which still exists today. See M. AZZAM (1997).

Wikālat al-Baḫḫār

The information I have on Wikālat al-Baḫḫār or Wikālat al-Ǧāmūs is rather fragmentary. It is based on oral information from Abū al-Yaqẓān Ibrāhīm ibn ʿĪsà (Guerrara, Mīzāb, May 1972), Ṣāliḥ Bizimlāl (Beni Isguen, Mīzāb, May 1972), ʿUmar Aḥmad Sulaymān al-Bārūnī (Tripoli, June 1972), Sālim ibn Yaʿqūb (Ġīzen, Jerba, June 1972) and Muḥammad Ibrāhīm Iṭfayyiš (Cairo, Sept. 1972), and on some printed indications. While researching on the Ibāḍīs in 1972, I was given file numbers of *waqf* documents of the house in the Ministry of Awqāf in Cairo, which later proved not to be accurate. While visiting Sālim ibn Yaʿqūb, I saw copies of waqf documents in his library, but, unfortunately, I did not pay attention to them at the time ; perhaps they concerned the Wikālat al-Baḫḫār.

The Wikālat al-Baḫḫār, or Wikālat al-Ǧāmūs, was in the quarter of Ibn Ṭūlūn[1], in Ḥārat (ʿAṭf ?) al-Naǧǧār[2]. It was called Wikālat al-Ǧāmūs because buffalo hides were stored in it[3]. A. RAYMOND ((1973-4), p. 645) mentions a Wikālat al-Baḫḫār that had to pay tax on the earnings of owners of spices. He mentions a Wikālat al-Ǧāmūs in al-Ḥusayniyya (*op. cit.*, p. 73, map 2 : C 5), which was worth 2500 *paras* in 1717, when it was owned by Ḥasan al-Naǧdalī, *Katḫudā*[4] of the *Mustaḥfiẓān* (p. 714). In the 19th century, ʿA. MUBĀRAK ((1970), III, p. 274) registered also carpentry work in a Wikālat al-Ǧāmūs in the Šāriʿ Bāb al-Šarʿiyya (Šaʿriyya ?) al-Ṣaġīr (A. RAYMOND (1973), *ibid.* ; map 2 : E 8). In *op. cit.*, on map 4 V 8 (also Idem (1959), map : X 8), figures a Wikālat al-Maġāriba near the mosque Ibn Ṭūlūn. The *Wikāla* was made a *waqf* in the 17th century by the families al-Baḫḫār and al-Ǧumlà (Ǧamalī ?), who both originated from al-Āǧīm on the island of Jerba[5].

The ground-floor was probably destined for shops and workshops, while the first floor was for storage. The second and third floors, each with 13 rooms, were for housing Ibāḍī students and had also a fairly rich library of Ibāḍī MSS and books[6]. Maġribī Ibāḍīs travelling to the East to perform the *ḥaǧǧ* always visited

---

1 See A. RAYMOND (1973), map 2 : V 8-9. Idem (1959), map : V 8.

2 Muḥammad Ibrāhīm Iṭfayyiš.

3 Sālim ibn Yaʿqūb.

4 See *EI²*, *Glossary and index of terms to volumes I - IX*, Leiden : E.J. Brill, 2000, p. 193, *s. v.* Ketḫudā. J.W. REDHOUSE (1921), *s. vv.* Ketḫudā : "warden of a guild, bailiff of a village or ward" ; Mustaḥfiẓ : "who asks, commands, appoints one to defend a place or keep it safe".

5 F. ǦAʿBĪRĪ (1975), pp. 258-259. This is in contradiction with what is said above on the ownership of Ḥasan al-Naǧdalī, so most probably al-Naǧdalī's Wikālat al-Ǧāmūs is a different one. However, the oldest MS which was copied in the Wikālat al-Baḫḫār was dated 1065/1654-5 (see note 4).

6 Information from Sālim ibn Yaʿqūb. A catalogue of MSS and books composed by Sālim ibn Yaʿqūb while living in the Wikāla in the 1930s, which I photographed when visiting him in June 1972, lists as dated book *Waqf*s : 1719-1783 : 37 ; 1800-1875 : 15 ; 1909-1916 : 8. Total

the house. The students mostly studied at al-Azhar University, and in the *Wikāla* lessons were given in the Ibāḍī doctrine, mostly by the supervisor of the house. For example, (Abū Zayd) ʿAbd al-Raḥmān (ibn Aḥmad) al-Ḥīlātī (second half 16th c.)[1] and Abū ʿAbd Allāh Muḥammad ibn ʿUmar ibn Abī Sitta al-Qaṣbī al-Nafūsī al-Sidwīkišī (d. 1677) taught in the *Wikāla* ; the latter stayed in Cairo for 28 years[2]. ʿAbd Allāh ibn Yaḥyà al-Bārūnī established al-Madrasa al-Bārūniyya in the *Wikāla* during his stay in Cairo, around 1887-8[3]. In the late 19th century Saʿīd ibn Qāsim al-Šammāḫī[4] (d. November 1883), *wakīl* for Tunisia in Cairo from *c.* 1870-*c.* 1881[5], and later on Abū Isḥāq Ibrāhīm Iṭfayyiš (d. 1966) supervised the

of Ibāḍī vols. : 101 (most of them from Maġribī authors ; 18 copies of al-Ǧanāwunī's *K. al-Īḍāḥ*) ; total of non-Ibāḍī vols. : 66 ; total of Ibāḍī titles : 54, among which 9 Omanī titles. The MSS copied in the Wikāla date from 1065/1654-5 - 1283/1866-7. The MSS copied in Cairo date from 1065/1654-5 - 1333/1914-5. Most copies were done by Jerbans. There is one non-Ibāḍī MS, dated 852/1448-9 (not indicated where copied). Among the Waqf givers were : Muḥammad al-Baḥḥār (10 vols.) ; Aḥmad ibn Daḥmān together with Sulaymān and Yūnis ibn Šaʿbān (6 vols.) ; Sulaymān ibn ʿAbd al-Raḥmān ibn Abī al-Qāsim ibn Yaḥyà al-Ḫanūsī (31 vols., most of them in 1758-9) ; Saʿīd ibn Qāsim ibn Sulaymān al-Šammāḫī (5 vols.) ; Sulaymān ibn Saʿīd al-Baḥbaḫī al-Yafranī (6 vols.). According to ǦAʿBĪRĪ (1975), p. 259, after the closing down of the Wikāla, the MSS and books went to Abū Isḥāq Ibrāhīm Iṭfayyiš.

1 *Op. cit.*, p. 220. Was the Wikāla already in use as a school by Jerbans in the 16th century ? BĀBĀʿAMMĪ (2000), II, p. 205, says of a certain Abū al-Rabīʿ Sulaymān ibn ʿAbd Allāh al-Madānī al-Bāzīmī, known as Sulaymān al-Ǧarbī, that he went to Cairo in 1510, and studied at "the Ibāḍī school". On pp. 146, 184, 318, 357, 389, and 460 other persons are mentioned who studied and/or taught in Cairo at what is alternately mentioned "the Ibāḍī school" and "the Ibāḍī school in the Wikālat al-Ǧāmūs".

2 F. ǦAʿBĪRĪ (1975), pp. 225-227, 258-259 ; ʿA.Y. MUʿAMMAR (1964), III, pp. 189-192 : born at Jerba in 1022/1613-4. In 1040/1630-1 he travelled to Cairo, where he remained 28 years, first as a student then as a teacher. The scholars of al-Azhar gave him the *laqab* al-Badr. In Cairo he took care of the house in which many Ibāḍī students lived, [the Wikālat al-Ǧāmūs] in Ṭūlūn. In 1068/1657-8 he returned to Jerba, where he died in *Rab.* I 1088/March 1677. He was known as al-Muḥaššī, because he wrote about twenty glosses (*Ḥāšiya*s) on Ibāḍī works. Some 11-17 titles in BĀBĀʿAMMĪ (2000), II, pp. 389-390 ; M. QŪǦA (1998), p. 80 (note 262) ; R. RUBINACCI (1949), pp. 432-433.

3 Information from Abū al-Yaqẓān Ibrāhīm. M. CUSTERS (1972), pp. 6-7 : ʿAbd Allāh ibn Yaḥyà al-Bārūnī, Sulaymān's father, died in April 1913 over ninety years of age (E. DE LEONE (1960), II, p. 378 (n. 14)). He studied in the Ǧabal Nafūsa with Abū ʿUṯmān Saʿīd ibn ʿĪsà al-Bārūnī, who later moved to Jerba, where he died in 1865-6 (ʿAbd Allāh AL-BĀRŪNĪ (n.d.), p. 62). It seems likely that ʿAbd Allāh stayed in Cairo before 1865 ; he wrote a poem from there to his master (*op. cit.*, pp. 46-48). In 1887 he was around 67 years old, and in 1885 he was chief of the ʿAzzāba in the Ǧabal Nafūsa (A. de C. MOTYLINSKI (1899), p. 89). M.M. ǦIBRĀN (1993), p. 342 : in Cairo in 1259/1843 or shortly before.

4 Taught there anyhow in 1855-6 (Catalogue Sālim ibn Yaʿqūb). In ʿAbd Allāh AL-BĀRŪNĪ (n.d.), p. 33, an undated *Qaṣīda* to Saʿīd al-Šammāḫī, which ʿAbd Allāh sent to Cairo after he had returned from Cairo to the Ǧabal Nafūsa.

5 His correspondence is in the Tunisian National Archives. BĀBĀʿAMMĪ (2000), II, p. 185 : in a letter to Ibrāhīm ibn Bakīr Ḥaffār he unfolded a plan to establish a printing press in Cairo, a

house and taught there[1]. Needy students were provided for by Jerban merchant families in Cairo. Amongst these were ʿUmar al-ʿAwāmm[2] and Ramaḍān ibn Yaḥyà al-Laynī[3]. Also Sulaymān and Yūsuf, sons of Saʿīd ibn Šaʿbān, from Ṣidġiyān at Jerba, as well as Aḥmad and Yūnis ibn Daḥmān from Wādī al-Zabīb, which is also at Jerba, maintained the students,[4] as did the family of al-Qā'id[5]. In 1920 the total maintenance of the students came to an end[6]. It seems that by that time the *Wikāla*, or the use of it by students, was in decline. Sālim ibn Yaʿqūb, who lived in the *Wikāla* from *circa* 1932 to 1938, remained for about two years alone before being joined by some students from Zuwāra and the Ğabal Nafūsa[7]. According to ʿUmar Aḥmad Sulaymān al-Bārūnī, in 1947 only one student, ʿAbd Allāh al-Fursaṭānī, lived in the *Wikāla*. In 1955 Bizimlāl visited the house, which was at the time supervised by Abū Isḥāq Ibrāhīm Iṭfayyiš, to find it in a poor state. Fifteenth of August 1967 the *waqf* of Wikālat al-Baḥḥār was confiscated by the Egyptian authorities[8]. In 1972 the building did not exist anymore.

Already in the 17th century the quarter of Ibn Ṭūlūn was a Maġribī commercial centre ; in the middle of that century 48 Maġribī shops were registered there[9]. This early Maġribī, and Jerban, presence is clear from renting and house

quarter of the proceeds of which was to be used to support Ibāḍī students in Cairo. He also unfolded a program for higher Ibāḍī studies in Cairo.

1 Sālim ibn Yaʿqūb.

2 Abū al-Yaqẓān Ibrāhīm.

3 Abū al-Yaqẓān Ibrāhīm and Sālim ibn Yaʿqūb. The family al-Laynī had ties with Cairo for 400 years. The first member of the family to settle in Cairo, Yaḥyà ibn Saʿīd al-Laynī, was in Cairo in 1095/1683-4. The last member of the Laynī family in Cairo was Ramaḍān ibn Yaḥyà al-Laynī (1285-1366/1868-1947). He went in 1308/1890-1 to Cairo to study at al-Azhar University, together with Yūsuf and Ṣāliḥ, sons of Saʿīd al-Yūnisī. He remained 8 or 9 years in Cairo, then he returned to Jerba and thereafter he travelled to Mīzāb to study with Muḥammad ibn Yūsuf Iṭfayyiš. In 1316/1898-9 he returned to Jerba and in 1324/1906-7 he went back to Mīzāb for two years. He taught for two years in Lālūt in the Ğabal Nafūsa. As a child he went blind (information from Sālim ibn Yaʿqūb). BĀBĀʿAMMĪ (2000), II, pp. 149-150.

4 In Sālim ibn Yaʿqūb's catalogue figure Sulaymān and Yūnis ibn Šaʿbān and Aḥmad ibn Daḥmān.

5 Bizimlāl.

6 Sālim ibn Yaʿqūb.

7 Sālim ibn Yaʿqūb. F. ĞAʿBĪRĪ (1975), p. 163 : Sālim ibn Yaʿqūb studied from 1351-1357/1933-1938 in Cairo at the Azhar University, and he got private lessons from Abū Isḥāq Ibrāhīm Iṭfayyiš (d. 1386/1966). He copied many MSS in the library of the Wikālat al-Ğāmūs in Ṭūlūn and in Dār al-Kutub. Back at Jerba, he engaged in teaching in several mosques, and he collected many MSS. He has a rich Ibāḍī library in Ġīzen. In *op. cit.*, p. 62, a photograph of him. BĀBĀʿAMMĪ (2000), II, pp. 167-168 : sheikh Sālim ibn Yaʿqūb lived 1321-1408/1903-1988.

8 Muḥammad Ibrāhīm Iṭfayyiš.

9 A. RAYMOND (1959), p. 358. Idem (1974), pp. 470-476 on Maġribīs in Cairo.

buying contracts from the 17th and 18th centuries[1]. Another Maġribī commercial centre was situated between the mosque al-Mu'ayyad, Ḫān al-Ḫalīlī and al-Azhar[2]. The Maġribī quarter *par excellence* was the Sūq al-Faḥḥāmīn[3], with as centre of activities the Šāriʿ al-Ğūdariyya[4], where around 1880 Muḥammad ibn Yūsuf al-Bārūnī established his printing press. In this quarter also a Wikālat al-Maġāriba was present[5]. From the map in A. RAYMOND (1959) and pp. 357-359, the intense Maġribī presence in Cairo in the 18th century is very clear. The commercial centre of Ibn Ṭūlūn was called Sūq al-Maġāriba and its Maġribī character was maintained until the 19th century[6]. Among the Maġribīs, most Tunisians were from Jerba[7]. They were so firmly established in Egypt, particularly in Cairo and Alexandria, that they had an official representative appointed for them. For example, in a letter from 1858 the Tunisians in Egypt proposed the *Bey* of Tunisia to appoint ʿUmar al-Zuwārī from Jerba as their *wakīl*[8].

Ibāḍī students from the Maġrib already went to Cairo for study long before the 17th century. In the introduction by Qāsim ibn Saʿīd al-Šammāḫī and Muṣṭafà ibn Ismāʿīl al-Miṣrī to *Risāla in lam taʿrif al-Ibāḍiyya* (pp. 3-4) by Muḥammad ibn Yūsuf Iṭfayyiš, it is said that Ṣalāḥ al-Dīn (Yūsuf) ibn Ayyūb ibn Šāḏī (1138-1193)[9] made the great mosque of Abū al-ʿAbbās Aḥmad ibn Ṭūlūn a refuge for Ibāḍī students from abroad, and allowed them to choose their own judges[10]. They cite the *Riḥla* of Ibn Ğubayr al-Kinānī al-Andalusī[11]. In the same *Risāla* Iṭfayyiš says that the Ibāḍīs have their own *riwāq* in the mosque of al-Azhar, near the *riwāq al-Maġāriba* and the *riwāq al-Saʿd al-Taftāzānī wa-al-Mālikiyya* (pp. 29, 33, 46)[12].

---

1 ʿABD AL-RAḤĪM (1982), pp. 143-144, 153-154, 161, etc.

2 A. RAYMOND (1959), p. 340.

3 Idem (1973), map 4 : L 6. Idem (1959), map : L 6.

4 *Op. cit.*, p. 340 ; map : M7.

5 *Ibid.*, map : L5.

6 A. RAYMOND (1973), p. 320 (note 1).

7 Idem (1959), p. 361. See also for example ʿABD AL-RAḤĪM (1982), p. 73, where Muḥammad ibn Ṣāliḥ, Aḥmad ibn Yaḥyà, Muhannà ibn Saʿīd, all Jerbans, are mentioned as important traders in the quarter of Ṭūlūn.

8 A. RAYMOND (1959), p. 362 (n. 129).

9 D.S. RICHARDS (1995).

10 Also the Wikālat al-Ğāmūs (p. 4) and al-Maṭbaʿa al-Bārūniyya (p. 30-31) are mentioned. F. ĞAʿBĪRĪ (1975), p. 258, citing ʿUmar ibn Ramaḍān al-Tilātī (d. 1187/1773), *Nuzhat al-adīb wa-rihānat al-labīb*, MS in the library of Sālim ibn Yaʿqūb, says that Jerbans restored the mosque of Ibn Ṭūlūn after it had become empty.

11 See Ch. PELLAT (1971), p. 755 . IBN JOBAÏR (1949-65), I, p. 56, talks of Maġribīs, not of Ibāḍīs.

12 Iṭfayyiš also says that the Ibāḍīs had the largest *maṭīf* in Mekka and the largest *mazīr* in Ṭayyiba (p. 33).

Abū Isḥāq Ibrāhīm Iṭfayyiš

Abū Isḥāq Ibrāhīm ibn Muḥammad Iṭfayyiš was born in 1886 in Beni Isguen (Mīzāb, Algeria). He received his first studies in Mīzāb, and in 1917 he went to study at the Zaytūna Mosque in Tunis together with Abū al-Yaqẓān Ibrāhīm ibn ʿĪsà and other Mīzābīs (names in ʿAbd Allāh AL-KĀMILĪ (1966), pp. 33-34). While in Tunisia, he was banned by the French authorities for his political activities and in February 1923 he travelled to Egypt. In Cairo he had a close relationship with Muḥibb al-Dīn al-Ḫaṭīb, owner of al-Maṭbaʿa al-Salafiyya, and most, if not all, Iṭfayyiš' publications were printed at the Salafiyya press. He founded a periodical, of which the first issue appeared in *Muḥarram* 1344/July-Aug. 1925 (*al-Minhāǧ*) and he published many Ibāḍī books. Abū Isḥāq seems to have been a member of the foundation committee of the Society of Muslim Brethren and Ḥasan al-Bannā' (d. 1928) was among his friends[1]. In 1940 he started working in Dār al-Kutub[2]. From 1954 onwards, the Imam of the interior of Oman, Ġālib ibn ʿAlī al-Hinā'ī, asked Abū Isḥāq to present the Omani question before the Arab League and the United Nations.

Although Abū Isḥāq was married in Mīzāb, he had no children there. In Cairo he married Sabʿiyya bint Qāsim al-Šammāḫī, who bore him five sons : Muḥammad, Sulaymān, Aflaḥ, al-Rabīʿ and Ǧābir, and one daughter, Ḥamīda. He also married a girl from Zanzibar : Suʿād al-Zinǧibāriyya, with whom he had no children.

Abū Isḥāq died in Cairo 26 December 1965[3]. He was buried in the tomb of the Šammāḫī family *bi-al-qubba bi-ǧiwār Qaṣr ʿĀbīdīn*[4].

Abū Isḥāq's grandfather was Ibrāhīm ibn Yūsuf Iṭfayyiš, who taught in Beni Isguen, passed some time in Oman and afterwards five years in Egypt. He brought a rich library to Mīzāb. He was a brother of the *Quṭb al-a'imma* Muḥammad

---

1 S. BENDRISSOU (2000), III, p. 99, citing Achour Cheurfi, *Mémoire algérienne, dictionnaire biographique.* Algiers : Dahleb, 1996, p. 781.
According to http ://www.geocities/Heartland/Fields/tefayech.html, he was involved in the establishment of Ǧamʿiyyat Šubbān al-Muslimīn, Ǧamʿiyyat al-Hidāya al-Islāmiyya of al-Ḫiḍr Ḥusayn al-Tūnisī, Ǧamʿiyyat Taʿāwun Ǧāliyāt Šimāl Ifrīqiyā, etc.

2 Communication of Muḥammad Ibrāhīm Iṭfayyiš, Cairo, Sept. 1972 ; BĀBĀʿAMMĪ (2000), II, p. 24 ; ʿAbd Allāh AL-KĀMILĪ (1966), p. 13 : 1930.

3 S. BENDRISSOU (2000), III, p. 101 : d. 13 Jan. 1966.

4 Most of the above is from ʿAbd Allāh AL-KĀMILĪ (1966). More information in S. BENDRISSOU (2000), III, pp. 98-101, and in Nāṣir, *al-Šayḫ Ibrāhīm Iṭfayyiš fī ǧihādi-hi al-islāmī.* al-Qarāra : Ǧamʿiyyat al-Turāṯ, 1991, (226 p.) (last work not seen). BĀBĀʿAMMĪ (2000), II, pp. 24-25.

ibn Yūsuf Iṭfayyiš, and in Mīzāb he had studied with ʿAbd al-ʿAzīz ibn Ibrāhīm al-Ṯamīnī. He died *circa* 1892-3[1].

As for his ideas and their closeness to those of the Salafiyya movement, P. SHINAR (1961), pp. 113-119, writes, on the basis of Iṭfayyiš' articles in *al-Minhāǧ* : "Iṭfayyiš combines a deep attachment to his native Mīzāb with the ideology of modern Ibāḍism, Salafiya and Islamic renaissance (*Nahḍa*). Naturally, his paper gives pride of place to matters of Ibāḍī interest, such as Mīzābī institutions and grievances against the French, the affairs of Oman and Zanzibar, thus serving in fact as a link between the widely scattered communities of the Ibāḍī sect. *Al-Minhāǧ* also strongly supports Sulaymān al-Bārūnī. In his writing Iṭfayyiš strongly argues that Muslims, and in fact all Eastern peoples, regardless of sect and rite, must unite against Western imperialism and imperialism's handmaid, the Christian missionary societies. He bitterly deplores the Kemalist Revolution, which brought Turkey into the European bloc, and lashes out at the imitators of the West, as well as at the partisans of 'stagnation' (*al-Ǧāmidūn*), under which term are lumped together all those who cling to the *bidʿa* of popular Islam."

Edited and/or annotations by Abū Isḥāq Ibrāhīm Iṭfayyiš

1) Abū Ḥafṣ ʿUmar ibn Ǧamīʿ (end 8th/14th c. or beginning 9th/15th c.) : *Muqaddimat al-tawḥīd wa-šurūḥu-hā li-al-ʿAllāma Badr al-Dīn Abī al-ʿAbbās Aḥmad ibn Saʿīd al-Šammāḫī wa-al-ʿAllāma Abī Sulaymān Dāwud ibn Ibrāhīm al-Tilātī*. Ed., introduction on the three authors and commentary, by Abū Isḥāq Ibrāhīm Iṭfayyiš. Cairo 1353/1934-5, (120, 4 p., 24x16 cm.)[2].

---

1 M.ʿA. DABBŪZ (1965), I, pp. 284-285. BĀBĀʿAMMĪ (2000), II, pp. 36-37 : died 1303/1886.

2 On the author see A. de C. MOTYLINSKI/T. LEWICKI (1960a). The Cairo 1353/1934-5 ed. has been re-published by Ḫalīfa ibn Saʿīd al-Šaybānī, *Muqaddimat al-tawḥīd, tarǧama-hā min al-Barbariyya al-ʿAllāma Abū Ḥafṣ ʿUmar ibn Ǧamīʿ, wa-maʿa-hā šarḥāni* ..., [Beirut], 1392/1973, 2nd ed., (167 p., 24x16,5 cm.). Also an ed., with a slighly different title, in Muscat : [MNHC], [1989]. A reprint, [Cairo], [circa 1995], (120 p.). P. CRONE (2001), pp. 333-334 : in Iṭfayyiš, Abū Isḥāq Ibrāhīm (ed.), *al-Maǧmūʿa al-qayyima*, Bahlā/Beirut 1989. J. SCHACHT (1956), p. 389 (nr. 68) : in a collection, 2nd ed. Cairo, 1370/1951 : called *Muqaddimat al-tawḥīd*, in which also Hilāl ibn Zāhir ibn Nāṣir al-Yaḥmadī, *K. al-Niyyāt wa-alfāẓ al-ʿuqūd*. *Op. cit.*, p. 391 (nr. 85) : another printed edition is called *Tawḥīd al-ʿazzāba* ; another printed edition at the beginning of a collection, with commentary of Dāwud al-Tilātī. Several other printed editions (e.g. Constantine 1323/1905-6, see A. de C. MOTYLINSKI/T. LEWICKI (1960a)), sometimes with the title *Tawḥīd al-ʿazzāba*. Saʿīd AL-BĀRŪNĪ (1951), pp. 1-17. *Maǧmūʿa* (1966), introduction : Ṣāliḥ ibn ʿUmar ibn Dāwud al-Yasqanī wrote several glosses, also one on the *ʿAqīda* of ʿAmr ibn Ǧamīʿ [Abū Ḥafṣ ʿUmar ibn Ǧamīʿ] entitled *ʿAqīdat al-ʿazzāba*. P. CUPERLY (1984), pp. 49-71 : a discussion of the work, together with al-Ǧanāwunī's *ʿAqīdat al-tawḥīd/ʿAqīdat Nafūsa*. T. LEWICKI (1936), p. 275 : translation into Arabic of a *ʿAqīda* in Berber, a sort of catechism, with much authority, especially among the Ibāḍīs of Jerba (A. AL-ŠAMMĀḪĪ (1883-4), pp. 561-562). A. de C. MOTYLINSKI (1908), pp. 505-545, gives a translation and commentary. R. RUBINACCI (1964) : a study, with a translation, of *ʿAqīdat al-tawḥīd* from al-Ǧanāwunī's *K. al-Waḍʿ*, with a comparison

2) al-Bārūnī, Abū al-Qāsim Saʿīd Yaḥyà (d. 1952) : *Ḥayāt Sulaymān Bāšā al-Bārūnī Zaʿīm al-muǧāhidīn al-ṭarābulusiyyīn*. N. pl, 1367/1948, (161 p., 24x16 cm.). 2nd enlarged and rev. ed. Introductions by al-Amīr ʿUmar Ṭūsūn Bāšā, Abū Isḥāq Ibrāhīm Iṭfayyiš, Sulaymān's daughter Karīma, al-Yūzbāšī Muḥammad Ibrāhīm Luṭfī al-Miṣrī.

3) al-Bārūnī, Abū al-Rabīʿ Sulaymān (1892-1962) : *Muḫtaṣar Tārīḫ al-Ibāḍiyya*. Tunis : Maktabat al-Istiqāma, n.d., (79 p., 23x17 cm.). 2nd enlarged and rev. ed. Printed in Cairo at al-Maṭbaʿa al-Salafiyya (21 Š. al-Fatḥ bi-al-Rawḍa). On p. 75 : completed *Ramaḍān* 1355/1936[1].

4) al-Ǧanāwunī, Abū Zakariyyā' Yaḥyà ibn al-Ḫayr ibn Abī al-Ḫayr : *K. al-Waḍʿ, Muḫtaṣar fī uṣūl al-fiqh*. Ed. and annotations by Abū Isḥāq Ibrāhīm Iṭfayyiš. Cairo : Maṭbaʿat al-Faǧǧāla al-Ǧadīda (38, Š. al-Šayḫ al-Quwayšī, ḫalfa Madrasat al-Tiǧāra bi-al-Ẓāhir), 1381/1961-2. 1st impr.[2], (254, 1 p.). In the introduction a biography of the author. *The ʿAqīda* (*Bāb al-tawḥīd*) is on the first 37 pages.

5) Ibn Durayd, Abū Bakr Muḥammad ibn al-Ḥasan (223/837-321/933) : *al-Malāḥin*. Ed. Abū Isḥāq Ibrāhīm Iṭfayyiš, Cairo : al-Maṭbaʿa al-Salafiyya, 1347/1928-9, (XIII, 129 p., 19,5x14 cm.). With an introduction on the author by Iṭfayyiš[3].

6) Id. : *al-Maqṣūra*[4].

---

with Abū Ḥafṣ ʿUmar ibn Ǧamīʿ. Translated, together with other Ibāḍī materials, by J.A. WILLIAMS (1993), chap. 6. Iṭfayyiš, Muḥammad ibn Yūsuf : *Šarḥ ʿAqīdat al-tawḥīd*. P. CUPERLY (1972), p. 266 : commentary on the *Muqaddimat al-tawḥīd* of Abū Ḥafṣ ʿUmar ibn Ǧamīʿ. Lith., Algiers, 1326/1908-9, (458 p.) ; Idem (1984), p. 341 : lith., Cairo 1326/1908-9, (458 p.) ; M.ʿA. DABBŪZ (1965), I, p. 315 : *Šarḥ ʿAqīdat al-ʿazzāba* by Ibn Ǧamīʿ ; Muscat : MNHC, 1403/1983, (232 p.) ; J. SCHACHT (1956), p. 380 (nr. 8) : printed edition with after it *Šarḥ al-Aḥādīṯ al-arbaʿīn* by ʿAbd al-ʿAzīz ibn Mūsà ibn Yūsuf al-Muṣʿabī al-Yasqanī, Algiers, 1326/1908-9. Idem (1960), p. 736 : *Šarḥ R. al-Tawḥīd*. Algiers 1326/1908-9. ʿAbd Allāh AL-KĀMILĪ (1966), p. 51 : *Šarḥ Tawḥīd al-ʿazzāba*. Ed. by Abū Isḥāq Ibrāhīm in Cairo. See p. 113, note 4, Abū Ḥafṣ ʿUmar ibn Ǧamīʿ, *K. al-Tawḥīd*.

Al-Ǧanāwunī also wrote a *ʿAqīda* : al-Ǧanāwunī, Abū Zakariyyā' Yaḥyà ibn al-Ḫayr ibn Abī al-Ḫayr, *Hāḏā K. ʿAqīdat al-tawḥīd li-Abī Zakariyyā' Yaḥyà al-Ǧanāwunī ... wa-hiya al-latī yusammūna-hā ʿAqīdat Nafūsa, wa-talī-hā Waṣāyā Maḥmūd ibn Naṣr [al-ʿUmānī] fī al-mawāʿiẓ wa-al-naṣā'iḥ wa-R. fī ādāb al-ṣuḥba wa-al-muʿāšara maʿa al-ḫāliq wa-al-ḫalq*. Lith., printed [in Algeria]. Commissioned by Muḥammad ibn Ṣāliḥ ibn ʿĪsà ibn Sulaymān, beginning of *Raǧab* 1325/1907-8, (56, 10, 28 p., 18x13,5 cm.). On this *ʿAqīda* see : P. CUPERLY (1980-1) ; Idem (1984), pp. 49-71 ; R. RUBINACCI (1964) ; AL-ǦANĀWUNĪ (1973-4), p. 6.

1 Pp. 51-59 : an article by Muḥammad ibn Ṣāliḥ ibn ʿĀmir al-Ṭaywānī, published in *al-Minhāǧ* ; pp. 59-61 : Abū Isḥāq Ibrāhīm Iṭfayyiš on ʿAbd Allāh ibn Ḥumayyid al-Sālimī and his *Tuḥfat al-aʿyān* ; pp. 61-63 : Šakīb Arslān on Oman and Zanzibar. J. SCHACHT (1956), p. 395 (nr. 119) : completed in 1355, Tunis, 1357/1938. W. SCHWARTZ (1983), p. 303 (nr. 41) : n.pl., n.d. (Tunis, 1357/1938, 1st ed.). [Al-Sīb, Oman] : Maktabat al-Ḍāmirī li-al-Našr wa-al-Tawzīʿ, [c. 1980], 2nd enlarged and revised ed., (88 p., 25 cm.).

2 The date is from M.ʿA. DABBŪZ (1963), II, p. 444. Ed. and annotations by Abū Isḥāq Ibrāhīm Iṭfayyiš. [Muscat] : Maktabat al-Istiqāma, [circa 1982], (16, 254 p.). See al-Maṭbaʿa al-Bārūniyya : al-Ǧanāwunī.

3 On Ibn Durayd, see J.W. FÜCK (1971). Ibn Durayd was of Omani origin.

4 BĀBĀʿAMMĪ (2000), II, p. 24.

7) Iṭfayyiš, Muḥammad ibn Yūsuf : *al-Ḏahab al-ḫāliṣ al-munawwah bi-al-ʿilm al-qāliṣ*. With annotations of Abū Isḥāq Ibrāhīm Iṭfayyiš. Cairo : al-Maṭbaʿa al-Salafiyya, 1343/1924-5, (11, 340, 12 p., 24x17 cm.)[1].

8) Id. : *K. al-Rasm fī taʿlīm al-ḫaṭṭ*. Cairo : al-Maṭbaʿa al-Salafiyya, 1349/1930-31, (126 p., 20x14 cm.) ; ed. Abū Isḥāq Ibrāhīm Iṭfayyiš[2].

9) Id. : *Šāmil al-aṣl wa-al-farʿ*. Cairo : al-Maṭbaʿa al-Salafiyya, 1348/1929. Ed. Abū Isḥāq Ibrāhīm Iṭfayyiš. 2 vols. in one, (8, 287, 264 p., 24x15,5 cm.)[3].

10) Id. : *Šarḥ K. al-Nīl*. Vols. 8-10. Vol. 8, (5, 503, 1 p.), al-Maṭbaʿa al-Salafiyya, Sālim ibn Muḥammad ibn Sālim al-Ruwāḥī and Abū Isḥāq Ibrāhīm Iṭfayyiš, *taṣḥīḥ* Iṭfayyiš ; vol. 9, (525,3 p.), al-Maṭbaʿa al-Salafiyya, 1343/1924-5 (id.) ; vol. 10, (534, 10 p.), al-Maṭbaʿa al-Salafiyya, 1343/1924-5 (id.).

11) Id. : *al-Sīra al-ǧāmiʿa min al-muʿǧizāt al-lāmiʿa*. Cairo : Maṭb. al-Salafiyya, 1344/1925-6, 2nd ed., (8, 252 p., 24x16 cm.). Commissioned by Sālim ibn Sulṭān ibn Qāsim al-Riyāmī from Zanzibar[4].

12) al-Ḫarūṣī, Sayf ibn Nāṣir ibn Sulaymān (d. 1923-4) : *K. Ǧāmiʿ arkān al-Islām li-šayḫi-nā Sayf ibn Nāṣir ibn Sulaymān al-Ḫarūṣī, al-mutawaffà 1342*. Ed. Abū Isḥāq Ibrāhīm Iṭfayyiš. 2nd impr., Cairo, 1346/1927-8, (119 p., 24x16 cm.)[5].

13) *Maǧmūʿ fī-hi* ... al-Bārūnī, Abū al-Qāsim Saʿīd Yaḥyà (ed.) : *Maǧmūʿ fī-hi muqaddimat al-tawḥīd ; wa-talqīn al-ṣibyān ; wa-ḫuṭbatā al-ʿīdayni ; wa-k. al-niyyāt ; wa-al-našʾa al-muḥammadiyya ; wa-qaṣīda ġāyat al-murād fī al-tawḥīd ; wa-awʿiya*. Cairo : Maṭbaʿat al-Faǧǧāla al-Ǧadīda (27, Š. al-Faǧǧāla), 1370/1951, (235 p., 23x15 cm.), 2nd impr. *Taṣḥīḥ* Abū Isḥāq Ibrāhīm Iṭfayyiš. Commissioned by Ḥamūd ibn Sālim ibn Muḥammad al-Ruwāḥī and his brothers at Zanzibar[6].

---

1 2nd ed., Algiers/Constantine : Dār al-Baʿṯ, 1400/1980 (340 p.). On dogmatics.

2 Muscat : MNHC, 1404/1984, (94 p.).

3 [Muscat] : MNHC, 1984. DABBŪZ (1965), I, p. 318 : on *fiqh* (*al-Ṭahārāt wa-al-ṣalāt wa-aḥkāmu-hā wa-asrāru-hā*).

4 Introduction of 8 p. by Abū Isḥāq Ibrāhīm Iṭfayyiš, who wrote also a postscript (pp. 241-242), in which he says that this second impression has been corrected on the basis of another and better MS copy from Mīzāb, and that he added a table of contents. See I. IṬFAYYIŠ (1925-31), II, pp. 1-2, 106-107, also for the contents of the book. http ://ibadhiyah.net/books/books-hadith.html (Dec. 2001) : lith. and modern reprint.

5 Ed. Muḥammad al-Ṭamīnī. Cairo : Maṭbaʿat al-Kīlānī (Š. al-Bustān, Bāb al-Lūq), n.d. (120 p., 24x16 cm.). P. 120 : MS completed 27 *Ǧum*. II 1330/1912. The author was from Zanzibar.

6 Pp. 5-17 : Abū Ḥafṣ ʿUmar ibn Ǧamīʿ, *Muqaddimat al-tawḥīd* ; 18-24 : Abū Muḥammad ʿAbd Allāh ibn Ḥumayyid al-Sālimī, *Ġāyat al-murād fī al-iʿtiqād* ; 25-125 : Abū Muḥammad ʿAbd Allāh ibn Ḥumayyid al-Sālimī, *Talqīn al-ṣibyān mā yalzam al-insān* ; 126-137 : Saʿīd ibn Ḫalfān al-Ḫalīlī, *Ḫuṭbatā al-ʿīdayni al-aḍḥà wa-al-fiṭr* ; 138-175 : Hilāl ibn Zāhir al-Yaḥmadī (rev. by Abū Isḥāq [Iṭfayyiš]), *K. al-Niyyāt wa-alfāẓ al-ʿuqūd wa-mā yuǧrī maǧrā-hā* ; 176-226 : Nāṣir ibn Sālim ibn ʿUdayyim al-Ruwāḥī (rev. and comm. Abū Isḥāq Iṭfayyiš), *al-Mawlid al-nabawī al-musammà al-Našʾa al-muḥammadiyya* ; 228-235 : *Fihrist*. 227 : *ṣaḥḥaḥa hāḏā al-Kitāb ǧamīʿa-hu wa-iʿtamada ṭabʿa-hu Abū Isḥāq Iṭfayyiš*. Introductions by him on pp. 2-4 (on Abū Ḥafṣ, from al-Šammāḫī, *Siyar*), 26-38 (on *al-Aḥkām*), 177-186 (on the celebration of *al-Mawlid al-nabawī*).

14) [*Maǧmūʿa*] : this collection consists of two parts, the first published in Cairo : al-Maṭbaʿa al-Salafiyya, 1344/1925-6, (176 p., 20x14 cm.) and the second also in Cairo : al-Maṭbaʿa al-Salafiyya, 1345/1926-7, (47 p., 20x14 cm.). Introductions and notes by Abū Isḥāq Ibrāhīm Iṭfayyiš[1].

15) al-Rabīʿ ibn Ḥabīb : *al-Ǧāmiʿ al-ṣaḥīḥ. Tartīb musnad al-Rabīʿ ibn Ḥabīb*. Cairo : al-Maṭbaʿa al-Salafiyya, 1349/1930-1, (4 parts : 80, 78, 45, 40 pp. ; 24x15,5 cm.).

16) al-Sālimī, ʿAbd Allāh ibn Ḥumayyid : *Ǧawhar al-niẓām fī ʿilmay al-adyān wa-al-aḥkām*. Cairo : al-Maṭbaʿa al-ʿArabiyya, 1344/1925, 4 parts in 1 vol., (765 p., 18x13 cm.). Commissioned by Yūsuf Tūmā al-Bustānī, Ṣāḥib Maktabat al-ʿArab bi-al-Faǧǧāla bi-Miṣr. With a biography of the author and notes by Abū Isḥāq Ibrāhīm Iṭfayyiš[2].

17) Id. : *Tuḥfat al-aʿyān bi-sīrat ahl ʿUmān*. Ed. Abū Isḥāq Ibrāhīm Iṭfayyiš, 2 vols., Cairo : al-Maṭbaʿa Salafiyya, 1347-1350/1928-9 - 1931-2[3].

18) al-Warǧlānī : see al-Rabīʿ ibn Ḥabīb.

---

1 Part 1 : Introduction (22 p.) ; ʿAbd Allāh ibn Ḥumayyid al-Sālimī, *Talqīn al-ṣibyān mā yalzam al-insān* (pp. 1-111) ; Saʿīd ibn Ḫalfān al-Ḫalīlī al-Ḫarūṣī, *Ḫuṭbatā al-ʿīdayni al-aḍḥà wa-al-fiṭr* (112-125) ; Hilāl ibn Zāhir al-Yaḥmadī, *K. al-Niyyāt wa-alfāẓ al-ʿuqūd wa-mā yuǧrī maǧrā-hā* (126-168) ; *Fihrist* (169-176). Part 2 : Introduction (15 p.) ; Nāṣir ibn Sālim ibn ʿUdayyim al-Ruwāḥī, *al-Mawlid al-nabawī al-musammà al-Naš'a al-muḥammadiyya* (pp. 1-40) ; *al-Ḫātima* (41-47). Announcement of the last work in I. IṬFAYYIŠ (1925-31), II, pp. 1-2, 108-109, commissioned by Sālim ibn Muḥammad ibn Sālim al-Ruwāḥī. Another collection, which perhaps is a reprint of an ed. by Abū Isḥāq, was published in Muscat : Maktabat al-Istiqāma, 1979, (208 p., 22 cm.), 10th impr., containing : al-Sālimī, ʿAbd Allāh ibn Ḥumayyid, *Talqīn al-ṣibyān mā yalzam al-insān* ; al-Yaḥmadī, Hilāl ibn Zāhir, *R. al-Niyyāt* ; al-Ḫalīlī, Saʿīd ibn Ḫalfān, *Ḫuṭab li-al-ʿīdayni wa-al-istisqā'* ; *Adʿiya mustaǧāba*.

2 An edition by Abū Isḥāq Ibrāhīm Iṭfayyiš, commissioned by "someone who wishes to publish wisdom", and Sulaymān and Aḥmad al-Sālimī. Cairo : Dār al-Hanā' li-al-Ṭibāʿa, 1381/1961-2, 4th ed., 4 parts in 1 vol. (IX, 646, IV p., 23x16 cm.). Pp. I-IX : the life and works of the author by Iṭfayyiš. A reprint of the above mentioned edition, commissioned by Sālim ibn Saʿīd ibn Sālim al-Izkī/Sultan Qābūs ibn Saʿīd [of Oman], Cairo : Maṭbaʿat al-Naṣr (11, Š. Aḥmad Badawī, Šubrà), 1394/1974, (IX, 282, 3 p., 24x17 cm.). I. IṬFAYYIŠ (1925-31), I, 8 (1344/1925-6), p. 469 : announcement and review : for sale from Rāšid ibn Aḥmad al-Ḥabsī al-Zinǧibārī, or from Yūsuf Tūmā al-Bustānī, owner of Maktabat al-ʿArab in Faǧǧāla, or from *al-Minhāǧ*. *Op. cit.*, III, 1-2 (1346/1927-8), p. 110. For sale from Sālim al-Ḥarāṣī al-Izkawī or Sālim al-Ruwāḥī ; also from *al-Minhāǧ*, or from Maktabat al-Istiqāma in Tunis. Ed. by Abū Isḥāq Ibrāhīm Iṭfayyiš, Cairo : al-Maṭbaʿa al-Salafiyya, 1346/1927-8, 4 parts in 1 vol., (9, 363, 5 ; 282,3 pp. ; 24x16 cm.). Iṭfayyiš, Muḥammad ibn Yūsuf, *R. in lam taʿrif al-Ibāḍiyya*, pp. 195-200, is taken from *Ǧawhar al-niẓām*. M. AL-SĀLIMĪ (n.d.), p. 108 : *Urǧūza fī al-adyān wa-al-aḥkām wa-al-aḫlāq wa-al-ḥikam*. More than 14.000 *bayt*s, in four parts, printed twice in Cairo. J.C. WILKINSON (1995), p. 993 : a distillation in an *Urǧūza* of guidelines and judgements written as a sort of aide-mémoire for judges.

3 *R. Asmā' al-a'imma wa-al-ʿulamā'*. Mentioned as about to appear as a supplement to *Tuḥfat al-aʿyān*, vol. 2, on the back-cover of the Cairo 1347/1928-9 edition of *Tuḥfat al-aʿyān*. *GAL* S II, p. 823 : vol. 1, Cairo, 1332/1913-4 (also Y.I. SARKĪS (1928), p. 997 ; Z. SMOGORZEWSKI (1927), p. 12 (332 p.)) and Cairo, 1350/1931-2. Two vols., 1347/1928-9. H. GHUBASH (1998), p. 312 : Cairo : Maṭbaʿat al-Imām, 1961, 2 vols. Vol. 1, ed. Abū Isḥāq Ibrāhīm Iṭfayyiš, 2nd impr., Cairo : Maṭbaʿat al-Šabāb, 1350/1931-2. (352, 1 p., 23x15 cm.). Two vols. in one, ed. Abū Isḥāq Ibrāhīm Iṭfayyiš al-Ǧazā'irī al-Mīzābī, commissioned by Sulaymān and

Works in print by Abū Isḥāq Ibrāhīm Iṭfayyiš

19) Annotations to the article *Barbar* in the Arabic translation of the *Encyclopaedia of Islam*, April 1938/*Muḥarram* 1387.

Aḥmad ibn Muḥammad al-Sālimī, Cairo : Dār al-Kitāb al-ʿArabī, 1380/1961 (404, 324 p., 24,5x17 cm.). Ed. Kuwayt, 1394/1974. Ed. Muscat, 1981. An ed. Muscat : Maktabat al-Istiqāma. A history of Oman from the migration of the Arabs into it until the Imamate of Sālim ibn Rāšid al-Ḫarūṣī (Imam 1913-1920). In vol. 1 on p. 402 of the ed. by Abū Isḥāq Ibrāhīm Iṭfayyiš, Cairo, 1380/1961 : in the 1st impr. it is said that the copying was completed on 26 *Muḥarram* 1331/1913, by Saʿūd ibn Ḥumayyid.
R.G. LANDEN (1967), p. 453 : a history written by one of the founders of the conservative Ibāḍī Imamate in 1913. A major source for Omani events prior to 1910, this work reflects the outlook of fundamentalist Ibāḍī groups bent on establishing their idealistic vision of right conduct in practical life and politics in Oman. Like the Ibn Ruzayq history (*al-Fatḥ al-mubīn*), *Tuḥfat al-aʿyān* is most useful as a source for the period after the mid-eighteenth century. Interestingly enough, large parts of the texts of both works are nearly identical in the sections that deal with Oman's history prior to the 18th century. Evidently both authors drew on a third source — most likely the anonymous *Kašf al-ġumma* (of al-Izkawī, Sirḥān ibn Saʿīd).
I. AL-RAWAS (2000), pp. 15-16 : the work is unique in the sense that it brings together most of the information available in other Omani sources. Sālimī mentions all the authors whose works he consulted, such as Abū al-Muʾṯir al-Ṣalt ibn Ḫamīs al-Ḫarūṣī al-Bahlāwī (*K. al-Aḥdāṯ wa-al-ṣifāt*), Abū Qaḥṭān Ḫālid ibn Qaḥṭān al-Hağārī (*Sīrat Abī Qaḥṭān*), Abū al-Ḥasan ʿAlī al-Baysāwī (*al-Ḥuğğa ʿalà man abṭala al-suʾāl*), Abū al-Munḏir Salāma al-ʿAwtabī al-Ṣuhārī (*Ansāb al-ʿArab*), al-Izkawī (Aḥmad ibn ʿAbd Allāh al-Riqayšī al-Izkawī : *Miṣbāḥ al-ẓalām* ? ; Sirḥān ibn Saʿīd ibn Sirḥān al-Izkawī : *Kašf al-ġumma* ?) and so on. As well as drawing from Omani sources, al-Sālimī quotes from many early Muslim authors such as Abū ʿUbayda, al-Ṭabarī, al-Aṣmaʿī, Ibn al-Aṯīr and Ibn Ḫaldūn. Al-Sālimī's *Tuḥfat al-aʿyān* was used by later authors such as Sālim ibn Ḥamūd al-Siyābī (*ʿUmān ʿabra al-tārīḫ*) and Sālim ibn Ḥamad al-Ḥāriṯī (*al-ʿUqūd al-fiddiyya fī uṣūl al-Ibāḍiyya*).
J.C. WILKINSON (1976), pp. 141-142 : through his teachers Māğid ibn Ḫamīs al-ʿAbrī (c. 1837-1927) and Ṣāliḥ ibn ʿAlī al-Ḥāriṯī (1834/5-1896) he inherited the militant traditions of the great Ibāḍī scholars of the early 19th century and he himself played a key role in the restoration of the Imamate in 1913. This background must always be borne in mind when studying his works, many of which were written with the express purpose of reviving the old *Šārī* (« expansionist ») spirit amongst the faithful. Despite his prejudices however, al-Sālimī was a most meticulous scholar and the present writer has found, in following one of the MSS he used for his *Tuḥfat al-aʿyān*, that he has been absolutely scrupulous in copying exactly what the original contained. So in view of the fact that he scoured the land for every scrap of historical information his work may be considered completely authoritative. Certainly there appears to be relatively little additional direct factual information concerning the events of early Omani history to be found in other sources (at least until the latter part of the Nabāhina period). On the other hand, because al-Sālimī made little effort to organise or interpret his material, and because his work is basically esoteric, little sense can be made of events without considerable study of the Ibāḍī and tribal background : furthermore he has little to say about the constitutional issues dividing the Rustāq and Nizwā parties.

20) Articles in *Ğarīdat al-Wazīr* (Tunis), *Mağallat al-Fatḥ* (Cairo), *Mağallat al-Zahrā'* (Cairo), *Ğarīdat al-Iqdām* (Algiers), *Ğarīdat al-Umma* (Algiers), *Ğarīdat al-Maġrib* (Algiers), etc[1].

21) "al-Barbar fī al-ʿahd al-islāmī", in *Al-Fatḥ* (Cairo : al-Maṭbaʿa al-Salafiyya), XIII, 649 (23 *Ṣafar* 1358/1939), pp. 16-17, 20-21.

22) "al-Barbar fī šimāl Ifrīqiyā wa-marāmī al-istiʿmār", in *Al-Fatḥ* (Cairo : al-Maṭbaʿa al-Salafiyya), XIII, 650 (1 *Rab.* I 1358/1939), p. 12.

23) *al-Diʿāya ilà sabīl al-mu'minīn*. Cairo : al-Maṭbaʿa al-Salafiyya, 1342/1923, (176, 8 p. ; 20x14 cm.)[2].

24) *al-Farq bayna al-Ibāḍiyya wa-al-Ḫawāriğ*. Muscat : Ministry of National Heritage and Culture (MNHC), 1980[3].

25) *Mağālis al-ʿazzāba wa-ṣalāḥiyyatu-hā*. (See *al-Ṣawm bi-al-talifūn wa-al-talġrāf*, pp. 28-32).

26) *Mağmūʿat al-minhāğ*. 1344/1925-6 (488 p.) ; 1345/1926-7 (112 p.) ; 1346/1927-8 (114 p.) ; 1347/1928-9 (48 p.).

---

1 http ://www.geocities.com/Heartland/Fields/6006/tefayech.html. After having checked *al-Zahrā'*, vols. 2-4 and vol. 1, nr. 3, I only found the two articles mentioned below : *Ṣafḥa min* ... A check of *al-Fatḥ*, vols. 2-13 (30 June 1927-1939) and vols. 18-19, nr. 2 (864) resulted in the four articles mentioned in this list. Nevertheless, in *al-Fatḥ*, vol. 12, nr. 551 (17 *Rab.* I 1356/1937), p. 19, the editors speak of "his numerous articles in this journal". In this issue, nr. 551, contributors, with photograph, wrote praising words on the occasion of the beginning of *al-Fatḥ*'s twelfth year. The newspapers and journals mentioned were all against colonialism and supported the venerable Tradition and *al-Nahḍa al-Islāmiyya*. Owner of *al-Fatḥ* and *al-Zahrā'* was Muḥibb al-Dīn al-Ḫaṭīb ; owner of *al-Umma* and *al-Maġrib* was Abū al-Yaqẓān Ibrāhīm ibn ʿĪsà (1888-1973), a great Ibāḍī scholar in Guerrara, who established many newspapers, which, more often than not, were suspended by the French colonial authorities.

2 *GAL* S II, p. 893 : refutation of *R. fī ḏamm al-ibānāt al-falsafiyya wa-al-ʿaṣriyya*. Cairo, 1342/1923-4. S. BENDRISSOU (2000), I, pp. 202-203 : the *muftī* of Mīzāb, Ṣalāḥ ibn ʿUmar Laʿlī (1867-1928), was vehemently against the sending of students to Tunis. In *al-Iqdām* of 11 Aug. 1922 an article blaming the attitude of the *muftī*, signed by Abū Isḥāq Ibrāhīm Iṭfayyiš, was published. In reaction to this article, Laʿlī published in 1923 a booklet entitled *Kašf al-liṯām ʿan aġrāḍ baʿḍ al-li'ām*. This in turn triggered off a reaction in the Tunisian newspaper *al-Ittiḥād* of 16 March 1923, entitled *Iršād al-ḥā'irīn*. The author of this reaction was not mentioned, but he must have been Abū al-Yaqẓān Ibrāhīm, who afterwards published a booklet with the same title. The conflict, however, did not end here : Laʿlī published *al-Barāhīn al-qāṣifa fī al-radd ʿalà tamwīhāt muttabiʿī al-falāsifa*, and to sooth tempers Abū Isḥāq Ibrāhīm Iṭfayyiš published *al-Diʿāya ilà sabīl al-mu'minīn*. See also ABŪ AL-YAQẒĀN (1923). R. STROTHMANN (1927), p. 17 : a call to revive Islam. In general conservative, but nevertheless critical for example towards following obsolete parts of *Fiqh*. To gain self-confidence against the Europeans, the Muslims should study modern sciences and foreign languages. Although principally Ibāḍī authorities are cited, the exhortations for fighting stagnation and for unity among the Muslims are strongly general-Islamic.

3 http ://ibadhiyah.net/papers/khawarij.html, (10 p.), (Dec. 2001). Introduction by Aḥmad ibn Saʿūd al-Siyābī : written at the request of Muḥammad ʿAbd al-Bāqī, *min ʿulamā' al-Azhar*, for his book *al-Dīn wa-al-ʿilm al-ḥadīṯ* (pp. 252-264), with as title *Nubḏa ʿan al-Ḫawāriğ*.

27) (ed.) *al-Maǧmūʿa al-qayyima*. Bahlā/Beirut, 1989[1].

28) *al-Minhāǧ, Maǧalla ʿilmiyya siyāsiyya iǧtimāʿiyya niṣf šahriyya*. (1344-1350/1925-1931, 24x16 cm., 17 issues)[2].

29) *al-Naqd al-ǧalīl li-al-ʿatb al-ǧamīl*. Cairo, 1342/1924, (34 p., 19,5x14 cm.)[3].

30) *Nubḏa fī tārīḫ al-Ḫawāriǧ*[4].

31) "al-Qaḍiyya al-barbariyya", in *al-Hidāya al-islāmiyya* (Cairo), II, 8 (March 1939), pp. 344-347 ; II, 9 (April 1939), pp. 395-399. (Owner of this journal was al-Ḫiḍr Ḥusayn al-Tūnisī).

32) *Qirā'at al-Qur'ān bi-al-uǧra*. (See *al-Ṣawm bi-al-talifūn wa-al-talġrāf*, pp. 24-28).

33) "Ṣafḥa min al-tārīḫ : kayfa imtāzat al-Ibāḍiyya ʿan il-Ḫawāriǧ ?", in *al-Zahrā'* (Cairo : al-Maṭbaʿa al-Salafiyya), I, 3 (15 *Rab.* I 1343/1924), pp. 186-189.

34) "Ṣafḥa min tārīḫ al-Ibāḍiyya. Imāmat al-Ṣalt ibn Mālik al-Ḫarūṣī", in *al-Zahrā'* (Cairo : al-Maṭbaʿa al-Salafiyya), II, 2 (15 *Ṣafar* 1344/1925), pp. 118-121.

35) *al-Ṣawm bi-al-talifūn wa-al-talġrāf*. Cairo : al-Maṭbaʿa al-Salafiyya, 1355/1936-7, (32 p., 24,5x16 cm.)[5].

36) *R. ʿUmān al-imāmiyya*[6].

37) "al-Tašrīʿ al-miṣrī wa-ṣilatu-hu bi-al-fiqh al-islāmī", in *Al-Fatḥ* (Cairo : al-Maṭbaʿa al-Salafiyya), XI, 543 (19 *Muḥarram* 1356/April 1937), pp. 12-13.

Also published in Muḥammad al-Sālimī and Nāǧī ʿAssāf, *ʿUmān tārīḫ yatakallam* (pp. 103-114) and in ʿAlī Yaḥyà Muʿammar, *al-Ibāḍiyya bayna al-firaq al-islāmiyya* (ed. 2001), pp. 510-519.

1 P. CRONE (2001), pp. 333, 334 : *i.a.* Abū Ḥafṣ ʿUmar ibn Ǧamīʿ, *K. Muqaddimat al-tawḥīd*.

2 S. BENDRISSOU (2000), III, p. 98 : forbidden in Algeria 19 Febr. 1926.

3 P. SHINAR (1961), p. 113 : in an article in *al-Naǧāḥ*, 13.3.1925, entitled *al-Nahḍa al-waṭaniyya*, an Ibāḍī correspondent hails the beginnings of a "Saharan patriotic movement" and quotes from an anonymous Mīzābī tract : "The present catastrophes and successive disasters that have befallen the Muslims have prompted every liberal person (*ḥurr*) to ponder the means of the « original » (*ḫalāṣ*) and to wish that the Muslims may close their ranks and unite their force." The title of this pamphlet is given as *al-Naqd al-ǧalīl li-al-ʿatb al-ǧamīl*. The author of this pamphlet seems to strike a new and important note. He goes beyond the narrow confines of the traditional attachment of the Berber to his native soil and pins his hopes on Islamic solidarity and unity. I. IṬFAYYIŠ (1925-31), 1, nrs. 3-4 (1344/1925-6) : a *Risāla* in which (the writer) refutes suspicions by some Šīʿite fanatics concerning the *Ahl al-ḥaqq wa-al-istiqāma*. *GAL*, S II, p. 893 : defence of the Ibāḍīs against a pamphlet *al-ʿAtb al-ǧamīl*, he discovered with the ultra-Šīʿite Muḥammad ibn ʿĀqil ibn ʿAlī ibn Yaḥyà al-ʿAlawī al-Ḥusaynī al-Ḥadramī (1279/1862 - 1350/1931 in Mukalla), with whom he was in contact. *Cf.* R. STROTHMANN (1927), p. 17, who adds : the author's arguments are the usual ones, but unusual is the call for unity among the Muslims and for building a joint front against the intruding foreigners.

4 See *al-Farq bayna al-Ibāḍiyya wa-al-Ḫawāriǧ*.

5 Pp. 6-24 : *al-Ṣawm bi-al-talifūn wa-al-talġrāf* ; 24-28 : *Qirā'at al-Qur'ān bi-al-uǧra* ; 28-32 : *Maǧālis al-ʿazzāba wa-ṣalāḥiyyatu-hā*.

6 http ://www.geocities.com/Heartland/Fields/6006/tefayech.html. BĀBĀʿAMMĪ (2000), II, p. 25.

38) "Walī ʿahd Zinǧibār al-Amīr Saʿūd", in *Al-Fatḥ* (Cairo : al-Maṭbaʿa al-Salafiyya), X, 462 (*Ǧum*. II 1354/1935), pp. 3-4[1].

Works in MS [2]

39) *al-Funūn al-ḥarbiyya fī al-kitāb wa-al-sunna.* 40) *ʿIṣmat al-anbiyāʾ wa-al-rusul*[3]. 41) *R. fī al-Ḫawāriǧ*[4]. 42) *Minhāǧ al-salāma fīmā ʿalay-hi ahl al-istiqāma.* 43) *al-Muḥakkam wa-al-mutašābih*[5]. 44) *Muḫtaṣar al-uṣūl wa-al-fiqh li-al-madāris.* 45) *K. al-Naqd*[6]. 46) *Ṣalāt al-safar.* 47) *Šarḥ al-Malāḥin*[7]. 48) *Tafsīr al-Fātiḥa.* 49) *Tārīḫ al-Ibāḍiyya*[8]. 50) *Taʾwīl al-mutašābih.*

Conclusion

In numbers of titles the Ibāḍī printed works of the period treated in this article may not seem many compared with the overall production of Sunnites[9], but seen in the light of the Ibāḍīs' relatively small numbers they made, and are still making today, an admirable accomplishment.

The publishing activities of the Ibāḍīs in Cairo from the last quarter of the 19th century into the 1960s of the 20th century can be seen as an expression of a renaissance of Ibāḍism, as well in Mīzāb as in Oman, but, actually, scholarly activities had never stopped before nor stopped after this period. Especially in Mīzāb, but also in Oman, during the past few decades several *Ǧamʿiyyāt al-turāṯ*

1 Iṭfayyiš fulminates against the prince's posing on a photograph in an Egyptian newspaper, wearing European cloths and having a hat in his hand, and gives some historical information on Oman and Zanzibar.

2 When not otherwise indicated, these MSS are mentioned in ʿAbd Allāh AL-KĀMILĪ (1966), pp. 60-61.

3 See I. AL-ǦAYṬĀLĪ AL-NAFŪSĪ (1965), pp. 253-254 (note 2), where it seems as if this work has been published.

4 O. OULD-BRAHAM (1988), pp. 11-12 : history of al-Ibāḍiyya from the beginning until the 16th century. MS (5 parts, 320 p. in all) in the library of the author in Cairo (I.M. FEKHAR (1971), p. 387). See *Tārīḫ al-Ibāḍiyya*.

5 BĀBĀʿAMMĪ (2000), II, p. 24.

6 Announcement in Abū Ḥafṣ ʿUmar ibn Ǧamīʿ, *Muqaddimat al-tawḥīd wa-šurūḥu-hā*, ed. Iṭfayyiš, Cairo 1353/1934-5, (p. 122) : shortly shall be published *K. al-Naqd li-šubahāt baʿḍ al-muʾarriḫīn wa-radd iʿtirāḍāt li-baʿḍ al-kātibīn wa-kašf dasāʾis la-hum fī tārīḫ ahl al-ḥaqq wa-al-istiqāma* ... Together with a short history of the *Imām Ahl al-ḥaqq wa-al-istiqāma*, ʿAbd Allāh ibn Ibāḍ and a short history of the Rustamiyyūn, with a map of their kingdom. ʿAbd Allāh AL-KĀMILĪ (1966), p. 61 : MS.

7 See Ibn Durayd.

8 ʿAbd Allāh AL-KĀMILĪ (1966), p. 60 : MS, circa 300 p. See *R. fī al-Ḫawāriǧ*.

9 See M.M. AL-ṬANĀḤĪ (1996), who, unfortunately, does not treat al-Maṭbaʿa al-Bārūniyya. Was this printing press not considered important enough, or did al-Ṭanāḥī wish to treat exclusively printing presses set up by Egyptians ?

have been active, and tenths and tenths, maybe hundreds, of Ibāḍī works have been published or republished, this time often in a more modern Western way, with critical remarks and indexes. Also modern studies on Ibāḍism by Ibāḍī researchers are not few in numbers. In Mīzāb, since the early-mid 1990s a great project is going on of cataloguing manuscripts of as many private libraries as possible, introducing them in a computerized data bank. In Oman the Ministry of National Heritage and Culture, besides collecting manuscripts, since some thirty years is publishing systematically hundreds and hundreds of Ibāḍī manuscripts from the East as well as from the West[1], and is republishing many Ibāḍī books printed before in an earlier period.

Thus, more and more, Ibāḍī works become available to the interested researcher, which opens increasingly more opportunities to study al-Ibāḍiyya from its own sources. On the other hand, new publications are for the outsider difficult to get to or even to know of their existence. But, anyhow, these days al-Ibāḍiyya is more accessible than ever, even the Internet is being used to make Ibāḍism known to the outside world.

Bibliography

ʿABD AL-RAḤĪM (1982), ʿAbd al-Raḥīm ʿAbd al-Raḥmān : *al-Maġāriba fī Miṣr fī al-ʿaṣr al-ʿuṯmānī (1517-1798). Dirāsa fī ta'ṯīr al-ǧāliya al-maġribiyya min ḫilāl waṯā'iq al-maḥākim al-šarʿiyya al-miṣriyya.* Tunis/Algiers : *Manšūrāt al-Maǧalla al-Tārīḫiyya al-Maġribiyya/Dīwān al-Maṭbūʿāt al-Ǧāmiʿiyya, al-Ǧazā'ir.*

ABŪ AL-YAQẒĀN (1923), Ibrāhīm ibn ʿĪsà : *Iršād al-ḥā'irīn.* Tunis : Maṭbaʿat al-ʿArab (Nahj al-Sayyida ʿAǧūla). (The author is called : Ibrāhīm ibn ʿĪsà al-Qarārī. In 1913 an Ibāḍī Koran school was established in Tibesta, which was closed down after six months. In May 1914 a group of Mīzābī children went for schooling to Tunis, but in April 1915 they came back already. Beginning of January 1917, another group of Mīzābī students, among whom also older students, went to Tunis. What they studied there is summed up (p. 6), and apart from this they also were taught the Ibāḍī doctrine by their supervisors in the homes they stayed in. On 29 *Ramaḍān* 1340/1922 an opponent of this study mission to Tunisia delivered a speech against it, against which a short article (*risāla*) was written, without mentioning his name, in *al-Iqdām* (nr. 85, 30 June [1922]). This article in *al-Iqdām* had immediately triggered off a lengthy response entitled *Kašf al-liṯām ʿan aġrāḍ baʿḍ al-li'ām*, which obviously contained detailed and sharp criticism on the teachings that were given in Tunis, which deviated from the path of *al-salaf al-ṣāliḥ*, as well as criticism on Abū al-Yaqẓān personally. In his *Iršād al-ḥā'irīn* Abū al-Yaqẓān refutes, almost line by line, these criticisms, referring to several

[1] *ʿUmān* (1991), p. 170 : 400 MSS have been printed ; more than 4000 MSS have been collected (not all of them Ibāḍī MSS). By now numbers must have increased considerably : www.mnhc.gov/manuscriptinfo.html (Oct. 2002 : 600 MSS published and 4300 MSS collected).

Ibāḍī works as well as to Muḥammad ʿAbduh (*Tafsīr al-Manār*). See also p. 145, note 1, S. BENDRISSOU (2000)).

ABŪ AL-YAQẒĀN (1956), Ibrāhīm ibn ʿĪsà : *Sulaymān Bāšā al-Bārūnī fī aṭwār ḥayāti-hi*. 2 vols. Algiers : al-Maṭbaʿa al-ʿArabiyya, 1376/1956.

Ch. C. ADAMS (1968) : *Islam and Modernism in Egypt. A study of the Reform Movement inaugurated by Muḥammad ʿAbduh*. New York : Russell and Russell (reissue).

ʿAFĪFĪ (1969), Muḥammad al-Ṣādiq : *al-Ittiğāhāt al-waṭaniyya fī al-šiʿr al-lībī al-ḥadīṯ*. Beirut/Cairo/Baghdad : Dār al-Kaššāf li-al-Našr wa-al-Ṭibāʿa wa-al-Tawzīʿ.

I. S. ALLOUCHE (1936) : "Deux épîtres de théologie abadite", in *Hespéris, Archives Berbères* et *Bulletin de l'Institut des Hautes-Études Marocaines* 22 (1936), pp. 57-88. (Translation from *Kitāb al-Dalīl li-ahl al-ʿuqūl* by Abū Yaʿqūb Yūsuf ibn Ibrāhīm al-Warğlānī (lith., Cairo). Pp. 59-74 : *Réfutation de la doctrine ashʿarite des attributs divins et de la non-création du Korʾān* (al-Warğlānī, pp. 36-54). Pp. 75-88 : *Épître du juriste ʿAbd al-Wahhāb ibn Muḥammad ibn Ġālib ibn Numayr al-Anṣārī au juriste éminent Abū ʿAmmār ʿAbd al-Kāfī ibn Abī Yaʿqūb ibn Ismāʿīl al-Tanāwutī dans laquelle il sollicite de ce dernier son avis sur certaines questions posées par les Sunnites, relatives à la promesse et à la menace divines et la vision de Dieu* (al-Warğlānī, pp. 54-72)).

M. AZZAM (1997) : "Al-Subkiyyūn", in *EI*[2] IX, pp. 745-6.

BĀBĀʿAMMĪ (2000), Muḥammad ibn Mūsà : with Ibrāhīm ibn Bakīr BAḤḤĀZ ; Muṣṭ. ibn Ṣāliḥ BĀĞŪ ; Muṣṭ. ibn Muḥammad ŠARĪFĪ. *Muʿğam aʿlām al-Ibāḍiyya min al-qarn al-awwal al-hiğrī ilà al-ʿaṣr al-ḥāḍir. Qism al-Maġrib al-islāmī*. 2 vols. 2nd impr. Beirut : Dār al-Ġarb al-Islāmī.

Y. BAKKŪŠ (1981) : *Šarḥ al-Nīl. Dāʾirat maʿārif fī al-šarīʿa al-islāmiyya. Muḥāḍara ulqiyat bi-Madrasat al-Iṣlāḥ fī Ġardāya ... 12.9.1981*.

A.K. BANG/K.S. VIKØR (1999) : "A tale of three shambas. Šāfiʿī-Ibāḍī legal cooperation in the Zanzibar protectorate. Part I", in *Sudanic Africa : a Journal of Historical Sources* 10 (1999), pp. 1-26. (Pp. 8-11 : information on three Ibāḍī judges, ʿAlī ibn Muḥammad al-Munḏirī (1866-1925), Burhān ibn ʿAbd al-ʿAzīz al-Amawī (1861-1935, from Lamu), Ṭāhir ibn Abī Bakr al-Amawī (1877-1938). Part II of this article was published in the same periodical, nr. 11 (2000), pp. 1-24).

AL-BĀRŪNĪ (n.d.), ʿAbd Allāh ibn Yaḥyà : *Hāḏā K. muštamil ʿalà Dīwān ... ʿAbd Allāh al-Bārūnī wa-dīwān tilmīḏi-hi ... ʿAmr wa-dīwān šayḫ al-Islām wa-li-ġayri-him ayḍ*[an] ... . N.pl., n.d. Lith.

AL-BĀRŪNĪ (1906-7), ʿAbd Allāh ibn Yaḥyà : *R. Sullam al-ʿāmma wa-al-mubtadiʾīn ilà maʿrifat aʾimmat al-dīn ... allafa-hu bi-ṭalab min ... Sulaymān ibn Zayd al-Yafranī, aḥad wuğahāʾ balad Taqrabūsat min Ğabal Nafūsa, ... 1290 taqrīb*[an] *... muḥallāt bi-baʿḍ al-kalimāt ... ḥarrara-hā ibn al-muʾallif* [Sulaymān al-Bārūnī]. Cairo : Maṭbaʿat al-Nağāḥ li-ṣāḥibi-hā Muḥammad Ḥusayn al-Tarzī, 1324/1906-7.

AL-BĀRŪNĪ (1948), Abū al-Qāsim : *Ḥayāt Sulaymān Bāšā al-Bārūnī zaʿīm al-muğāhidīn al-ṭarābulusiyyīn.* N.pl, 1367/1948. 2nd enlarged and rev. ed.

AL-BĀRŪNĪ (1951), Abū al-Qāsim Saʿīd Yaḥyà (ed.) : *Mağmūʿ fī-hi muqaddimat al-tawḥīd ; wa-talqīn al-ṣibyān ; wa-ḫuṭbatā al-ʿīdayni ; wa-k. al-niyyāt ; wa-al-našʾa al-muḥammadiyya ; wa-qaṣīda ğāyat al-murād fī al-tawḥīd ; wa-awʿiya.* Cairo : Maṭbaʿat al-Fağğāla al-Ğadīda (27, Š. al-Fağğāla), 1370/1951. 2nd impr. *Taṣḥīḥ* Abū Isḥāq Ibrāhīm Iṭfayyiš. Commissioned by Ḥamūd ibn Sālim ibn Muḥammad al-Ruwāḥī and his brothers at Zanzibar.

AL-BĀRŪNĪ (1908), Sulaymān : *Dīwān al-Bārūnī.* Cairo : Maṭbaʿat al-Azhār al-Bārūniyya, (li-ṣāḥibi-hā Sulaymān al-Bārūnī wa-aḫaway-hi) (fī al-Ḥabbāniyya bi-Š. Muḥammad ʿAlī), *Ğum.* I 1326/June 1908.

AL-BĀRŪNĪ (1964), Zaʿīma Sulaymān : *Ṣafaḥāt ḫālida min al-ğihād.* Vol. 1. [Cairo] : Maṭābiʿ al-Istiqlāl al-Kubrà.

AL-BĀRŪNĪ (1968 ?), Zaʿīma Sulaymān : *Ṣafaḥāt ḫālida min al-ğihād, li-al-muğāhid al-lībī Sulaymān al-Bārūnī.* Part 1 of vol. 2. [Beirut].

AL-BĀRŪNĪ (1973), Zaʿīma Sulaymān : *Sulaymān al-Bārūnī. Taʿrīf mūğaz.* [Beirut] : Dār Lubnān li-al-Ṭibāʿa wa-al-Našr, 1393/1973.

R. BASSET (1899) : "Les sanctuaires du Djebel Nefousa", in *Journal Asiatique* XIII (1899), pp. 423-470 ; XIV (1899), pp. 88-120. (Text and translation of AL-ŠAMMĀḪĪ (1883-4), pp. 598-600. Pp. 434-436, Arabic text. Each of the 97 translated items is enriched with many elaborate annotations and references. On pp. 427-433 Basset gives a chronological survey of governors and dynasties in Ifrīqiyā, parallel to Imams and governors of Nafūsa and Imams of Tāhert. Reprint of Basset (1899) up to and including item 52 : "Les sanctuaires du Djebel Nefousa", in *Cahiers de Tunisie* 39 I-II/115-116 (1981), pp. 361-395).

C.H. BECKER/C.F. BECKINGHAM (1960) : "Barghash ibn Saʿīd ibn Sulṭān", in *EI²* I, p. 1043.

M. BEN CHENEB (1997) : "Al-Shammākhī, Abū al-ʿAbbās Aḥmad ibn Abī ʿUthmān Saʿīd ibn ʿAbd al-Wāḥid al-Ifranī", in *EI²* IX, pp. 289-90.

S. BENDRISSOU (2000) : *Implantation des Mozabites dans l'Algérois entre les deux guerres.* Thèse de doctorat, Université de Paris VIII, Vincennes Saint-Denis. 4 vols., Jan. 2000.

C. BROCKELMANN (1937-1943) : *Geschichte der arabischen Litteratur.* 5 vols. Leiden : E.J. Brill. [*GAL*]

M. COOK (1981) : *Early muslim dogma. A source critical study.* Cambridge : Cambridge University Press. (Pp. 56-57 on the dating of the *Musnad* of al-Rabīʿ ibn Ḥabīb al-Farāhīdī)[1].

F. CORÒ (1938) : "Suleimān al-Bārūnī, il sogno di un principato berbero e la battaglia di Assaaba, 1913", in *Gli Annali dell'Africa Italiana* II-IV (1938), pp. 957-969. (An Arabic translation on : www.libya1.com/history/sbaruni.htm (Nov. 2002)).

---

[1] See E. FRANCESCA (1998).

P. CRONE/Fr. ZIMMERMANN (2001) (eds.) : *The epistle of Sālim ibn Ḏakwān.* Oxford/New York : Oxford University Press.

G. CRUPI LA ROSA (1953) : "I trasmettitori della dottrina ibāḍita", in *Annali dell'Istituto Universitario Orientale di Napoli* 5 (1953), pp. 123-139. (A study of the chains of transmitters of the Ibāḍī doctrine from : ʿAbd Allāh ibn Yaḥyà al-Bārūnī, *Risālat Sullam al-ʿāmma wa-al-mubtadiʾīn*, pp. 31-41 ; Muḥammad ibn Zakariyyāʾ ibn Mūsà al-Bārūnī al-Qalʿawī, *Nasabat dīn al-muslimīn*, in appendix to AL-ŠAMMĀḪĪ (1883-4), pp. 578-583).

P. CUPERLY (1972) : "Muḥammad Aṭfayyash et sa *Risāla shāfiya fī baʿḍ tawārīḫ ahl Wādī Mīzāb*", in *IBLA : Revue de l'Institut des Belles Lettres Arabes* 130 (1972), pp. 261-303. (Cuperly gives a biography of the author, a list of his works (with additions and corrections to J. SCHACHT (1956)), a general analysis of the *Risāla* and a description of each chapter, and a translation of extracts, with notes).

P. CUPERLY (1980-1) : "Une profession de foi ibāḍite : la profession de foi d'Abū Zakariyyāʾ Yaḥyà Ibn al-Ḫayr Ibn Abī l-Ḫayr al-Ğannāwunī", in *Bulletin d'Études Orientales* 32-3 (1980-1), pp. 21-54. (Pp. 48-54 the full Arabic text of the *ʿAqīdat al-tawḥīd* (*ʿAqīdat Nafūsa*), based on an edition at the beginning of a collection published in 1325/1907-8 (56 p., 18x13 cm.). Cuperly discusses the subjects treated in the *ʿAqīda* (listed on p. 24-25), making a comparison i.a. with the *Muqaddimat al-tawḥīd* of Abū Ḥafṣ ʿUmar ibn Ğamīʿ).

P. CUPERLY (1984) : *Introduction à l'étude de l'Ibāḍisme et de sa théologie.* Algiers : Office des Publications Universitaires, [1984]. (The book consists of two parts. In the first part (pp. 13-176) the historical setting of the formation of the first Ibāḍī *ʿAqīda*s is treated, the Ibāḍī sources in the East and in the West as well as propaganda works and commentaries on the *ʿAqīda*s, followed by a treatment of these *ʿAqīda*s (see below). In the second part (pp. 179-309) theological questions are treated : *Tawḥīd* and divine attributes, the creation of the Koran, the vision of God, divine foreordainement (*Qadr*), the Ibāḍī Imamate. Pp. 47-71 : Abū Ḥafṣ ʿUmar ibn Ğamīʿ, *Muqaddimat al-tawḥīd* ; 47-71 : al-Ğanāwunī, Abū Zakariyyāʾ Yaḥyà, *ʿAqīdat al-tawḥīd* (*ʿAqīdat Nafūsa*) ; 73-92 : al-Malšūṭī, Tibġūrīn ibn ʿĪsà, *Kitāb Uṣūl al-dīn* ; 93-119 : Abū Sahl Yaḥyà ibn Ibrāhīm ibn Sulaymān [al-Warğlānī], *ʿAqīdat al-tawḥīd* ; 121-144 : al-Ğayṭālī, Abū Ṭāhir Ismāʿīl, *Kitāb al-Tawḥīd*, at the beginning of *Qawāʿid al-islām* ; 145-167 : Anonymous, *Kašf al-ġumma* ; 143-144 : *Kitāb al-Tawḥīd*, an introduction to *Qawāʿid al-islām* by Ismāʿīl al-Ğayṭālī, on the position of the Ibāḍīs towards the Ḏimmīs ; 286-288 : *Ḥadīṯ*s listed by Muḥammad ibn Yūsuf Iṭfayyiš in his *Tartīb al-tartīb li-musnad al-Rabīʿ ibn Ḥabīb* ; 331-337 : ʿĀmir al-Šammāḫī, *Uṣūl al-diyānāt* or *Matn al-diyānāt* (331-334 French text, 335-337 Arabic text). Cuperly's work has also been published in 1991).

M.H. CUSTERS (1971) : *Het Imamaat van Sālim ibn Rāšid al-Ḫarūṣī. Kroniek van een periode uit de geschiedenis van Oman, 1913-1920.* Undergraduate thesis, University of Leiden (The Netherlands), May 1971. Not published, (129 p.).

M.H. CUSTERS (1972) : *Sulaymān al-Bārūnī, een ibāḍitisch panislamist.* Undergraduate thesis, University of Leiden (The Netherlands), January 1972. Not published, (66 p.).

M.ʿA. DABBŪZ (1965-9) : *Nahḍat al-Ǧazā'ir al-ḥadīṯa wa-ṯawratu-hā al-mubāraka.* 4 vols. Vol. 1, [Damascus] : al-Maṭbaʿa al-Taʿāwuniyya, 1385/1965 ; vols. 2 and 3, Algiers : al-Maṭbaʿa al-ʿArabiyya li-Dār al-Fikr al-Islāmī, 1969 ; vol. 4, Algiers : al-Maṭbaʿa al-ʿArabiyya, 1969.

A.Ṣ. DAĞĞĀNĪ/ʿA. al-S. ADHAM (1974) : *Waṯā'iq tārīḫ Lībiyā al-ḥadīṯ. Al-Waṯā'iq al-ʿuṯmāniyya, 1881-1911.* Benghazi : *Manšūrāt Ǧāmiʿat Banġāzī.* Printed in Beirut : Dār Ṣādir, 1394/1974. (Pp. 156-158 : *ʿArīḍat ittihām al-šayḫ Sulaymān ibn ʿAbd Allāh al-Bārūnī bi-al-saʿy li-ta'sīs wa-iḥyā' al-dawla al-rustamiyya fī al-ǧabal*, 14 *Muḥarram* 1317/25 *Māyū* 1899).

E. DE LEONE (1960) : *La colonizzazione dell'Africa del Nord (Algeria, Tunisia, Marocco, Libia).* Vol. 2. Padova : CEDAM-Casa Editrice Dott. Antonio Milani.

Encyclopaedia of Islam. New edition. Leiden : E.J. Brill, 1960-. [EI^2].

A.K. ENNAMI (1970) : "A description of new Ibāḍī manuscripts from North Africa", in *Journal of Semitic Studies* 15 (1970), pp. 63-87.

A.K. ENNAMI (1971) : *Studies in Ibāḍism (al-Ibāḍiyya), accompanied by a critical edition of : 1. Section II, part I of K. Qawāʿid al-Islām of Ismāʿīl ibn Mūsà al-Ǧīṭālī. 2. K. Uṣūl al-dīn of Tibġūrīn ibn Dāwud ibn ʿĪsà al-Malšūṭī. 3. Aǧwibat Ibn Ḫalfūn by Abū Yaʿqūb Yūsuf ibn Ḫalfūn.* Ph.D. thesis, Cambridge. ([Bengasi] : University of Libya, Faculty of Arts, 1972, (XXI, 265 p.). Probably the same as : Beirut : Publications of the University of Libya, Faculty of Arts, Beirut : Dār al-Qalam, 1392/1972. The same as the dissertation, but without the texts edited in vol. 2. See ʿA.Ḫ. AL-NĀMĪ (2001). Having completed his Cambridge doctorate, Ennami returned to Libya and had his thesis printed in Benghazi, but the printing was impounded and he left the country to spend the next twenty years or so in exile ; when he went back to Libya again, apparently in the early 1980s, he was imprisoned, his library was confiscated, and he died in jail (P. CRONE (2001), pp. VII-VIII)).

I. FAḪḪĀR (1971) : [On his thesis], in *Al-Ṯaqāfa* (Algiers), I, 3 (July 1971), pp. 109-116.

F.ʿU. FAWZĪ (1997) : *al-Imāma al-ibāḍiyya fī ʿUmān : dirāsa tārīḫiyya li-aḥwāl ʿUmān fī ẓill al-a'imma al-ibāḍiyya fī al-ḥiqba min muntaṣaf al-qarn al-ṯānī al-hiǧrī / al-ṯāmin al-mīlādī ḥattà muntaṣaf al-qarn al-sādis al-hiǧrī / al-ṯāmin ʿašar al-mīlādī* . Al-Mafriq, al-Urdun : Ǧāmiʿat Āl al-Bayt, 1417/1997.

I.M. FEKHAR (1971) : *Les communautés ibadites en Afrique du Nord (Libye, Tunisie, Algérie) depuis les Fatimides.* Paris III, Thèse de Doctorat d'État, Lettres. Paris, (441 p.). Sorbonne W, Thèse 30. (The author mentions 100 Ibāḍī libraries : 87 in Algeria, 5 on Jerba, 1 in Tunis (the Ṯamīnī family) and 7 in Libya (I did not see this thesis). See also I. FAḪḪĀR (1971) for this dissertation.

E. FRANCESCA (1987) : "L'elemosina rituale secondo gli Ibāḍiti", in *Studi Magrebini* 19 (1987), pp. 1-64. (Study and translation of the book on *al-Zakāt* in al-Ǧanāwunī, *K. al-Waḍʿ fī al-furūʿ*. The translation is on pp. 45-64. Comparisons are being made with al-Ǧayṭālī, *Qanāṭir al-ḫayrāt* ; al-Šammāḫī, Abū Sākin ʿĀmir, *K. al-Īḍāḥ* ; al-Qaṣbī al-Nafūsī, *Ḥāšiya ᶜalà K. al-Waḍᶜ* ; al-Ṯamīnī, *K. al-Nīl* ; Iṭfayyiš, *Šarḥ K. al-Nīl* ; Sunnī and Šīᶜī sources).

E. FRANCESCA (1998) : "La fabbricazione degli *isnād* nella scuola ibāḍita : il *Musnad* di ar-Rabīᶜ ibn Ḥabīb", in U. Vermeulen/J.M.F. Van Reeth (eds.), *Law, Christianity, and Modernism in Islamic Society, Proceedings of the 18th Congress of the Union Européenne des Arabisants et Islamisants held at the Katholieke Universiteit Leuven (Sept. 3-9, 1996).* Leuven : Peeters, pp. 39-59. (A detailed study of al-Rabīᶜ ibn Ḥabīb's sources. On pp. 54-56 a brief description of the development of Ibāḍī jurisprudence between the 1st/7th and 3rd/9th centuries)[1].

J.W. FÜCK (1971) : "Ibn Durayd", in EI^2 III, pp. 757-8.

F. AL-ĞAᶜBĪRĪ (1975) : *Niẓām al-ᶜazzāba ᶜinda al-Ibāḍiyya al-wahbiyya fī Ğarba.* Tunis : Institut National d'Archéologie et d'Art.

GAL : see C. BROCKELMANN.

M. GAMOUDI (1983) : *Sulaymān al-Bārūnī : histoire d'un ibadite du Jabal Nafousa, 1873-1940.* Thèse 3ème cycle, Univ. Paris III.

AL-ĞANĀWUNĪ (1973-4), Abū Zakariyyā' Yaḥyà ibn al-Ḫayr ibn Abī al-Ḫayr : *K. al-Ṣawm.* Ed. by Sulaymān Mūsà al-Ğanāwunī and ᶜAlī Sālim ᶜAllūš. Beirut : Dār al-Fatḥ li-al-Ṭibāᶜa wa-al-Našr, 1393/1973-4.

AL-ĠARDĀWĪ (n.d.), Abū Maᶜqil Ṣāliḥ ibn Muḥammad : [Translation into French of *Bāb al-wiṣāya* of Ṯamīnī's *K. al-Nīl*].

ᶜA. al-R. AL-ĞAYLĀLĪ (1977) : "Abū Yaᶜqūb Yūsuf al-Warğalānī wa-kitābu-hu *al-Dalīl wa-al-burhān*", in *Al-Aṣāla* 41 (1397/1977), pp. 162-171.

AL-ĞAYṬĀLĪ AL-NAFŪSĪ (1965), Abū Ṭāhir Ismāᶜīl ibn Mūsà : *K. Qanāṭir al-ḫayrāt.* Ed. ᶜAmr ibn Ḫalīfa al-Nāmī. Vol. 1 : *yaḥtawī ᶜalà Qanṭaray al-ᶜilm wa-al-īmān.* Cairo : Maktabat Wahba (Š. al-Ğumhūriyya 14), 1385/1965[2].

H. GHUBASH (1998) : *Oman. Une démocratie millénaire. La tradition de l'Imāma. L'histoire politique moderne, (1500-1970).* Paris : Maisonneuve & Larose. (Ġubāš, Ḥusayn : *ᶜUmān. Al-Dīmūqrāṭiyya al-islāmiyya. Taqālīd al-imāma wa-al-tārīḫ al-siyāsī al-ḥadīṯ, 1500-1970.* Translated by Antwān Ḥumṣī. Beirut : Dār al-Farābī (P.O.Box 3181/11), 1999, 3rd ed.).

M.M. ĞIBRĀN (1982) : *Sulaymān al-Bārūnī wa-āṯāru-hu al-adabiyya.* Risālat Māğistīr bi-Ğāmiᶜat al-Fātiḥ (Tripoli). Also a printed ed.

M. M. ĞIBRĀN (1992) : "Kitābāt Sulaymān al-Bārūnī al-tārīḫiyya", in *Al-Mağalla al-Tārīḫiyya al-Maġāribiyya/Revue d'Histoire Maghrébine* 67-68 (1992), pp. 321-336.

M. M. ĞIBRĀN (1993) : "al-Šayḫ ᶜAbd Allāh al-Bārūnī. Dirāsa fī aḫbāri-hi wa-āṯāri-hi", in *Al-Mağalla al-Tārīḫiyya al-Maġāribiyya/ Revue d'Histoire Maghrébine* 71-72 (1993), pp. 339-356.

---

1 See M. COOK (1981), L. MASSIGNON (1938), S. AL-QANNŪBĪ (n.d.), M. TALBI (1982), J.C. WILKINSON (1985).

2 See p. 116, note 2.

M. GOUVION/E. GOUVION (1926) : *Le Ḫaréjisme. Monographie du Mzâb.* Casablanca : Imprimeries Réunies de "la Vigie Marocaine" et du "Petit Marocain".

P. GRANDCHAMP (1966) : *Études d'histoire tunisienne, XVIIe-XXe siècles.* Tunis : Publications de l'Université de Tunis (*Faculté des Lettres et Sciences Humaines, 4ème série-Histoire* VI). (Pp. 171-182 : Biographie de Sliman el Barouni (publiée dans : *Chronique de la Libye (Chez le Voisin)*, Tunis, 2e année 1922, pp. 156-160)).

M. HARTMANN (1905) : [On Muṣṭafà ibn Ismāʿīl al-Miṣrī and Qāsim ibn Saʿīd al-Šammāḫī], in *Zeitschrift für Assyrologie* XIX (1905), pp. 354-357.

J. HUGUET (1903) : "Sur le Kitāb n Nīl [*GAL* S II, 697] (un traité complet du droit abadhite)", in *Bulletin et Mémoires de la Société d'Anthropologie de Paris* 4 (1903), pp. 381-391. (A detailed list of contents of ʿAbd al-ʿAzīz ibn Ibrāhīm al-Ṯamīnī's *K. al-Nīl*).

F. HUREAUX (1882) : *Droit mozabite. De la tutelle. Extraits du Nīl.* Trad. par HUREAUX et annotées par El-Hadj Salah (Saïd) BEN MOHAMED. Algiers : Jourdan.

Y. HUWAYDÀ (1965) : *Tārīḫ falsafat al-Islām fī al-qārra al-ifrīqiyya. Al-Ǧuz' al-awwal fī al šimāl al-ifrīqī.* Cairo : Maktabat al-Nahḍa al-Miṣriyya. (Pp. 58-67 : analysis of *K. al-Dalīl li-ahl al-ʿuqūl* by Abū Yaʿqūb Yūsuf ibn Ibrāhīm al-Warǧlānī).

IBN JOBAÏR (1949-65) : *Voyages.* Transl. Maurice Gaudefroy-Demombynes. 4 vols. Paris : Geuthner.

G. IGONETTI (1981) : "Il sangue catameniale secondo un antico testo di diritto ibāḍita", in *Sangue e antropologia biblica nella Patristica II.* Roma, pp. 891-906. (Study and translation of the book on *al-ḥayḍ* in al-Ǧanāwunī, *K. al-Waḍʿ fī al-furūʿ*).

A. IMBERT (1903) : *Le droit abadhite chez les musulmans de Zanzibar et de l'Afrique orientale.* Algiers : Jourdan. (A summary of E. SACHAU (1894), translation of the chapters on the law of succession (ch. 61-77) and testament (ch. 58) in Abū al-Ḥasan ʿAlī ibn Muḥammad ibn ʿAlī al-Basyāwī's *Muḫtaṣar al-Basyawī* (Zanzibar 1886) (pp. 9-12), and a comparison with chapter 21 of ʿAbd Allāh ibn Ibrāhīm al-Ṯamīnī's *Kitāb al-Nīl*, translated by E. ZEYS (1895) (pp. 12-19). A summary of E. SACHAU (1898), pp. 19-21).

E. INSABATO (1918) : *Gli Abaditi del Gebel Nefusa a la politica islamica in Tripolitania.* Rome : Istituto Coloniale Italiano (*Sezione Studi e Propaganda. Memorie e Monografie Coloniali. Serie Islamica*-1).

E. INSABATO (1920) : *L'Islam et la politique des alliés. L'Islam mystique et schismatique. Le problème du Khalifat.* Adapté de l'italien par Magali-Boisnard. Nancey/Paris/Strasbourg : Berger-Levrault. (Pp. 101-126 : Ibāḍites and Pan-Ibāḍism (= previous item)).

IṬFAYYIŠ (1925-31), Abū Isḥāq Ibrāhīm (ed.) : *al-Minhāǧ. Maǧalla ʿilmiyya siyāsiyya iǧtimāʿiyya niṣf šahriyya.* (A neo-Ibāḍī periodical, printed at the Salafiyya printing press in Cairo. 17 issues).

AL-KĀMILĪ (1966), Abū Ra's ʿAbd Allāh ibn Muḥammad : *Abū Isḥāq Ibrāhīm Iṭfayyiš.* Constantine : Maṭbaʿat al-Šihāb, 1385-6/1966.

J.M. LANDAU (1965) : “Prolegomena to a study of secret societies in modern Egypt”, in *Middle Eastern Studies* I (1965), pp. 135-186.

R.G. LANDEN (1967) : *Oman since 1856. Disruptive modernization in a traditional Arab Society.* Princeton, New Jersey : Princeton University Press. (Translated into Arabic by Muḥammad Amīn ʿAbd Allāh, *ʿUmān mundu 1856.* Beirut 1970).

T. LEWICKI (1934a) : “De quelques textes inédits en vieux Berbère provenant d'une chronique ibāḍite anonyme”. Extrait de la *Revue des Études Islamiques* 8 (1934), pp. 275-296 ; “Note additionnelle de A. Basset”, *ibid.*, pp. 297-305.

T. LEWICKI (1934b) : “Une chronique ibāḍite "Kitāb as Siyar" d'Abū al-Abbās Aḥmad aš-Šammāḫī, avec quelques remarques sur l'origine et l'histoire de la famille des Šammāḫīs”, in *Revue des Études Islamiques* 8 (1934), pp. 59-78.

T. LEWICKI (1936) : “Mélanges berbères-ibadites”. Extrait de la *Revue des Études Islamiques* 10 (1936), pp. 267-285. Note by A. Basset, *ibid.*, pp. 287-296.

T. LEWICKI (1960) : “Abū Ghānim Bishr ibn Ghānim al-Khurāsānī”, in *EI*^{2} I, p. 120.

T. LEWICKI (1961) : “Les historiens, biographes et traditionnistes ibāḍites-wahbites de l'Afrique du Nord du VIIIe au XVIe siècle”, in *Folia Orientalia* 3 (1961), pp. 1-134. (Lewicki used the following sources : Ibn al-Ṣaġīr, *Tārīḫ al-a'imma al-rustamiyyīn* ; Abū Zakariyyā' Yaḥyà ibn Abī Bakr al-Warǧlānī, *K. al-Sīra wa-aḫbār al-a'imma* ; Anonymous, *Siyar al-mašāyiḫ* ; Abū al-Rabīʿ Sulaymān ibn ʿAbd al-Salām al-Wisyānī, *K. al-Siyar* ; Anonymous, *Ḏikr asmā' baʿḍ šuyūḫ al-wahbiyya* ; al-Darǧīnī, *K. Ṭabaqāt al-mašāyiḫ* ; al-Barrādī, *K. al-Ǧawāhir al-muntaqāt* ; Anonymous, *Tasmiyat mašāhid al-ǧabal* ; al-Šammāḫī, *K. al-Siyar* ; Muḥammad ibn Zakariyyā' ibn Mūsà al-Bārūnī, *Nasabat dīn al-muslimīn.* Arabic transl. : *al-Mu'arriḫūn al-ibāḍiyyūn fī Ifrīqiyā al-šimāliyya.* Transl. Māhir and Rīma Ǧarrār. Beirut : Dār al-Ġarb al-Islāmī, 2000, (224 p., 22x15 cm.)).

T. LEWICKI (1965) : “al-Djayṭālī, Abū Ṭāhir Ismāʿīl ibn Mūsā”, in *EI*^{2} II, p. 515.

T. LEWICKI (1971a) : “Ibāḍiyya”, in *EI*^{2} III, pp. 648-660.

T. LEWICKI (1971b) : “Ibn al-Naẓar al-ʿUmānī, Abū Bakr Aḥmad ibn Sulaymān”, in *EI*^{2} III, p. 900.

Maǧmūʿat (1966) : *Maǧmūʿat mutūn dīniyya.* Ta'līf al-Šayḫ al-Ḥāǧǧ Ṣāliḥ IBN ʿUMAR wa-al-Šayḫ Ibrāhīm IBN ABĪ BAKR. Ed. ʿAbd al-Raḥmān ʿUmar Ibn Yūsuf. Copyright : al-Šaqmah (?), Muḥammad ibn Ibrāhīm. Algiers : al-Maṭbaʿa al-ʿArabiyya li-Dār al-Fikr al-Islāmī, 1386/1966. (Pp. 5-19 : biography of Ṣāliḥ ibn ʿUmar by the editor ; 20-26 : biography of Ibrāhīm ibn Abī Bakr by the editor ; 27-52 : *Manẓūma. Ḫulāṣa marāqī al-ʿawāmm ilà mabādi' al-islām* by Ṣāliḥ ibn ʿUmar ; 53-72 : *Manẓūmat al-ṣiyām* by Ibrāhīm ibn Abī Bakr al-Qarārī. Completed 3 *Ǧum.* I 1363/1944 ; 73-86 : *Manẓūma fī al-ḥayḍ wa-al-nifās wa-masā'ili-himā* by Ibrāhīm ibn Abī Bakr ; 86-150 : *K. Marāqī al-ʿawāmm ilà mabādi' al-islām* by Ṣāliḥ ibn ʿUmar al-Mīzābī).

L. MAʿLŪF (1960) : *Al-Munǧid fī al-luġa wa-al-adab wa-al-ʿulūm.* Beirut : al-Maṭbaʿa al-Kāṯūlīkiyya, 17th ed.

É. MASQUERAY (1878) : *Chronique d'Abou Zakaria.* Trad. et comm. par ... Paris/Algiers : Jourdan/Challamel.

L. MASSIGNON (1938) : [Report on a study of the first four parts of the Tartîb made by his section of the École Pratique des Hautes Études], in *Revue des Études Islamiques* 12 (1938), pp. 410-411. (Concerns the *Tartīb* by Abū Yaʿqūb Yūsuf ibn Ibrāhīm al-Warǧlānī (d. 570/1174) of the *Musnad* or *Ṣaḥīḥ* of al-Rabīʿ ibn Ḥabīb al-Farāhīdī)[1].

AL-MAZĀTĪ (1974), Abū Yaʿqūb Yūsuf ibn Ḫalfūn : *Aǧwibat Ibn Ḫalfūn*. Ed. ʿAmr Ḫalīfa al-Nāmī. Beirut : Dār al-Fatḥ li-al-Ṭibāʿa, 1394/1974.

M. MERCIER (1927) : *Étude sur le waqf abadhite et ses applications au Mzab*. Algiers : Jules Carbonel. (See Z. SMOGORZEWSKI (1928), a critical review with much additional information. As for Ibāḍī sources, Mercier's essay is i.a. based on : ʿĀmir ibn ʿAlī al-Šammāḫī, *K. al-Īḍāḥ* ; Abū al-ʿAbbās Aḥmad al-Šammāḫī ; Saʿīd ibn Yaḥyà al-Ǧāduwī ; ʿAbd al-ʿAzīz ibn Ibrāhīm al-Ṯamīnī, *K. al-Nīl* ; Muḥammad ibn Yūsuf Iṭfayyiš, *Šarḥ K. al-Nīl*).

AL-MIṢRĪ (n.d.), Muṣṭafà ibn Ismāʿīl : *al-Hadiyya al-ūlà al-islāmiyya li-al-mulūk wa-al-umarā' fī al-dā' wa-al-dawā'*. Cairo : al-Maṭbaʿa al-Bārūniyya (bi-al-Ǧūdariyya). (p. 197 : finished 4 *Ǧum*. I 1311/13. Nov. 1893 ; p. 137 : a letter dated 1903).

M.M. MORENO (1949) : "Note di teologia ibāḍita", in *Annali del Istituto Universitario di Studi Orientali di Napoli* 3 (1949), pp. 299-313. (Based on ʿAbd Allāh ibn Ḥumayyid al-Sālimī, *Bahǧat al-anwār* : *Šarḥ anwār al-ʿuqūl fī al-tawḥīd*. In the margin of the first volume of his *K. Ṭalʿat al-šams ʿalà al-alfiyya*, Cairo, n.d. Comparisons are being made with : Ismāʿīl ibn Mūsà al-Ǧayṭālī's *Qanāṭir al-ḫayrāt*; Abū Yaʿqūb Yūsuf ibn Ibrāhīm al-Warǧlānī's *K. al-Dalīl li-ahl al-ʿuqūl* ; ʿAbd al-ʿAzīz ibn Ibrāhīm al-Muṣʿabī's *Šarḥ ʿalà al-qaṣīda al-nūniyya al-musammāt bi-al-Nūr*. Moreno researches the similarity of the Ibāḍī theological doctrines in the East and in the West, making also comparisons with the Muʿtazilites).

A. de. C. MOTYLINSKI (1885) : "Bibliographie du Mzab. Les livres de la secte abadhite", in *Bulletin de Correspondance Africaine* 4 (1885), pp. 15-72. (Pp. 16-30 : translation of the catalogue in *Kitāb al-Ǧawāhir* of al-Barrādī ; 16-22 : works from the East ; 22-23 : MSS from the Ǧabal Nafūsa ; 23-30 : works from the West ; 30-35 : contents of a fragment of the chronicle of Ibn al-Ṣaġīr on the Rustamids ; 36-38 : table of contents of *Kitāb al-Sīra wa-aḫbār al-a'imma* by Abū Zakariyyā' Yaḥyà ibn Abī Bakr al-Warǧlānī ; 38-43 : on *Kitāb Ṭabaqāt al-mašāyiḫ* by al-Darǧīnī with table of contents ; 43-46 : *Kitāb al-Ǧawāhir* of al-Barrādī, table of contents ; 47 : on *Kitāb al-Siyar* by al-Šammāḫī ; 48-65 : table of contents of the same ; 66-70 : index of places and tribes).

A. de C. MOTYLINSKI (1899) : *Le Djebel Nefousa*. Transcription, traduction française et notes avec une étude grammaticale. Paris : Leroux.

A. de C. MOTYLINSKI (1908) : *L'Aqida des Abadhites*. Recueil de textes et de mémoires publié en l'honneur du XIVe Congrès des Orientalistes, Alger 1905, pp. 505-545. (Text and translation of *Muqaddimat al-tawḥīd* (or *ʿAqīdat al-ʿazzāba*, or

[1] See E. FRANCESCA (1998).

Tawḥīd al-ʿazzāba) of Abū Ḥafṣ ʿAmr/ʿUmar ibn Ǧamīʿ (pp. 508-516 Arabic text ; 517-543 translation with annotations ; 544-545 a list of Ibāḍī works concerning their *ʿAqīda*). Also published separately as *L'Aquida populaire des abadhites algériens*, textes, traductions et notes. Algiers : Fontana, 1905, (43 p.)).

A. de C. MOTYLINSKI/T. LEWICKI (1960a) : "Abū Ḥafṣ ʿUmar ibn Djamīʿ", in *EI*² I, p. 121.

A. de C. MOTYLINSKI/T. LEWICKI (1960b) : "Al-Djanāwunī, Abū Zakariyyā' Yaḥyā ibn al-Khayr", in *EI*² I, pp. 166 -7.

A. de C. MOTYLINSKI/T. LEWICKI (1960c) : "al-Thamīnī, ʿAbd al-ʿAzīz ibn Ibrāhīm al-Isdjānī", in *EI*² I, p. 57.

ʿA.Y. MUʿAMMAR (1964-79) : *Al-Ibāḍiyya fī mawkib al-tārīḫ*. 4 vols. Cairo and Beirut, 1384/1964-1399/1979. (Vol. 1 : *Našʾat al-maḏhab al-ibāḍiyya*. Cairo, 1384/Oct. 1964 (164,3 p.) ; vol. 2 part 1 : *al-Ibāḍiyya fī Lībyā*. Cairo, n.d. (220,7 p.) ; vol. 2 part 2 : *al-Ibāḍiyya fī Lībyā*. Cairo, 1384/Aug. 1964 (313, 12 p.) ; vol. 3 : *al-Ibāḍiyya fī Tūnis*. Beirut : Dār al-Ṯaqāfa, 1385/sept.1966 (460, 1 p.) ; vol. 4 : *al-Ibāḍiyya fī al-Ǧazāʾir*. Cairo : Maktabat Wahba, 1399/1979. Vol. 4 also : Ġardāya : al-Maṭbaʿa al-ʿArabiyya, 1405/1985-6 (2 parts in 1 vol., 646 p., 24 cm.). *Taṣḥīḥ* Aḥmad ʿUmar Awkaba).

ʿA.Y. MUʿAMMAR (1976) : *Al-Ibāḍiyya bayna al-firaq al-islāmiyya ʿinda kuttāb al-maqālāt fī al-qadīm wa-al-ḥadīṯ*. Cairo : Maktabat Wahba, 1396/1976. (2nd impr., Muscat : MNHC, 1992, (308 p., 25 cm.). Muscat : MNHC, 1986, 2 vols. (The same works ?). A book written to refute misconceptions on al-Ibāḍiyya. A recent ed. London : Dār al-Ḥikma, 1422/2001, (544 p., 24x17 cm.). ISBN 1-898209-03-0. In the first part of his book (ed. London 2001), Muʿammar treats the following authors : al-Ašʿarī, *Maqālāt al-islāmiyyīn* (pp. 25-45) ; al-Baġdādī, *al-Farq bayna al-firaq* (pp. 46-54) ; Ibn Ḥazm, *al-Faṣl fī al-milal wa-al-niḥal* (pp. 55-62) ; Abū al-Munḏir al-Isfarāyīnī, *al-Tabṣīr* (pp. 63-67) ; Abū al-Fatḥ al-Šahrastānī, *al-Milal wa-al-niḥal* (pp. 68-73). Modern authors : ʿAlī Muṣṭafà al-Ġawābī, *Tārīḫ al-firaq al-islāmiyya* (pp. 79-95) ; Abū Ẓahra, *al-Maḏāhib al-islāmiyya* (pp. 96-109) ; ʿAbd al-Qādir Šayba al-Ḥamad, *al-Adyān wa-al-firaq wa-al-maḏāhib al-muʿāṣira* (pp. 110-121) ; Huwaydà, *Tārīḫ falsafat al-islām min al-qārra al-ifrīqiyya* (pp. 122-149) ; ʿIzz al-Dīn al-Tanūḫī, introduction of his editions of Ibāḍī works (pp. 150-163) ; Ibrāhīm Muḥammad ʿAbd al-Bāqī, *al-Dīn wa-al-ʿilm al-ḥadīṯ* (pp. 164-167) ; a comparison between the latter two (pp. 168-180). Western orientalists : Émile Félix Gautier (pp. 215-234) ; Carlo Alfonso Nallino (pp. 235-258). At the end of part 1, pp. 259-265, a chapter called *al-Liqāʾ bayna al-Ibāḍiyya wa-ahl al-sunna*. Part 2 contains a treatment of several aspects of al-Ibāḍiyya, with on pp. 510-519 : *Nubḏa ʿan al-Ḫawāriǧ* by Abū Isḥāq Ibrāhīm Iṭfayyiš).

ʿA. MUBĀRAK (1969-70) : *Al-Ḫiṭaṭ al-tawfīqiyya al-ǧadīda li-Miṣr al-Qāhira wa-muduni-hā wa-bilādi-hā al-qadīma wa-al-šahīra*. Cairo : Maṭbaʿat Dār al-Kutub. Vol. 2, 2nd impr. 1969 ; vol. 3, 2nd impr. 1970.

Z.M. MUĞĀHID (1950) : *Al-Aʿlām al-šarqiyya fī al-miʾa al-rābiʿat ʿašrat^a al-hiğriyya, min sanat 1301 ilà sanat 1365/1883-1946*. Vol. 2. Cairo : Dār al-Ṭibāʿa al-Miṣriyya al-Ḥadīṯa, *Ǧum*. I 1369/March 1950. (A recent ed. in Beirut : Dār al-Ġarb al-Islāmī, 1994, 3 vols., (1308 p., 24x17 cm.)).

C.A. NALLINO (1916) : "Rapporti fra la dogmatica muʿtazilita e quella degli Ibâditi dell' Africa settentrionale", in *Rivista degli Studi Orientali* 7 (1916-18), pp. 455-460. (Also in *Raccolti di scritti editi e inediti*, vol. II, Rome 1940. Nallino cites i.a. : Abū Sākin ʿĀmir al-Šammāḫī, *Uṣūl al-diyānāt*, with commentary of ʿUmar ibn Ramaḍān al-Ṭulāṭī ; Abd al-ʿAzīz ibn Ibrāhīm al-Muṣʿabī, *Šarḥ ʿalà al-Qaṣīda al-nūniyya al-musammāt bi-al-Nūr* ; al-Ğayṭālī, *Qanāṭir al-ḫayrāt*).

ʿA.Ḫ. AL-NĀMĪ (2001) : *Dirāsāt ʿan al-Ibāḍiyya*. Transl. Mīḫā'īl Ḫūrī. Murāğaʿa wa-taqdīm Muḥammad Ṣāliḥ Nāṣir and Ṣāliḥ Bāğū. Beirut : Dār al-Ġarb al-Islāmī. (An Arabic translation of the English book, which was his doctoral thesis (Cambridge 1971), without the appendices[1]. At the beginning of this translation a biography of al-Nāmī, who "disappeared" while in prison, in 1986).

R.S. O'FAHEY, R.S./K.S. VIKØR (1996) : "A Zanzibari waqf of books : the library of the Munḏiri family", in *Sudanic Africa : a Journal of Historical Sources* 7 (1996), pp. 5-23.

O. OULD-BRAHAM (1988) : "Sur une chronique arabo-berbère des Ibāḍites médiévaux", in *Études et Documents Berbères* 4 (1988), pp. 5-28.

Ch. PELLAT (1971) : "Ibn Djubayr", in *EI²* III, p. 755.

J.E. PETERSON (1976) : "The revival of the Ibāḍī Imāmate in Oman and the threat to Muscat 1913-1920", in *Arabian Studies* III, 1976, pp. 165-188.

J.E. PETERSON (1987) : "Arab nationalism and the idealist politician : the career of Sulaymān al-Bārūnī", in J. Piscatori and G.S. Harris (eds), *Law, personalities, and politics of the Middle East : essays in honor of Majid Ḫadduri*. Boulder : Westview Press and Middle East Institute, pp. 124-139.

T. PHILIPPS (1991) : "Malak Ḥifnī Nāṣif", in *EI²* VI, pp. 219-220.

AL-QANNŪBĪ (1995), Saʿīd ibn Mabrūk : *Al-Imām al-Rabīʿ ibn Ḥabīb, makānatu-hu wa-musnadu-hu*. Muscat : Maktabat al-Ḍāmirī, 1415/1995.

AL-QANNŪBĪ (n.d.), Saʿīd ibn Mabrūk : *Muḫtaṣar min K. al-Imām al-Rabīʿ ibn Ḥabīb, makānatu-hu wa-musnadu-hu*. (http ://ibadhiyah.net/books/al-rabie, (42 p.), (Dec. 2001). Last chapter : *fī ḏikr al-iʿtirāḍāt al-latī uʿturiḍa bi-hā ʿalà al-musnad al-ṣaḥīḥ wa-mu'allifi-hi al-Imām al-Rabīʿ ... wa-ḍahdi-hā*)[2].

M. QŪĞA (1998) : *ʿUlamā' Ğarba, al-musammà rasā'il al-Šayḫ Sulaymān ibn Aḥmad al-Ḥīlātī al-Ğarbī fī ḏikr ʿulamā' Ğarba wa-amākin aḍriḥati-him wa-al-ḥawādiṯ al-latī waqaʿat fī ayyāmi-him wa-mağālisi-him al-ʿilmiyya*. Beirut : Dār al-Ġarb al-Islāmī.

I. AL-RAWAS (2000) : *Oman in early Islamic history*. Reading : Ithaca Press.

A. RAYMOND (1959) : "Tunisiens et Maghrébins au Caire au 18ième siècle. I. Les véhicules : le pèlerinage et le mouvement commercial entre le Maghreb et l'Égypte", in *Les Cahiers de Tunisie* VII (1959), pp. 335-371.

---

[1] See A.K. ENNAMI (1971).

[2] See E. FRANCESCA (1998).

A. RAYMOND (1973-4) : *Artisans et commerçants au Caire au XVIIIe siècle.* 2 vols. Damascus/Paris : Institut Français de Damas/Adrien Maisonneuve.

J.W. REDHOUSE (1921) : *A Turkish and English Lexicon.* Constantinople : The American Board Mission.

D.S. RICHARDS (1995) : "Ṣalāḥ al-Dīn", in *EI*[2] VIII, pp. 910-914.

R. RUBINACCI (1949) : "Notizia di alcuni manoscritti ibāḍiti esistenti presso l'Istituto Universitario Orientale di Napoli", in *Annali dell' Istituto Universitario Orientale di Napoli* 3 (1949), pp. 431-438.

R. RUBINACCI (1952) : "Il "Kitāb al-Ǧawāhir" di al-Barrādī", in *Annali dell'Istituto Universitario Orientale di Napoli* 4 (1952), pp. 95-110. (A detailed study of al-Barrādī's book and a conclusion of its position among the sources for the study of the history of early Islam and the origins of the Ibāḍiyya. Rubinacci mentions in detail al-Barrādī's sources and makes i.a. a comparison with al-Darǧīnī's *Ṭabaqāt al-mašāyiḫ* (pp. 103-104)).

R. RUBINACCI (1957) : "La puritá rituale secondo gli Ibāḍiti", in *Annali dell'Istituto Universitario Orientale di Napoli* 6 (1954-6), pp. 1-41. (A study on ritual purity (*ṭahāra*) among the Ibāḍiyya, based on the following Ibāḍī sources : *K. al-Waḍʿ fī al-furūʿ* of al-Ǧanāwunī ; *Qanāṭir al-ḫayrāt* of al-Ǧayṭālī ; *Qawāʿid al-islām* of al-Ǧayṭālī ; *K. al-Īḍāḥ* of Abū Sākin ʿĀmir al-Šammāḫī ; commentary on *K. al-Īḍāḥ* by [Abū Muḥammad] ʿAbd Allāh ibn Saʿīd al-Sidwīkišī ; commentary on *K. al-Waḍʿ* by [Abū ʿAbd Allāh] Muḥammad [ibn ʿUmar ibn] Abī Sitta al-Qaṣbī [al-Nafūsī] ; *K. al-Nīl* of ʿAbd al-ʿAzīz ibn Ibrāhīm [al-Ṯamīnī] al-Yazǧanī).

R. RUBINACCI (1960) : "Al-Barrādī, Abū al-Faḍl Abū al-Qāsim ibn Ibrāhīm", in *EI*[2] I, p. 1053.

R. RUBINACCI (1964) : "La professione di fede di al-Ǧannāwunī", in *Annali dell'Istituto Universitario Orientale di Napoli* 14 (1964), pp. 553-595. (A study of al-Ǧanāwunī's *ʿAqīda* from his *K. al-Waḍʿ fī al-furūʿ*, with a translation (pp. 576-595). A comparison is made with the *ʿAqīda* of Abū Ḥafṣ ʿUmar ibn Ǧamīʿ).

R. RUBINACCI (1970) : "L'Aḏān presso gl'Ibāḍiti", in *Folia Orientalia* 12 (1970), pp. 279-290. (Mainly based on al-Ǧanāwunī, *Kitāb al-waḍʿ fī al-furūʿ*. Pp. 285-290 : translation of al-Ǧanāwunī, 222-237, chapter 3, on the *āḏān*. Furthermore based on the commentary on the *Kitāb al-Waḍʿ* by Abū Sitta al-Qaṣbī (al-Qaṣbī al-Nafūsī, Abū ʿAbd Allāh Muḥammad ibn ʿUmar ibn Abī Sitta), who used mainly the *Kitāb al-Īḍāḥ* of ʿĀmir al-Šammāḫī and al-Ǧayṭālī's *Qawāʿid* and *Qanāṭir*).

E. SACHAU (1894): "Muhammedanisches Erbrecht nach der Lehre der ibadhitischen Araber von Zanzibar und Ostafrika", in *Sitzungsberichte der königlichen preussischen Akademie der Wissenschaften zu Berlin* VIII (1894), pp. 159-213. (Critical analysis and translation of the chapters on the law of succession (ch. 61-77) and testament (ch. 58) in Abū al-Ḥasan ʿAlī ibn Muḥammad ibn ʿAlī al-Basyāwī's *Muḫtaṣar al-Basyāwī* (Zanzibar 1886)).

E. SACHAU (1898) : "Über eine arabische Chronik aus Zanzibar (von Salîl ibn Muḥammad ibn Razîk)", in *Mitteilungen des Seminars für Orientalische Sprachen* I/2 (1898), pp. 1-19.

Ph. SADGROVE (2001) : *From Wādī Mīzāb to Unguja, Zanzibar's scholarly links.* (19 p.). (Kindly made available to me by Mr. Sadgrove, before its publication. This is a paper read at the first international colloquium of The Institute for the Study of Islamic Thought in Africa (ISITA), May 25-27, 2001. It discusses the links, through correspondence found in the Zanzibar archives, in the late 19th and early 20th century maintained between the remote community of Wādī Mīzāb, in the person of the great Algerian Ibāḍī scholar, Muḥammad ibn Yūsuf Iṭfayyiš (1820/1-1914) and the Sultans of Zanzibar. The letters, in an obscure classical format, i.a. raise questions of patronage, the precarious impecunious position of scholars and problems of publishing).

AL-SĀLIMĪ (1968), ʿAbd Allāh ibn Ḥumayyid : "K. al-Lumʿa al-murḍiya min ašiʿʿat al-Ibāḍiyya", *in Maǧmūʿ sitta kutub*. Algiers : al-Maṭbaʿa al-ʿArabiyya. Commissioned by Mūsà and ʿAlī Bakīr ibn ʿAlī in Ghardaïa, pp. 54-80. (On pp. 66-77 a catalogue of Ibāḍī works, which is partially a copy of al-Barrādī, *Ǧawāhir*, pp. 218-221).

AL-SĀLIMĪ (n.d.), Muḥammad ibn ʿAbd Allāh ibn Ḥumayyid : *Nahḍat al-aʿyān bi-ḥurriyyat ʿUmān*. Cairo : Dār al-Kitāb al-Arabī. Commissioned by Sulaymān and Aḥmad ibn Muḥammad al-Sālimī. (A sequel to his father's *Tuḥfat al-aʿyān*. Treats the events in Oman during the Imamates of Sālim ibn Rāšid al-Ḫarūṣī (1913-1920), Muḥammad ibn ʿAbd Allāh al-Ḫalīlī (1920-1954), and the beginnings of the short-lived Imamate of Ġālib ibn ʿAlī al-Hināʾī)[1].

AL-SĀLIMĪ (1963), Muḥammad ibn ʿAbd Allāh/Nāǧī ʿASSĀF : *ʿUmān, tārīḫ yatakallam*. Damascus : al-Maṭbaʿa al-ʿUmūmiyya, 1383/1963. Commissioned by Sulaymān and Aḥmad ibn Muḥammad al-Sālimī. (First a general geographical and historical introduction on the Gulf and Oman, and on pp. 103-115 a short introduction on the Ḫāriǧites by Abū Isḥāq Ibrāhīm Iṭfayyiš . From page 115 onwards the book deals with the Imamate in Oman, mentioning all the rulers and Imams until Sultan Saʿīd ibn Taymūr al-Būsaʿīdī. From page 172 onwards imperialism/colonialism and foreign influence in the Gulf are treated (172-215). Pp. 216-232 : the period after 1954. Then, on page 231 (*sic*), by Nāǧī ʿAssāf : al-Imām Ġālib ibn ʿAlī al-Hināʾī, always in the light of British influence in Oman and the role of oil ; the conquering of Imam's territory by the British ; the Omani question internationally (246-254). The book offers no useful information on the short-lived Imamate of Ġālib ibn ʿAlī al-Hināʾī).

AL-ŠAMMĀḪĪ (1883-4), Abū al-ʿAbbās Aḥmad ibn Saʿīd ibn ʿAbd al-Wāḥid : *K. al-Siyar*. Lith., [Cairo 1301/1883-4]. At the end : *min ḫaṭṭ ʿammi-nā ʿUmar al-Warrānī, min ḫaṭṭ ʿammi-nā Muḥammad ibn Zakariyyāʾ al-Bārūnī ... ʿalà ḏimmat ... Muḥammad ibn Yūsuf al-Bārūnī wa-šurakāʾi-hi ... fal-yaṭlub-hu min šarīki-hi al-Ḥāǧǧ Sulaymān ibn Masʿūd al-Nafūsī bi-Qusanṭīna bi-al-Ǧazāʾir.*

1 See M. CUSTERS (1971) ; J.E. PETERSON (1976) ; A. UBAYDLI (1988).

ŠARĪFĪ (1990), Bālḥāǧǧ ibn Saʿīd (ed.) : *Tafsīr Kitāb Allāh al-ʿazīz li-Hūd ibn Muḥakkam al-Huwwārī*. Beirut : Dār al-Ġarb al-Islāmī. 4 vols[1].

Y.I. SARKĪS (1928) : *Muʿǧam al-maṭbūʿāt al-ʿarabiyya wa-al-muʿarraba wa-huwa šāmil li-asmāʾ al-kutub al-maṭbūʿa fī al-aqṭār al-šarqiyya wa-al-ġarbiyya ... ilà ġāyat al-sana 1339 al-muwāfiq li-sana 1919 milādiyya.* Cairo : Maṭbaʿat Sarkīs. [Repr. in one vol. 1968 ?].

ŠAYḪŪ (1910-1), al-Ab Luwīs al-Yasūʿī : *Al-Sirr al-maṣūn fī šīʿat al-farmasūn, wa-huwa naẓar tārīḫī adabī iǧtimāʿī*. Beirut, 6 vols. in one ; vol. 1, 3rd ed. ; vol. 2, 2nd ed. ; (36, 48, 48, 52, 48, 60 p.).

J. SCHACHT (1956) : "Bibliothèques et manuscrits abadites", in *Revue Africaine* 100 (1956), pp. 375-398. (Schacht's list is based on the library of Muḥammad ibn Yūsuf Iṭfayyiš (Maktabat al-Quṭb) in Beni Isguen (Mīzāb) and al-Maktaba al-Ġannā', which is incorporated in the former library. In his article Schacht mentions many other Ibāḍī private libraries at Jerba and in Mīzāb. His list has been completed by P. CUPERLY (1972)).

J. SCHACHT (1960) : "Iṭfayyis͟h, Muḥammad ibn Yūsuf ibn ʿĪsā ibn Ṣāliḥ", in *EI²* I, p. 736.

W. SCHWARTZ (1983) : *Die Anfänge der Ibaditen in Nordafrika : der Beitrag einer islamischen Minderheit zur Ausbreitung des Islams.* Wiesbaden : Harrassowitz (*Bonner Orientalistische Studien* : Neue Serie, Band 27/8 ; *Studien zum Minderheitenproblem im Islam*, 8).

P. SHINAR (1961) : "Ibāḍiyya and orthodox reformism in modern Algeria", in Uriel Heyd (ed.), *Scripta Hierosolymitana, IX, Studies in Islamic History and Civilization*, Jerusalem, p. 97-120. (On pp. 113-114 Sulaymān al-Bārūnī and his ideas, and on pp. 114-119 the ideas of Abū Isḥāq Ibrāhīm Iṭfayyiš (based on his writings in his periodical *al-Minhāǧ*)).

G.R. SMITH (1978) : "The Omani manuscript collection at Muscat. Part I : A general description of the MSS.", in *Arabian Studies* IV (1978), pp. 161-190.

Z. SMOGORZEWSKI (1919-24) : "Un poème abâdite sur certaines divergences entre les Mâlikites et les Abadhites", in *Rocznik Orientalistyczny* 2 (1919-24) (publ. 1925), pp. 260-268[2].

Z. SMOGORZEWSKI (1928) : "Review of Mercier : *Étude sur le waqf abadhite*", in *Rocznik Orientalistyczny* VI (1928), (publ. 1929), pp. 243-258. (A critical review, with many additions to the information in M. MERCIER (1927). Pp. 250-254 are dedicated to ʿAbd al-ʿAzīz al-Ṯamīnī, with on p. 252 some sources of *K. al-Nīl* not mentioned by Mercier, and on pp. 252-254 a list of 12 works by al-Ṯamīnī, with annotations. Pp. 256-257 on the whereabouts of MSS collected by A. de C. Motylinski).

R. STROTHMANN (1927) : "Literatur des Ibāḍiten", in *Éphémérides orientales* 31 (March 1927), pp. 13-17. (Short reviews, with annotations, of : al-Šammāḫī, *K.*

---

1 Cl. Gilliot, "Le commentaire coranique de Hūd ibn Muḥakkam/Muḥkim", in *Arabica* XLIV (1997), pp. 179-233.

2 See E. ZEYS (1886), note.

al-Siyar ; Muḥammad ibn Yūsuf Iṭfayyiš, *Wafā' al-ḍamāna bi-adā' al-amāna* ; al-Ǧanawūnī, *K. al-Waḍ*ᶜ ; ᶜAbd al-ᶜAzīz ibn Ibrāhīm al-Muṣᶜabī, *K. al-Nīl* ; Idem, *al-Takmīl li-baᶜḍ mā aḫalla bi-hi K. al-Nīl* ; Muḥammad ibn Yūsuf Iṭfayyiš, *Šarḥ K. al-Nīl* ; al-Warǧlānī, *K. al-Dalīl* ; al-Ǧayṭālī, *Qanāṭir al-ḫayrāt* ; ᶜAbd al-ᶜAzīz ibn Ibrāhīm al-Muṣᶜabī, *al-Asrār al-nūrāniyya* ; Abū Isḥāq Ibrāhīm Iṭfayyiš, *al-Naqd al-ǧalīl li-al-ᶜatb al-ǧamīl* ; Idem, *al-Diᶜāya ilà sabīl al-mu'minīn*. All mentioned in this article).

R. STROTHMANN (2000) : "Al-Wardjlānī, Abū ᶜAmmār ᶜAbd al-Kāfī", in *EI²* X, p. 183.

M. TALBI (1982) : *Études d'histoire ifriqiyenne et de civilisation musulmane médiévale/ Dirāsāt fī tārīḫ Ifrīqiyā wa-fī al-ḥaḍāra al-islāmiyya fī al-ᶜaṣr al-wasīṭ*. Tunis : Université de Tunis, Faculté des Lettres et des Sciences Humaines. (Treating the introduction of Islam in the Maghreb, al-Rabīᶜ ibn Ḥabīb's *Musnad* or *al-Ǧamīᶜ al-ṣaḥīḥ* in the redaction of al-Warǧlānī is being discussed (with on page 37 (note 2) a discussion of L. MASSIGNON (1938))[1].

M. TALBI (1995) : "Rustamids", in *EI²* VIII, pp. 638-40.

M. TALBI (2000) : "Tāhart", in *EI²* X, pp. 99-101.

AL-ṮAMĪNĪ (1967-9), ᶜAbd al-Raḥmān ibn Ibrāhīm : *K. al-Nīl wa-šifā' al-ᶜalīl*. Ed. by ᶜAbd al-Raḥmān ibn ᶜUmar Bakillī. 2nd ed., 3 vols. Algiers : al-Maṭbaᶜa al-ᶜArabiyya li-Dār al-Fikr al-Islāmī.

M.M. AL-ṬANĀḤĪ (1996) : *Al-Kitāb al-maṭbūᶜ bi-Miṣr fī al-qarn al-tāsiᶜ ᶜašar*. Cairo : Dār al-Hilāl, 1416/1996.

A. UBAYDLI (1988) : "ᶜAbdullâh al-Sâlimi's role in the Ibâḍî revival 1913-1920", in *British Society for Middle Eastern Studies. Proceedings of the 1988 International Conference on Middle Eastern Studies ... Leeds ... 1988*. Oxford : British Society for Middle Eastern Studies, pp. 431-440.

ᶜUmān (1991). Muscat : Ministry of Information, 1412/1991.

J. VAN ESS (1976) : "Untersuchungen zu einigen ibāḍitischen Handschriften", in *Zeitschrift der Deutschen Morgenländischen Gesellschaft* 126 (1976), pp. 25-63.

J. VAN ESS (1980) : "Al-Wardjlānī, Abū ᶜAmmār ᶜAbd al-Kāfī", in *EI² Suppl.*, p. 15.

L. VECCIA VAGLIERI (1966) : "Al-Bārūnī, Sulaymān", in *EI²* I, pp. 1070-1.

J.C. WILKINSON (1976) : "Bio-bibliographical background to the crisis period in the Ibāḍī Imāmate of Oman", in *Arabian Studies* III (1976), pp. 137-164.

J.C. WILKINSON (1982) : "The early development of the Ibāḍi movement in Baṣra", in G.H.A. Juynboll (ed.), *Studies in the first century of islamic society*. Carbondale : Southern Illinois University Press, pp. 125-144, notes 241-249.

J.C. WILKINSON (1985) : "Ibāḍī ḥadīṯ : an essay on normalization", in *Der Islam* 62 (1985), pp. 231-259. (A detailed study of Ibāḍī *Ḥadīṯ* works in the West and in the East, with an investigation into the possible sources of Abū Yaᶜqūb Yūsuf ibn Ibrāhīm al-Warǧlānī's *Tartīb* of the *Musnad* (or the *Ṣaḥīḥ*) of al-Rabīᶜ ibn Ḥabīb al-Farāhīdī. After an

[1] See E. FRANCESCA (1998).

introduction around al-Rabīʿ ibn Ḥabīb's *Musnad* (231-235), follow : The Omani sources (236) ; The Maġribī sources (240) ; The *Āṯār* of al-Rabīʿ (241) ; The *Dīwān* Ǧābir ibn Zayd (245) ; Ibāḍī normalization : the historical background. At the end of his article Wilkinson says that Ibāḍī law was only made to conform at a relatively late date to the orthodox schools. He hopes to have cleared some of the overlay which the Ibāḍīs themselves developed upon their original school to show that there are important traces of its early development to be found in their written records. The *Ḥadīṯ* collection is not part of that genuine early Ibāḍī material)[1].

J.C. WILKINSON (1987) : *The Imamate tradition of Oman*. Cambridge : Cambridge University Press.

J.C. WILKINSON (1990) : "Ibāḍī theological literature", in M.G.L. Young, J.D. Latham, R.B. Serjeant (eds.), *Religion, learning and science in the ʿAbbasid period*. Cambridge : Cambridge University Press, pp. 33-39.

J.C. WILKINSON (1995) : "Al-Sālimī, Abū Muḥammad ʿAbd Allāh ibn Ḥumayd ibn Sullūm", in *EI²* VIII, p. 993.

J.A. WILLIAMS (1993) : *The word of Islam*. Austin.

AL-WUHAYBĪ (1978), Muḥammad Saʿīd Nāṣir : "Al-Maḫṭūṭāt al-ʿarabiyya fī Salṭanat ʿUmān", in *Maǧallat Maʿhad al-Maḫṭūṭāt al-ʿArabiyya/Revue de l'Institut des Manuscrits Arabes* 24 (1398/1978), pp. 3-24.

E. ZEYS (1886) : "Législation mozabite, son origine, ses sources, son présent, son avenir. Leçon d'ouverture faite à l'École de Droit d'Alger". Extrait de la *Revue algérienne et tunisienne de Législation et de Jurisprudence* (1886). Also publ. separately (69 pp.) by Jourdan, Algiers. (Based on al-Ṯamīnī, *K. al-Nīl*. In appendix to this lecture, the translation of a poem by ʿAbd al-ʿAzīz ibn Ibrāhīm al-Ṯamīnī on the questions that separate the Malikites and al-Ibāḍiyya al-Wahbiyya)[2].

E. ZEYS (1887-8) : "Le mariage et sa dissolution dans la législation mozabite", in *Revue algérienne et tunisienne de Législation et de Jurisprudence* (1887-8). (Based on al-Ṯamīnī, *K. al-Nīl*).

E. ZEYS (1891) : *Droit mozabite. Le Nīl. Du mariage et de sa dissolution. Première partie, Du mariage*. Algiers.

E. ZEYS (1895) : "Traduction du chapitre du Nīl sur les successions", in *Journal de la jurisprudence de la Cour d'Appel d'Alger et de Législation algérienne* (1895), pp. 5, 41, 73, 121.

AL-ZIRIKLĪ (1979), Ḫayr al-Dīn : *Al-Aʿlām. Qāmūs tarāǧim li-ašhar al-riǧāl wa-al-nisāʾ al-ʿarab wa-al-mustaʿribīn wa-al-mustašriqīn*. 8 vols. 4th ed. Beirut : Dār al-ʿIlm li-al-Malāyīn.

---

[1] See J.C. WILKINSON (1987), pp. 153-154 ; E. FRANCESCA (1998).

[2] See Z. SMOGORZEWSKI (1919).

UMAYYADES DE SYRIE ET UMAYYADES D'AL-ANDALUS
ÉTAT DE LA QUESTION

F. CAPON
Université de Liège

Introduction

Les Umayyades, que ce soient ceux de Damas ou de Cordoue, ont très rapidement suscité l'intérêt d'éminents chercheurs. La dynastie damascène a été étudiée, entre autres, par Henri Lammens[1] et par Dominique et Jeanine Sourdel[2]. Reinhardt Dozy[3] et Évariste Lévi-Provençal[4] restent à ce jour les spécialistes incontestés de la dynastie cordouane, même si d'autres études sur le sujet ont vu le jour depuis lors. Toutes ces recherches ont toujours porté sur l'une ou l'autre dynastie, en les traitant comme des entités bien séparées. Et pourtant ... Au travers des études de

---

1 H. LAMMENS, "Études sur le règne du calife omaiyade Moʿāwiya I", dans *Mélanges de la Faculté orientale de l'Université Saint Joseph* I (1906), pp. 1-108 ; II (1907), pp. 1-172 ; III (1908), pp. 145-312 ; Id., "Le califat de Yazîd Ier" (Beyrouth, 1910) ; Id., *La Syrie. Précis historique*, I (Beyrouth, 1921) ; Id., *L'avènement des Marwanides et le califat de Marwān I* (Beyrouth, 1927) ; Id., *Études sur le siècle des Omayyades* (Beyrouth, 1930).

2 D. SOURDEL, "La fondation umayyade d'al-Ramla en Palestine", dans R.R. Hans/A. Noth (eds.), *Studien zur Geschichte und Kultur des Vorderen Orients : Festschrift für Bertold Spuler zum siebsigsten Geburstag* (Leyde, 1981), pp. 387-95 ; Id./J. SOURDEL-THOMINE, "À propos des documents de la Grande Mosquée de Damas conservés à Istanbul. Résultats de la seconde enquête", dans *Revue des Études Islamiques* XXXIII (1965), pp. 73-85 ; Id., "Dossiers pour un corpus des inscriptions arabes de Damas I", dans *Revue des Études Islamiques* XLVII/2 (1979), pp. 119-172 ; Id., "Nouveaux documents sur l'histoire religieuse et sociale de Damas au Moyen Âge", dans *Revue des Études Islamiques* XXXII (1964), pp. 1-25 ; *etc.*

3 R. DOZY, *Recherches sur l'histoire et la littérature de l'Espagne pendant le Moyen Age* (Leyde, 1881), 2 vol. ; Id., *Histoire des musulmans d'Espagne jusqu'à la conquête de l'Andalousie par les Almoravides*, nouvelle édition revue et mise à jour par É. Lévi-Provençal (Leyde, 1932), 4 vol.

4 É. LÉVI-PROVENÇAL, *Inscriptions arabes d'Espagne* (Leyde, 1931) ; Id. (1932) ; Id., "Un échange d'ambassades entre Cordoue et Byzance au IXe siècle", dans *Byzantion* XII (1937), pp. 1-24 ; Id., *La civilisation arabe en Espagne. Vue générale* (Beyrouth, 1938) ; Id., *Conférences sur l'Espagne musulmane*, prononcées à la Faculté des Lettres en 1947 et 1948, accompagnées d'une traduction en arabe établie par M.A. Cheira, revue par A.K. El-Abbadi Bey (Le Caire, 1951) ; Id., *Las ciudades y las instituciones urbanas del Occidente musulmán en la Edad Media* (Tetuán, 1950) ; Id. (1950-1967) ; Id., "Étude sur le siècle du califat de Cordoue : institutions, vie sociale, religieuse et culturelle", dans *Boletín de la Real Academia de la Historia* 127 (1950), pp. 687-698 ; Id., "La description de l'Espagne d'Ahmad el-Razi", dans *al-Andalus* XVIII (1953), pp. 51-108 ; Id., "Les citations du *Muqtabis* d'Ibn Ḥayyān relatives aux agrandissements de la grande-mosquée de Cordoue au IXe siècle", dans *Arabica* I (1954), pp. 89-92.

Lévi-Provençal, on sent le désir de relier spirituellement les deux dynasties. Des références au califat umayyade de Damas apparaissent clairement sans y être développées. Il ne faudra pas attendre longtemps pour voir naître un intérêt croissant pour l'étude des Umayyades en tant qu'entité, et non plus comme deux dynasties isolées.

Pour une étude globale ?[1]

Hussain Monès est un des premiers auteurs à soulever le problème de la continuité entre les Umayyades de Damas et ceux de Cordoue. Il leur consacre un article dans lequel il étudie "l'histoire d'un grand clan arabe"[2]. Il y explique la séparation de la grande tribu des Qurayš en deux clans : les Umayyades et les Hāšimites. Monès replace les Umayyades dans le contexte pré-islamique et retrace leur histoire de l'époque du Prophète jusqu'à leur accession au pouvoir et, enfin, en tant que dynastie califale en Orient et en Occident. Il souligne ainsi les ressemblances entre la dynastie damascène et la dynastie cordouane. Il met en avant leurs compétences communes comme, par exemple, celle que l'on peut remarquer dans le domaine financier. Il insiste également sur la fameuse « tradition syrienne » (*al-taqlīd al-šāmī*) et sur l'attachement des Umayyades d'al-Andalus à leurs origines syriennes et aux traditions du clan des Umayyades[3]. Il poursuit en soulignant qu'il s'agit du premier cas connu d'une dynastie musulmane qui a suivi une tradition politique et administrative prudemment préservée[4]. Monès est donc un des premiers à insister sur le prolongement entre les deux califats, mais sans développer plus avant dans quels domaines il se situe.

Il faudra attendre plus de vingt ans pour qu'un autre chercheur s'intéresse aux Umayyades de Damas et de Cordoue dans la même optique. En 1990, Pedro Chalmeta pose le problème de la continuité entre les deux dynasties califales lors du colloque sur *La Syrie de Byzance à l'Islam*[5]. Le mérite de cet article réside dans le fait qu'il pose les jalons d'une "étude globale des Umayyades". Il ne s'agit aucunement d'une étude approfondie du sujet. Chalmeta observe et émet des hypothèses. Les caractéristiques essentielles propres à la Syrie ressortent clairement et sont mises en parallèle avec celles d'al-Andalus. L'auteur commence par une démonstration tendant à prouver la volonté de "continuité, de prolongation du régime umayyade"[6] dès l'arrivée de ʿAbd al-Raḥmān al-Dāḫil. Mais c'est sous ʿAbd al-Raḥmān III que le désir de restauration d'un état marwānide se manifeste

1 P. CHALMETA GENDRÓN (1992).

2 H. MONÈS (1967).

3 *Op. cit.*, p. 493.

4 *Op. cit.*, p. 494.

5 P. CHALMETA GENDRÓN (1992).

6 *Op. cit.*, p. 335.

incontestablement, car c'est lui qui adopte la titulature califale. Il remet alors à l'honneur la "conception du *mulk*, de l'exercice du pouvoir royal que leurs adversaires reprochèrent tant à la dynastie syrienne"[1]. Chalmeta ouvre une autre piste de réflexion en attirant l'attention sur le système de division administrative, *iqṭāʿ-dār*, adopté en al-Andalus dès l'arrivée de Mūsà ibn Nuṣayr (un *mawlà* umayyade). Ce système est très proche de celui entériné par le calife ʿUmar en Syrie. Le même type de constatation peut être fait du point de vue juridique : "les Umayyades andalous ont dû préférer les solutions qui n'allaient pas à l'encontre de leurs us et coutumes. Circonstance qui expliquerait leur attachement à l'école de Mālik (la plus 'arabe' de toutes, puisque représentant la pratique ḥiǧāzienne) face aux autres *maḏhab* (considérés comme dérivant de la *sunna ahl al-ʿIrāq*)"[2]. Chalmeta remarque alors que l'architecture témoigne des mêmes intentions. Qu'il s'agisse de la Grande Mosquée de Cordoue, de Madīnat al-Zahrā' ou de toutes les autres constructions érigées pendant la période umayyade, et particulièrement sous le califat, elles ont des points communs avec les monuments construits en Syrie sous la dynastie ancestrale. Toutes s'inspirent d'une tradition syro-hellénistique plutôt que ʿabbāside. Chalmeta achève son plaidoyer en faveur d'une histoire globale des Umayyades par ces quelques réflexions :

> "Rappelons que, en 422/1031, le califat andaluso-marwānide de Cordoue s'est brusquement écroulé, rongé par des tensions internes et mal connues. En 132/750, le califat umayyade de Damas s'était lui aussi affaissé de l'intérieur, miné par des forces centrifuges. Simple coïncidence ? Un rapprochement semble s'imposer. Les structures politiques umayyades, damascènes et cordouanes étaient-elles trop "arabes" ? Al-Andalus aurait-il hérité des tares consanguines de la construction syrienne ? Certes, il existe une spécificité andalouse ; tout comme il y en a une ḫurāsānienne, égyptienne, magrébine, etc. Pour certains "nationalistes" ce serait la conséquence logique de la personnalité hispanique, de l'"âme" ibérique, immuable et éternelle[3]. Pour d'autres, al-Andalus, n'aurait rien d'exceptionnel dans l'enchaînement de l'histoire arabo-musulmane ; si ce n'est que ce serait la plus "arabe" et la plus conservatrice des formations médiévales du VIIIe-XIe siècle.
> Quelles sont les causes qui permirent qu'un régime et des structures, renversées en Syrie dès 132/750, aient pu se maintenir jusqu'en 422/1031 dans al-Andalus ? Il nous manque encore trop d'éléments pour être en mesure d'y apporter une réponse satisfaisante. Pourtant, il faudra bien un jour se résoudre à replacer al-Andalus dans l'histoire musulmane globale. Et, à ce moment, on achoppera inévitablement sur le problème que d'aucuns refusent de se poser : la question du

---

[1] *Op. cit.*, p. 336.

[2] *Ibid.*

[3] P. CHALMETA GENDRÓN, "Historiografia hispana y arabismo : biografia de una distorsión", dans *Rev. Información Com. Esp. UNESCO* XXIX-XXX (1982), *apud* Id. (1992), *ibid.*

> degré d'originalité de cette formation occidentale face à l'empire umayyade ou de la prolongation et de la continuité de ce dernier, face à un état ʿabbāside oriental et "déviationniste" ..."[1]

Pour Chalmeta, il est clair qu'il est nécessaire d'étudier les Umayyades sans faire de scission géographique ni chronologique. Il insiste également sur le fait qu'une étude dans cette optique permettrait de combler certaines lacunes dans la connaissance de l'une et l'autre dynastie. Il existerait donc la "possibilité d'éclairer l'un par l'autre al-Šām et al-Andalus"[2]. Chalmeta est donc, à mon sens, le premier à poser le problème de manière claire et à sensibiliser les chercheurs s'intéressant à cette dynastie à une nouvelle problématique qu'est la continuité al-Šām et al-Andalus.

Si Chalmeta est le premier à envisager le problème sous cet angle, il ne répond pour autant à aucune des questions posées. Gabriel Martínez Gros est le premier à le faire partiellement dans sa thèse *L'idéologie omeyyade. La construction de la légitimité du Califat de Cordoue (Xᵉ-XIᵉ siècle)*[3]. Il démontre, par une analyse détaillée des sources arabes[4], la volonté des Umayyades de Cordoue de construire la légitimité de leur Califat en se déclarant les descendants directs de leurs illustres ancêtres. L'argumentation est convaincante. Martínez met en évidence la manière dont la nouvelle dynastie va revendiquer son attachement à son passé syrien, mais surtout la manière dont elle va s'en servir pour légitimer l'adoption du titre califal. L'auteur met aussi en exergue un point essentiel du fonctionnement politique des Umayyades : le *mulk* et le sentiment d'être "arabe" avant d'être musulman. Ce sentiment leur a coûté le califat oriental, mais leur a aussi donné la force d'unifier al-Andalus. Les Andalous ne se contentent pas de reprendre des structures du passé par tradition, mais ils s'en servent sciemment comme arme de propagande et de légitimité. Et cela transparaît nettement dans les sources commentées par Martínez. Ce dernier appuie sa démonstration sur ce qu'il a nommé "'la littérature califale', qui naît des prétentions des Umayyades d'Espagne et de l'histoire dont elles impliquent l'élaboration"[5]. Il dissèque les processus littéraires dont se servent les historiographes contemporains des Umayyades ou non pour que le lien entre les deux dynasties se fasse naturellement. Si, parfois, la référence aux Syriens est faite explicitement, ce sont plutôt les anecdotes qui occupent la place la plus importante dans cette 'littérature califale' et qui, de manière implicite, font référence au passé oriental. Grâce à ce travail s'ouvre une nouvelle voie de recherche. Un

---

1 P. CHALMETA GENDRÓN (1992), p. 337.

2 *Ibid.*

3 G. MARTÍNEZ GROS (1992).

4 *Op. cit.*, pp. 329-330.

5 *Op. cit.*, p. 24.

premier élément évoqué par Chalmeta est ainsi démontré : la volonté de continuité entre Damas et Cordoue d'un point de vue idéologique et politique.

Après cette étude de grande ampleur, il faut attendre une dizaine d'années pour qu'une autre thèse de doctorat[1] soit consacrée aux Umayyades andalous dans une perspective identique. Entre-temps, le problème fut abordé de manière très ponctuelle. Par exemple, Nuha Khoury, dans son article sur la Grande Mosquée de Cordoue[2], met l'accent sur l'influence de la Syrie umayyade. Cette influence se situe à la fois dans l'architecture, mais aussi dans le symbolisme qui se dégage de cette construction de première importance. Khoury nous explique que, d'un point de vue typologique, la mosquée de Cordoue du Xe siècle appartient à la catégorie des mosquées urbaines construites par le calife syrien al-Walīd entre 705 et 715[3] :

> "Distributed in major cities of the older Umayyad caliphate, including Damascus, Medina, and Jerusalem among others, these mosques exhibit individual differences but form single group that plays an important role in the dynamics of their Andalusian descendant. This architectural heritage is apparent in the Cordoba mosque's minaret, in the composition of its court façades, the lateral disposition of its aisles, the hierarchical arrangement of its architectonic elements, and the use of mosaics as the primary decorative medium of its most important areas, features that occur at one or the other, and in some cases, all, of its predecessors, but that are best preserved at the Great Mosque of Damascus. The cultural heritage of the Cordoba mosque is equally evident in mythical accounts that act as reminders of the Umayyad past and, more specifically, of the mosque's own past as it was written in the tenth century."[4]

Voici donc les principaux traits architecturaux communs qui peuvent être dégagés entre les mosquées umayyades orientales et occidentales. Les deux grandes mosquées umayyades de Damas et de Cordoue ont toutes deux été érigées sur les fondations d'une église importante (*al-kanīsa al-ʿuẓmà*) qui, à Damas, était celle de Saint-Jean-Baptiste et, à Cordoue, celle de Saint-Vincent. Le fait que les historiens arabes insistent sur cet élément n'est pas un hasard. Il est le symbole de la suprématie de l'Islam sur la chrétienté et, surtout, celui d'une continuité entre les deux dynasties[5]. Ce sont-là quelques exemples parmi d'autres développés dans l'article de Khoury. Un dernier argument relatif au sujet qui nous occupe repose sur "the metaphorical meaning and iconographic identity of the caliphal phase of the Cordoba mosque

---

1 J.M. SAFRAN (2000).

2 N. KHOURY (1996).

3 *Op. cit.*, p. 83.

4 *Ibid.*

5 *Op. cit.*, p. 84.

[...] accentuated by the phraseology and terminology of its epigraphic program"[1]. Cette étude épigraphique ne fait que renforcer l'hypothèse de l'attachement aux Umayyades syriens.

L'article de Juan Zozaya[2] fait, lui aussi, partie de ces quelques articles traitant de manière partielle le problème de l'influence et de la continuité entre les deux califats. Si cet article relève tous les emprunts orientaux, il permet malgré tout de dégager certaines caractéristiques propres aux Umayyades syriens. Par exemple, dans le paragraphe consacré aux systèmes de fortification, Zozaya décrit des similitudes entre les fortifications construites en al-Andalus à l'époque umayyade – El Vacar (Córdoba), Alora, Bobastro (Málaga) ou encore Tarifa (Cádiz) – et les châteaux du désert dans le Bilād al-Šām[3]. Comme pour la Grande Mosquée de Cordoue, les ressemblances sont architecturales, mais aussi symboliques. En Orient comme en Occident, ces constructions représentaient le pouvoir politique et royal (*mulk*) dans des zones, à l'origine, conflictuelles.

Ces deux chercheurs ne sont pas les seuls à s'être penchés sur la légitimité du califat de Cordoue et de ses représentations dans différents contextes et formes. Janina Safran attire l'attention sur d'autres exemples[4], tout comme María Isabel Fierro[5] qui analyse pourquoi ʿAbd al-Raḥmān III a adopté le titre califal alors que ses prédécesseurs ne l'ont pas fait. Elle développe aussi les arguments qui ont permis à ce premier calife d'imposer ses ambitions territoriales. Miquel Barceló[6] a étudié le déroulement des réceptions califales et a élaboré un profil type du cérémonial à la cour en essayant d'en trouver les origines. De nombreux autres chercheurs, comme Antonio Vallejo Triano[7], Manuel Acién Almansa[8], Christine Mazzoli-Guintard[9], Jerrilynn D. Dodds[10], D. Fairchild Ruggles[11], ont étudié les grandes constructions califales andalouses, comme la Grande Mosquée de Cordoue et Madīnat al-Zahrā', en tant qu'expressions de la légitimité umayyade et comme témoins d'une certaine continuité avec Damas. Si les quelques études précitées ne

---

1 *Op. cit.*, p. 88.

2 J. ZOZAYA (1998).

3 *Op. cit.*, pp. 458-459.

4 J.M. SAFRAN (2000), p. 6.

5 M.I. FIERRO (1989).

6 M. BARCELÓ (1991).

7 A. VALLEJO TRIANO, "Madīnat al-Zahrā' : el triunfo del estado islamico", dans J.D. DODDS (1992), pp. 27-39.

8 M. ACIÉN ALMANSA (1987).

9 C. MAZZOLI-GUINTARD (1997).

10 J.D. DODDS, "La Gran Mezquita de Córdoba", dans Id. (1992), pp. 11-25.

11 D. FAIRCHILD RUGGLE, *Madīnat al-Zahrā's Constructed Landscape : A Case Study in Islamic Garden and Architectural History*, Ph. D. diss., University of Pennsylvania, 1991.

manquent pas d'intérêt, elles ne répondent cependant pas de façon approfondie ni systématique aux questions et observations énoncées par Pedro Chalmeta.

Après celui de Gabriel Martínez Gros, le deuxième travail entièrement consacré aux Umayyades dans une perspective unitaire est celui de Janina Safran[1]. La thèse de Janina Safran est une synthèse réunissant des données sur le sujet à partir de l'historiographie andalouse, mais aussi des études de ses prédécesseurs. Elle arrive à des conclusions très explicites[2] sur les origines du califat umayyade de Cordoue et sur les revendications idéologiques de ses plus illustres représentants, comme ʿAbd al-Raḥmān III et al-Ḥakam II. Au Xe siècle, ils vont revendiquer leur statut de chef de la communauté musulmane en tant que descendants de Marwān, avec Cordoue comme siège du califat restauré. Ils vont ainsi assumer les prérogatives symboliques et les insignes du pouvoir : le titre de Commandeur des Croyants et le droit de voir leur nom prononcé lors de la *ḫuṭba* et frappé sur les monnaies. La proclamation, la démonstration et l'élaboration de leur autorité sont basées sans aucune équivoque sur leur passé oriental : sur le modèle de leurs ancêtres umayyades, sur celui des califes *rāšidūn* et sur celui du Prophète :

> "The Andalusi Umayyads, as contenders in this context, could identify themselves as *ahl al-bayt* and assert the historical continuity of their authority through the person of ʿAbd al-Raḥmān I, whose story bridged al-Andalus and Syria and whose lineage linked them back to Hišām, the caliphs before him, and ultimately ʿUthmān, the third of the *rāšidūn* caliphs."[3]

L'expression de cette légitimité se manifeste parfaitement dans la construction de monuments, de villes, ou encore dans les cérémonies fastueuses données à Cordoue ou à Madīnat al-Zahrā'.

Un autre point de comparaison important réside dans la force et l'insistance mises par les deux dynasties dans la guerre sainte. Les Andalous, comme les Syriens, s'affirment en tant que représentants de Dieu sur terre, désignés comme défenseurs de la 'vraie' religion et comme guides pour le salut des croyants. Le lien entre les deux dynasties se marque évidemment dans l'appartenance au sunnisme, par opposition aux Fāṭimides, contemporains des Andalous et d'obédience chiite. Cette thèse pose donc les jalons d'une recherche différente sur les Umayyades et met en évidence le lien de parenté incontestable entre la dynastie orientale et la dynastie occidentale.

Les travaux les plus récents tendant à appuyer ces différentes thèses sont réunis dans des catalogues d'expositions consacrées aux Umayyades[4]. Dans ces

---

1 J.M. SAFRAN (2000).

2 *Op. cit.*, pp. 190-195.

3 *Op. cit.*, p. 191.

4 *Andalousies* (2000) ; *Esplendor* (2001).

deux catalogues, les liens entre Orient et Occident umayyades sont sans cesse évoqués. On peut le constater, entre autres, dans les articles de Marthe Bernus-Taylor[1], Sophie Makariou et Gabriel Martínez Gros[2], ou encore Antonio Arjona Castro[3].

Conclusion

Une nouvelle voie de recherche a ainsi été ouverte dans l'étude des Umayyades. Elle va nous permettre de compléter les connaissances que nous avions sur le sujet et d'éclairer certaines zones d'ombre qui subsistent. Comme le souligne Pedro Chalmeta, "il reste encore à reconnaître que nos connaissances, tant sur le *Bilād al-Šām* umayyade que sur al-Andalus marwānide, continuent à être beaucoup trop lacunaires. Mais il est statistiquement assez improbable que les lacunes de ces deux régions soient toujours les mêmes. [...] Il existe, donc, à notre portée, la possibilité d'éclairer l'un par l'autre al-Šām et al-Andalus. Pour cela, il suffit de ne plus fragmenter l'histoire umayyade, géographiquement en orientaux et occidentaux, chronologiquement en Syriens et Andalous"[4]. Les premières études approfondies sur le sujet, comme celles de G. Martínez Gros et de J. Safran, ne font que renforcer la théorie de P. Chalmeta et mettent clairement en avant l'intérêt d'un *continuum* dans ce type d'études. Les jalons sont posés pour une nouvelle méthode de travail et une nouvelle façon de penser les Umayyades. De nombreuses questions restent en suspens, certes, mais les premières réponses trouvées ne font qu'encourager les jeunes chercheurs dans cette voie. Actuellement, mes propres recherches doctorales s'inscrivent dans cette nouvelle perspective, puisqu'elles consistent en la comparaison des structures socio-politiques des califats umayyades de Damas et de Cordoue et de l'influence de celles-ci sur l'urbanisme et l'architecture.

Bibliographie

M. ACIÉN ALMANSA (1987) : "Madīnat al-Zahrā' en el urbanismo musulmán", dans *Cuadernos de Madīnat al-Zahrā'* 1 (1987), pp. 11-26.

Andalousies (2000) : *Les Andalousies de Damas à Cordoue*. Catalogue de l'exposition à l'Institut du Monde Arabe, du 28 novembre 2000 au 15 avril 2001. Paris : Hazan.

---

1 M. BERNUS-TAYLOR, "L'art d'al-Andalus du VIIIe siècle à 1036", dans *Andalousies* (2000), pp. 56-71.

2 G. MARTINEZ GROS/S. MAKARIOU, "Art et politique en al-Andalus", dans *Andalousies* (2000), pp. 72-79.

3 A. ARJONA CASTRO, "Las Ruzafas de Siria y de Córdoba", dans *Esplendor* (2001), pp. 380-385.

4 P. CHALMETA GENDRÓN (1992), p. 337.

M. BARCELÓ (1991) : "El califa patente : el ceremonial omeya de Córdoba o la enscenificación del poder", dans R. Pastor, I. Kieniewica, E. García de Enterría *et al.* (eds), *Estructuras y formas del poder en la historia*, Salamanca : Universidad (*Acta Salmanticensia. Estudios históricos y geográficos*, 81), pp. 51-71.

P. CHALMETA GENDRÓN (1990) : "El nacimiento del estado neo-omeya andalusī", dans *Homenaje a Manuel Ocaña Jimenez*, Córdoba, pp. 97-106.

P. CHALMETA GENDRÓN (1992) : "Pour une étude globale des Umayyades", dans P. Canivet/J.-P. Rey-Coquais, *La Syrie de Byzance à l'islam, VIIe-VIIIe siècle* (Actes de colloque international, Lyon-Paris, septembre 1990), Damas : Institut Français de Damas, pp. 333-337.

J.D. DODDS (1990) : *Architecture and Ideology in Early Medieval Spain*. University Park : Pennsylvania State University Press.

J.D. DODDS (1992) : *Al-Andalus. Las artes islamicas en España*. New York : The Metropolitan Museum of Art.

Esplendor (2001) : *El esplendor de los Omeyas cordobeses. La civilización musulmana de Europa Occidental*. Catalogue de l'exposition. Madīnat al-Zahrā', du 3 mai au 30 septembre 2001. Granada : El legado andalusí.

M.I. FIERRO (1989) : "Sobre la adopción del titulo califal por ʿAbd al-Raḥmān III", dans *Sharq al-Andalus* 6 (1989), pp. 33-42.

O. GRABAR (1978) : "The architecture of power : palaces, citadels and fortifications", dans G. Michell (ed.), *Architecture of the Islamic world : its history and social meaning*, Londres : Thames and Hudson, pp. 48-79.

N. KHOURY (1996) : "The meaning of the Great mosque of Cordoba in the 10th century", dans *Muqarnas* 13 (1996), pp. 213-239.

É. LÉVI-PROVENÇAL (1932) : *L'Espagne musulmane au Xe siècle. Institutions et vie sociale*. Paris : Maisonneuve & Cie.

É. LÉVI-PROVENÇAL (1950-67) : *Histoire de l'Espagne musulmane*. Tomes I à III, Paris : Maisonneuve & Cie.

G. MARTÍNEZ GROS (1987) : "Une conception omeyyade de l'Occident musulman", dans *Horizons maghrébins* 9-10 (1987), pp. 41-50.

G. MARTÍNEZ GROS (1992) : *L'idéologie omeyyade. La construction de la légitimité du califat de Cordoue (X^{e}-XIe s.)*. Madrid : Casa de Velázquez (*Bibliothèque de la Casa de Velázquez*, 8).

C. MAZZOLI-GUINTARD (1997) : "Remarques sur le fonctionnement d'une capitale à double polarité : Madīnat al-Zahrā'-Cordoue", dans *al-Qantara* 18 (1997), pp. 43-64.

H. MONÈS (1967) : "The Umayyads of the East and West. A study in the history of a great Arab Clan", dans W. Hoenerbach, *Der Orient in der Forschung. Festschrift für O. Spies*, Wiesbaden : Otto Harrassowitz, pp. 471-798.

A.J. MORALES MARTÍNEZ (1995) : "A la sombra de Damasco. Arquitectura en al-Andalus hasta la proclamación del Califato de Córdoba", dans R. López-

Guzmán (ed.), *La arquitectura del islam occidental*, Grenade : Comares, pp. 43-51.

J.M. SAFRAN (2000) : *The Second Umayyad Caliphate. The Articulation of Caliphal Legitimacy in al-Andalus.* Cambridge (Mass.) : Centre for Middle Eastern Studies of Harvard University by Harvard University Press.

H. TERRASSE (1967) : “Les influences orientales sur l'art musulman d'Espagne”, dans *Studia Islamica* XXVIII (1967), pp. 123-148.

J. ZOZAYA (1998) : “Eastern Influences in al-Andalus”, dans M. Marín (ed.), *The Formation of al-Andalus. Language, Religion, Culture and the Sciences*, Adelschot : Ashgate, pp. 457-469.

LES STÈLES ARABES DU MUSÉE DU CINQUANTENAIRE (BRUXELLES)[1]

F. BAUDEN
Université de Liège

Depuis le début du siècle passé, l'épigraphie arabe a connu un développement spectaculaire que les techniques les plus modernes, parmi lesquelles figure l'informatique qui n'a pas été en reste, sont venues renforcer. Le *Répertoire Chronologique d'Épigraphie Arabe*[2] (*RCEA*), qui envisageait d'inventorier toutes les inscriptions arabes datées ou datables jusqu'en l'an 800 de l'hégire, a désormais atteint le but qu'il s'était fixé. Cependant, sa conception elle-même ne permet pas d'accéder à toute une série de données utiles non seulement aux épigraphistes, mais aussi aux historiens et historiens de l'art. On ne s'étonnera donc pas de constater que d'autres projets envisagent de combler ces lacunes grâce à l'informatique. L'un d'entre eux n'a pas tardé à porter ses fruits et on ne peut que se réjouir de la régularité avec laquelle il paraît : le *Thesaurus d'Épigraphie Islamique*[3] (*TEI*) envisage de reprendre les informations parues dans le *RCEA*, en étendant la fourchette chronologique jusqu'en l'an 1000 de l'hégire et en y ajoutant des inscriptions inédites[4]. Se présentant sous la forme d'une base de données, il permet de faire des recherches aussi bien sur les multiples champs prévus que sur les textes des inscriptions dont le contenu a d'ailleurs été actualisé. Un autre projet, *EPIMAC*[5], se présente sous une forme analogue et offre donc des possibilités similaires, même si les buts fixés divergent fortement : ainsi, cette base envisage de donner une description complète de chaque inscription en prenant en compte tous les paramètres qui y sont liés (texte, écriture,

---

[1] Il m'est particulièrement agréable de dédier cet article au Prof. A. Martin, qui fut pour moi tout autant un maître et un modèle qu'un professeur. J'en avais déjà recueilli les matériaux en 1991, après avoir suivi, avec son appui et son soutien, les cours que le Prof. J. Sourdel-Thomine consacrait à l'épigraphie arabe à l'École Pratique des Hautes-Études à Paris, l'année précédente. Par la suite, mes recherches ont pris un autre tournant, dans lequel mon maître a de nouveau joué un rôle décisif, et je n'ai plus eu l'occasion de revenir sur mon dossier, que je n'ai cependant jamais oublié.

[2] Tomes I-XV publiés sous la direction d'É. Combe, J. Sauvaget et G. Wiet et tome XVI publié sous la direction de N. Élisséeff, D.C. Rice et G. Wiet (Le Caire : Imprimerie de l'Institut français d'archéologie orientale, 1931-1964). Tomes XVII-XVIII élaborés par L. Kalus sous la direction de N. Élisséeff, D. Sourdel et J. Sourdel-Thomine (Le Caire : Institut français d'archéologie orientale, 1982 et 1991).

[3] *Thesaurus d'Épigraphie Islamique*. Conçu et dirigé par L. Kalus, élaboré par Fr. Soudan, Paris-Genève : Fondation Max van Berchem. 3 livraisons parues regroupant les inscriptions du Maghreb, de la Péninsule d'Arabie et de l'Asie Centrale (3e livraison, 2001).

[4] Voir L. KALUS (1999) ; Id./Fr. SOUDAN (1998) ; Id./Fr. SOUDAN (1999).

[5] Voir S. ORY (1998).

support, décor, bibliographie), mais ne vise pas à couvrir l'ensemble des inscriptions connues à ce jour.

Quelle que soit leur importance, ces projets ne pourront se poursuivre que s'ils sont alimentés régulièrement par de nouvelles découvertes, ou plus simplement par de nouvelles analyses d'inscriptions par ailleurs connues, puisqu'il s'avère que, dans la plupart des cas, seul le texte revêtait quelque importance aux yeux des personnes qui déchiffraient une inscription. C'est dans cette optique que le présent article étudie des stèles arabes conservées au Musée du Cinquantenaire de Bruxelles. Parmi celles-ci, trois sont des fragments inédits dont il est difficile de préciser la nature exacte (épitaphe, inscription monumentale, ...), mais qui viendront compléter le corpus d'inscriptions des premiers siècles de l'hégire. Quant aux deux autres, des épitaphes, une notice leur fut consacrée dans le *RCEA* sans qu'aucune reproduction en soit jamais donnée avec le texte. De plus, aucune des deux n'avait fait l'objet préalablement d'une étude fouillée ni, a fortiori, de comparaison avec d'autres exemplaires. Sans doute faut-il y voir la raison pour laquelle un élément particulièrement étonnant (la partie finale du mot *tuwuffiya* qui prend la forme d'une tombe) n'avait pas été remarqué jusqu'à ce jour[1].

L'étude des stèles respecte un ordre qui est celui de l'origine puisque ce point appellera un commentaire général. Les fiches d'inventaire du Musée sont loin d'être précises à ce sujet, comme on le verra, mais ce n'est pas la seule lacune. Ainsi, la plupart des stèles se virent attribuer une datation des plus fantaisiste et aucune indication bibliographique n'a été ajoutée pour les deux d'entre elles qui ont paru dans le *RCEA*.

Le premier groupe concerne trois fragments dont les différences paléographiques montrent qu'ils proviennent de stèles différentes. L'un d'eux (III) est relativement complet puisqu'il donne les trois premières lignes du texte, sans toutefois permettre d'identifier la nature de la stèle avec certitude. Pour les trois fragments, les fiches d'inventaire indiquent qu'ils proviennent de la mission Jaussen-Savignac. Antonin Jaussen (1871-1962) et Raphaël Savignac (1874-1951), membres de l'École Biblique de Jérusalem, sont célèbres pour les trois missions archéologiques qu'ils menèrent au Hedjaz de 1907 à 1910[2]. Ces expéditions archéologiques et épigraphiques se concentrèrent sur trois oasis (Medaïn Saleh, Kheraibeh, el-ʿEla) et permirent aux deux dominicains de découvrir un grand nombre d'inscriptions. Les données glanées tout au long de leurs périples furent publiées dans un ouvrage qui est toujours une référence[3]. Ils n'y font état à aucun moment des fragments

---

1 Voir stèle IS 0.505.

2 La mission de 1912 fut consacrée aux châteaux omeyyades de Transjordanie.

3 *Mission archéologique en Arabie (1909-1922)*. 5 vols. Paris, 1909-1914. Il a récemment été réimprimé par l'Institut français d'archéologie orientale au Caire (1997).

aujourd'hui préservés à Bruxelles[1]. Mais ce qu'on ignorait jusqu'il y a peu, c'est que des carnets de voyage rédigés par R. Savignac et plusieurs milliers de photographies étaient conservés à l'École Biblique[2]. Dans ce cas-ci comme dans l'autre, cependant, aucune mention de nos fragments n'apparaît[3]. D'autre part, cette vénérable institution ne possède aucun objet provenant des missions en Arabie. À l'exception des carnets et des photographies déjà cités, les pères laissèrent quelques estampages dont ils offrirent une partie à l'Académie des Inscriptions et Belles-Lettres. Faut-il en conclure pour autant qu'aucun lien ne relie les fragments bruxellois aux deux dominicains et que la provenance indiquée sur les fiches d'inventaire est purement farfelue ? La date d'entrée du premier fragment (12/07/1913[4]) va à contre-courant de cette hypothèse. En effet, le premier novembre 1914, l'Empire ottoman entre en guerre et fait expulser tous les religieux étrangers de Jérusalem. Tous arrivent à Rome le 5 janvier 1915, à l'exception d'A. Jaussen qui avait été entre-temps recruté par le renseignement anglais. Il passera d'ailleurs le reste de la guerre en Orient, effectuant plusieurs missions[5]. On voit mal comment, dans les conditions où les pères furent priés de quitter Jérusalem, ils auraient pu mettre dans leurs bagages des fragments de stèle relativement encombrants et somme toute de peu d'importance. Comme le suggère J.-M. de Tarragon[6], on peut supputer que ceux-ci furent offerts par Jaussen ou Savignac à l'un des élèves belges qui fréquentèrent l'École Biblique à la même époque. Elle compta justement parmi ses élèves, pour l'année scolaire 1912-1913, G. Ryckmans. Dans ces conditions, on comprend mieux pourquoi l'année 1913 comme date d'entrée au Musée du Cinquantenaire apparaît comme la plus plausible.

I

Épitaphe ?, n.d. (IIe/VIIIe s.).
Numéro d'inventaire : IS 0.500.
Bibliographie : inédite.
Taille : 20 x 22 cm.
Matière : grès rouge.
Provenance : mission Jaussen-Savignac (Arabie ?).

---

1 Ils n'apparaissent pas plus dans les articles d'A. Jaussen consacrés à l'épigraphie.

2 Les carnets conservés concernent les missions de 1907 (2 carnets), 1909 (2 carnets), 1910 (1 carnet), 1912 (2 carnets). Voir J.-M. DE TARRAGON (1999), p. 24, note 14. Les photographies sont en passe d'être numérisées dans le cadre d'un vaste projet.

3 Communication écrite de J.-M. de Tarragon (28 mai 2003).

4 On remarquera une coïncidence frappante entre les dates d'entrée des deux autres fragments et celle du premier (12/07/1921 et 12/07/1913) et on peut se demander si nous ne sommes pas en présence d'une erreur manifeste.

5 Voir J.-M. DE TARRAGON (1999), pp. 16-18.

6 Communication écrite (28 mai 2003).

Date d'entrée : 12/07/1913.
Trois lignes de texte gravées en creux[1].

١ [. . .] مبين [. . .]

٢ [. . .]سله (سنه) ولا

٣ [. . .] عند ذ

Commentaire

Comme le montre l'espace vierge présent à la fin des lignes, il s'agit manifestement de la partie qui se situait à l'extrême droite de la stèle. Toutefois, ce n'est pas la partie finale, car la trace d'une lettre à hampe haute (*alif* ou *lām*) est visible au-dessous du *'ayn* et ce en dépit d'un nouvel éclat. L'espacement entre les lignes est relativement réduit. Les parties de texte conservées sur ce fragment ne permettent malheureusement pas de reconstituer un texte cohérent. On notera plusieurs éclats qui entravent la lecture du mot de la première ligne. L'examen visuel permet cependant de discerner deux traits verticaux se terminant par un biseau tourné vers la droite entre le *mīm*, qui représente clairement la première lettre du mot, et le dernière lettre, qui pourrait être un *nūn* puisqu'on observe le caractère anguleux dans l'ensemble des lettres. La combinaison ainsi obtenue ne donne guère de possibilités et la lecture que je propose paraît plausible. Le premier mot de la seconde ligne avait pour première lettre un *sīn/šīn*, comme l'indique la marque du biseau qui subsiste malgré la cassure. La lettre qui suit peut-être interprétée soit comme un *lām*, soit comme une des cinq lettres qui s'écrivent en position médiane au moyen d'un simple trait vertical dont la hauteur, légèrement supérieure par rapport au *sīn/šīn* qui précède, s'explique par le souci de le différencier clairement. Dans le premier cas, on ne voit guère comme possibilité que la lecture [*ar*]*sala-hu* ou [*ru*]*sul(u/a/i)-h(u/i)*. Si l'on doit songer à une citation coranique, la combinaison ne donne de résultat que pour le verset 171 de la sourate IV (*fa-āminū bi-Allāh wa-rusuli-hi wa-lā taqūlū ṯalāṯa*), mais ce verset n'apparaît généralement pas dans les inscriptions. Dans le second cas, il est possible de lire *sana* ou *sunna* ou encore *sina*. Si les deux premières possibilités sont à délaisser pour des raisons contextuelles, on peut cependant voir une correspondance possible pour le troisième terme avec le verset du Trône (II, 255 : *lā ta'ḫuḏu-hu sinat*[un] *wa-lā nawm*[un]), qui apparaît

[1] Le grès, par nature trop friable, n'a été utilisé par les lapicides que pour des inscriptions gravées en creux. On connaît cependant une exception à cette règle (G. WIET (1952), p. 274), mais même dans ce cas l'artiste s'est lassé avant d'arriver à la fin et est retourné à la gravure en creux.

souvent en contexte épigraphique. En revanche, les caractères de la troisième ligne ne s'intègrent pas dans la suite de ce verset.

D'un point de vue paléographique, le caractère général anguleux permet de considérer cette inscription comme ancienne et remontant probablement au IIe/VIIIe s. La boucle du *wāw* (l. 2) peut être comparée à un *hā'* final (voir l. 2, immédiatement avant) et l'appendice est parallèle à la ligne d'écriture. Le *dāl/ḏāl* (l. 3) porte une hampe perpendiculaire dont la partie supérieure est tournée à angle oblique vers la droite, une forme attestée en Égypte pour l'année 191/806-7[1]. C'est à cette même date qu'est confirmée la forme du *'ayn/ġayn* ici présent[2] (petit trait vertical au-dessus). Quant au *lām-alif*, il présente la particularité de voir ses deux hampes, posées sur une base triangulaire, se joindre dans leur partie finale[3].

II

Épitaphe (?), n.d. (IIe-/VIIIe s.).
Numéro d'inventaire : IS 0.482.
Bibliographie : inédite.
Taille : 21 x 22 cm.
Matière : grès rouge.
Provenance : mission Jaussen-Savignac (Arabie ?).
Date d'entrée : 12/07/1921.
Une ligne de texte gravée en creux.

1. [mois de *rabī'* ou de *ǧumādà*] II en l'an [...]	١ [. . .] الاخر سنة

Commentaire

Comparé à l'inscription précédente, ce fragment présente une taille presque identique, mais la taille monumentale des caractères est remarquable, avec un *lām-alif* de presque dix cm de haut. L'espacement entre les lignes vient renforcer cette impression de grandeur puisqu'aucune trace de caractères de la ligne supérieure n'apparaît. En conséquence, là où nous avions trois lignes sur le même espace, il n'y en a qu'une ici qui consiste seulement en deux mots. Le fragment représente probablement la partie inférieure droite de la stèle comme l'attestent la bordure droite verticale, qui ne peut être le résultat d'une cassure, et la nature même du texte (fin de la date). Le texte ne se prête pas à de multiples interprétations. Le mot *sana* est clairement lisible et était précédé de l'indication du mois. Deux

1 M. SCHNEIDER (1986), p. 34.

2 *Op. cit.*, p. 59.

3 Voir *op. cit.*, p. 55 pour une forme presque identique de 192/807-8.

possibilités s'offrent à nous dans ce cas, comme je l'ai indiqué, étant donné que le nom du mois de *ǧumādà*, qui est féminin, est souvent accompagné de l'adjectif au masculin.

L'écriture apparaît moins anguleuse que dans l'inscription I, à cause de la présence de certains éléments cursifs visibles dans le tracé du *ḫā'* et du *tā' marbūṭa*, ainsi que d'une ligature courbe descendant en dessous de la ligne entre cette dernière lettre et le *nūn*. Pour graver le *lām-alif*, le lapicide a adopté un tracé assez rare avec un socle triangulaire et un élément intermédiaire en forme de cercle. Ce type est attesté au Hedjaz pour des inscriptions non datées et surgit pour la première fois en Égypte en 218/833, mais s'observe principalement dans les stèles gravées par Mubārak al-Makkī (*adhuc viv.* milieu du IIIe/IXe s.), qui était probablement originaire de la Mecque ou à tout le moins du Hedjaz[1]. Enfin, l'*alif* se termine par un biseau tourné vers la droite et présente la particularité de commencer par un trait horizontal, caractéristiques signalées au Hedjaz dès 160/776-7 et en Égypte à partir de 189/804-5. Cette inscription peut donc être datée, sans doute, du IIe/VIIIe s.

III

Épitaphe (?), n.d. (IIe/VIIIe s.)
Numéro d'inventaire : IS 0.485.
Bibliographie : inédite.
Taille : 24 x 42 cm.
Matière : grès rouge.
Provenance : mission Jaussen-Savignac (?) (Arabie ?).
Date d'entrée : 12/07/1921.
Trois lignes de texte gravées en creux, trois fragments.

1. Au nom de Dieu, le Tout miséricorde, le Miséricordieux	١ بسم الله الرحمن الرحيم
2. Dis : "Il est Dieu, Il est Un, Dieu	٢ قل هو الله احد الله
3. de plénitude qui n'engendra [...]"[2]	٣ الـ[ـصمـ]ـد لم يلد [. . .]

Commentaire

Outre la cassure en trois parties, on note plusieurs éclats présents aussi bien sur les bords que dans le corps du texte, où une bonne partie de la troisième ligne est devenue illisible et que seul le contenu permet de restaurer à partir des

1 *Op. cit.*, pp. 55 et 95-97.

2 Ll. 1-3 : *Coran* (1995) CXII, 1-3.

quelques lettres encore visibles. La partie conservée est le haut d'une stèle qui débute par la *basmala* qui occupe à elle seule toute la première ligne, fournissant ainsi les limites externes dans lesquelles le reste du texte s'inscrit. Les lignes qui suivent contiennent les versets 1-2 et la première partie du verset 3 de la sourate CXII qui devait être complète à la quatrième ligne. Moins fréquente que les versets IX, 33 et III, 16, cette sourate, expression emblématique du credo musulman, est malgré tout souvent présente en épigraphie. Son utilisation est attestée par de nombreuses inscriptions qui s'inscrivent surtout dans une fourchette allant du Ier/VIIe s. au IIIe/IXe s., même si elle continue a être gravée par la suite[1]. Elle figure pour la toute première fois dans le *RCEA* pour l'année 72/691-2 (texte de construction au Dôme du Rocher)[2] dans un contexte dont on connaît désormais toute l'importance. Par la suite, elle apparaît en 180/796 sur une épitaphe, où elle est placée dans le corps du texte[3]. Ce n'est qu'en 183/799 qu'elle figure au début du texte, juste après la *basmala*[4]. Entre l'inscription du Dôme du Rocher et l'épitaphe, on ne possédait, jusqu'il y a peu, d'autre exemple qu'un texte protocolaire sur papyrus datable entre 159/775 et 161/778[5]. La récente découverte d'une inscription monumentale de 176/792-3[6] permet d'y ajouter une autre attestation et de confirmer qu'elle était utilisée dans divers contextes (monuments, épitaphes et objets[7]).

L'écriture offre plusieurs caractéristiques dont on trouve les premiers témoignages au IIe/VIIIe s. L'*alif* initial est précédé d'un trait horizontal sur la ligne d'écriture et se termine souvent par un biseau tourné vers la droite ou la gauche. Le *hā'* initial ne possède pas l'inclinaison vers la gauche qui s'observe en général : il s'inscrit dans un angle parfaitement droit dont la plus ancienne attestation vient d'Égypte (199/815)[8]. Quant à la forme du *dāl*, nettement différente de celle que l'on observait dans l'inscription I, elle est ici très élongée. Celle-ci est notamment présente au Hedjaz dès 58/677-8[9]. La datation proposée est encore confirmée par l'inscription de Derbent (176/792-3) qui, en dépit d'une différence de taille (gravée en champlevé), offre un tracé quasi identique.

---

1 On en trouve encore une attestation sur une stèle datée de 716/1316 en Syrie (Damas). Voir Kh. MOAZ et S. ORY (1977), n° 37, p. 87.

2 *RCEA* (1931), n° 9, p. 8.

3 *Op. cit.*, n° 59, p. 46.

4 *Op. cit.*, n° 62, p. 48.

5 A. GROHMANN (1967), p. 84 (Vienne, coll. Rainer).

6 Stèle datée qui fait état d'une restauration (?) entreprise sous le règne de Hārūn al-Rašīd à Derbent (en arabe Bāb al-Abwāb, Daghestan). Voir M.S. GADJIEV/A.R. SHIKHSAIDOV (2002).

7 H. GAUBE (1982), p. 224.

8 M. SCHNEIDER (1986), p. 25.

9 *Op. cit.*, p. 33.

Le second groupe rassemble deux stèles complètes connues par ailleurs et déjà publiées dans le *RCEA*. Je n'en donne ici la lecture et la traduction que dans le but de fournir toutes les données au lecteur, de corriger une erreur et de mettre l'accent sur un élément décoratif passé inaperçu.

Les fiches d'inventaire indiquent qu'elles proviennent d'un don de Cumont. Il s'agit de Franz-Valéry-Marie Cumont (1868-1947), célèbre pour ses publications dans les domaines de l'histoire des religions de l'Antiquité, la philologie classique, l'archéologie et l'épigraphie. Cumont fut d'ailleurs un temps conservateur des antiquités classiques au Musée du Cinquantenaire (1899-1912)[1], ce qui permet de confirmer l'origine probable des deux stèles.

En revanche, je me dois de mettre fortement en doute leur provenance d'Assouan. En effet, on sait depuis bien longtemps qu'à quelques exceptions près seules des stèles en grès ont été mises au jour dans le cimetière d'Assouan[2], les stèles en marbre provenant, dans la grande majorité des cas, du cimetière de ʿAyn al-Ṣīra, au sud du Caire. Selon toute vraisemblance donc, les stèles qui suivent proviennent de cet endroit, contrairement à ce qu'indique leur fiche d'inventaire.

IV

Épitaphe de 213/829.
Numéro d'inventaire : IS 0.505.
Bibliographie : *RCEA* I (n° 188), communiquée par M. Cohen ; *Naissance* (1985), n° 140 (reproduction avec traduction partielle).
Taille : 42,8 x 48 cm.
Matière : marbre blanc.
Provenance : Assouan (don Cumont).
Date d'entrée : ? (17/01/1916 ?).
Quatorze lignes de texte gravées en creux, plusieurs éclats sur les bords et deux morceaux manquants dans les coins supérieur droit et inférieur droit.
Date : fin *ḏū al-ḥiǧǧa* 213 [/10-11 mars 829].

1. Au nom de Dieu le Tout miséricorde, le Miséricordieux	١ بسم الله الرحمن الرحيم

---

1 F. DE RUYT (1976), pp. 211-222.

2 Herz Bey, cité par G. WIET (1952), p. 273. Entre 1892 et 1904, quelque 2104 stèles furent ramenées à la surface au cours de fouilles sommaires et transportées au Musée d'Art Islamique au Caire. Elles furent toutes publiées dans *Catalogue* (1932-42). De 1960 à 1964, d'autres fouilles plus scientifiques, sous la direction de ʿAbd al-Tawwāb, eurent lieu sur le même site où environ 1600 nouvelles stèles furent mises au jour. Seules trois cents d'entre elles firent l'objet d'une publication (*Stèles* (1977-86), vol. I, pp. V-VI). Parmi cet ensemble, une unique stèle était en marbre (*op. cit.*, vol. I, n° 150, p. 151).

2. En Dieu il y a une consolation de tout malheur,	٢ ان في الله عزا من كل مصيبة
3. une compensation pour tout défunt et une continuation pour	٣ وخلف من كل هالك ودرك من
4. tout ce qui est passé. La plus grande des calamités	٤ كل ما فات وان اعظم المصائب
5. est certes la perte du Prophète Muḥammad, que Dieu lui	٥ المصيبة بالنبي محمد صلى الله
6. accorde la bénédiction et le salut. Voici ce dont témoigne	٦ عليه وسلم هذا ما يشهد به
7. Makkī, fils d'al-Ḥasan, fils de Mūsà. Il témoigne	٧ مكي بن الحسن بن موسى يشهد
8. qu'il n'y a de dieu que Dieu, Unique et sans associé,	٨ الا اله الا الله وحده لا شريك له
9. et que Muḥammad est Son serviteur et Son envoyé.	٩ وان محمدا عبده ورسوله
10. Il l'a envoyé avec la guidance et la religion du Vrai	١٠ ارسله بالهدى ودين الحق
11. pour faire prévaloir celui-ci sur la religion en entier, et cela	١١ ليظهره على الدين كله ولو
12. fût-ce contre le gré des associants. Il est décédé	١٢ كره المشركون[1] توفي
13. à la fin du mois de *ḏū al-ḥiǧǧa* de l'an	١٣ في انسلاخ ذي الحجة سنة
14. deux cent treize. Année.	١٤ ثلث عشرة ومائتين سنة

Commentaire

Le texte de l'inscription suit un modèle bien connu par ailleurs. Après avoir rappelé l'omnipotence divine et la source de consolation qu'Allāh peut représenter pour le défunt et ses proches, la mort du Prophète est présentée comme la plus terrible, celle qu'aucun autre décès ne peut surpasser et qu'il faut interpréter comme un appel à associer les morts au Prophète défunt[2]. Cette formule, courante sur les stèles gravées entre 171/787-8 et 349/961, finit par tomber en désuétude avec l'émergence de la propagande fatimide et l'instauration du pouvoir central ismaélien

1 Ll. 10-12 : *cf. Coran* (1995) IX, 33 ; LXI, 9 et XLVIII, 28.

2 Voir Y. RĀĠIB (2001), p. 347.

en Égypte[1]. Ensuite, le nom du défunt est introduit par le verbe *šahida*, employé concurremment avec la formule *hāḏā qabr* sur les stèles de cette époque[2], qui permet de mentionner en quoi consiste sa profession de foi. Celle-ci se termine par l'affirmation du caractère messianique de Muḥammad, renforcé par la citation de *Coran* IX, 33. Ce verset, dont la dernière attestation sur une stèle égyptienne remonte à 389/999, fera place à d'autres dès l'époque fatimide[3]. Le texte donne enfin la date du rappel à Dieu, le mot *sana* étant répété à la fin, une aberration qui est loin d'être rare[4].

Le texte s'inscrit dans un cadre gravé en creux et délimité par des bordures latérales formées de S et une frise supérieure composée de fleurons trilobés[5]. L'examen de la stèle a permis de déceler les lignes qui ont servi à délimiter le cadre dans lequel l'inscription allait prendre place ainsi que les lignes rectrices du texte, ce qui constitue un témoignage sur la technique de travail des lapicides. Malgré les mesures prises, on note un dépassement du côté gauche des lignes 3, 4, 6 et 8 où la bordure en S est interrompue, ce qui démontre que le cadre, ou à tout le moins la partie gauche de celui-ci, fut réalisée a posteriori[6].

Quant à l'écriture, le tracé permet de mettre en évidence différents éléments décoratifs relevés depuis longtemps, tels que l'élargissement en biseau des parties supérieures, tourné soit vers la droite soit vers la gauche (*alif*, *lām*, *hā'*), ou encore en hameçon, l'allongement de certains caractères ou de la ligature au moyen de l'indentation sous forme de boucles (*ṣād*, *kāf*), l'ajout de palmettes tri- ou quadrilobées (*dāl* et *kāf*)[7], le recours à la ligature consistant à surélever les lettres précédant les lettres *ǧīm*/*ḥā'*/*ḫā'*, et pour finir l'affinement des appendices grâce à une courbe rentrante vers la droite.

Toutefois, l'élément le plus surprenant est sans nul doute la forme donnée à la partie finale du verbe *tuwuffiya* (l. 12). Le lapicide a en effet pris la liberté de représenter, au moyen du *fā'* et du *yā'*, une structure qu'on ne peut interpréter que comme une tombe vue de profil[8]. Cette géniale innovation, digne d'un Mubārak al-Makkī, s'assimile, somme toute, à la création d'un idéogramme et ne manque pas de surprendre puisqu'aucun autre exemple n'a été signalé dans l'immense

---

[1] G. WIET (1952), p. 279, n'en avait relevé que deux exemples après la date de 349/961. La date proposée pour la première stèle (71/691) semble devoir être corrigée en 171/787-8. Voir *ibid.*

[2] Elle le sera jusqu'en 246/860-1 en Égypte. Voir *op. cit.*, p. 277.

[3] *Op. cit.*, p. 278 ; J. SOURDEL-THOMINE (1978), p. 369.

[4] Voir. G. WIET (1952), p. 295.

[5] Identique au numéro 6 dans J. STRZYGOWSKI (1911).

[6] *Cf.* Y. RĀĠIB (2001), p. 334.

[7] On sait désormais que ce motif est d'inspiration copte. Voir *op. cit.*, p. 333.

[8] Sur la structure de la tombe selon le droit musulman, voir Y. RĀĠIB (1992), surtout p. 401 pour les éléments extérieurs.

corpus que représente la collection du Musée d'Art Islamique du Caire, qui est dans sa majorité contemporain de l'exemplaire bruxellois. Il nous donne cependant une précieuse et rare représentation de la structure d'une tombe dès le tout début du IIIe/IXe s.

V

Épitaphe, n. d. (IIIe/IXe s.)
Numéro d'inventaire : IS 0.712.
Bibliographie : *RCEA* II (n° 532), communiquée par Marcel Cohen ; A. MÉKHITARIAN (1976), p. 150 (reproduction : fig. 124).
Taille : 40,5 x 57 cm.
Matière : marbre blanc.
Provenance : Assouan (don Cumont).
Date d'entrée : 17/01/1916.
Onze lignes de texte gravées en haut relief (champlevé), plusieurs ébréchures sur les bords.

1. Au nom de Dieu le Tout miséricorde, le Miséricordieux	١ بسم الله الرحمن الرحيم
2. Louange à Dieu, satisfaction du jugement de Dieu,	٢ حمدا لله ورضا بقضا الله
3. soumission à l'ordre de Dieu, croyance	٣ وتسليما لامر الله وايمانا
4. dans le décret de Dieu et sacrifice dans la voie de Dieu.	٤ بقدر الله واحتسابا في الله
5. Ceci est la profession de foi d'Umm al-Ḥasan	٥ فهذه الشهادة [كذا] ام الحسن
6. Fāṭima, fille de Qāsim, fils d'al-Ḥusayn.	٦ فاطمة ابنت قاسم بن الحسين
7. Elle n'eut de cesse de reconnaître à Dieu l'unicité et	٧ لم تزل مقرة لله بالتوحيد و
8. le pouvoir suprême jusqu'à ce que Dieu la prît auprès de Lui.	٨ الربوبية حتى قبضها الله اليه
9. O Dieu ! Aie pitié d'elle, pardonne-lui [ses péchés]	٩ اللهم ارحمها واغفر لها

10. et accorde-lui en échange de [sa vie] ici-bas les jardins — ١٠ وعوضها[1] من دنياها جنات

11. du Délice en Ta miséricorde, ô le plus Clément des miséricordieux ! — ١١ النعيم برحمتك يا ارحم الراحمين[2]

Commentaire

Cette stèle présente un protocole qui est plus rarement attesté. La *basmala* est suivie d'une série de *maṣdar*s au cas direct qui expriment la soumission du défunt à l'omnipotence divine. Ce type de formule n'apparaît pour la première fois en Égypte qu'en 250/864 et ne semble pas avoir été employé au-delà de la décennie qui a suivi[3], ce qui permet de dater approximativement notre stèle, qui ne donne malheureusement pas la date du décès[4]. Le nom de la défunte, précédé de son teknonyme (*kunya*)[5] et introduit par le mot *šahāda*, est suivi d'une déclaration de reconnaissance de l'Unicité divine, déclaration qui ne laisse aucune place au Prophète[6]. L'inscription se termine par une invocation adressée à Dieu, qui est remarquable par son style direct[7]. La version la plus pathétique qui nous en ait été conservée concernait une fille morte avant ses parents[8] : *allāhumm^{a} irḥam-hā bi-raḥmati-ka wa-iǧʿal-hā li-abaway-hā nūr^{an} wa-ḏuḫr^{an} wa-faraṭ^{an} yā arḥam^{a} al-rāḥimīna* (« O Dieu ! Aie pitié d'elle et fais-en pour ses parents une lumière, une contribution et une devancière, ô le plus Clément des miséricordieux ! »).

L'inscription contient deux anomalies : la première est d'ordre grammatical puisque le mot *al-šahāda* (l. 5) a été défini par l'article alors qu'il l'est par le nom de la défunte qui suit immédiatement ; la seconde est orthographique (le mot *ibnat*

---

1 *RCEA* II (n° 532) : اعوضها.

2 Ll. 10 et 11 : *cf. Coran* (1995) XXIII, 118.

3 *Catalogue* (1932-42), vol. II, n°s 759 (250/865), 775 (251/865), 778 (même année) ; vol. III, n°s 857 (253/867), 989 (259/873) ; vol. VII, n° 2738 (milieu du IIIe/IXe s.) ; vol. VIII, n°s 2817 (même datation), 3082 (même datation), 3137 (même datation) ; vol. IX, n° 3545 (250/864).

4 La technique du champlevé n'est attestée en Égypte qu'à partir de 203/818. Voir Y. RĀĠIB (2001), p. 332.

5 Comme c'est souvent le cas pour les stèles destinées aux femmes. Voir *op. cit.*, p. 343.

6 *Cf. Catalogue* (1932-42), vol. II, n°s 464 (243/857), 469 (même année), 554 (245/860), 586 (246/861), 617 (247/861-2) ; vol. IV, n° 1470 (295/908) ; vol. VII, n°s 2432 (moitié du IIIe/IXe s.), 2530 (même datation) ; vol. VIII, n° 3033 (même datation) ; vol. IX, n°s 3438 (233/848), 3498 (240/855) ; vol. X, n°s 3729 (deuxième moitié du IIIe/IXe s.), 3732 (milieu du IIIe/IXe s.), 3857 (première moitié du même siècle).

7 Pour les lignes 10-11, *cf. Catalogue* (1932-42), vol. IV, n° 1445 (293/906) ; vol. VII, n° 2724 (fin du IIe/VIIIe s.).

8 *Catalogue* (1932-42), vol. III, n° 1011 (260/874).

(l. 6) est écrit avec un *tā'* final plutôt qu'avec *tā' marbūṭa* et l'*alif* initial a été maintenu).

Les éléments décoratifs sont bien moins nombreux que ceux que l'on avait observés dans la stèle précédente. Un léger assouplissement se note dans le tracé des lettres *dāl* et *ṭā'*, dont les terminaisons supérieures se sont vues imprimer une certaine courbure. De même, l'unique lettre en forme de *yā'* final, qui se trouve dans le mot *ḥattà* (l. 8), a reçu un appendice courbé vers la droite et se terminant par un fleuron bilobé. Bien entendu, la technique de gravure (épais caractères gravés en relief) n'est pas étrangère à cette relative rigidité. Ces remarques sont aussi valables pour le cadre qu'aucun décor ne vient enjoliver. Les lignes qui le définissent ainsi que les lignes rectrices sont encore visibles à l'œil nu. Malgré la délimitation, on observe un dépassement au niveau des lignes 1, 2, 5, 6 et 11 et on peut en conclure que le cadre fut tracé après que l'inscription eut été excisée.

Bibliographie

Catalogue (1932-42) : *Catalogue du Musée arabe du Caire. Les stèles funéraires.* 10 vols. (I et III publiés par H. Hawary et H. Rached, II, IV-X publiés par G. Wiet). Le Caire.

Coran (1995) : *Le Coran.* Essai de traduction de l'arabe par J. Berque, annoté et suivi d'une étude exégétique. Édition revue et corrigée. Paris : Albin Michel, 844 p.

F. DE RUYT (1976) : "Franz Valéry Marie Cumont", dans *Biographie nationale publiée par l'Académie royale des Sciences, des Lettres et des Beaux-Arts de Belgique.* Tome 39, Bruxelles : Bruylant, pp. 211-222.

J.-M. DE TARRAGON (1999) : "Les dominicains en Arabie. 1907-1917", dans *Photographies d'Arabie. Hedjaz 1907-1917.* Exposition organisée par l'Institut du Monde Arabe et la Fondation Al-Turath, 13 mai au 20 juin 1999. Paris : Institut du Monde Arabe, pp. 11-25.

M.S. GADJIEV/A.R. SHIKHSAIDOV (2002) : "The *Darband-Nāma* on Hārūn al-Rashīd and a newly discovered Arabic inscription from A.H. 176", dans *Manuscripta Orientalia* 8 (2002), pp. 3-10.

H. GAUBE (1982) : "Epigraphik", dans W. Fischer (her.), *Grundriß der arabischen Philologie.* Band I : *Sprachwissenschaft.* Wiesbaden : Dr. Ludwig Reichert, pp. 210-225.

A. GROHMANN (1967) : *Arabische Paläographie.* I. Teil. Wien : Hermann Böhlaus Nachf. (Österreichische Akademie der Wissenschaften, Philosophisch-historische Klasse, *Denkschriften,* 94. Band, 1. Abhandlung, Forschungen zur islamischen Philologie und Kulturgeschichte, Band I), XVIII-154 + XXII pl.

A. GROHMANN (1971) : *Arabische Paläographie.* II. Teil : *Das Schriftwesen. Die lapidarschrift.* Wien : Hermann Böhlaus Nachf. (Österreichische Akademie der Wissenschaften, *Philosophisch-historische Klasse, Denkschriften,* 94. Band, 2. Abhandlung, Forschungen zur islamischen Philologie und Kulturgeschichte, Band II), XLVIII-290 p. + LXVI pl.

L. KALUS (1999) : "Du Répertoire Chronologique d'Épigraphie Arabe au Thesaurus d'Épigraphie Islamique", dans *Damaszener Mitteilungen* 11 (1999), pp. 297-305.

L. KALUS/Fr. SOUDAN (1998) : "Aperçu d'épigraphie islamique au Moyen Age. Présentation du projet *Thesaurus d'Épigraphie Islamique*", dans *Quaderni di Studi Arabi* 16 (1998), pp. 23-44.

L. KALUS/Fr. SOUDAN (1999) : "Thesaurus d'épigraphie islamique. Maroc et Algérie", dans *Bulletin Archéologique du C.T.H.S., nouv. sér., Afrique du Nord* 25 (1999), pp. 75-79.

A. MÉKHITARIAN (1976) : *Les Arts de l'Islam*. Avec la collaboration de Y. Crowe. Bruxelles : Musées Royaux d'Art et d'Histoire, 152 p.

Kh. MOAZ/S. ORY (1977) : *Inscriptions arabes de Damas. Les stèles funéraires. I. Cimetière d'al-Bāb al-Ṣaġīr*. Damas : Institut Français de Damas, VIII-206 p. + 53 pl. et 3 dépliants.

Naissance (1985) : *Naissance et évolution de l'écriture*. Exposition organisée par la Société Générale de Banque de Belgique (8/11/84-3/1/85). Introduction de P. Amiet, catalogue de K. Khazai. Bruxelles : Générale de Banque, XI-231 p.

S. ORY (1998) : "L'épigraphie arabe aujourd'hui", dans *Quaderni di Studi Arabi* 18 (1998), pp. 5-22.

Y. RĀĠIB (1992) : "Structure de la tombe d'après le droit musulman", dans *Arabica* 39 (1992), pp. 393-403.

Y. RĀĠIB (2001) : "Les pierres de souvenir : stèles du Caire de la conquête arabe à la chute des Fatimides", dans *Annales Islamologiques* 35 (2001), pp. 321-383.

RCEA (1931) : *Répertoire chronologique d'épigraphie arabe*. Publié par M. Cohen *et al.* sous la direction de Ét. Combe, J. Sauvaget et G. Wiet. Tome premier. Le Caire : Institut français d'archéologie orientale, 312 p.

RCEA (1932) : *Répertoire chronologique d'épigraphie arabe*. Publié par M. Cohen *et al.* sous la direction de Ét. Combe, J. Sauvaget et G. Wiet. Tome second. Le Caire : Institut français d'archéologie orientale, 276 p.

M. SCHNEIDER (1983) : *Stèles funéraires musulmanes des îles Dahlak (Mer Rouge)*. 2 vols. Le Caire : Institut français d'archéologie orientale (*Textes arabes et études islamiques* XIX).

M. SCHNEIDER (1986) : *Mubārak al-Makkī. An Arabic Lapicide of the Third/Ninth Century*. Manchester : University of Manchester (*Journal of Semitic Studies, Monograph* No. 9), VIII-113 p. + 16 pl.

J. SOURDEL-THOMINE (1964) : "Deux épitaphes arabes anciennes", dans *Eretz-Israel* 7 (1964), pp. 112-115 + pl. XLII.

J. SOURDEL-THOMINE (1978) : art. "Ḳabr" dans *EI*^{2} IV, pp. 367-370.

Stèles (1977-86) : *Stèles islamiques de la nécropole d'Assouan*. Publiées par ʿAbd ar-Raḥman M. ʿAbd al-Tawab, révision et annotation de S. Ory. 3 vols. Le

Caire : Institut français d'archéologie orientale (*Textes arabes et études islamiques* VII).

J. STRZYGOWSKI (1911) : "Ornamente altarabischer Grabsteine in Kairo", dans *Der Islam* 2 (1911), pp. 305-336.

Thesaurus (2001) : *Thesaurus d'épigraphie islamique*. Conçu et dirigé par L. Kalus, élaboré par Fr. Soudan. Paris-Genève : Fondation Max van Berchem, 2001 (3e livraison : inscriptions du Maghreb, de la Péninsule d'Arabie et de l'Asie Centrale), disque compact.

G. WIET (1952) : "Stèles coufiques d'Égypte et du Soudan", dans *Journal Asiatique* 240 (1952), pp. 273-297.

Stèle IS 0.482
© IRPA-KIK Bruxelles

Stèle IS 0.500
© IRPA-KIK Bruxelles

Stèle IS 0.485
© IRPA-KIK Bruxelles

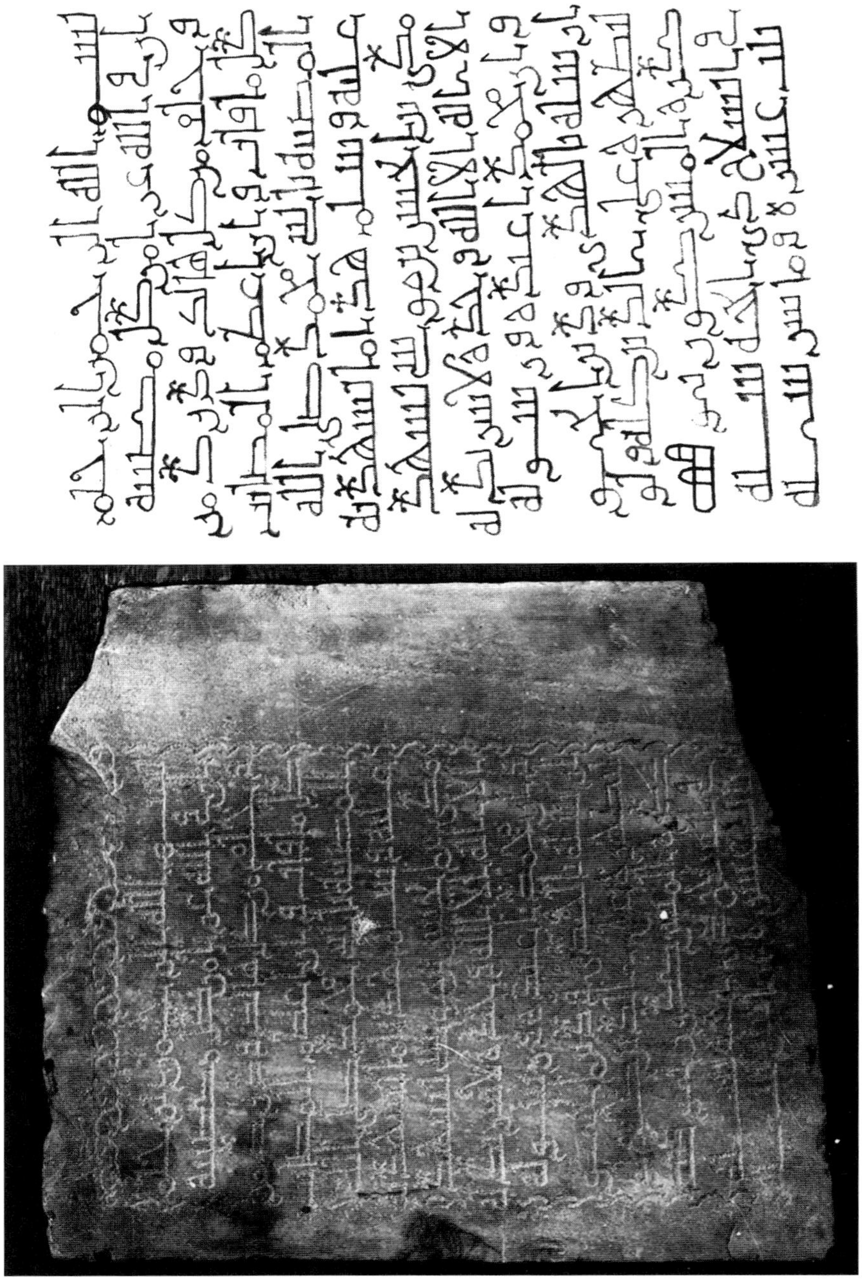

Stèles IS 0.505
© IRPA-KIK Bruxelles

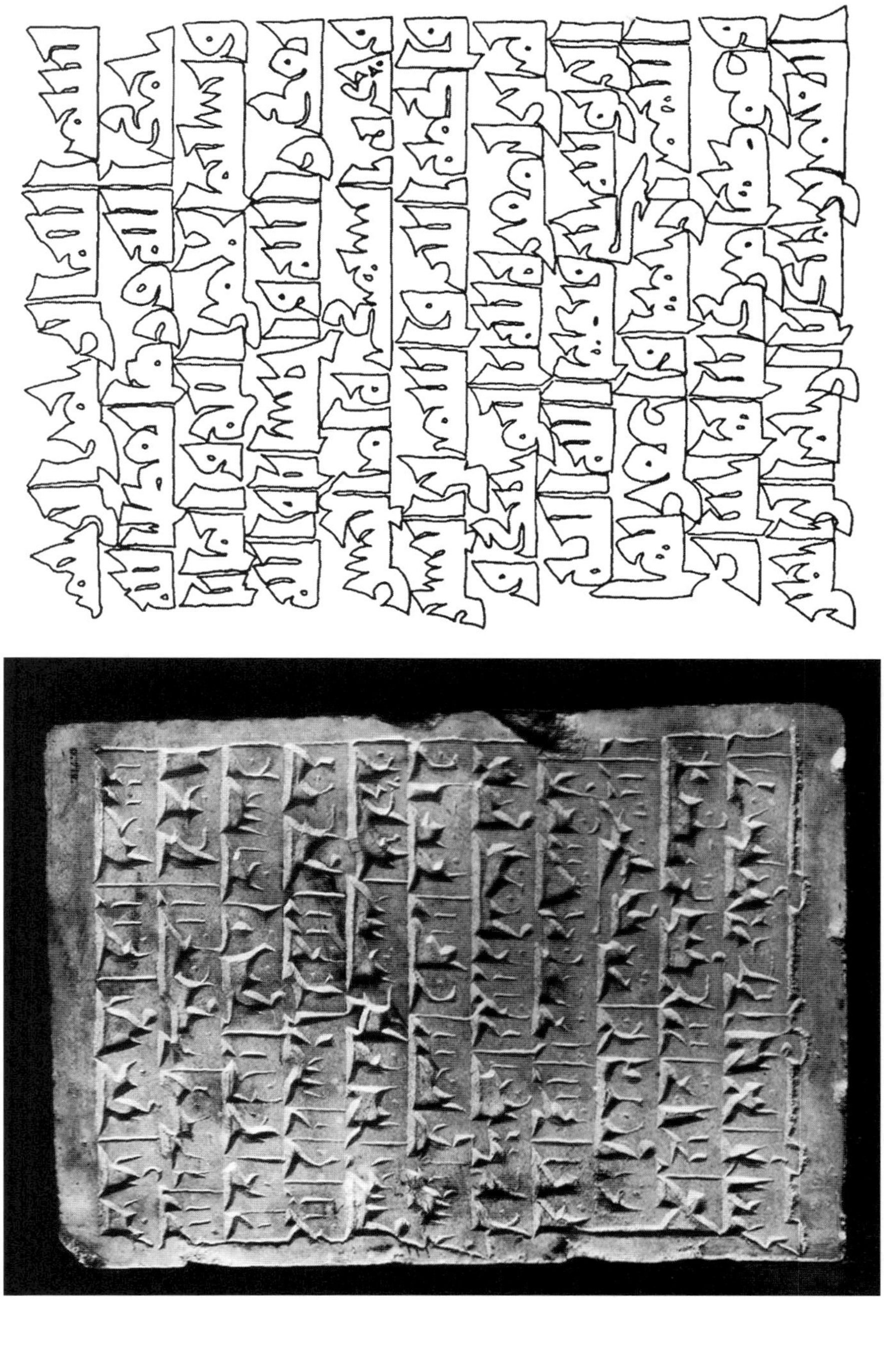

Stèle IS 0.712
© IRPA-KIK Bruxelles

EL CALIFATO ALMOHADE

PENSAMIENTO RELIGIOSO Y LEGITIMACIÓN DEL PODER A TRAVÉS DE LOS TEXTOS EPIGRÁFICOS

Mª A. MARTÍNEZ NÚÑEZ
Universidad de Malaga

Son diversos los elementos, ámbitos y datos que permiten detectar la existencia de rasgos específicos en el movimiento almohade y en el califato *mu'miní* que acabó por capitalizarlo y representarlo. Así lo han señalado diferentes investigadores, especialmente durante las últimas décadas, a partir de la explotación de los datos suministrados por las fuentes cronísticas o por los escritos y cartas atribuidos a Ibn Tūmart y a los sucesivos califas[1]. En ese sentido se pueden destacar las publicaciones dedicadas al *mahdismo* en general[2], en los que se adjudica un lugar destacado a la figura, doctrina y actuación del *Mahdī* Ibn Tūmart y a sus seguidores, los 'unitarios', o los recientes artículos de Émile Fricaud acerca de la detección de dicha especificidad en las crónicas de época almohade y su contraste con lo que este autor denomina "proceso de desalmohadización", que experimentan las de cronología posterior[3].

Pues bien, entre todos los elementos y vestigios relativos al siglo almohade, hay dos que constituyen los únicos documentos directos que han llegado hasta nosotros de ese periodo y que participan igualmente del doble registro textual y material : las monedas acuñadas en las cecas de los califas mu'miníes y los epígrafes oficiales que exornan las construcciones de la dinastía. Si sobre los rasgos específicos de las acuñaciones almohades se llamó ya la atención en 1915, en el estudio de Antonio Prieto y Vives[4], todavía hoy de indudable interés, los textos epigráficos no recibieron, en cambio, la atención ni el tratamiento que en este aspecto requerían.

---

1 La Revista *Al-Qanṭara*, del Consejo Superior de Investigaciones Científicas, dedicó su Sección Monográfica, fascículo 2 del número 18 de 1997, específicamente al tema *Ideología y propaganda almohades*. Asimismo, entre los años 2000-2002 y en tres encuentros consecutivos, se celebró el Seminario *Los Almohades*, organizado por la Casa de Velázquez, el Departamento de Estudios Árabes (CSIC Madrid) y UMR 5648 (CNRS, Lyon), para tratar los diversos aspectos que determinan la especificidad almohade, pero sus actas aún no se han publicado. Sobre la correspondencia oficial almohade, a la ya clásica recopilación de E. LÉVI-PROVENÇAL (1928), hay que añadir otra más completa y reciente de A. ʿAZZĀWĪ (1995).

2 Por ejemplo, A. KADDOURI (1994), especialmente las colaboraciones de A. LAROUI (1994), pp. 9-13, y la de M. ZNIBER (1994), pp. 15-29. Asimismo, M. GARCÍA ARENAL (1992) ; y H. FERHAT (1996) ; y Ídem (1993), entre otros.

3 É. FRICAUD (1997) ; Ídem (2002).

4 A. PRIETO Y VIVES (1915) ; y más recientemente S. FONTENLA BALLESTA (1988) ; y Ídem (1997).

Sin duda, algunas de las características más relevantes del almohadismo se pueden detectar en las fuentes cronísticas de esa cronología y en la correspondencia oficial, así como en las acuñaciones monetarias y en otros ámbitos de la cultura material, como la cerámica[1], pero es en el ámbito de la epigrafía donde se observa de la manera más rotunda la ruptura que tuvo lugar en relación a las etapas precedentes ; una ruptura que, en gran parte de sus aspectos, se mantuvo y afianzó con posterioridad. Se podría decir, en ese sentido, que en epigrafía existe un antes y un después del siglo almohade.

En publicaciones anteriores he tenido ocasión de analizar los aspectos fundamentales de la epigrafía almohade, los estilos caligráficos y los formularios, los materiales, soportes y lugares de ubicación, así como su sentido y función en relación con la propaganda del califato *mu'miní*, y de plantear los cambios que se introdujeron con respecto a la de etapas precedentes[2], por lo que ahora enumeraré sólo aquellos aspectos que considero más relevantes.

Precisamente, una de las características de la epigrafía almohade y de la contemporánea de otros territorios islámicos — que se mantendrá en las posteriores etapas nazarí y meriní — es la presencia masiva de citas del Corán en todo tipo de inscripciones, tanto en epígrafes de mezquitas como en aquellos que discurren por las puertas monumentales de Rabat y Marrakech[3], en dependencias de recintos fortificados y de viviendas[4]. Lo primero que llama la atención, en este tema de la utilización del Corán en epigrafía, es el contraste existente entre lo que sucede en el periodo almohade, y a partir de él, y lo que se observa, por ejemplo, en los textos epigráficos de la etapa omeya de al-Andalus, durante el emirato y el califato, que se caracterizan por la ausencia de citas coránicas, que se reservaban a las inscripciones de las mezquitas y a los epitafios[5].

Sin embargo, la mayor ruptura con respecto a los periodos precedentes, y a lo que se observa por las mismas fechas en otros territorios islámicos, no fue sólo la incorporación del Corán en epigrafía, sino el hecho de que las inscripciones de las construcciones oficiales del califato mu'miní reproducían textos de carácter

---

1 Un estudio pionero en este sentido es el de M. ACIÉN ALMANSA (1996).

2 M.A. MARTÍNEZ NÚÑEZ (1997a) ; Ídem (1997b), pp. 140-145 ; Ídem (en prensa).

3 Sobre la utilización del Corán en los epígrafes de los *miḥrāb*/s de la Kutubiyya y de la mezquita de la Qaṣba, ambas en Marrakech, y de las grandes puertas de aparato de Rabat (Bāb al-Ruwāḥ y Puerta de la Qaṣba de los Ūdāya) y de Marrakech (Bāb Agnaw), M.A. MARTÍNEZ NÚÑEZ (1997a), pp. 437-442.

4 *Op. cit.*, p. 427, lám. 1, fig. 1, gran inscripción del Castillo de Loja (Granada), con la *sūra* CXII. El Castillo de Santa Catalina (Jaén) ha proporcionado, en excavaciones recientes, unas yeserías donde se reproduce Q. XV, 48-49, M.A. MARTÍNEZ NÚÑEZ (2002). Las viviendas de Siyāsa (Murcia), de cronología almohade, contienen citas coránicas en sus inscripciones, J. NAVARRO PALAZÓN/P. JIMÉNEZ CASTILLO (1995).

5 M.A. MARTÍNEZ NÚÑEZ (2001), pp. 410-416 ; Ídem (1995), pp. 138-146.

exclusivamente religioso, rompiendo con la larga tradición anterior de epígrafes fundacionales y propiciatorios para el soberano[1], en los que se nombraba al califa con sus títulos, o a la persona que ordenaba la construcción, se indicaba la fecha de terminación y los directores de las obras y se pedía la bendición y el auxilio divinos, así como la permanencia, para el soberano. Los formularios de las inscripciones mu'miníes, en cambio, suelen comenzar con fórmulas introductorias fijas (*taʿawwuḏ*, *basmala* completa y *taṣliya*), seguidas de una o varias citas coránicas, convertidas ahora en el elemento central del formulario, para terminar con alguna frase de inspiración coránica. Junto a eso, eulogias y expresiones de alabanza al Dios único se repiten sin cesar en los soportes más diversos[2].

Esta característica, expresamente buscada, aparece de forma mucho más matizada en las fuentes cronísticas, la correspondencia oficial y las monedas y, aunque nos priva de los datos precisos que aportaban las inscripciones conmemorativas de las etapas precedentes, no por ello supone que la epigrafía mu'miní carecía de función o de significación.

Pero no es ése el único elemento de contraste. Otro rasgo, más aparente que el anterior a primera vista, es la presencia masiva de la grafía en la decoración parietal a partir del siglo XII, frente al papel restringido que la escritura cumplía — con relación a la abundancia y mayor relieve de otros motivos ornamentales — en la decoración arquitectónica de la etapa omeya, así como en el caso de los primeros ʿabbāsíes y de los fāṭimíes de Ifrīqiya ; una presencia reducida, pese a la gran cantidad de datos concretos de valor histórico que esos epígrafes suministran.

La nueva utilización que los almohades hicieron de la epigrafía se refiere a una importante presencia de los elementos gráficos, junto al ataurique y el lazo, y al nuevo relieve y monumentalidad que les otorgan, en consonancia con la también nueva monumentalidad de los lugares de ubicación, especialmente las grandes puertas de aparato de Rabat y Marrakech[3], sin parangón en la Península Ibérica durante la época almohade, pero en las que se inspiraron las posteriores de nazaríes y meriníes a ambos lados del Estrecho. También por primera vez se incorporaba la epigrafía al revestimiento exterior de cerámica de los minaretes, como el de la Kutubiyya y el de la Qaṣba de Marrakech[4], e incluso en torres y recintos defensivos[5].

---

1 Como en el epígrafe en cursiva, a nombre del *Amīr al-muslimīn* ʿAlī ibn Yūsuf, de la Qubba almorávide de Marrakech, fechado en 1120-21. G. DEVERDUN (1956), p. 27, n° 28.

2 Sobre el contenido de los epígrafes almohades, M.A. MARTÍNEZ NÚÑEZ (1997a), pp. 434-443.

3 J. CAILLÉ (1949), pp. 96-100, 139-144 ; C. ALLAIN/G. DEVERDUN (1957), pp. 83-126.

4 H. BASSET/H. TERRASSE (2001), pp. 116-172 ; G. DEVERDUN (1956), pp. 54-55.

5 Los epígrafes, ya citados, de los castillos de Loja y de Santa Catalina, o los procedentes de la muralla de Jerez de la Frontera, A. FERNÁNDEZ PUERTAS (1978-9), pp. 228-232 ; B. PAVÓN MALDONADO (1981), pp. 8-9. Recientemente se han descubierto restos epigráficos en la Torre de los Pozos de Cáceres, cuyo estudio está en fase de publicación por el arquitecto P. Gurriarán Daza.

Fig. 1 : Minarete de la Kutubiyya
Motivo-tipo pintado, dibujo de H. BASSET y H. TERRASSE (2001)

En cuanto a las modalidades gráficas, los nuevos estilos empleados en las inscripciones oficiales almohades gozarían de gran repercusión posterior. En este terreno, hay que destacar la generalización del uso de la grafía cursiva, con lo que se clausuraba una larga etapa de predominio absoluto, o casi absoluto, del cúfico.

A pesar de la existencia de precedentes puntuales[1], lo cierto es que la cursiva se impuso y generalizó en el Magreb y al-Andalus gracias a la reunificación almohade. La prueba más evidente la proporcionan, junto al uso de la cursiva en las acuñaciones monetarias, dos epígrafes emblemáticos de la capital Marrakech : los de los *miḥrāb/*s de la Kutubiyya, del año 1158, y de la mezquita de la Qaṣba, algo más tardío que el anterior, a los que hay que añadir otros de al-Andalus, como los que ostentan dos capiteles de Santarem (Portugal) y los que discurren por los aldabones de la Puerta del Perdón de la aljama sevillana[2].

---

1 En Oriente había sido adoptada esa medida por Nūr al-Dīn en la Siria selǧūquí y, por lo que respecta al Occidente islámico, existen algunas muestras de la primera mitad del siglo XII, siendo la más arcaica el texto funerario de Ifrīqiya de 1096 J. C., M.A. MARTÍNEZ NÚÑEZ (1997b), pp. 140-141.

2 M.A. MARTÍNEZ NÚÑEZ (2000), p. 109 ; ʿA. al-ʿA. SĀLEM (1978), p. 205, lám. 8, respectivamente.

Fig. 2 : Capitel de Santarem (Portugal)
Epígrafes en grafía cursiva

Fig. 3 : Puerta del Perdón de la Mezquita Aljama de Sevilla
Epígrafe en grafía cúfica

El cúfico dejó de gozar del uso exclusivo anterior, pero siguió empleándose en epigrafía almohade y fue entonces cuando adquirió su mayor relieve y monumentalidad, junto a un nuevo diseño y un desarrollo ornamental espectacular, como se aprecia en las grandes inscripciones en piedra de las puertas de Rabat y Marrakech[1]. El nuevo diseño — con abundancia de nexos curvos por debajo de la caja del renglón y prolongación en vertical de las astas, que presentan, a veces, retrocesos en escuadra y desarrollos geométricos — se completa con estilizaciones vegetales de relleno o de fondo y con la presencia simultánea del ataurique y el lazo. La tendencia se amplió y afianzó después, utilizándose profusamente estos tres elementos (escritura, ataurique y lazo) en la decoración parietal post-almohade.

Pero la novedad más significativa, en cuanto al diseño del cúfico, la proporcionan los 'motivos-tipo'[2], que gozaron de un gran desarrollo posterior, pues fueron incorporados al programa decorativo de nazaríes y meriníes y reproducidos en algunas construcciones mudéjares. Las manifestaciones más antiguas pertenecen a la mezquita de Tinmal, la primera fundada por ʿAbd al-Mu'min, realizadas en estuco y con una profusa decoración vegetal de fondo, mientras que las del minarete de la Kutubiyya, construido en época del mismo califa y de su sucesor Abū Yaʿqūb Yūsuf, aparecen pintadas en las albanegas de los arcos que exornan el enlucido y los mosaicos del exterior del minarete[3]. En piedra se realizaron los motivos-tipo que acompañan a la gran banda epigráfica de la Puerta de la Qaṣba de los Ūdāya de Rabat[4], construida por iniciativa del califa Yaʿqūb al-Manṣūr.

Estos motivos epigráficos estaban destinados a reproducir las llamadas 'eulogias en *Allāh*', incluyendo la *ʿalāma* o lema almohade, y presentan como base del diseño la expresión *li-Allāh*, o la palabra *Allāh*, ubicada en la parte inferior y con una gran prolongación de los nexos, lo que permite que se entrecrucen, en distintos niveles, el resto de términos que componen el epígrafe, lo que suponía romper la tradicional rigidez de la línea de base, utilizando también el denominado 'efecto de espejo', ya presente en Tinmal, al enfrentar el mismo motivo-tipo, pero en sentido inverso, para conseguir mayor simetría.

Mediante estas composiciones gráficas se independizaban y destacaban del resto de textos epigráficos los atributos divinos ; es decir, aquellos que corresponden en exclusiva a *Allāh*, insistiendo en la unidad de Dios, al reiterar frases del tipo : *al-ḥamd li-Allāh waḥda-hu*, *al-mulk li-Allāh waḥda-hu*, *al-ʿizza li-Allāh waḥda-hu*, *al-šukr li-Allāh waḥda-hu*, *al-baqā' li-Allāh waḥda-hu*, *subḥān Allāh*, etc. Lo importante es que, por su especial diseño, los motivos-tipo ampliaban el valor simbólico y la función propagandística de estas escrituras y que, por su contenido, contrastaban con una larga tradición anterior de eulogias a favor del soberano, o a

[1] M.A. MARTÍNEZ NÚÑEZ (1997a), pp. 429-432.

[2] Según la denominación de M. OCAÑA JIMÉNEZ (1984) ; Ídem (1990), pp. 92-95.

[3] H. BASSET/H. TERRASSE (2001), pp. 132-134.

[4] M.A. MARTÍNEZ NÚÑEZ (1997a), pp. 429-432, lám. 4.

favor 'de su dueño', que no eran objeto de ningún tratamiento caligráfico especial. Así, por ejemplo, la habitual expresión *aṭāla Allāh baqā'a-hu*, referida al soberano en epigrafía pre-almohade e inserta entre el resto de elementos del formulario[1], es abandonada por los 'unitarios' — que renuncian a todas las fórmulas propias de los textos fundacionales y conmemorativos — y sustituida por la expresión *al-baqā' li-Allāh waḥda-hu*, que reproducen mediante un motivo-tipo.

Los almohades cortaron con la tradición anterior y marcaron las pautas que seguiría en adelante la epigrafía posterior, que mantuvo y acentuó la mayor parte de sus innovaciones : presencia masiva de la grafía, junto al ataurique y el lazo, en la decoración arquitectónica, uso simultáneo del cúfico y de la cursiva, así como de los motivos-tipo con las mismas frases de alabanza a *Allāh*, mantenimiento de citas coránicas y de las mismas fórmulas introductorias. Sin embargo, rompieron con el rasgo más específico de la epigrafía almohade y volvieron a retomar en las construcciones oficiales el formulario fundacional, de carácter propiciatorio, habitual en etapas pre-almohades. En las inscripciones de los sultanes nazaríes de al-Andalus[2], en las de los meriníes y sa'adíes del Magreb al-Aqṣà[3], en las de los ḥafṣíes de Túnez[4], de nuevo se nombra al sultán, o al emir, que ordena la construcción, se incluye el objeto de la fundación y la fecha de terminación de las obras, a veces también la del inicio, y se recuperan las expresiones a favor del soberano, como *'izz li-mawlā-nā al-sulṭān*, seguida de su nombre y títulos.

Inevitablemente surge la cuestión del porqué de todos estos cambios y de esos rasgos específicos que presentan las inscripciones almohades. La respuesta habitual fue atribuir el contenido exclusivamente religioso de los epígrafes al 'alejamiento de las vanidades mundanas', a la tan socorrida austeridad almohade, y ésta al carácter beréber del almohadismo y de las élites del califato mu'miní, concluyendo que este tipo de escrituras no aportaba nada, pues suponía una 'banalización' de la epigrafía[5]. El resultado fue el escaso interés de los epigrafistas por estas inscripciones y el olvido del que fueron objeto.

Pues bien, la supuesta austeridad queda desmentida por la monumentalidad de las construcciones califales, sobre todo en el Magreb al-Aqṣà, y por la riqueza y nuevo relieve de su decoración. En cuanto al carácter beréber, nada en epigrafía ni en lo que conocemos del proyecto de Ibn Tūmart y de sus sucesores mu'miníes permite mantener esa afirmación, a pesar de que el almohadismo tuviera su origen en el Magreb.

---

1 M.A. MARTÍNEZ NÚÑEZ (1995), pp. 139-140.

2 É. LÉVI-PROVENÇAL (1931), pp. 156-160, n° 171 y 172, pp. 164-165, n° 176.

3 Sobre la tradición almohade en Marrakech y los epígrafes fundacionales, H. BASSET/H. TERRASSE (2001), pp. 402 y 410-425 ; y G. DEVERDUN (1956), pp. 1-2, n° 2 y 3.

4 B. ROY/P. POINSSOT (1950), p. 47, n° 11.

5 G. DEVERDUN (1956), p. IX ; M. M. OCAÑA JIMÉNEZ (1990), p. 92.

La evidencia de esos vestigios arquitectónicos precisaba una explicación, un ajuste en la concepción del arte y la decoración almohades en general y, por lo que respecta a la epigrafía, el interés se centró en los estilos caligráficos y los elementos decorativos asociados. Así, se impuso y difundió la idea de que lo mejor del arte magrebí fue obra de los refinados artesanos y 'artistas' andalusíes, que consiguieron plasmar su 'creatividad' tanto en la Península como en el Norte de África y terminaron por imponer sus criterios a los austeros y poco refinados dominadores beréberes[1]. En última instancia, se consideraba al Magreb como receptor del impulso civilizador de al-Andalus, una vez cortados supuestamente los lazos con Oriente, y se planteaba la evolución ininterrumpida del arte islámico de al-Andalus, desde los omeyas hasta su apoteosis final durante la etapa nazarí, en la Alhambra. Para esta concepción el arte almohade, deudor y continuador de la herencia andalusí, al igual que el almorávide, era un mero elemento de enlace entre la etapa inicial omeya y la final nazarí[2].

Este ideologizado esquema, que reproduce las pautas básicas del discurso colonial, no se sostiene, pues las relaciones entre el Oriente y el Occidente del mundo islámico nunca llegaron a cortarse y los intercambios entre el Magreb y al-Andalus hubieron de ser intensos, pero en ambas direcciones. Frente al papel decisivo que se otorga a la mano de obra hispana en las nuevas orientaciones ornamentales, queda por explicar cómo esos artesanos pudieron decidir plasmar una tradición inexistente en al-Andalus antes del dominio almohade. La uniformidad con que se aplican esas nuevas orientaciones en los territorios bajo dominio almohade remite al planeamiento y al control ejercidos por las élites gobernantes, antes que al arbitrio de los artesanos[3].

En definitiva, todo depende de qué concepción se tenga acerca de las manifestaciones del pasado, de si se parte de una visión historicista y se consideran todos los vestigios materiales del pasado en función de las nociones burguesas de 'estética', 'arte', 'artista', 'creatividad', 'sensibilidad', etc., con lo que se les niega el carácter y el sentido que en su momento pudieran tener, o de si, por el contrario, se rechaza ese continuismo y se intenta determinar qué función cumplían en su contexto de origen.

Junto al enorme prestigio y al valor simbólico que ha tenido desde siempre la escritura árabe en el mundo islámico, en tanto que vehículo de la revelación, esa grafía ha ocupado a la vez un destacado papel en tanto que "escritura de

---

1 L TORRES BALBÁS (1949), pp. 10-14 ; G. DEVERDUN (1956), p. 30 ; L. GOLVIN (1991), pp. 268-269.

2 H. BASSET/H. TERRASSE (2001), pp. 234- 270 ; L TORRES BALBÁS (1949), p. 65 ; M. OCAÑA JIMÉNEZ (1990), pp. 91-92 y103-105.

3 Sobre estas cuestiones, M.A. MARTÍNEZ NÚÑEZ (1997a), pp. 418-421 ; y Ídem (1997b), pp. 141-142.

aparato" o "escritura emblemática"[1], un tipo de escritura dotado de solemnidad, como en el caso de los textos epigráficos, que constituía el medio preferente de expresión del poder durante la Edad Media islámica. Los soberanos musulmanes estaban familiarizados con el uso de la palabra hablada y escrita como mecanismo al servicio del poder, y contaban con diversos medios de propaganda : acuñación de moneda, alocución de los viernes (*ḫuṭba*) en las mezquitas, ambas prerrogativas soberanas, cronistas y poetas áulicos, manufacturas estatales realizadas en la *dār al-ṣināʿa* y la *dār al-ṭirāz*, y junto a ello, las fundaciones y construcciones oficiales. Estos objetos y construcciones, ejecutados a instancias y por orden del soberano, se conmemoraban mediante inscripciones, realizadas también con las directrices emanadas del poder y el control minucioso de todos sus detalles, evidenciando y proyectando la concepción que las distintas *dawla*/s tenían de sí mismas y la forma en que querían que se las viese.

Manuel Acién ha abordado la caracterización de la formación social islámica a través de la ideología que le es propia y detallado los 'ajustes' sucesivos que se operaron en ella. Para este autor, uno de esos ajustes — consistente en el nuevo predominio que adquiere la revelación y la religión — fue el teorizado por al-Ġazālī, completado y matizado después por Ibn Ṭufayl y, sobre todo, por Averroes. El movimiento almohade fue partícipe de ese ajuste general y la presencia de la escritura en la decoración arquitectónica, así como la incorporación del Corán en epigrafía, materializaciones de esa tendencia, no constituyen rasgos específicos almohades, pues se detectaban en los epígrafes de cronología nazarí y meriní[2].

Sin embargo, esos epígrafes post-almohades y, por ejemplo, los de la dinastía selǧūquí de Oriente[3], que también incorporan el Corán, tenían carácter fundacional, por lo que ese ajuste ideológico general no termina de explicar el rasgo distintivo de las inscripciones mu'miníes, su contenido exclusivamente religioso, que remite expresamente a las bases ideológicas del movimiento almohade y a la forma específica en que los mu'miníes legitimaron su derecho a proclamarse califas.

Efectivamente, los cambios que se observan en la epigrafía del Occidente islámico a partir del siglo XII, similares a los producidos en los territorios orientales contemporáneos, responden a las nuevas orientaciones generalizadas por esas fechas en el pensamiento islámico y en la teoría del imamato. Así, entre los siglos XI y XII, tuvo lugar una corriente de regeneracionismo islámico — proyectada también en la forma de concebir y legitimar el ejercicio del poder — que reclamaba la preeminencia de la verdad revelada y del saber otorgado por Dios sobre cualquier otro que proviniese en exclusiva del razonamiento humano. El teólogo y místico al-Ġazālī fue, sin duda, el máximo exponente de esta tendencia en Oriente.

---

1 Como la denomina S. GUBERT (1996), pp. 394-397.

2 M. ACIÉN ALMANSA (1998), pp. 943 y 957-961.

3 S. BLAIR (1992), p. 149, n° 57.

Si hasta el siglo XI la incidencia de la religión en la ideología había sido bastante reducida y la teoría emanatista, "que no tenía nada de coránica", era compartida por todos, pese a la oposición de los teólogos[1], al-Ġazālī dirige en el *Tahāfut al-falāsifa* un ataque frontal y virulento contra el emanatismo de los filósofos[2], especialmente al-Farābī y Avicena, acusándoles de *kāfirūn* por corromper el mensaje religioso.

Para su refutación resultaba inevitable que al-Ġazālī se adentrara en el problema central del pensamiento islámico medieval : la confrontación entre el tema de la creación exnihilo y temporal del mundo, que defendían los teólogos, y la teoría de los filósofos sobre la eternidad del mundo, mediante una emanación eterna del 'primer agente' o 'causa primera'. Si bien la idea de creación a partir de la nada no aparece suficientemente explicitada en el Corán, el texto sagrado sí contiene asertos que no dejan lugar a dudas[3]. En este sentido, la concepción del *tawḥīd* o absoluta unicidad divina, contenida en el Corán, constituye la clave fundamental, como afirma Idoia Maiza[4], pues implica no sólo que Dios es único, sino que nada absolutamente está ligado a Él. Asimismo, los atributos divinos, que se reiteran en el Corán, son las ideas que mejor expresan la creación exnihilo, especialmente los atributos esenciales : 'el poder', 'la sabiduría' y 'la voluntad', pues implican un Dios todopoderoso, dueño absoluto del universo, absolutamente libre y omnisciente. Es evidente que, desde esta perspectiva, la verdad contenida en la revelación no era compatible con la idea de un mundo coeterno, pues constituiría una amenaza para el *tawḥīd*, ni con el rechazo de los atributos divinos que postulaban los filósofos.

La insistencia de al-Ġazālī en el *tawḥīd* y los atributos divinos, tanto en el *Tahāfut al-falāsifa* como en el *Iḥyā' ʿulūm al-dīn* y en el *Maqṣid al-asmā'*, era condición necesaria para apoyar su argumento central : la creación de la nada, absolutamente libre y temporal del universo. Eso suponía una vuelta a las fuentes primitivas, el Corán y la *sunna* del Profeta, y consecuentemente reabrir, aunque con reservas, la vía del *iǧtihād*.

En definitiva, el objetivo primordial de al-Ġazālī fue convertir la religión en instrumento de regeneración social. El principio básico de su pensamiento era que los musulmanes tenían que observar las leyes emanadas de la voluntad divina, tal y como se expresaban en el Corán, y que el acercamiento a Dios no se conseguía sólo por la vía de la razón, sino a través de la veneración por el Profeta, como figura intermediaria, además de las oraciones rituales y la reiteración de los « bellos

---

1 M. ACIÉN ALMANSA (1998), pp. 935 y 955.

2 I. MAIZA OZCOIDI (2001), pp. 35-43, dedicadas al *Tahāfut* de al-Ġazālī.

3 A. MARTIN (1992), pp. 10-11.

4 I. MAIZA OZCOIDI (2001), pp. 113 y 119.

nombres » (*al-asmā' al-ḥusnà*), que designaban los atributos divinos[1]. Para ese objetivo puso el acento, reactivó, el deber ético que incumbe a todo musulmán del *amr bi-al-maʿrūf wa-al-nahy ʿan al-munkar* (Q. III, 106-107 ; VII, 157 ; XXXI, 14), la vigilancia y censura de costumbres, también denominada *ḥisba*, que había de ser ejercitada por el *Imām* de la *umma* y por todo musulmán en cualquier circunstancia, incluso contra los gobernantes, cuando no cumplían ellos mismos con esas leyes contenidas en la revelación[2].

El prestigio de la revelación, la vuelta a las fuentes primitivas, el nuevo relieve otorgado a la figura del Profeta y a la *risāla*, constituyen una constante en esa época y así lo vienen a demostrar obras como la de Ibn Baškuwāl, acerca de la oración por el Profeta (*taṣliya*) — cuya inclusión en el ritual islámico dataría de principios del siglo XII[3] — y del acercamiento a Dios por su intermediación. Tampoco hay duda, con todos los matices que sea necesario plantear, de que la doctrina y la actuación de Ibn Tūmart responden en sus elementos básicos a esta corriente[4], y que, incluso, el argumento central de la obra de Averroes, formulada en el *Faṣl al-maqāl*[5], la conciliación entre razón y tradición (*ǧamʿ bayna al-maʿqūl wa-al-manqūl*), o entre filosofía y revelación, como dos vías de acceso a una verdad única, no puede entenderse sino en función de esa nueva orientación.

Sobre Averroes, debo remitir, como no, a las clarificadoras aportaciones de Aubert Martín y sólo creo preciso señalar que este filósofo, cuyo proyecto era restaurar el aristotelismo, despojándolo de los comentarios e interpretaciones que habían adulterado su sentido[6], el que refutó a al-Ġazālī y a los *mutakallimūn* en el *Tahāfut al-tahāfut*, no quiso o no pudo sustraerse tampoco de esa corriente de vuelta al Corán y de respeto por la revelación y las leyes que de ella emanan. Averroes reclama para los filósofos la 'interpretación demostrativa' de la revelación, frente a la 'argumentativa' de los teólogos y abre la vía del *iǧtihād*, del retorno a la propia fuente revelada, sin la mediación de los teólogos, e incluso, y como señala Aubert Martin, encuentra, en el texto revelado una invitación a la "especulación racional", a la filosofía, para cuya designación prefiere el término coránico *ḥikma* (Q. XVI, 126), en lugar de *falsafa*[7]. Recurre frecuentemente al Corán, como punto de partida y de apoyo para sus aseveraciones. Así se observa en el *Tahāfut al-tahāfut*, cuando postula a la vez, y no sin ambigüedad, la eternidad del mundo y su creación por Dios, rechazando la teoría de la emanación, en base a versículos

---

1 *Op. cit.*, p. 35.

2 M. GARCÍA ARENAL (1992), pp. 151-157 y 162 ; H. FERHAT (1996), pp. 375-390.

3 IBN BAŠKUWĀL, *Qurba* (1995), pp. 51-52.

4 D. URVOY (1990), pp. 167-180.

5 A. MARTIN (1992), p. 17.

6 *Op. cit.*, p. 9.

7 A. MARTIN (1985), p. 107.

del Corán que afirman la creación temporal y parecen implicar la existencia de una materia anterior indiferenciada[1].

En otros aspectos coincide con al-Ġazālī, al afirmar, por ejemplo, que la verdad está contenida en la revelación — aunque, según Averroes, hubiese distintas vías de acceso a ella —, al insistir en el *tawḥīd* y al aceptar todos los atributos divinos contenidos en el Corán, frente a los filósofos emanatistas. En su opinión, los principios del comportamiento deben ser tomados de la ley divina, cuyas regulaciones son recibidas por la revelación a través de los profetas y en la que se basan todas las religiones. Para cumplir las leyes de la religión, cuyo valor educativo señala, hay que investir de autoridad a quien sea capaz de conducir a los hombres hacia la observancia de esos principios fundamentales, pues en eso consistía, a su juicio, el recto ejercicio del poder[2].

Es posible que esta postura de Averroes se deba a la presión ejercida por el medio en que vivió. De hecho, se conoce su inicial entusiasmo por la causa almohade, su relación con los soberanos mu'miníes y que en el *Faṣl al-maqāl* reconocía al califa Abū Yaʿqūb Yūsuf un papel destacado en la pacificación de las tensiones que habían existido hasta ese momento entre los pensadores musulmanes[3]. Pero también es sabida la situación difícil en que le colocó el mismo califa al interrogarle sobre el tema de la eternidad del mundo, aunque luego le encargase redactar los *Comentarios*[4], así como su posterior caída en desgracia con el califa Yaʿqūb al-Manṣūr y su rehabilitación final[5]. Como afirma Aubert Martin, "su vida, su pensamiento y su obra son inseparables del siglo almohade", y "ninguna exégesis puede olvidar la influencia de las doctrinas que han presidido el nacimiento y éxito de esta dinastía"[6].

Y es que, en efecto, si hay un buen ejemplo de ese nuevo papel de la revelación y de la religión, es el proporcionado por la doctrina y el movimiento almohades. Los almohades llevaron a la práctica esta orientación ideológica y de ella extrajo su legitimidad el califato mu'miní.

La doctrina almohade[7] está contenida fundamentalmente en el *Aʿazz^{u} mā yuṭlab*, en la guía espiritual, o *Muršida*, de Ibn Tūmart[8] y en las cartas que se le atribuyen, cuyas prescripciones se reproducen en la *Risālat al-fuṣūl* del primer

---

1 Ídem (1992), pp. 10-11.

2 I. MAIZA OZCOIDI (2001), pp. 393 y 398.

3 É. FRICAUD (2002), p. 106.

4 AVERROÈS, *Tafsīr* (1984), p. 5 del *Avant-propos.*

5 É. FRICAUD (1997), pp. 373-383.

6 A. MARTIN (1992), p. 17.

7 M. FIERRO (1997), pp. 443-485.

8 M. ZNIBER (1994), pp. 21-25.

califa ʿAbd al-Mu'min[1]. Con independencia de que lo que se atribuye a Ibn Tūmart responda en su totalidad a la realidad histórica del personaje o sea una elaboración posterior, como se ha planteado[2], lo significativo, desde mi punto de vista, es que los califas mu'miníes recurrieron a un teólogo, reformador religioso e *Imām*, cuya doctrina y actuación adquirían su justificación última en el ejercicio de la *ḥisba*.

Esa doctrina atribuida a Ibn Tūmart coincide en lo fundamental con lo teorizado por al-Ġazālī, aunque se puedan detectar también otros aportes e influencias[3]. Para Ibn Tūmart, la única sabiduría es la que procede de la revelación y la vuelta al Corán y a la *sunna* del Profeta le proporcionan los puntales básicos para elaborar su doctrina[4]. Ésta tiene como eje primordial el *tawḥīd*, convertido en el fundamento espiritual de la regeneración del islam que propugnaba, así como la restitución a Dios en exclusiva de los nombres y atributos contenidos en el Corán[5]. Como se recoge en los escritos que dirigió a los *ṭalaba* y los almohades, era obligación de los musulmanes cumplir las leyes emanadas de la revelación y aceptar la doctrina del *tawḥīd*, bajo riesgo de ser acusados de *kāfirūn*, debían aprender y recitar el Corán de memoria y cumplir las oraciones rituales en las horas canónicas[6].

Pero Ibn Tūmart fue un hombre de acción, un *Imām* que puso en práctica su doctrina[7]. Su objetivo fue restituir el modelo de la primitiva comunidad islámica y, para lograrlo, era preciso deslegitimar a los emires almorávides y sustituir a los *fuqahā'* mālikíes, que monopolizaban la interpretación de las fuentes primitivas. Hubo de recurrir, así, al *iǧtihād*, frente a los principios de autoridad *sanad* y *taqlīd*, sobre los que reposaba el malikismo, sustento del poder y doctrina oficial en materia jurídica con los almorávides. Todo, por tanto, se debía efectuar sobre la base de un retorno a las fuentes auténticas del islam, que justificaban la acción política[8]. Y es en este contexto donde se explica que Ibn Tūmart utilizara el *amr bi-al-maʿrūf* o *ḥisba*, la vigilancia y censura de costumbres, para acusar a los almorávides de *muǧassimūn*, de atribuir « un aspecto corporal al Creador », y recurriese al *takfīr*, a declararlos « infieles y apóstatas », justificando en última

---

1 É. LÉVI-PROVENÇAL (1928), pp. 1-12 y 134-145 del texto árabe ; A. ʿAZZĀWĪ (1995), pp. 43-48 y 61-71.

2 Por ejemplo, M. FIERRO (1997), p. 485.

3 A. LAROUI (1994), pp. 10-13 ; T. NAGEL (1997), p. 296.

4 É. LÉVI-PROVENÇAL (1928), pp. 3-5.

5 T. NAGEL (1997), pp. 300-303.

6 É. LÉVI-PROVENÇAL (1928), pp. 7-8.

7 A. NOTH (1994), pp. 181-183.

8 M. FIERRO (1997), p. 463 ; T. NAGEL (1997), pp. 297-301 ; M. ZNIBER (1994), pp. 21-22.

instancia el *ǧihād* que proclama y emprende contra ellos, como se reitera en sus escritos[1].

Es indudable que el enorme prestigio adquirido por la obra de al-Ġazālī entre los almohades, y otros movimientos anti-almorávides, se debe, entre otras causas, a que los almorávides habían decretado la quema del *Iḥyā' ʿulūm al-dīn* ante el peligro que entrañaba su subversiva doctrina sobre el *amr bi-al-maʿrūf*[2].

Los mu'miníes utilizaron y manipularon a su favor la figura, la doctrina y la actuación de Ibn Tūmart. Estos Kumiya basaron su derecho al califato — en especial frente a otros clanes almohades — en su vinculación preferencial con ese reformador religioso, y restaurador de la justicia, al que caracterizaron como *Imām maʿṣūm, Mahdī maʿlūm* y como *al-Qā'im bi-amr Allāh*[3] — todos ellos de fuerte raigambre ismāʿīlí y šīʿí — y equipararon la figura del *Mahdī* con la del Profeta y, consecuentemente, el califato mu'miní con el de los *ḫulafā' rāšidūn*[4]. Como prueba de esa vinculación, asumieron e impusieron todos los principios de su doctrina : obligación de cumplir las leyes religiosas, aplicando las penas legales, imposición del aprendizaje del Corán y del *tawḥīd*, la principal *ʿaqīda* del *Mahdī*, fijación de las horas canónicas del rezo, otorgando un destacado papel, junto al califa, a los almuédanos, encargados de determinarlas[5]. Pero lo más destacable es que, no sólo utilizaron, sino que acapararon realmente los deberes de *ḥisba* y de *ǧihād*, para neutralizar su capacidad desestabilizadora, que ellos conocían bien[6]. El califa se convertía, así, en el primer censor de las costumbres, en el máximo responsable del cumplimiento de la ley religiosa y de la regeneración de la comunidad islámica. En esto consistía el ejercicio óptimo de la autoridad y con ello volvían a restringir la vía del *iǧtihād*, no admitiendo discrepancias. La concepción específica del imamato, que se desarrolló en el entorno mu'miní, mediante la utilización privilegiada del término coránico *amr* para designar a la « autoridad califal » y a « la persona misma del califa », de clara inspiración ismāʿīlí[7], y que al-Bayḏaq pone en boca del mismo *Mahdī* para referirse a ʿAbd al-Mu'min, ha sido bien estudiada por É. Fricaud, a partir del *Ta'rīḫ al-mann bi-al-imāma* de Ibn Ṣāḥib al-Ṣalāt, así como la forma en que se omite esa utilización específica del *amr* en las crónicas post-almohades[8].

---

1 É. LÉVI-PROVENÇAL (1928), pp. 9 y 13-15.

2 M. GARCÍA ARENAL (1992), pp. 151-156.

3 En la *Risālat al-fuṣūl*, É. LÉVI-PROVENÇAL (1928), pp. 135 y 137 del texto árabe completo.

4 *Op. cit.*, pp. 19, 30 y 32 ; A. HUICI (1949), p. 368 ; H. FERHAT (1993) p. 101.

5 É. LÉVI-PROVENÇAL (1928), pp. 71-72.

6 M.A. MARTÍNEZ NÚÑEZ (1997a), pp. 439-441.

7 Entre los ismāʿilíes el *amr*, es la jerarquía ismāʿīlí y el *ḫalq*, el mundo físico ; S. PINES (1960).

8 É. FRICAUD (2002), p. 93, 95, 98-109 y 111-117.

La epigrafía oficial mu'miní remite fielmente a las líneas de pensamiento y a la actuación atribuidas al *Mahdī* : el *tawḥīd* y los atributos divinos, mediante los motivos-tipo, el relieve otorgado a la figura y a la misión proféticas, a través del lugar destacado que se reserva a la *taṣliya* y la *risāla* en estos textos, y la incorporación del Corán como núcleo del formulario, con la utilización de versículos que evidenciaban esa asunción de la *ḥisba* (Q. III, 106-107, sobre el *amr bi-al-maʿrūf*, en la Bāb al-Ruwāḥ, única vez que se documenta en epigrafía) y del *ǧihād* (Q. XXII, 76-77 en las mezquitas y Q. XVI, 11-13 en la Puerta de la Qaṣba de los Ūdāya) ; así como la utilización en los *dirham*/s y en un capitel de la Kutubiyya[1] de *al-amr kullu-hu li-Allāh* (Q. III, 148), ese *amr* personificación del califa, frente a la voz *amara* de los textos fundacionales.

Pero es precisamente la audacia que tuvieron los mu'miníes de proclamarse califas y la forma en que legitimaron su derecho al califato, junto a su propia concepción del *amr*, lo que les confiere su especificidad. Ésta se materializa y se proyecta, desde mi punto de vista, en el carácter exclusivamente religioso de los formularios, el rasgo distintivo de estas escrituras propagandísticas, mediante las cuales presentaban a la colectividad la imagen que de ellos mismos deseaban dar y cuyo mensaje requería una lectura colectiva, la que proporcionaba la orientación ideológica dominante.

En última instancia, se trataba de una manipulación por parte de la jerarquía mu'miní de ese nuevo papel predominante de la religión, pues, como afirma M. Fierro, uno de los fundamentos del almohadismo era la separación entre la élite y la masa[2]. De hecho, los mu'miníes promocionaron, junto a la imposición generalizada de los principios religiosos tal como ellos los concebían, otras líneas de pensamiento, como en el caso de Ibn Ṭufayl y Averroes, pero restringidas a las élites de su entorno.

Resulta claro, en mi opinión, que la recuperación del malikismo en el Magreb y al-Andalus, tras el paréntesis almohade, y la ruptura con esa concepción rigorista del ejercicio del poder, explican que los epígrafes post-almohades volviesen a retomar el formulario fundacional y propiciatorio al que había renunciado la dinastía del *tawḥīd*.

---

1 Sobre el capitel de la Kutubiyya, H. BASSET/H. TERRASSE (2001), p. 221, pl. XXXe. Sobre los *dirham*/s, el libro de reciente aparición, dedicado a esa frase coránica, M. VEGA MARTÍN/S.PEÑA MARTÍN/M. FERIA GARCÍA (2002).

2 M. FIERRO (1997), p. 444.

Bibliografía

Fuentes

AVERROÈS, *Tafsīr* (1984) : *Grand Commentaire de la Métaphysique d'Aristote (Tafsīr mā baʿd al-ṭabīʿa). Livre Lām-Lambda*. Traduit de l'arabe et annoté par A. Martin. Lieja : Faculté de Philosophie et Lettres, Université de Liège (*Bibliothèque de la Faculté de Philosophie et Lettres*, Fasc. CCXXXIV).

A. ʿAZZĀWĪ (1995) : *Rasā'il muwaḥḥidiyya. Mağmūʿa ğadīda*. Kenitra.

IBN BAŠKUWĀL, *Qurba* (1995) : *Kitāb al-qurba ilà rabb al-ʿālamīn (el acercamiento a Dios)*. Estudio, edición crítica y traducción C. de la Puente. Madrid.

É. LÉVI-PROVENÇAL (1928) : *Documents inédits d'histoire almohade. Fragments manuscrits du "legajo" 1919 du Fonds Arabe de l'Escorial*. París.

Referencias

M. ACIÉN ALMANSA (1996) : "Cerámica y propaganda en época almohade", en *Arqueologia Medieval* 4 (1996), pp. 83-191.

M. ACIÉN ALMANSA (1998) : "Sobre el papel de la ideología en la caracterización de las formaciones sociales. La formación social islámica", en *Hispania. Revista Española de Historia* 58, 3 (septiembre-diciembre 1998), pp. 915-968.

C. ALLAIN/G. DEVERDUN (1957) : "Les portes anciennes de Marrakech", en *Hespéris* 44 (1957), pp. 55-126.

H. BASSET/H. TERRASSE (2001) : *Sanctuaires et forteresses almohades*. París : Maisonneuve et Larose (nouvelle édition).

S. BLAIR (1992) : *The monumental inscriptions from early Islamic Iran and Transoxiana*. Leiden-Nueva York.

J. CAILLÉ (1949) : *La ville de Rabat jusqu'au Protectorat français. I. Histoire et archéologie*. París.

G. DEVERDUN (1956) : *Inscriptions arabes de Marrakech*. Rabat.

EI[2] : *Encyclopédie de l'Islam*. Nouvelle édition. Leiden-Paris : E.J. Brill-Maisonneuve et Larose, 1960-.

H. FERHAT (1993) : *Le Maghreb aux XII*[e] *et XIII*[e] *siècles Les siècles de la foi*. Casablanca.

H. FERHAT (1996) : "Souverains, saints et *fuqahā'* : le pouvoir en question", en *Al-Qanṭara* 17 (1996), pp. 375-390.

A. FERNÁNDEZ PUERTAS (1978-9) : "Dos lápidas almohades. Mqābrīya de Játiva y lápida de la cerca de Jerez de la Frontera", en *Miscelánea de Estudios Árabes y Hebraicos* 27-28, 1 (1978-9), pp. 223-232.

M. FIERRO (1997) : "La religión", en Mª J. Viguera Molins (coord.), *El retroceso territorial de al-Andalus. Almorávides y almohades. Siglos XI al XIII*. Madrid (*Historia de España de Ramón Menéndez Pidal* VIII, 2), pp. 437-546.

S. FONTENLA BALLESTA (1988) : "La numismática almohade", en *I Jarique de Estudios Numismáticos Hispano-Árabes. Ponencias y Comunicaciones.* Zaragoza, pp. 67-88.

S. FONTENLA BALLESTA (1997) : "Numismática y propaganda almohade", en *Al-Qanṭara* 18, 2 (1997), pp. 447-467.

É. FRICAUD (1997) : "Les *ṭalaba* dans la société almohade (le temps d'Averroès)", en *Al-Qanṭara* 18, 2 (1997), pp. 331-367.

É. FRICAUD (2002) : "Origine de l'utilisation privilégiée du terme de *Amr* chez les mu'minides almohades", en *Al-Qanṭara* 23, 1 (2002), pp. 93-122.

M. GARCÍA ARENAL (1992) : "La práctica del precepto de *al-amr bi-l-maᶜrūf wa-l-nahy ᶜan al-munkar* en la hagiografía magrebí", en *Al-Qanṭara* 13 (1992), pp. 143-165.

L. GOLVIN (1991) : "Les modes d'expression artistique au Maghreb", en F. Gabrieli *et alii, Maghreb Médieval. L'apogée de la civilisation islamique dans l'Occident arabe.* Aix-en-Provence, pp. 227-281.

S. GUBERT (1996) : "Pouvoir sacré et pensée mystique : les écritures emblématiques mérinides (VIIe/XIIIe-IXe/XIVe siècles)", en *Al-Qanṭara* 17 (1996), pp. 391-497.

A. HUICI (1949) : "La leyenda y la historia en los orígenes del imperio almohade", en *Al-Andalus* 14 (1949), pp. 340-379.

A. KADDOURI (1994) (coord.) : *Mahdisme. Crise et changement dans l'histoire du Maroc.* Casablanca (*Actes de la table ronde organisée à Marrakech par la Faculté des Lettres et des Sciences Humaines de Rabat du 11 au 14 de Février 1993*).

A. LAROUI (1994) : "Sur le mahdisme d'Ibn Tūmart", en A. Kaddouri (1994), pp. 9-13.

É. LÉVI-PROVENÇAL (1931) : *Inscriptions arabes d'Espagne*. Leiden-París.

I. MAIZA OZCOIDI (2001) : *La concepción de la filosofía en Averroes. Análisis crítico del* Tahāfut al-tahāfut. Madrid.

A. MARTIN (1985) : "Un type particulier de la *muzāwağa* dans la langue d'Averroès", en Idem (éd.), *Mélanges à la mémoire de Philippe Marçais*. París, pp. 103-111.

A. MARTIN (1992) : *Averroès entre l'Orient et l'Occident.* Lieja (*Les Civilisations Orientales* G 31).

M.A. MARTÍNEZ NÚÑEZ (1995) : "La epigrafía del Salón de ᶜAbd al-Raḥmān III", en A. Vallejo Triano (coord.), *Madīnat al-Zahrā'. El Salón de ᶜAbd al-Raḥmān III.* Córdoba, pp. 107-152.

M.A. MARTÍNEZ NÚÑEZ (1997a) : "Epigrafía y propaganda almohades", en *Al-Qanṭara* 18, 2 (1997), pp. 415-446.

M.A. MARTÍNEZ NÚÑEZ (1997b) : "Escritura árabe ornamental y epigrafía andalusí", en *Arqueología y Territorio Medieval* 4 (1997), pp. 127- 162.

M.A. MARTÍNEZ NÚÑEZ (2000) : "Al-Andalus y la documentación epigráfica", en A. Sidarus (ed.), *Fontes da Historia de al-Andalus e do Gharb*. Lisboa, pp. 89-115.

M.A. MARTÍNEZ NÚÑEZ (2001) : "Sentido de la epigrafía omeya de al-Andalus", en M. J. Viguera Molins/C. Castillo (coords.), *El esplendor de los omeyas cordobeses. La civilización musulmana en Europa Occidental.* Vol. *Estudios.* Granada, pp. 408-417.

M.A. MARTÍNEZ NÚÑEZ (2002) : "Yeserías epigrafiadas del Castillo de Santa Catalina (Jaén)", en *Arqueología y Territorio Medieval* 9 (2002), pp. 165-179.

M.A. MARTÍNEZ NÚÑEZ (en prensa) : "Ideología y epigrafía almohades", en *Los Almohades.* Sección I. *Vectores del mensaje almohade (arte, epigrafía, numismática),* 19-20 de junio 2000, Casa de Velázquez, Dpto. de Estudios Árabes del CSIC y UMR 5648 (CNRS, Lyon). En prensa.

T. NAGEL (1997) : "La destrucción de la ciencia de la *šarīʿa* por Muḥammad b. Tūmart", en *Al-Qanṭara* 18, 2 (1997), pp. 295-304.

J. NAVARRO PALAZÓN/P. JIMÉNEZ CASTILLO (1995) : "La decoración almohade en la arquitectura doméstica : la casa n° 10 de Siyāsa", en J. Navarro Palazón (ed.), *Casas y palacios de al-Andalus.* Barcelona, pp. 117-137.

A. NOTH (1994) : "Les *ʿulamāʾ* en qualité de guerriers", en *Saber religioso y poder político en el Islam. Actas del Simposio Internacional (Granada, 15-18 octubre 1991).* Madrid, pp. 175-195.

M. OCAÑA JIMÉNEZ (1984) : "Cúpulas de la mezquita de Tinmal. Las inscripciones de sus celosías", en C. Ewert/J.-P. Wisshak (eds.), *Forschungen zur almohadischen Moschee.* Lieferung 2 : *Die Moschee von Tinmal (Marokko).* Madrid, pp. 160-168.

M. OCAÑA JIMÉNEZ (1990) : "Panorama sobre el arte almohade en España", en *Cuadernos de la Alhambra* 26 (1990), pp. 91-111.

B. PAVÓN MALDONADO (1981) : *Jerez de la Frontera. Arte islámico y mudéjar.* Madrid.

S. PINES (1960) : "Amr", en *EI²* I, pp. 462-463.

A. PRIETO Y VIVES (1915) : "La reforma numismática de los almohades", en *Miscelánea de Estudios y Textos Árabes.* Madrid, pp. 11-114.

B. ROY/P. POINSSOT (1950) : *Inscriptions arabes de Kairouan.* Vol. II, fasc. I. París.

ʿA. al-ʿA. SĀLEM (1978) : "La puerta del Perdón en la gran mezquita de la alcazaba almohade de Sevilla", en *Al-Andalus* 43 (1978), pp. 201-207.

L TORRES BALBÁS (1949) : *Arte almohade, arte nazarí, arte mudéjar.* Madrid (*Ars Hispaniae* IV).

D. URVOY (1990) : *Penseurs d'al-Andalus. La vie intellectuelle à Cordoue et Séville au temps des empires berbères (fin XIᵉ siècle-début XIIIᵉ siècle).* Toulouse.

M. VEGA MARTÍN/S.PEÑA MARTÍN/M. FERIA GARCÍA (2002) : *El mensage de las monedas almohades. Numismática, traducción y pensamiento islámico.* Cuenca.

M. ZNIBER (1994) : "L'itinéraire psycho-intellectuel d'Ibn Toumert", en A. Kaddouri (1994), pp. 15-29.

DE IBN ḤAYYĀN A IBN AL-ḪAṬĪB
LOS BANŪ AḌḤÀ AL-HAMDĀNĪ, UNA FAMILIA ÁRABE DE ELVIRA

F. N. VELÁZQUEZ BASANTA
Universidad de Cádiz

Introducción

Como contribución al merecido homenaje que los compañeros, discípulos y amigos del Profesor de la Universidad de Lieja Aubert Martin han querido rendirle con motivo de su LXV aniversario, ofrezco a su memoria estas páginas que tienen por objeto estudiar la figura de un caudillo granadino que vivió en el siglo X y era miembro de una noble Casa de raigambre árabe asentada en la cora de Elvira desde los tiempos anteriores a la llegada de ʿAbd al-Raḥmān I (s. VIII). Representantes de los Banū Aḍḥà se encuentran en Granada en la segunda mitad del siglo XIII, momento en que uno de ellos casa a su hija con el abuelo del polígrafo granadino Ibn al-Ḫaṭīb, e incluso en el primer decenio del XIV, cuando muere el último miembro de esta familia del que se tiene noticia.

El punto de partida para nuestro estudio es la magra nota biográfica sobre este personaje incluida en la *Iḥāṭa*[1], pero dado que el autor menciona entre sus fuentes a Ibn Ḥayyān, hemos acudido a la obra de este historiador cordobés del siglo XI con el propósito de comparar la información aportada por él con la transmitida por Ibn al-Ḫaṭīb en pleno siglo XIV. Y el resultado de este cotejo, aunque a primera vista pudiera parecer bastante satisfactorio, no lo es tanto en realidad, pues si bien se comprueba en líneas generales una fidelísima pervivencia y una óptima conservación de los valiosos textos hayyaníes a través de los siglos[2], también se constata que el granadino se deja en el tintero algunas noticias importantes que debieran haberle interesado, aunque sólo fuese porque se refieren a la misma Granada y a un territorio tan ligado y próximo a ésta como el de la antigua cora de Jaén, pudiéndose concluir de dicha comparación un testimonio que introduce dudas sobre la reputación de historiador serio y bien informado que posee el polígrafo granadino.

Los datos relativos a este representante del linaje de los Banū Aḍḥà figuran en el tomo V del *Muqtabis* de Ibn Ḥayyān, volumen que ha sido editado en árabe y traducido al español, por lo que nos ahorraremos presentar sus textos[3]. No ocurre lo mismo con otras fuentes intermedias, no mencionadas por la *Iḥāṭa* para

---

1 IBN AL-ḪAṬĪB, *Iḥāṭa* (1955) ; Ídem, *Iḥāṭa* (1973-7).

2 La influencia de Ibn Ḥayyān llega incluso a los discípulos de Ibn al-Ḫaṭīb en la segunda mitad del siglo XIV, como señaló Maḥmūd ʿAlī Makkī en el prólogo a su edición de IBN SIMĀK, *Zaharāt* (1984), donde se hallan reminiscencias del *Muqtabis V*. Véase también F. CORRIENTE (1992), y M. GUILLÉN MONJE (1997), p. 233, nota 15.

3 IBN ḤAYYĀN, *Muqtabis V* (1979) ; Ídem, *Muqtabis V* (1981).

desdoro de Ibn al-Ḫaṭīb, pero muy importantes para mostrar el camino seguido por los textos hayyaníes hasta llegar al historiador granadino ; me refiero a la *Ḥulla al-siyarā'* del valenciano Ibn al-Abbār (1ª mitad del s. XIII)[1] y al *Ḏayl wa-al-takmila* del norteafricano Ibn ʿAbd al-Malik al-Marrākušī (2ª mitad del s. XIII)[2] ; lamentablemente no podemos servirnos para nuestro propósito de las perdidas obras de al-Mallāḥī (s. XII-XIII) e Ibn Masʿada (s. XIII), historiadores granadinos cuyos nombres aparecen, junto al de Ibn Ḥayyān, en la enciclopedia jatibiana.

En este punto cabría preguntarse : ¿ Conoció Ibn al-Ḫaṭīb de primera mano la obra de Ibn Ḥayyān ? En mi opinión, y por lo que toca a la semblanza de este Ibn Aḍḥà, el sabio de Loja no manejó directamente el *Muqtabis*, lo que en cierto modo puede disculpar su ligereza en esta biografía, y ni siquiera la *Ḥulla* de Ibn al-Abbār, antes bien, el texto trasladado a la *Iḥāṭa* debe de haber sido el contenido en el *Ḏayl wa-al-takmila* de Ibn ʿAbd al-Malik al-Marrākušī, obra mucho más próxima a la época de Ibn al-Ḫaṭīb que las anteriores, de todo lo cual hay abundantísimas pruebas a lo largo del mismo, como por ejemplo la que se deduce de la enigmática frase que sirve de broche a esta biografía, sobre cuyo verdadero sentido volveremos más adelante[3].

Puede afirmarse, en síntesis, que el texto de Ibn Ḥayyān pasó tanto a la obra de Ibn al-Abbār[4], como a la de Ibn ʿAbd al-Malik al-Marrākušī, autor de quien finalmente toma sus datos Ibn al-Ḫaṭīb. Con objeto de ilustrar este proceso de transmisión ofrecemos seguidamente la versión española de los citados textos, comenzando, como es natural, por el de la *Iḥāṭa*. Mas permítaseme hacer previamente una breve presentación de este caudillo granadino, resumiendo someramente los datos biográficos que tenemos sobre él, sus antepasados y sus descendientes, transmitidos por estas y otras fuentes, sin olvidar los que nos brinda el *Muqtabis* de Ibn Ḥayyān, que es el autor más cercano a los hechos y, por ende, quien nos traza unos perfiles más acabados sobre el biografiado.

---

1 IBN AL-ABBĀR, *Ḥulla* (1963-4).

2 IBN ʿABD AL-MALIK AL-MARRĀKUŠĪ, *Ḏayl* (1971).

3 Un caso muy parecido lo tenemos en la semblanza de la *Iḥāṭa* del emir al-Ḥakam I, expresamente calcada del *Bayān* de Ibn ʿIḏārī, si bien lo que en el fondo se transmite es el texto del *Muqtabis* de Ibn Ḥayyān, como puede comprobarse en la reciente edición facsímil, a cargo de J. VALLVÉ, del manuscrito de la Real Academia de la Historia (IBN ḤAYYĀN, *Muqtabis II-1* (1999)), o en su más flamante traducción por Maḥmūd ʿAlī Makkī y F. Corriente (IBN ḤAYYĀN, *Muqtabis II-1* (2001)). Véase F.N. VELÁZQUEZ BASANTA (1998).

4 Véase M. MEOUAK (1990), p. 257.

Su nombre

La cadena onomástica más completa de nuestro personaje es la que registra Ibn ʿAbd al-Malik al-Marrākušī, de quien la toma, a excepción de la *kunya*, Ibn al-Ḫaṭīb, y a través de ella es posible remontarse muchos grados en la lista de sus antepasados, en consonancia con la rancia estirpe de Abū al-ʿAbbās Aḥmad ibn Muḥammad ibn Aḍḥà ibn ʿAbd al-Laṭīf ibn Ġarīb ibn Yazīd ibn al-Šimr ibn ʿAbd Šams ibn al-Ġarīb al-Hamdānī al-Ilbīrī, el cual, como se ve, pertenecía al antiguo linaje árabe de Hamdān[1], cuyo solar en Alándalus, según Ibn Ḥazm, estuvo situado en la cora de Elvira[2].

Su tatarabuelo Ġarīb ibn Yazīd se llamaba en realidad Ḫālid ibn Yazīd (n° 2), pero fue apodado Ġarīb o al-Ġarīb (« el Extranjero ») "por haber sido el primer sirio (*min al-šāmiyyīn*) que nació en la cora de Elvira"[3]. Este importante dato, que no figura en el *Ḏayl* ni, por tanto, en la *Iḥāṭa*, procede de Ibn Ḥayyān — la *Ḥulla* precisa que fue "el primer árabe sirio [...] (*min al-ʿarab al-šāmiyyīn*)"[4] —, y de aquí se deduce que el primer miembro de esta familia que se asentó en Alándalus fue Yazīd (n° 1), que llegaría con los contigentes sirios de Balǧ ibn Bišr al-Qušayrī en el año 123/741[5]. Con seguridad es a este Yazīd a quien se refiere,

1 Gran tribu árabe del grupo yemení. Véase J. SCHLEIFER (1975), pp. 125-126. El apellido al-Hamdānī figura entre las numerosas *nisba*-s árabes citadas por Ibn al-Ḫaṭīb en la *Lamḥa* y en la *Iḥāṭa* como signo de arabidad de la Granada de su tiempo. Véase M.ª J. VIGUERA MOLÍNS (2000), pp. 20-21.

2 Véase E. TERÉS SÁDABA (1957), pp. 343-344, que cita expresamente a los Banū Aḍḥà, "señores de Granada", según AL-MAQQARĪ, *Analectes* (1967), I, p. 187 (v. Ídem, *Nafḥ* (1968), I, pp. 294-295).

3 IBN AL-ABBĀR, *ʿItāb* (1961), pp. 71-72, n° 12, nos ha conservado una brevísima carta del primer *kātib* andalusí conocido, de nombre Ḫālid ibn Zayd o Yazīd, que tal vez podría identificarse con este personaje. El documento figura en la biografía de Umayya ibn Yazīd, que fue discípulo y sucesor de este Ḫālid en la secretaría de ʿAbd al-Raḥmān I. Pero con anterioridad, Ḫālid había servido como secretario del último *wālí* de Alándalus dependiente de Damasco, Yūsuf al-Fihrī (reg. 745-755), hecho que, al margen de la oscilación de su *nasab* (ibn Zayd/ibn Yazīd), introduce dudas cronológicas en esta identificación. Véase M. ʿA. MAKKĪ (1968), pp. 74 y 80.

4 IBN ḤAYYĀN, *Muqtabis V* (1979), p. 115, e IBN AL-ABBĀR, *Ḥulla* (1963-4), I, p. 228. Ibn al-Ḫaṭīb sí recoge esta noticia, pero en la biografía de un descendiente suyo, llamado Abū al-Ḥasan ʿAlī ibn Aḍḥà (m. 540/1145), que fue cadí de Almería antes de sublevarse contra los almorávides en Granada cuando el declive de esta dinastía. Véase IBN AL-ḪAṬĪB, *Iḥāṭa* (1973-7), IV, p. 83 : "huwa awwal mawlūd wulida li-al-ʿarab al-yamaniyyīn bi-al-Andalus", frase probablemente tomada de la semblanza del mismo personaje trazada por IBN ʿABD AL-MALIK AL-MARRĀKUŠĪ, *Ḏayl* (1965), V-1, p. 270, n° 532 : "min al-ʿarab al-šāmiyyīn bi-kūrat Ilbīra". Véase también M. MARÍN (1986-7), p. 16.

5 De hecho así lo afirma IBN AL-ABBĀR, *Ḥulla* (1963-4), II, p. 211, en la biografía de su mentado descendiente Abū al-Ḥasan ʿAlī ibn Aḍḥà. Véase también AL-MAQQARĪ, *Nafḥ* (1968), V, p. 11.

sin nombrarlo, Ibn al-Qūṭiyya en su *Ta'rīḫ*, cuando, en la traducción de don Julián Ribera, dice : "Luego [los clientes omeyas que preparaban la venida a Alándalus de ʿAbd al-Raḥmān I] hablaron [entre otros] a los qaḥṭāníes de Elvira y Jaén, tales como el abuelo (*ǧadd*) de los Baniadjà del Hamadán [*sic*, cuando el texto anota *bi-al-Hamdāniyyīn* = « en [el lugar de] los Hamdāníes, es decir, en Alhendín »] ..."[1].

Los ancestros

Las fuentes árabes dan abundantes noticias sobre su padre Muḥammad, pero sólo mencionan ocasionalmente a su abuelo Aḍḥà y a su bisabuelo ʿAbd al-Laṭīf ; de su tatarabuelo Ḫālid/Ġarīb ya hemos tratado brevemente. Las fuentes andalusíes no registran información sobre los antepasados orientales.

Pero antes de proseguir con la biografía de su progenitor, veamos rápidamente lo poco que se sabe de Aḍḥà, el abuelo paterno (n° 4) : era de Elvira y, según Ibn al-Abbār, fue cortesano del emir al-Mundir (reg. 886-888)[2]. Con anterioridad, su nombre aparece en una relación de militares árabes cuyas dotes y preparación literaria los capacitaban para desempeñar la secretaría del emir Muḥammad I (reg. 852-886), en sustitución del noble mozárabe Qūmis ibn Antunyān[3]. Tocante a su bisabuelo ʿAbd al-Laṭīf, se han conservado dos mínimas noticias biográficas en la *Iḥāṭa*, con el nombre de ʿAbd al-Laṭīf ibn al-ʿArīf (*sic*, por al-Ġarīb) ibn Zayd (*sic*, por Yazīd) ibn Aḍḥà al-Hamdānī (n° 3)[4], las cuales rezan así :

N° 229 "Dice Ibn Masʿada[5] : Participaba de las dignidades de jeque y de visir, así como de la intimidad con el soberano, el buen porte y el alto rango que poseía su padre [Ḫālid/Ġarīb]"[6].

N° 230 "Dice Abū al-Qāsim ibn Ḫalaf [al-Ġāfiqī][7] : Éste fue el primero de los [árabes] de segunda generación (*tābiʿīn*) nacidos en ella (la cora de Elvira), en Alándalus. Y añadía : Este ʿAbd al-Laṭīf era [hombre] de gran categoría y excelsa memoria entre los primeros (*al-mutaqaddimīn*) [árabes inmigrados a la Península], razón por la que le dieron autoridad [sobre ellos]".

---

1 IBN AL-QŪṬIYYA, *Ta'rīḫ* (1926), p. 22/17. Véase M. FIERRO (1990), p. 44, n° 9.

2 IBN AL-ABBĀR, *Ḥulla* (1963-4), II, p. 379.

3 IBN AL-QŪṬIYYA, *Ta'rīḫ* (1926), p. 83/68. Véase M. FIERRO (1990).

4 IBN AL-ḪAṬĪB, *Iḥāṭa* (1988), p. 204, n° 229 y 230.

5 Véase *infra*, nota 5, p. 226.

6 Esta nota contribuye a reforzar los elementos que propician una identificación plausible entre Ḫālid ibn Zayd o Yazīd y el secretario de los emires Yūsuf al-Fihrī y ʿAbd al-Raḥmān I. Véase *supra*, nota 3, p. 215.

7 Véase *infra*, nota 4, p. 226.

Aparte de la relativa rareza de encontrar dos entradas distintas para el mismo personaje, la segunda merece que nos detengamos un instante, pues si su padre Ḫālid recibió el apodo de Ġarīb en atención a que había sido el primer sirio venido al mundo en la cora de Elvira, el comentario de Ibn al-Ḫaṭīb pone de manifiesto que este honor continúa lógicamente en la Casa de los Banū Aḍḥà, y ahora le corresponde a ʿAbd al-Laṭīf, su hijo, entre todos los *tābiʿūn* nacidos en esta misma cora. También es reseñable el hecho de que los *mutaqaddimūn* de dicha comarca le encomendaran la dirección de sus asuntos, cosa que andando el tiempo volverá a suceder con el biografiado mismo y con otros miembros de la familia, como Muḥammad ibn Aḍḥà (n° 8), su padre, que fue enemigo y sucesor de Saʿīd ibn Ǧūdī al frente de los árabes de Elvira, durante el emirato de ʿAbd Allāh (reg. 888-912), y sobre quien las fuentes árabes arrojan, sin derroche, mayor caudal informativo[1]. Oriundo de Alhendín, como toda su familia, era señor del castillo de Alhama, de donde tuvo que huir ante el acoso del mentado caudillo y poeta granadino. A la muerte de Saʿīd ibn Ǧūdī, en 284/897[2], levantó la bandera de la rebelión contra ʿAbd Allāh en Nigüelas (*Niwālaš*)[3], en el Valle de Lecrín, pero sólo con la intención de someterse al emir, que lo confirmó en su jefatura de los árabes de Elvira tras los enfrentamientos que mantuvo con el rebelde ʿUmar ibn Ḥafṣūn. En adelante sus relaciones con el poder central cordobés serían excelentes hasta la muerte de ʿAbd Allāh en el año 300/912[4].

[1] La fuente principal vuelve a ser IBN ḤAYYĀN, *Muqtabis III* (1990), pp. 51-52 y 84 ; Ídem, *Muqtabis III* (1951), p. 161, e Ídem, *Muqtabis III* (1952), p. 153. También Ídem, *Muqtabis V* (1979), pp. 39 y 113-115 ; IBN AL-ABBĀR, *Ḥulla* (1963-4), I, pp. 228-229, y II, pp. 378-379, n° 209, e IBN ʿIḎĀRĪ, *Bayān* (1980), II, pp. 134 y 137.

[2] IBN SAʿĪD, *Muġrib* (1953-5), II, pp. 105-106, n° 412, e IBN AL-ḪAṬĪB, *Iḥāṭa* (1973-7), IV, pp. 275-277, con la mención expresa del traspaso de la jefatura de los árabes de Elvira de Saʿīd ibn Ǧūdī a Muḥammad ibn Aḍḥà al-Hamdānī.

[3] Aunque É. Lévi-Provençal identifica este topónimo con Noalejo, al norte de Granada en la actual provincia de Jaén (v. nota siguiente), se trata en realidad de Nigüelas, población situada en las Alpujarras, no lejos de Órgiva. Véase M.ªC. JIMÉNEZ MATA (1990), p. 146.

[4] Las fuentes son algo confusas en torno a si Muḥammad ibn Aḍḥà fue o no abiertamente rebelde contra ʿAbd Allāh, y en especial el mismo Ibn Ḥayyān que se muestra dubitativo, pues unas veces da a entender su rebeldía, como cuando dice : "Muḥammad fue llamado por los pobladores de la fortaleza de Noalejo [*sic*] para organizarlos y defenderlos. Aceptó la propuesta con el fin de solicitar seguidamente, no obstante su orgullo, entrar en la obediencia" (IBN ḤAYYĀN, *Muqtabis III* (1990), pp. 51-52/Ídem, *Muqtabis III* (1951), p. 161), y otras se inclina claramente por lo contrario : "Le sucedió [a Saʿīd ibn Ǧūdī] en el mando de los árabes Muḥammad ibn Aḍḥà ibn ʿAbd al-Laṭīf al-Hamdānī, que no quiso salir de la obediencia, permaneciendo leal al emir ʿAbd Allāh hasta el final de su gobierno" (IBN ḤAYYĀN, *Muqtabis III* (1990), pp. 84/Ídem, *Muqtabis III* (1952), p. 153). Pese a ello, É. LÉVI-PROVENÇAL (1967), p. 219, sigue la opinión generalizada entre los continuadores de Ibn Ḥayyān (IBN SAʿĪD, *Muġrib* (1953-5), II, p. 106 ; IBN ʿIḎĀRĪ, *Bayān* (1980), II, p. 137 ; IBN AL-ḪAṬĪB, *Aʿmāl* (1956), p. 27) y afirma que fue uno de los árabes que se levantaron

Según Ibn Ḥayyān, bajo el gobierno de ʿAbd al-Raḥmān III Muḥammad continuó gozando de la confianza del emir, hasta que en el año 313/925-6, "cuando cundió la revuelta entre los clientes, lo destituyó de su cargo, haciéndole venir a Córdoba de su castillo, tal como hizo con otros rebeldes" ; y este mismo autor prosigue dando remate a sus noticias sobre Muḥammad : "Era Ibn Aḍḥà un hombre muy culto e instruido, pese a sus condiciones de guerrero valiente. Se levantaba en las asambleas magnas de los califas [*sic*], lo mismo que en ceremonias oficiales y lugares públicos, y hablaba con elocuencia, soltura y versación. Era diestro y elegante en sus elogios y en sus composiciones. Sus actos y anécdotas son del dominio público y largos de contar"[1].

En ese mismo año 313 Muḥammad ibn Aḍḥà rescató a sus dos hijos que permanecían en poder de ʿUmar ibn Ḥafṣūn como rehenes, en contrapartida de su propia liberación, a cambio de Maslama ibn Ru'ba, uno de los aliados del rebelde que, a consecuencia de la toma de la fortaleza de Fiñana (Almería), había caído en poder de ʿAbd al-Raḥmān III, según cuenta Ibn Ḥayyān[2].

La semblanza de Muḥammad ibn Aḍḥà en el *Muqtabis* de Ibn Ḥayyān tiene todavía otros jalones que se analizarán a continuación cuando tratemos de la personalidad de su hijo ; Ibn al-Abbār, por su lado, sigue estrechamente al historiador cordobés en la *Ḥulla*, añadiendo solamente la noticia, ya recogida en estas páginas, de que su padre Aḍḥà fue cortesano del emir al-Mund̲ir ; finalmente, ni Ibn ʿAbd al-Malik al-Marrākušī, en el *D̲ayl*, ni Ibn al-H̲aṭīb, en la *Iḥāṭa*, se ocupan de Muḥammad al margen de lo que dicen de él en la biografía de su hijo Aḥmad.

Su personalidad

Como ya se ha dicho, las noticias sobre Aḥmad ibn Muḥammad ibn Aḍḥà (n° 9) aparecen por vez primera en el *Muqtabis V* de Ibn Ḥayyān, siendo las semblanzas contenidas en la *Ḥulla*, el *D̲ayl wa-al-takmila* y la *Iḥāṭa* meros resúmenes de lo relatado por el historiador cordobés. En síntesis, estos cuatro autores nos presentan una imagen bastante halagüeña de este campeón árabe de Alhendín, como depositario de todas las virtudes de su clan, incluidas la apostura, la caballerosidad, la facundia y las dotes literarias. Su aparición en escena coincide con la comparecencia de su padre, el señor de las fortalezas de Alhama y de Nigüelas, ante el emir ʿAbd al-Raḥmān III que a la sazón se hallaba asediando Torrox (*Ṭurrūš*), en el año 309/921-2, con el fin de pedir el *amān* del soberano y someterse

contra este emir en Noalejo (*sic*), al norte de Granada. IBN AL-ABBĀR, *Ḥulla* (1963-4), I, p. 229, por su parte, dice expresamente que "gozó de la amistad (*muwālāt*) del emir ʿAbd Allāh ibn Muḥammad hasta el fin de su reinado".

1 IBN ḤAYYĀN, *Muqtabis III* (1990), pp. 51-52/Ídem, *Muqtabis III* (1951), p. 161.

2 IBN ḤAYYĀN, *Muqtabis V* (1979), p. 39. En opinión de IBN ʿID̲ĀRĪ, *Bayān* (1980), II, p. 134, su rescate lo obtuvieron los árabes mediante la entrega de una gran suma de dinero (*bi-māl ǧasīm*).

a su obediencia, ocasión que aprovecha Aḥmad para su lucimiento personal delante del emir, al dirigirle en público un breve discurso trufado de poesía que se nos ha conservado, no sin variantes, en todas las fuentes menos en la *Ḥulla* de Ibn al-Abbār, que sólo incluye algunos versos. Y ésta es toda la información que contienen el *Ḏayl* y la *Iḥāṭa*, si descartamos el breve colofón que ambas obras añaden sobre las posesiones otorgadas o confirmadas por ʿAbd al-Raḥmān a Aḥmad, especialmente el importante castillo de Nívar en la vega de Granada, y sobre la fecha aproximada de su encuentro con el emir, "antes del 316/929", es decir, antes de que ʿAbd al-Raḥmān adoptase el título califal[1].

Pero el *Muqtabis* encierra todavía noticias sobre padre e hijo que no transcendieron a las demás fuentes, y que, brevemente, pueden resumirse, a partir de la traducción de M.ª J.Viguera y F. Corriente, diciendo que "el califa [*sic*] quedó encantado [con su discurso], haciéndole de sus allegados, premiándolo ampliamente, al darle excelente veste y el nombramiento en el *ǧund* sirio de Damasco, dejándolo marchar luego con su padre a la fortaleza de Alhama [...]"[2].

Conque ya tenemos al joven Aḥmad haciendo carrera política, como correspondía a su elevada alcurnia y a su sólida formación en el campo de las letras, a la sombra de su padre primeramente, y después bajo la protección del poderoso emir ʿAbd al-Raḥmān III ; y el primer nombramiento que recibe es la jefatura del *ǧund* de Damasco, cargo que con toda probabilidad vendría recayendo tradicionalmente en los miembros de su familia, y cuya sede estaba en el antiguo asentamiento de los Hamdāníes de Elvira, en Alhendín. Los siguientes peldaños en su particular *cursus honorum* los subió Aḥmad en Córdoba, adonde se trasladó reclamado por el emir que "lo empleó en funciones importantes (*fī muhimm umūri-hi*), poniéndolo a cargo de gobiernos del reino (*fī wilāyat al-aʿmāl al-sulṭāniyya*)"[3], sin que lamentablemente tengamos detalle sobre cuáles fueron esas 'funciones' ni de los distritos que 'rigió' a no ser porque a continuación Ibn Ḥayyān dice que ʿAbd al-Raḥmān III lo designó gobernador (*wa-wallā-hu*) de la cora de Jaén, "donde le ocurrió la famosa anécdota con el oficial llamado al-Qalafāṭ"[4].

---

[1] La fecha de la presentación de Aḥmad ibn Aḍḥà ante ʿAbd al-Raḥmān III aparece confirmada por Ibn Ḫaldūn quien, al relatar las campañas del emir para acabar con los opositores a comienzos de su reinado, y tras referirse a la conquista de los castillos de Santamaría, en el año 306, y de Torrox, en el 309, incluye esta breve noticia : "Y se le sometió Aḥmad ibn Aḍḥà al-Hamdānī, el rebelde en el castillo de Alhama, entregándole como rehén a su hijo en el acto de sumisión", frase que sólo cobra sentido si se sustituye el nombre de Aḥmad por el de su padre Muḥammad. Véase IBN ḪALDŪN, *ʿIbar* (1988), IV, p. 180.

[2] IBN ḤAYYĀN, *Muqtabis V* (1981), p. 138.

[3] *Ibíd.*

[4] Véase el desarrollo de este conocido suceso en la citada traducción del *Muqtabis V* de M.ª J. Viguera y F. Corriente (IBN ḤAYYĀN, *Muqtabis V* (1981), pp. 138-139), donde se recogen dos 'versos festivos' del visir ʿAbd al-Malik ibn Ǧahwar que tuvieron la virtud de calmar la

Y esto es todo lo que se sabe de Aḥmad ibn Muḥammad ibn Aḍḥà, uno de los últimos caudillos árabes de Elvira, cuya romántica existencia concluiría con más pena que gloria regentando sus propiedades — entre ellas, unos molinos y el granadino castillo de Nívar —, a decir de Ibn ʿAbd al-Malik al-Marrākušī y de Ibn al-Ḫaṭīb que continúan : "convertido en un hombre respetable por sus recursos y encargado de misiones importantes", al servicio, suponemos, del nuevo califa, lejos ya de los turbulentos tiempos del emirato de ʿAbd Allāh, cuando un joven de estirpe árabe podía aspirar a conquistarse un feudo cuasi-independiente, como hiciera el señor de Alhama y de Nigüelas Muḥammad ibn Aḍḥà, su propio padre, en el río revuelto de la guerra civil que a punto estuvo de dar al traste prematuramente con la dinastía omeya de Alándalus[1].

Los descendientes[2]

Ya hemos dicho cómo en el año 313/925-6 Muḥammad ibn Aḍḥà liberó a sus dos hijos que estaban en poder de Ibn Ḥafṣūn, pero sólo podemos suponer que uno de ellos sería nuestro biografiado Aḥmad. De lo que no cabe ninguna duda, en cambio, es de que un descendiente de este Aḥmad — concretamente, hijo de un tataranieto — alcanzaría la cima del poder en Granada[3] cuando en *ramaḍān* del

ira del emir, terriblemente enojado con el gobernador giennense por culpa de las trapacerías de al-Qalafāṭ. He aquí estos versos, en versión de Viguera y Corriente :

"Ibn Aḍḥà le ha curado la cabeza a al-Qalafāṭī	Le ha tratado la frescura de mollera
con drogas no prescritas por Hipócrates :	con una sarta de azotes como fuego".

Coincido, por otra parte, con la opinión de los mentados traductores en descartar la posible identificación de este al-Qalafāṭ con el que estudió E. TERÉS SÁDABA (1970), pp. 227-240, pues hay un serio inconveniente para ello en la fecha de la muerte de este poeta de la época del emir ʿAbd Allāh (*ǧumādà* II del 302/diciembre de 914 a enero de 915), ya en tiempos de ʿAbd al-Raḥmān III, pero algunos años antes de que Ibn Aḍḥà fuese nombrado gobernador de la cora de Jaén, cosa que no ocurrió, según Ibn Ḥayyān, sino después de su presentación ante el emir, mientras éste se hallaba atacando Torrox en el año 309/921-922. Véase el índice de personas, etnias y colectividades de la traducción del *Muqtabis V* (IBN ḤAYYĀN, *Muqtabis V* (1981), p. 409). Tampoco cabe identificarlo con el giennense Muḥammad ibn Yaḥyà al-Rabāḥī (m. 353/964), personaje impropiamente llamado también al-Qalfāṭ en algunas fuentes (v.g. AL-SUYŪṬĪ, *Buġya* (1979), I, p. 262, n° 487) por llevar el mismo nombre que el poeta cordobés y haberse dedicado asimismo al estudio de la gramática, confusión que nace, como en su día advirtiera el Prof. Terés (p. 238), de la creencia de AL-ḤUMAYDĪ, *Ǧaḏwa* (1963-4), I, p. 160, n° 165, de que podrían ser una misma persona.

1 Sobre nuestro biografiado, véase también IBN MANṢŪR (1978-98), II, pp. 256-257, n° 553.

2 Las principales fuentes para la redacción de este apartado, además del *Muqtabis* de Ibn Ḥayyān, son una vez más IBN AL-ABBĀR, *Ḥulla* (1963-4), II, pp. 211-217, n° 144 ; IBN ʿABD AL-MALIK AL-MARRĀKUŠĪ, *Ḏayl* (1965), V-1, pp. 270-271, n° 532, e IBN AL-ḪAṬĪB, *Iḥāṭa* (1973-7), IV, pp. 83-86, entre las cuales sigo especialmente la primera.

3 IBN AL-ABBĀR, *Ḥulla* (1963-4), I, p. 229 (en la biografía de Aḥmad), dice textualmente : "Wa-ṯāra min-hum al-qāḍī Abū al-Ḥasan ʿAlī ibn ʿUmar ibn Muḥammad ibn Mušarraf ibn

año 539 (25 de febrero a 26 de marzo de 1145) y durante unos pocos meses (*ašhur*^{an})[1] encabezó la revuelta contra el último gobernador almorávide de la ciudad, llamado ʿAlī ibn Abī Bakr, pero más conocido por Ibn Fannū[2]. Mas no es éste el momento de detenerse en unos hechos que son de sobra conocidos. El nombre de este personaje, el más ilustre hijo de los Banū Adḥà de Alhendín, era Abū al-Ḥasan ʿAlī (n° 15) y, según Ibn ʿAbd al-Malik al-Marrākušī, había nacido en *rabīʿ* I del 472 (septiembre de 1079) en Almería[3], hijo de un alfaquí granadino llamado ʿUmar ibn Muḥammad (n° 14) del que se sabe que en dicha ciudad había estudiado el *Kitāb al-Faṣīḥ* de al-Muhallab ibn Abī Ṣufra (m. 435/1043-4), con Ibn al-Murābiṭ (m. 485/1092-3), y el *Kitāb* de al-Buḫārī, con Abū al-Qāsim Ḫalaf al-Ǧarāwī (m. 475/1082-3), obras que a su vez él transmitió ; sabemos también que hizo la peregrinación y que, de vuelta en Almería, murió en 510/1116-7[4]. Tío de su padre fue Abū Ḥafṣ ʿUmar (n° 13), otro alfaquí e ilustre visir (*wazīr ǧalīl*) granadino que podría identificarse con el Ibn Adḥà que el rey zīrí ʿAbd Allāh cita en sus 'Memorias' como secretario de su abuelo Bādīs (reg. 1038-1073). Falleció alrededor del 505/1111-2[5].

De este Abū Ḥafṣ ʿUmar desciende, por añadidura, un visir granadino llamado Abū Bakr ibn Yaḥyà ibn Muḥammad ibn ʿUmar al-Hamdānī (n° 29),

Aḥmad hāḏā bi-Ġarnāṭa fī al-mi'a al-sādisa", es decir, que el cadí que se sublevó en Granada en el siglo VI/XII era tataranieto del biografiado ; pero el *Ḏayl* introduce un Muḥammad entre Mušarraf y Aḥmad, retrasando el parentesco entre ambos un grado, cambio que se mantiene en la *Iḥāṭa*, pero con la eliminación de Aḥmad.

1 Ibn ʿAbd al-Malik al-Marrākušī dice en el *Ḏayl* que este periodo duró sólo unos días (*bi-ayyām qalāʾil*).

2 Ibn al-Abbār narra estos hechos siguiendo a Ibn Ṣāḥib al-Ṣalāt. Véase IBN AL-ABBĀR, *Ḥulla* (1963-4), II, p. 212.

3 M. PENELAS/J. ZANÓN (1999), p. 106, n° 1270. Ibn al-Abbār en la *Ḥulla* retrasa erróneamente esta fecha a *rabīʿ* I del 492 (26 de enero a 24 de febrero de 1099), pues él mismo (IBN AL-ABBĀR, *Takmila* (1887-9), n° 1849), dice, también con error, que murió "en la decena de los setenta" (*fī ʿušr al-sabʿīn*). En realidad sólo alcanzó los 68 años lunares.

4 IBN AL-ZUBAYR, *Ṣila* (1937), p. 62, n° 110/Ídem, *Ṣila* (1993-5), 4ª parte, p. 67, n° 118, e IBN ʿABD AL-MALIK AL-MARRĀKUŠĪ, *Ḏayl* (1965), V-2, p. 467, nota 2.

5 IBN AL-ZUBAYR, *Ṣila* (1937), p. 62, n° 109/Ídem, *Ṣila* (1993-5), 4ª parte, p. 67, n° 117, e IBN ʿABD AL-MALIK AL-MARRĀKUŠĪ, *Ḏayl* (1965), V-2, p. 470, nota 2. Para esta identificación, téngase en cuenta que Abū Ḥafṣ ʿUmar ibn Adḥà aparece distinguido en todas las fuentes como *wazīr ǧalīl*, y que el secretario de Bādis llamado Ibn Adḥà fue expulsado de Granada por éste en los últimos años de su reinado, a raíz de los acontecimientos relacionados con el visir al-Nāya y su proyecto de conquista de Baeza ; luego, en el reinado de ʿAbd Allāh, cooperó con Alfonso VI e Ibn ʿAmmār en el hostigamiento de Granada desde el castillo de Belillos. Véase É. LÉVI-PROVENÇAL (1935), p. 310, nota 27. Véase también É. LÉVI-PROVENÇAL/E. GARCÍA GÓMEZ (1980), párrafo 31, nota 19, y párrafo 34, y F.J. AGUIRRE/M.ª C. JIMÉNEZ (1979), pp. 192-193.

cuya hermana (n° 30) pidió en cierta ocasión un autógrafo a la poetisa granadina Ḥafṣa, la cual, como se sabe, murió en el año 586/1191[1].

Pero volvamos a Abū al-Ḥasan ʿAlī ibn ʿUmar : en Almería desempeñó el cadiazgo en dos ocasiones[2] ; sin embargo no puede asegurarse que ejerciera esta magistratura en Granada, ni antes ni después de su sublevación[3], pese a lo que dicen en contrario algunos autores, al parecer influidos por el título que de por vida acompañaría a su venerable persona por el hecho de haber sido dos veces cadí de su ciudad natal[4]. La aristocrática personalidad de este virtuoso cadí de intachable conducta la ejemplifican las fuentes con anécdotas galantes en las que se ponen de relieve su ingenio y sus dotes literarias, con noticias sobre su trato con personajes de la talla del zejelero cordobés Ibn Quzmān, el antólogo granadino

---

1 Que estos dos hermanos pertenezcan a la familia de los Banū Aḍḥà es sólo una suposición plausible, ya que en su *nasab* no aparece este elemento ; igualmente se les ha supuesto descendientes del n° 13, aunque por la misma razón podrían enlazarse con el n° 14. Esta información procede del historiador granadino Abū al-Qāsim al-Mallāḥī, *apud* IBN AL-ḪAṬĪB, *Iḥāṭa* (1973-7), I, p. 491. Véase F. N. VELÁZQUEZ BASANTA (1986-7), p. 165.

2 La primera de ellas en el 514/1120-21, según IBN ʿABD AL-MALIK AL-MARRĀKUŠĪ, *Ḏayl* (1965), V-1, p. 271, o en *ṣafar* del 515 (21 de abril a 19 de mayo de 1121), según IBN AL-ZUBAYR, *Ṣila* (1937), p. 90, tras Ibn al-Farrā' ; le sucedió ʿAbd al-Munʿim ibn Samağūn en 517/1123, a cuyo cese volvió por segunda vez a la judicatura de esta ciudad. Véase IBN AL-ABBĀR, *Ḥulla* (1963-4), II, 211. Véase también M.ª M. LUCINI (1992), p. 185, nota 91 : "Fue discípulo de ʿAbd al-Munʿim ibn Samağūn en Almería [...] aunque en Ibn al-Zubayr, *Ṣilat al-Ṣila*, p. 23, n° 32, y *Ḏayl*, VIII-2, p. 545, n° 67, leemos que Abū Muḥammad b. Samağūn sucedió en el cargo [de cadí] a Ibn Aḍḥà en Granada en el año 517/1123, esta sucesión tuvo lugar en Almería, como afirma al-Tunbuktī en el *Nayl*, p. 187", y R. EL HOUR (1997), pp. 194-195.

3 Dice IBN AL-ABBĀR, *Ḥulla* (1963-4), II, p. 212, que cuando Abū al-Ḥasan ʿAlī llamó a la rebelión en Granada, el cadí de la ciudad era Abū Muḥammad ibn Simāk. Véase M. FIERRO (1994), pp. 87-88. Consecuentemente, V. LAGARDÈRE (1986) no lo cita en su artículo.

4 Así opinan IBN SAʿĪD, *Muġrib* (1953-5), II, p. 108, n° 417 : "wa-kāna qad waliya qaḍā' al-quḍāt bi-Ġarnāṭa" ; IBN AL-ZUBAYR, *Ṣila* (1937), p. 90, n° 178/Ídem, *Ṣila* (1993-5), 4ª parte, p. 95, n° 190 : "waliya qaḍā' al-Mariyya [...] ṯumma qaḍā' Ġarnāṭa", y el mismo IBN AL-ḪAṬĪB, *Iḥāṭa* (1973-7), III, p. 479 : "wa-kāna (al-Suhaylī) kaṯīr al-ta'mīl wa-al-madḥ li-Abī al-Ḥasan Ibn Aḍḥà, qāḍī-hā wa-rayyisi-hā (es decir, el cadí y *rayyis* [v. R.P. DOZY (1967), I, p. 496] de Granada)". Esta postura ha sido adoptada, por ejemplo, por R. EL HOUR (1999), pp. 275-276 y 282-283. De este famosísimo cadí podría haber recibido el nombre una finca-palacio de recreo conocida en Granada como *Genín Alcadi* o Huertos del Alcalde, que estuvo situada a la orilla izquierda del río, una vez pasado el Puente del Genil, en donde actualmente está el colegio de las monjas del Sagrado Corazón de Jesús (alias Las Brujas). Refuérzase esta hipótesis por el hecho de que los últimos estudios han fijado definitivamente la datación del antedicho puente en tiempo almorávide, cuando antes se creía que era de época almohade; además, una finca de estas características perteneciente al juez Ibn Aḍḥà viene descrita en IBN ḪĀQĀN, *Qalā'id* (1990), pp. 418-419 y 529, texto repetido en AL-MAQQARĪ, *Nafḥ* (1968), I, pp. 676-677, y IV, p. 164.

al-Fatḥ ibn Ḫāqān, o el Ciego de Almodóvar[1], habiéndose conservado, además, no pocos versos salidos de su pluma[2]. Escribió una obra titulada *Qūṭ al-nufūs wa-uns al-ǧalīs* (« Alimento de las almas y solaz del contertulio »), que trata sobre las virtudes del Profeta.

A su muerte, que se produjo el primero de *muḥarram* del 540 (24 de junio de 1145), con casi setenta años y por envenenamiento[3], le sucedió su hijo Muḥammad (n° 16)[4] que prosiguió su lucha contra la guarnición almorávide encastillada por su padre en la alcazaba de Granada, en unión de Sayf al-Dawla Ibn Hūd, pero a la huida de éste a Murcia o a Jaén, tras el desastre del cadí Ibn Abī Ǧaʿfar el 3 de *rabīʿ* I del año 540 (24 agosto 1145), que había venido de Murcia en apoyo de los granadinos, los almorávides se adueñaron de nuevo de la ciudad, y Muḥammad tuvo que buscar refugio en Almuñécar y, luego, en Benamejí (*ḥiṣn Banī Bašīr*)[5], cuando sólo habían transcurrido ocho días desde el fallecimiento de su padre[6].

Nieto de este famoso cadí de Almería fue Abū al-Ḥasan Aḍḥà ibn ʿAbd al-Raḥmān ibn ʿAlī ibn ʿUmar ibn Aḍḥà al-Hamdānī al-Ġarnāṭī (n° 18), de quien al-Suyūṭī nos ha conservado esta interesante noticia : "Dice [Ibn al-Ḫaṭīb en su obra titulada] *Ta'rīḫ Ġarnāṭa* : Fue un eminente y sagaz alfaquí, [además de] literato y poeta ; tenía conocimientos de derecho, bellas letras, gramática y lengua ; ejerció el cadiazgo en Priego (*Bāgo*) y otros lugares, y leyó con Dāwūd ibn Yazīd

---

1 Sobre Abū Bakr al-Maḫzūmī (m. 541/1146-47), véase F.N. VELÁZQUEZ BASANTA (1981) y Ídem (2003). Unos versos de este poeta, llamado también *Haǧǧā' al-Andalus* (« el Satírico de Alándalus »), en elogio del cadí Abū al-Ḥasan, por F.N. VELÁZQUEZ BASANTA (1999), pp. 110-111.

2 Hay por ejemplo un hermoso dístico de Ibn Aḍḥà, transmitido por IBN AL-ABBĀR, *Ḥulla* (1963-4), II, p. 216, e IBN SAʿĪD, *Muġrib* (1953-5), II, p. 108 ; Ídem, *Rāyāt* (1942), p. 53, y traducido por don Emilio García Gómez (*op. cit.*, p. 200, n° 72), que según el autor de Alcalá la Real alcanzó "celebridad tanto en Oriente como en Occidente". Por ello no debe extrañar encontrarlo en boca del nieto de al-Muʿtamid de Sevilla en una obra de la segunda mitad del siglo XIV : IBN SIMĀK AL-ʿĀMILĪ, *Zaharāt* (1984), p. 94. A este propósito, véase M. ʿA. MAKKĪ (1998). Véase también el recientísimo artículo de J. LIROLA DELGADO/A. RODRÍGUEZ FIGUEROA (2002), pp. 408-412, n° 218.

3 IBN SAʿĪD, *Muġrib* (1953-5), II, p. 108, afirma que Ibn Aḍḥà murió de muerte natural (*wa-tuwuffiya ḥatf anfi-hi*).

4 Ibn Saʿīd lo llama sencillamente Aḍḥà. Véase *ibíd.*

5 La identificación de este topónimo se debe a É. Lévi-Provençal/E. García Gómez (ed. y trad. esp.), *Una Crónica anónima de ʿAbd al-Raḥmān III al-Nāṣir*, Madrid-Granada, 1950, p. 128, nota 82.

6 IBN AL-ABBĀR, *Ḥulla* (1963-4), II, pp. 213-214 y 215. El autor valenciano presenta dos versiones de estos hechos, la primera tomada de Ibn Ṣāḥib al-Ṣalāt, como ya se ha dicho, y la segunda de un autor anónimo ; pues bien, todas las referencias cronológicas citadas, alguna de las cuales como esta última es a todas luces inexacta, pertenecen a la segunda versión anónima, pues la del cronista de los almohades no contiene fecha alguna.

al-Saʿdī (m. 573/1177-8). Su nacimiento tuvo lugar el año 552/1157-8, y murió el 10 de *ḏū al-qaʿda* del año 586/9 de diciembre de 1190"[1].

Hijo suyo, probablemente, fue el visir granadino Abū al-ʿUlà Aḍḥà ibn Aḍḥà al-Hamdānī (n° 19), de quien únicamente sabemos que casó a una hija con el abuelo de Ibn al-Ḫaṭīb ; de este matrimonio, que precedió al de la abuela del polígrafo de Loja, heredó Saʿīd ibn al-Ḫaṭīb (m. 683/1284-5) una parte en el baño público que llevaba el nombre del abuelo de esta mujer[2].

Un hijo del anterior alcanza prácticamente los tiempos de Ibn al-Ḫaṭīb, pues este autor nos dice que "fue el epílogo de la gente de su Casa, en mérito y en humildad ; leyó y se instruyó, siguiendo la senda trazada por sus antepasados en lo tocante al visirato y al trato íntimo con el sultán ; tuvo a su cargo gobiernos [de distritos importantes] del reino y murió en *rabīʿ* I del año 709 (8 de agosto a 7 de septiembre de 1309)". Se llamaba Abū ʿAbd Allāh Muḥammad ibn Aḍḥà (n° 20) y era también de Granada[3].

Hermano del n° 19, al parecer, fue Abū ʿAbd Allāh Muḥammad ibn Aḍḥà al-Hamdānī (n° 22), que llegó a ser *qāḍī al-ǧamāʿa* de Granada con Muḥammad I (reg. 629-671/1232-1273), si bien durante un breve periodo de tiempo, pues murió probablemente en el curso del año 658/1259-60, al poco de iniciarse su mandato y, como dice al-Bunnāhī, "por culpa de los sinsabores del cargo"[4].

---

1 AL-SUYŪṬĪ, *Buġya* (1979), I, p. 459, n° 942. Véase M.ª D. GUARDIOLA (1990), p. 238, n° 133, y M. PENELAS/J. ZANÓN (1999), p. 48, n° 462. Obsérvese que el texto traducido no se ha conservado en las ediciones de la *Iḥāṭa*.

2 IBN AL-ḪAṬĪB, *Iḥāṭa* (1973-7), III, p. 387 (en la biografía de ʿAbd Allāh, el padre de Ibn al-Ḫaṭīb), y AL-MAQQARĪ, *Nafḥ* (1968), V, p. 11. Véase M. MARÍN (2000), p. 523, y E. MOLINA LÓPEZ (2001), p. 36. Tocante al citado baño público que heredó en parte el abuelo de Ibn al-Ḫaṭīb, no se ha conservado en Granada memoria de ninguno que responda al nombre de la familia de los Banū Aḍḥà ; sin embargo tenemos noticia de unos baños que fueron construidos por un tal Abū al-ʿĀṣī en el barrio de su nombre (Rabad Abulaci), cuyo emplazamiento corresponde al de la antigua calle de Ximénes de Cisneros (hoy Cárcel Baja) y que en 1505 eran todavía conocidos por Baños de Abolaz. ¿Es a este Abū al-ʿĀṣī a quien se refiere Ibn al-Ḫaṭīb como abuelo de la primera esposa de su antepasado Saʿīd ibn al-Ḫaṭīb ? Entra dentro de lo posible, pero en este caso se trataría del abuelo materno de la citada mujer. Véase L. SECO DE LUCENA ESCALADA (1910), p. 44, y sobre Abū al-ʿĀṣī, F.N. VELÁZQUEZ BASANTA (2001).

3 IBN ḤAǦAR AL-ʿASQALĀNĪ, *Durar* (s.d.), III, p. 393, n° 1036. Este texto, que no se encuentra en la *Iḥāṭa*, podría pertenecer también a dicho libro.

4 IBN AL-ḪAṬĪB, *Iḥāṭa* (1973-7), II, p. 97, y AL-BUNNĀHĪ, *Markaba* (1948), pp. 124-125. Véase M.ªI. CALERO SECALL (1986), pp. 136, 137 y 145, que se basa en la *Iḥāṭa*, II, p. 97 : "Luego, tras él [Muḥammad ibn ʿIyāḍ ibn Mūsà al-Yaḥṣubī], asumió el cargo el ilustre alfaquí y cadí Abū ʿAbd Allāh Ibn Aḍḥà, de noble familia, pero que no duró mucho tiempo", y en IBN AL-ḪAṬĪB, *Lamḥa* (1980), p. 46/Ídem, *Lamḥa* (1998), p. 39 : "Más tarde el ilustre cadí Abū ʿAbd Allāh Ibn Aḍḥà, de noble familia, pero que duró poco tiempo". La fecha de su fallecimiento la hemos deducido teniendo en cuenta que su sucesor, Muḥammad ibn Saʿīd al-Ansī, ejerció solamente 10 meses (AL-BUNNĀHĪ, *Markaba* (1948), p. 125), y que el

Otro nieto del cadí Abū al-Ḥasan fue Aḥmad ibn Aḍḥà ibn ʿAlī (n° 26), un adul y notario de Granada, su patria chica, que aún vivía en el 617/1220-1[1].

Y entre sus biznietos conocemos también a "ʿAbd al-Raḥmān ibn Muḥammad ibn ʿAbd al-Raḥmān ibn ʿAlī ibn ʿUmar ibn Aḍḥà al-Hamdānī, de Granada, que fue un visir honesto y virtuoso que se ocupaba de sus cosas retirado en una finca rústica de su propiedad. No tenía par en su mérito personal ni en la llaneza de su trato, y siguió los pasos de sus antecesores en lo elevado de su cargo y en lo alto de su rango. Murió en 657/1258-9" (n°24)[2].

Pero todavía tenemos noticias sobre otros Banū Aḍḥà cuya filiación es sólo conjetural por el momento : el primero es un personaje llamado Ibn Aḍḥà a secas, que aparece mencionado por ʿAbd Allāh ibn Buluggīn en sus 'Memorias' como secretario de su abuelo Bādīs, a quien hemos identificado con Abū Ḥafṣ ʿUmar (n° 13), que era tío del padre del cadí almeriense Abū al-Ḥasan. En segundo lugar está Aḥmad [ibn ʿAlī] ibn Aḍḥà (n° 6), un sabio de Elvira que fue cadí de Granada, transmitió de Abū ʿUmar al-Ṭalamankī (m. 429/1037-8) y murió después del año 410/1019-20[3]. Hijo suyo fue, al parecer, el granadino Abū al-Ḥasan ʿAlī ibn Aḥmad (n° 7), que estaba con vida en el 404/1013-4 ; había estudiado en Pechina (*Baǧǧāna*) con Abū ʿAbd Allāh Ibn Abī Zamanayn (m. 399/1008-9) y con Ibn Abī Hilāl (m. aprox. 400/1009-10), fue maestro y también ejerció el cadiazgo[4]. Y hay finalmente dos miembros de esta familia que de ningún modo se pueden encajar en su árbol genealógico por falta de datos : uno es Saʿīd ibn Aḍḥà (n° 31), noble alfaquí granadino, probablemente del siglo XI, del que al-Maqqarī nos cuenta, en palabras de H. Pérès, que : "[era] tan pobre que no pudo recompensar a un poeta que le había dedicado tres poemas de forma diferente : una casida clásica, una moaxaja y un zéjel, por lo que lloró"[5]. El otro se llamaba Omar ben Omar ben Aheda Alhendini (n° 32) y fue un "escribano público y hombre justo" de la Granada de principios de la decimotercera centuria, cuyo nombre nos ha llegado romanceado en un antiguo documento de esta época, con adiciones posteriores, y que, traducido al castellano en 1502, se conserva en el Archivo Municipal de Granada.

---

mandato del siguiente *qāḍī al-ǧamāʿa* de Granada, Abū al-Qāsim ʿAbd Allāh ibn Yaḥyà ibn Rabīʿ al-Ašʿarī, se prolongó por espacio de 7 años aproximadamente, hasta el día de su muerte ocurrida el 17 de *šawwāl* del año 666, es decir, el 30 de junio de 1268 (*ibíd.* e IBN AL-ḪAṬĪB, *Iḥāṭa* (1973-7), III, pp. 417-418).

[1] IBN ʿABD AL-MALIK AL-MARRĀKUŠĪ, *Ḏayl* (1971), p. 72, n° 72. Véase M. PENELAS/J. ZANÓN (1999), p. 25, n° 143.

[2] IBN AL-ḪAṬĪB, *Iḥāṭa* (1988), pp. 165-166, n° 167.

[3] IBN BAŠKUWĀL, *Ṣila* (1989), I, pp. 66-67, n° 62. Véase también IBN MANṢŪR (1978-98), III, p. 20, n° 736 y M.ªL. ÁVILA (1985), p. 111, n° 229.

[4] IBN AL-ZUBAYR, *Ṣila* (1937), p. 78, n° 142/Ídem, *Ṣila* (1993-5), 4ª parte, p. 83, n° 151.

[5] AL-MAQQARĪ, *Nafḥ* (1968), III, pp. 343-344, n° 129. Véase H. PÉRÈS (1983), p. 89, tomado de AL-MAQQARĪ, *Analectes* (1967), II, p. 232.

Apéndices

I

IBN AL-ḪAṬĪB, *Iḥāṭa*

(1973-7, I, pp. 150-153)

Aḥmad ibn Muḥammad ibn Aḍḥà ibn ʿAbd al-Laṭīf ibn Ġarīb ibn Yazīd ibn al-Šimr ibn ʿAbd Šams ibn Ġarīb al-Hamdānī al-Ilbīrī[1]

[150] "De los habitantes de la alquería de Alhendín (*qaryat Hamdān*)[2]. Lo mencionan [en sus obras] Ibn Ḥayyān[3], al-Ġāfiqī[4], Ibn Masʿada[5] y otros, y todos ellos[6] dicen

---

1 IBN AL-ḪAṬĪB, *Iḥāṭa* (1955), pp. 156-159 ; IBN ḤAYYĀN, *Muqtabis V* (1979), pp. 113-115 ; IBN AL-ABBĀR, *Ḥulla* (1963-4), I, pp. 228-229, n° 88, y II, p. 379, e IBN ʿABD AL-MALIK AL-MARRĀKUŠĪ, *Ḏayl* (1971), pp. 400-403, n° 581. Véase también M. MARÍN (1988), n° 172, e Ídem (1990), pp. 242-243. En cambio, no es mencionado por Ídem (1986-7).

2 Como ya hemos dicho, los Banū Aḍḥà eran hamdaníes, denominación tribal árabe de donde procede el nombre de esta población granadina, situada a 13 km de la capital. Véase E. TERÉS SÁDABA (1957), p. 344, y M.ª C. JIMÉNEZ MATA (1990), p. 199. La alquería de Alhendín aparece citada por Ibn al-Ḫaṭīb en relación con el itinerario seguido por Alfonso I el Batallador durante su conocida expedición por tierras de Andalucía de los años 1125-1126 (IBN AL-ḪAṬĪB, *Iḥāṭa* (1973-7), I, p. 112 de la introducción); más adelante, y en el mismo capítulo (p. 127), la menciona el polígrafo granadino como cuna de "al-Ġarīb b. Yazīd [b.] al-Šimr, antepasado de los Banū Aḍḥà".

3 Sobre Ibn Ḥayyān véase A. HUICI MIRANDA (1975), pero sobre todo, y pese al tiempo transcurrido, E. GARCÍA GÓMEZ (1946).

4 Sobre Abū al-Qāsim Muḥammad al-Ġāfiqī, historiador granadino más conocido por al-Mallāḥī (m. 619/1222) que entre otras obras ecribió una "Historia de los sabios de Elvira" muy utilizada por Ibn al-Ḫaṭīb, véase IBN AL-ABBĀR, *Takmila* (1887-9), pp. 323-325, n° 960 ; IBN SAʿĪD, *Muġrib* (1953-5), II, pp. 126-127, e IBN AL-ḪAṬĪB, *Iḥāṭa* (1973-7), III, pp. 176-177. Véase también F. PONS BOIGUES (1972), p. 273, n° 227 ; J. ORTEGA/C. DEL MORAL (1991), pp. 144-145, y M. MARÍN (1986-7), pp. 20-23. Sorprende que Ibn al-Ḫaṭīb aplique ocasionalmente a este autor el *nasab* de Ibn Ḫalaf, como hemos visto que hace supra (v. p. 216) o también en la *Iḥāṭa*, IV, p. 85 (en la biografía del cadí Abū al-Ḥasan ʿAlī ibn Aḍḥà, m. 540/1145), pero la prueba de que se trata de al-Mallāḥī es que en este segundo caso el informador del sabio de la Malá es un discípulo granadino de ese cadí, llamado Abū Ḫālid Yazīd (no ibn Yazīd, como dice el texto editado de la *Iḥāṭa*) ibn Muḥammad [...] ibn Rifāʿa (m. 585/1189 ó 588/1192), personaje también conocido por el sobrenombre de Ibn al-Ṣaffār, cuya biografía trazaron, entre otros, IBN AL-ABBĀR, *Takmila* (1887-9), p. 743, n° 2108, e IBN AL-ZUBAYR, *Ṣila* (1993-5), 5ª parte, pp. 299-301, n° 605, y que a su vez fue uno de los maestros de al-Mallāḥī (IBN AL-ḪAṬĪB, *Iḥāṭa* (1973-7), III, p. 176).

5 Para este historiador granadino, que fue cadí de las Alpujarras, Loja, Baza y Purchena (m. Málaga, 699/1299) y autor de una obra histórica sobre su pueblo y su familia (*Taʾrīḫ qawmi-hi wa-qarābati-hi*), véase IBN AL-ḪAṬĪB, *Iḥāṭa* (1955), pp. 162-166. Véase también F. PONS BOIGUES (1972), pp. 313-314, n° 263, y J. ORTEGA/C. DEL MORAL (1991), p. 116.

que pertenecía a las gentes de la retórica (*al-balāġa*) y la elocuencia (*al-bayān*), de las bellas letras (*al-adab*) y la poesía de calidad (*al-šiʿr al-bāriʿ*).

[151] *Sus cualidades*
[En cierta ocasión] compareció ante el califa (*sic*) Abū al-Muṭarrif ʿAbd al-Raḥmān [III al-Nāṣir][1] y, poniéndose en pie delante de él, pronunció el siguiente discurso[2] :

"¡ Alabado sea Dios, el que oculta[3] la luz de su majestad de las miradas humanas, el que muestra su primacía en el [supremo] acto de la creación[4] y el Único por las maravillas del tiempo y los dones de la eternidad que ha creado[5]. Doy fe de que no hay más que un solo Dios, que no tiene compañero, proclamando su unicidad[6] y acatando su poder y su grandeza[7]. Y atestiguo que Mahoma es su siervo y enviado[8], al que escogió de la mejor casa[9], eligiéndolo de la familia más distinguida[10], hasta que Dios se lo llevó consigo[11], prefiriendo que tuviera su gloria, pues él había asumido su esfuerzo y respondido con su fidelidad[12] — ¡ Dios lo bendiga y salve ! —[13]. Y luego

---

6 En vez de "ǧamīʿum" (*sic*), la *Iḥāṭa* (1955), p. 156, registra correctamente esta palabra : "ǧamīʿu-hum".

1 Exactamente mientras el emir se hallaba atacando Torrox, en el año 309/921-922. El biografiado acompañaba a su padre Muḥammad ibn Adḥá, señor de las fortalezas de Alhama y de Nigüelas, que acudía a pedir el amán del soberano y someterse a su obediencia.

2 Me baso en la traducción del *Muqtabis V* de M.ª J. Viguera y F. Corriente, salvo en lo que me obliga Ibn al-Ḫaṭīb y en alguna otra cuestión puntual.

3 Mientras que la *Iḥāṭa* presenta "al-muḥtaǧib", como el *Ḏayl*, en el *Muqtabis V* se lee "al-laḏī iḥtaǧaba".

4 *Iḥāṭa* como el *Ḏayl* : "wa-al-dāll[u] bi-ḥudūṯ ḫalqi-hi ʿalà awwaliyyati-hi" ; *Muqtabis V* : "al-dāll[u] bi-aḥdaṯ ḫalqi-hi ʿalà azaliyyati-hi" (« y cuya creación más reciente es indicio de sempiternidad »).

5 *Iḥāṭa* : "wa-minan ṣamadiyyati-hi" ; *Ḏayl*: "wa-sunan ṣamadiyyati-hi" ; *Muqtabis V* : "wa-šaraʿa min sunan rusuli-hi" (« y los senderos de sus enviados que ha trazado »).

6 *Iḥāṭa* : "bi-waḥdāniyyati-hi" ; *Ḏayl* : "bi-rubūbiyyati-hi" ; *Muqtabis V* : "li-ilāhiyyati-hi" (« su divinidad »).

7 *Iḥāṭa* : "li-ʿizzi-hi wa-ʿaẓamati-hi" ; *Ḏayl* : "li-ʿizzati-hi wa-ʿaẓamati-hi" ; *Muqtabis V*: "li-rubūbiyyati-hi" (« su señorío »).

8 *Iḥāṭa* : "ʿabdu-hu wa-rasūlu-hu" ; *Ḏayl* como el *Muqtabis V* : "ʿabdu-hu al-ummī wa-rasūlu-hu al-makkī" (« su siervo iletrado y enviado mecano »).

9 *Iḥāṭa* : "min aṭyab al-buyūtāt" ; *Ḏayl* : "min akram al-arūmāt" ; *Muqtabis V* : "min akram al-arūma" (« del más noble linaje »).

10 En este punto el *Muqtabis V* añade : "wa-ḥabā-hu bi-abhar al-āyāt" (« y favoreciéndolo con las más deslumbrantes aleyas »), frase que tampoco figura en el *Ḏayl* .

11 *Iḥāṭa* como el *Ḏayl* : "ḥattà qabaḍa-hu Allāh ilay-hi" ; *Muqtabis V*: "ṯumma qabaḍa-hu Allāh".

12 *Iḥāṭa* como el *Ḏayl* : "wa-qad qabila saʿya-hu wa-addà amānata-hu", frase que no se encuentra en el *Muqtabis V*.

Dios[1], puesto que había de enviarlo entre sus más nobles criaturas, lo honró con su misión, hizo descender sobre él su nítida revelación[2] y escogió para él, de entre sus compañeros y seguidores, un sucesor[3], disponiendo entre ellos imanes que guiaran y juzgaran en derecho[4]. Conque hizo Dios al emir — ¡ Dios lo reconforte ! —[5] heredero de los méritos[6] que ellos legaron y constructor de los santuarios[7] que fundaron[8], para asegurar los caminos y sosegar al temeroso[9], por una gracia de Dios[10] cuyo carisma Él le ha puesto de veste y su virtud de collar[11], pues Dios da su poder[12] a quien quiere, y suyo es el favor supremo [metro *rağaz*] :

---

13 *Iḥāṭa* como el *Ḏayl* : "fa-ṣallà Allāh[u] ʿalay-hi wa-sallama taslīm[an]" ; *Muqtabis V* : "fa-ṣalawāt Allāh wa-malā'ikati-hi ʿalay-hi wa-sallama taslīm[an]" (« sobre él sean las plegarias de Dios y sus ángeles y la salvación »).

1 En este punto el *Ḏayl* añade : "tabāraka wa-taʿālà", frase que no figura en la *Iḥāṭa* ni en el *Muqtabis V.*

2 En árabe, "muḥkam tanzīli-hi". Véase A. DE B. KAZIMIRSKI (1860), I, p. 472a, *s.v.* 'muḥkam'.

3 *Iḥāṭa* : "lammā an baʿaṯa-hu min akram ḫalqi-hi, wa-akrama-hu bi-risālati-hi wa-anzala ʿalay-hi muḥkam tanzīli-hi, wa-iḫtāra la-hu min aṣḥābi-hi wa-ašyāʿi-hi muḫlif[an]" (para esta última palabra, que falta en el *Ḏayl* a cambio de "fa-min baʿdi-him ḫulafā'", véase R. DOZY (1967), I, p. 397b) ; *Ḏayl* : "lammā ibtaʿaṯa-hu min akram ḫalqi-hi, wa-karrama-hu bi-risālati-hi wa-anzala ʿalay-hi muḥkam tanzīli-hi, wa-iḫtāra la-hu min aṣḥābi-hi wa-ašyāʿi-hi fa-min baʿdi-him ḫulafā'" ; *Muqtabis V*: "tabārakat asmā'u-hu wa-taqaddasat ālā'u-hu, ğaʿala al-ḫilāfa fī ahl bayti-hi" (« cuyos nombres sean benditos y sus favores santificados, dispuso la sucesión entre sus descendientes »).

4 *Iḥāṭa* como el *Ḏayl* : "ğaʿala min-hum a'immat[an] yahdūna bi-al-ḥaqq wa-bi-hi yaʿdilūna" ; *Muqtabis V* : "fa-kāna min-hum a'immat[un] muhtādūn yaqḍūna bi-al-ḥaqq wa-bi-hi yaʿdilūna" (« entre los que hubo imanes rectos que fallaron y juzgaron en derecho »).

5 *Iḥāṭa* como el *Ḏayl*: "aʿazza-hu Allāh" ; *Muqtabis V* : "sayyida-nā" (« nuestro señor »).

6 *Iḥāṭa* : "min maʿālī-him" ; *Ḏayl*: "min maʿālimi-him", frase que no se encuentra en el *Muqtabis V.*

7 *Iḥāṭa* como el *Ḏayl*: "min mašāhidi-him", frase que falta en el *Muqtabis V.*

8 El *Muqtabis V* añade en este punto : "wa-wāʿī mā ḥafiẓū-hu" (« y tutor de lo que guardaron »), frase que tampoco figura en el *Ḏayl*.

9 *Iḥāṭa* : "ḥattà ammana al-masālik, wa-sakkana al-ḫā'if" ; *Ḏayl* : "ḥattà ammana al-sālik, wa-sakkana al-ḫā'if" ; *Muqtabis V* : "ḥattà ammana bi-hi [al-mamālik] wa-ammana bi-hi al-masālik, wa-sakana ilay-hi al-ḫā'if, wa-kabba al-ğāmiḥ" (« hasta reinar por él la tranquilidad en los reinos y la seguridad en los caminos, pues en él reposa el temeroso y tropieza el contumaz »).

10 En este punto el *Muqtabis V* añade : "li-ʿibādi-hi" (« a sus siervos »), frase que también falta en el *Ḏayl*.

11 *Iḥāṭa* como el *Muqtabis V* : "albasa-hu karāmata-hā wa-ṭawwaqa-hu faḍīlata-hā" ; *Ḏayl* :"albasa-hu karāmata-hā wa-ṭawwaqa-hu mağd faḍīlati-hā". Es la única ocasión en que Ibn al-Ḫaṭīb coincide literalmente con Ibn Ḥayyān a lo largo de este discurso.

12 *Iḥāṭa* como el *Ḏayl* : "mulka-hu" ; *Muqtabis V* : "faḍla-hu" (« su favor »).

Dios[1] *te dé la mayor gracia,*
aun cuando los herejes quieran apartarla
de ti, y no consienta Dios sino donártela,
y que sean ellos los que sobre ti la ciñan como collar".[2]

[152] Luego sus palabras prosiguieron con estos [otros] versos [metro *ṭawīl*, rima *DI*] :

¡ Ay del rey[3] *al que le sean arrojados*[4] *los arcos de la India,*
cuando brillan entre los yelmos y las lanzas[5] *!*
Aquél cuyo valor se acerca al abrevadero de la muerte,
cuando el ánimo de los héroes teme su proximidad[6].
Aquél a quien Dios otorgue el califato, como una gracia
que en él estaría por encima de todos los favores, ilimitada[7],
pues aunque Marwān se engarzara[8] *en la sarta de su gloria,*
él sería, pese a Marwān, la perla central del collar.
Resplandece sobre este mundo disipando sus tinieblas[9],
cual calígine deshecha por luna de buen augurio[10].
Es imán de rectitud[11], *ante el que los árabes apartan la mirada*[12],
revestido de luz cual túnica recamada[13].

---

1 *Iḥāṭa* como el *Muqtabis V* : "Allāh" ; *Ḏayl*: "fa-Allāh".

2 Esta traducción sigue en lo esencial la ofrecida por M.ª J. Viguera y F. Corriente, a excepción del segundo verso que difiere sensiblemente.

3 *Iḥāṭa* como el *Ḏayl* : "A-yā malik^{an}" ; *Muqtabis V* : "A-yā malik^{un}".

4 *Iḥāṭa* : "turmà bi-hi" ; *Ḏayl* como el *Muqtabis V* : "tazhà bi-hi".

5 *Iḥāṭa* : "wa-al-ṣard" (v. A. DE B. KAZIMIRSKI (1860), I, p. 1329b, *s.v.* 'ṣard'-5) ; *Ḏayl* : "wa-al-zarad" ; *Muqtabis V* : "wa-al-sard".

6 *Iḥāṭa* : "kallat ʿan al-wird" ; *Ḏayl*: "kaffat ʿan al-wird" ; *Muqtabis V* : "kaʿʿat ʿan al-wird".

7 *Iḥāṭa* : "bi-hi fāqat al-nuʿmā wa-ǧallat ʿan al-ḥadd" ; *Ḏayl*: "bi-hi fa-atat al-nuʿmā fa-ǧallat ʿan al-ḥadd" ; *Muqtabis V* : "bi-hi fa-atat nuʿmà fa-ǧallat ʿan al-ʿadd".

8 *Iḥāṭa* : "nuẓimat" ; *Ḏayl*: "n.ẓ.mat", sin vocalizar ; *Muqtabis V* : "naẓamat".

9 *Iḥāṭa* : "taǧallà ʿalà al-dunyā fa-aǧlà ẓalāma-hā" ; *Ḏayl* como el *Muqtabis V* : "taǧallà ʿan al-dunyā fa-ǧallà ẓalāma-hā".

10 Doy la traducción de este segundo hemistiquio, hecha por M.ª J. Viguera y F. Corriente.

11 *Iḥāṭa* como el *Muqtabis V* : "imām^{u} hudan" ; *Ḏayl* : "imām^{u} al-hudà".

12 *Iḥāṭa* como el *Ḏayl* : "aḍḥat bi-hi al-ʿurb^{u} ġuḍḍat^{an}" ; *Muqtabis V* : "zīdat bi-hi al-ʿurb^{u} bahǧat^{an}".

13 *Iḥāṭa* : "ka-wāšiyat^{i} al-burd" ; *Ḏayl* como el *Muqtabis V* : "ka-mawšiyyat^{i} al-burd". En lugar de 'wāšiya' (« tejedora »), propongo la lectura 'mawšiyya'.

Básteme ante él, como credencial[1],
un vínculo de clan sirio y de sincero afecto[2].

Confirma los modales que en él concurren[3],
la probidad de su padre, siervo del generalísimo de los ejércitos[4].

Contemplad su esbelta figura, mientras las lanzas causan zozobra[5]
y unos caballos hacen perecer[6] *con sus héroes a otros caballos.*

Él vio a un león fiero que corría a[7] *la lucha,*
pero yo lo he visto [a él][8]*más fiero [todavía].*

Concédele hoy[9] *[a mi padre], oh tú óptimo bienhechor,*
prueba de ennoblecimiento y cógeme [a mí] a tu servicio[10].

No des a mis enemigos el gozo de[11] *verme buscar*
al rey del mundo y fallar en[12] *mi demanda*[13],

pues toda gracia puede el imán del beneplácito,
y a mí tocará agradecer lo que conceda[14].

---

[1] *Iḥāṭa* : "wasā'il" ; *Ḏayl* como el *Muqtabis V* : "wasīlatī".

[2] *Iḥāṭa* como el *Muqtabis V* : "ḏimām^{an} šāmiyy^{a} al-hawà muḫliṣ^{a} al-wadd" ; *Ḏayl* : ḏimām^{un} šāmiyy^{u} al-hawà ḫāliṣ^{u} al-wadd".

[3] *Iḥāṭa* : "maṯābat^{in}" ; *Ḏayl* : "maṯānat^{in}" ; *Muqtabis V* : "šahāmat^{in}". Alusión a la persona misma del poeta, es decir, el biografiado.

[4] *Iḥāṭa* : "ḫulūṣ^{u} abī-hi ʿabd^{i} al-fāris^{i} al-ǧund" ; *Ḏayl* : "li-ba's^{i} abī-hi ʿabdi-ka al-fāris^{i} al-naǧd" ; *Muqtabis V* : "bi-ba's^{i} abī-hi ʿabdi-ka al-fāris^{i} al-naǧd". Alude al emir.

[5] *Iḥāṭa* : "ta'ammul ruwā-hu wa-al-rimāḥ^{u} sawāǧir" ; *Ḏayl* : "fatan man ra'ā-hu wa-al-rimāḥ^{u} sawāǧir" ; *Muqtabis V* : "fatan man ra'ā-hu wa-al-rimāḥ^{u} šawāfir".

[6] *Iḥāṭa* : "turdī" ; *Ḏayl* : "t.rdī", sin vocalizar ; *Muqtabis V* : "tardī".

[7] *Iḥāṭa* : "yaḫiff^{u} ilà" ; *Ḏayl* como el *Muqtabis V* : "yaḫubb^{u} ilà".

[8] *Iḥāṭa* : "wa-ra'aytu-hu" ; *Ḏayl* como el *Muqtabis V* : "wa-rubbata-mā".

[9] *Iḥāṭa* : "al-yawm^{a}" ; *Ḏayl* como el *Muqtabis V* : "fiyy^{a}".

[10] *Iḥāṭa* : "bi-iẓhār^{i} tašrīf^{in} wa-ʿaqd^{i} yad^{in} ʿindī" (para *ʿaqd yad ʿindī*, compárese con *iʿtaqada al-yad ʿinda fulān* « obliger quelqu'un, lui rendre service », según R. P. DOZY (1967), II, p. 149b) ; *Ḏayl* : "bi-iẓhār^{i} tašrīfī wa-ʿaqd^{i} yad^{in} ʿindī" ; *Muqtabis V* : "bi-iẓhār^{i} tašrīfī wa-ʿaqd^{in} ʿalà ǧund".

[11] *Iḥāṭa* como el *Muqtabis V* : "wa-lā tušmit (v. A. de B. KAZIMIRSKI (1860), I, p. 1266a, *s.v.* √šmt-IV) al-aʿdā'^{a} an ǧi't^{u} qāṣid^{an}" ; *Ḏayl* : "wa-lā tušmit al-aʿdā'^{a} in ǧi't^{u} qāṣid^{an}".

[12] *Iḥāṭa* : "fa-uḥram^{u} min qaṣdī" ; *Ḏayl* como el *Muqtabis V* : "fa-uḥram^{u} fī qaṣdī".

[13] En este verso aprovecho la traducción de M.ª J. Viguera y F. Corriente.

[14] *Iḥāṭa* : "wa-šukr^{an} li-mā yulḥī-hi" ; *Ḏayl* : "wa-šukrī li-mā yūlī-hi" ; *Muqtabis V* : "wa-šukr^{u} al-laḏī yūlī-hi". En vez de 'yulḥī-hi' (cometer un acto reprobable), hay que leer 'yūlī-hi', como en el *Ḏayl*, el *Muqtabis V* y la *Iḥāṭa* (1955). Pese a las variantes, doy nuevamente la traducción de M.ª J. Viguera y F. Corriente.

14 *Seas en este mundo feliz y victorioso*[1]
y alcances en el empíreo el eterno paraíso[2].

[153] Y pertenecía a una magnánima Casa de facundia y elocuencia, cuya hidalguía se había encumbrado con estas cualidades. [El emir] le confirmó la tenencia[3] de unos molinos (*arḥiya*) y del castillo de Nívar (*ḥiṣn* [al-]*Nībal*)[4] junto con los Banū Hūd[5], entre otras propiedades, convirtiéndose[6] en un hombre respetable por sus recursos a quien le fueron encomendadas misiones [importantes]. [Dice el autor[7] : Me parece que Ibn Furkūn antes del 316 (= 929)]"[8].

II
IBN ʿABD AL-MALIK AL-MARRĀKUŠĪ, *Ḏayl*
(1971, pp. 400-403, n° 581)

[400] "Aḥmad ibn Muḥammad ibn Aḏḥà ibn ʿAbd al-Laṭīf ibn ʿArīb (*sic*, por Ġarīb) ibn Yazīd ibn [401] al-Šimr ibn ʿAbd Šams ibn al-Ġarīb al-Hamdānī — con *sukūn* el *mīm*, y el *dāl* sin punto — al-Ilbīrī, de los habitantes de la alquería de Alhendín en la campiña de Granada, Abū al-ʿAbbās. Pertenecía a las gentes de la elocuencia, la retórica, las mejores letras, y, además, hacía versos. [En cierta

1 *Iḥāṭa* como el *Ḏayl* : "muẓaffar^{an}" ; *Muqtabis V* : "muwaffar^{an}".

2 Reproduzco otra vez la traducción de M.ª J. Viguera y F. Corriente. Téngase en cuenta que el orden de los versos, en el que coinciden la *Iḥāṭa* y el *Ḏayl*, difiere ligeramente en el *Muqtabis V*.

3 Véase R. DOZY (1967), I, p. 634a, s.v. √sǧl-II.

4 En el texto, *ḥiṣn Nabīl*. Véase L. SECO DE LUCENA (1974), p. 64, y M.ª C. JIMÉNEZ MATA (1990), p. 232. Véase también F.N. VELÁZQUEZ BASANTA, *Así era Granada en tiempos de Ibn al-Ḫaṭīb. La Introducción de la « Iḥāṭa »: Estudio histórico-geográfico de la Granada nazarí* (en prensa).

5 Este nombre, que no figura en el *Ḏayl*, es un nuevo dato a tener en cuenta procedente de la erudicón ḫatibiana. Alude, al parecer, a la noble familia árabe que señoreaba el lugar antes de la llegada de los Banū Aḏḥà. Ibn Ḥazm, *apud* E. TERÉS SÁDABA (1957), pp. 351-352, n° 63, s.v. Ǧuḏām, no menciona miembros de esta familia en la zona granadina, pero sí Ibn al-Ḫaṭīb (*Iḥāṭa*, I, p. 135), y hay que tener en cuenta que al linaje de Ǧuḏām, según al-Maqqarī, pertenecían los Banū Hūd de Zaragoza y el caudillo post-almohade al-Mutawakkil b. Hūd.

6 *Iḥāṭa* : "fa-inqalaba" ; *Ḏayl* :"fa-inqalaba ʿan-hu".

7 Se refiere a Ibn ʿAbd al-Malik al-Marrākušī, autor del *Ḏayl wa-al-takmila*, la obra de donde Ibn al-Ḫaṭīb toma esta noticia que falta en el *Muqtabis V*.

8 Frase corrompida e incomprensible, razón por la que el editor la presenta así, entre corchetes. La clave se encuentra en el *Ḏayl* : "wa-arà ḏālika kāna qabla al-sitt^{a} ʿašrat^{a} wa-[al]-ṯalāṯimi'a (« y me parece que esto sucedió antes del 316 », es decir, antes de que ʿAbd al-Raḥmān III se proclamara califa). El nombre de Ibn Furkūn es una interpolación sin sentido, seguramente debido a que la *Iḥāṭa* ofrece a continuación la biografía de este personaje del siglo XIII-XIV que yo mismo he estudiado. Véase F. N. VELÁZQUEZ BASANTA (en prensa).

ocasión] compareció ante el Príncipe de los Creyentes Abū al-Muṭarrif ʿAbd al-Raḥmān al-Nāṣir y, poniéndose en pie delante de él, pronunció el siguiente discurso[1] :

"¡ Alabado sea Dios, el que oculta la luz de su majestad de las miradas humanas, el que muestra su primacía en el [supremo] acto de la creación y el Único por las maravillas del tiempo y los SENDEROS eternos que ha creado. Doy fe de que no hay más que un solo Dios, que no tiene compañero, proclamando su DIVINIDAD y acatando su poder y su grandeza. Y atestiguo que Mahoma es su siervo ILETRADO y enviado MECANO, al que escogió del MÁS NOBLE DE LOS LINAJES, eligiéndolo de la familia más distinguida, hasta que Dios se lo llevó consigo, prefiriendo que tuviera su gloria, pues él había asumido su esfuerzo y respondido con su fidelidad — ¡ Dios lo bendiga y salve ! —. Y luego Dios — ¡ BENDITO Y ALABADO SEA ! —, puesto que había de enviarlo entre sus más nobles criaturas, lo honró con su misión, hizo descender sobre él su nítida revelación y escogió para él, de entre sus compañeros y seguidores Y LOS QUE VINIERON DETRÁS DE ELLOS, SUCESORES, disponiendo entre ellos imanes que guiaran y juzgaran en derecho. Conque hizo Dios al emir — ¡ Dios lo reconforte ! — heredero de las HUELLAS que ellos legaron y constructor de los santuarios que fundaron, para asegurar al ASCETA y sosegar al temeroso, por una gracia de Dios cuyo carisma Él le ha puesto de veste y LA GLORIA DE su virtud de collar, pues Dios da su poder a quien quiere, y suyo es el favor supremo". [Sigue, con una sola y más correcta variante en la primera palabra del verso inicial (*fa-Allāh*, por *Allāh*), el dístico registrado en la *Iḥāṭa*][2].

[402] "Ítem más, soy el siervo del emir, a quien Dios preserve joven para alimentar [a sus súbditos] con su gracia, excediéndose en su amor, el cual me guía a una alta empresa que lleva mi brazo y mi vista hacia el don del reconocimiento de la imposibilidad de alcanzar la esencia profunda de la elocuencia de los antepasados de su gloria [metro *basīṭ*, rima *RU*][3] :

Quizás podríamos alabarte[4] con la santificación
y purificación con que Mahoma fue ensalzado en el Libro.
La humanidad se desintegraría, a menos que nuestras lenguas
hablen de lo que ocultan las conciencias[5].

Y he compuesto en tu honor, oh emir, una pieza en la que honro tu favor y ensalzo la gracia de tu gloria, que dice así"[6]. [Sigue la casida 'A-yā malik^{an}' recogida en el *Muqtabis* V, la *Ḥulla* y la *Iḥāṭa*].

1 Destaco en versalita las divergencias con la *Iḥāṭa*.

2 En este punto se interrumpe el texto de la *Iḥāṭa*.

3 Este último párrafo falta en la *Iḥāṭa*.

4 En árabe, "yuṯnī [...] aṯnā-hu". Véase A. de B. KAZIMIRSKI (1860), I, p. 238, *s.v.* √ṯny-IV, 1.

5 Tampoco se trasladó este dístico a la *Iḥāṭa*.

6 Frase sustituida en la *Iḥāṭa* por una breve fórmula introductoria de los versos en estilo indirecto.

[403] Y pertenecía a una Casa de bravura y gallardía, de facundia y elocuencia, a cuya hidalguía aluden estas cualidades. [El emir] le confirmó la tenencia de unos molinos y del castillo de Nívar (*ḥiṣn Nabīl, sic*), entre otras propiedades, convirtiéndose por ello en un hombre respetable por sus recursos a quien le fueron encomendadas misiones [importantes], y me parece que esto sucedió antes del 316/929, pues he aquí que en este discurso suyo lo llamaba emir (a ʿAbd al-Raḥmān III), y la adopción por parte de al-Nāṣir [del título califal] de *Amīr al-Mu'minīn* (« Príncipe de los Creyentes ») tuvo lugar en el dieciséis."[1]

III
IBN AL-ABBĀR, *Ḥulla*
(1963-4, I, pp. 228-229, n° 88)

Aḥmad ibn Muḥammad ibn Aḍḥà al-Hamdānī

[228] "Es Aḥmad ibn Muḥammad ibn Aḍḥà ibn ʿAbd al-Laṭīf ibn Ḫālid ibn Yazīd ibn al-Šimr, de Alhendín. A Ḫālid le decían "el Extranjero" (*al-ġarīb*) y lo llamaban así por haber sido el primer árabe sirio que había nacido en la cora de Elvira. Su padre, Muḥammad ibn Aḍḥà, era señor del castillo de Alhama (*al-Ḥamma*), uno de los distritos de Elvira, durante el tiempo de la *fitna*[2], y dirigió los asuntos de los árabes después de que Saʿīd ibn Ǧūdī fuera asesinado[3]. [229] Gozó de la amistad[4] del emir ʿAbd Allāh ibn Muḥammad hasta el fin de su reinado, y dejó a sus descendientes nobleza y autoridad que les serían aplicadas hasta la consumación de los tiempos.
Uno de ellos, el cadí Abū al-Ḥasan ʿAlī ibn ʿUmar ibn Muḥammad ibn Mušarraf ibn Aḥmad, que es este [Aḥmad de quien estamos tratando], se rebeló en Granada en la centuria sexta (s. XII), y allí lo mencionaremos, si Dios bendito y alabado quiere[5].
[En cierta ocasión] compareció Aḥmad ibn Muḥammad con su padre ante al-Nāṣir ʿAbd al-Raḥmān ibn Muḥammad para reconocerlo como señor y entrar en su

---

1 Este último párrafo vuelve a figurar en la *Iḥāṭa*, con leves variantes, salvo en la frase final que en la obra jatibiana ha quedado cuando menos sin sentido.

2 Se refiere a las luchas civiles entre muladíes, árabes y beréberes, y entre todos éstos y el poder central cordobés, que estallan y se generalizan en Alándalus a comienzos del reinado del emir ʿAbd Allāh (reg. 888-912). Véase É. LÉVI-PROVENÇAL (1967), pp. 216-223.

3 En el año 284/897, a manos de un árabe cuya mujer había sido seducida por él. Véase IBN ḤAYYĀN, *Muqtabis III* (1990), p. 83/Ídem, *Muqtabis III* (1951), p. 160. Véase también IBN AL-ABBĀR, *Ḥulla* (1963-4), I, pp. 154-160, n° 57, e IBN AL-ḪAṬĪB, *Iḥāṭa* (1973-7), IV, pp. 275-277.

4 Véase A. DE B. KAZIMIRSKI (1860), II, p. 1609b, *s.v.* 'muwālāt'.

5 Efectivamente, su biografía la trazó IBN AL-ABBĀR, *Ḥulla* (1963-4), II, pp. 211-217, n° 144.

círculo [de allegados], siendo como era persona de rostro agraciado, lengua diserta, ánimo resuelto y amplia cultura literaria, y al-Nāṣir celebró encontrarlos, se esmeró en su acogida, ensalzó su rango y los cubrió de presentes. Entonces levantóse ante él este Aḥmad y pronunció un discurso, declamando a continuación [estos versos][1] :

Y el autor de los *Ḥadā'iq* recitaba [este otro poema] suyo [metro *ṭawīl*, rima *FĀ*][2] :

Los calumniadores enturbiaron cuanto de puro había en mi amor,
y me imputaron un tejido de afrentosos embustes.

Me calumniaron, y mi amante les dio oídos : ni ellos fueron leales
en informarle de lo que no dije, ni él tampoco lo fue.

Si yo obré con rectitud en mi amor,
¿ por qué él no fue también recto, despreciándolos para siempre ?

Pero no fue un calumniador ; fue una dolencia de espíritu desdeñoso
que, cuando vio nuestra ruptura, se curó.

No se alegren, sin embargo, los que encendieron este desvío de infierno,
pues pronto se apagará, si no está ya apagado".

---

1 Los n° 1, 2, 3, 4, 5 y 7 (orden del *Muqtabis V*), ó n° 1, 2, 3, 5, 6 y 7 (orden de la *Iḥāṭa* y el *Ḏayl*), de la casida 'A-yā malik^{an}'.

2 Véase E. TERÉS SÁDABA (1946), p.151, donde figura la traducción de los cinco versos aquí ofrecida.

IV
ÁRBOL GENEALOGÍCO DE LOS BANŪ AḌḤÀ DE ALHENDÍN

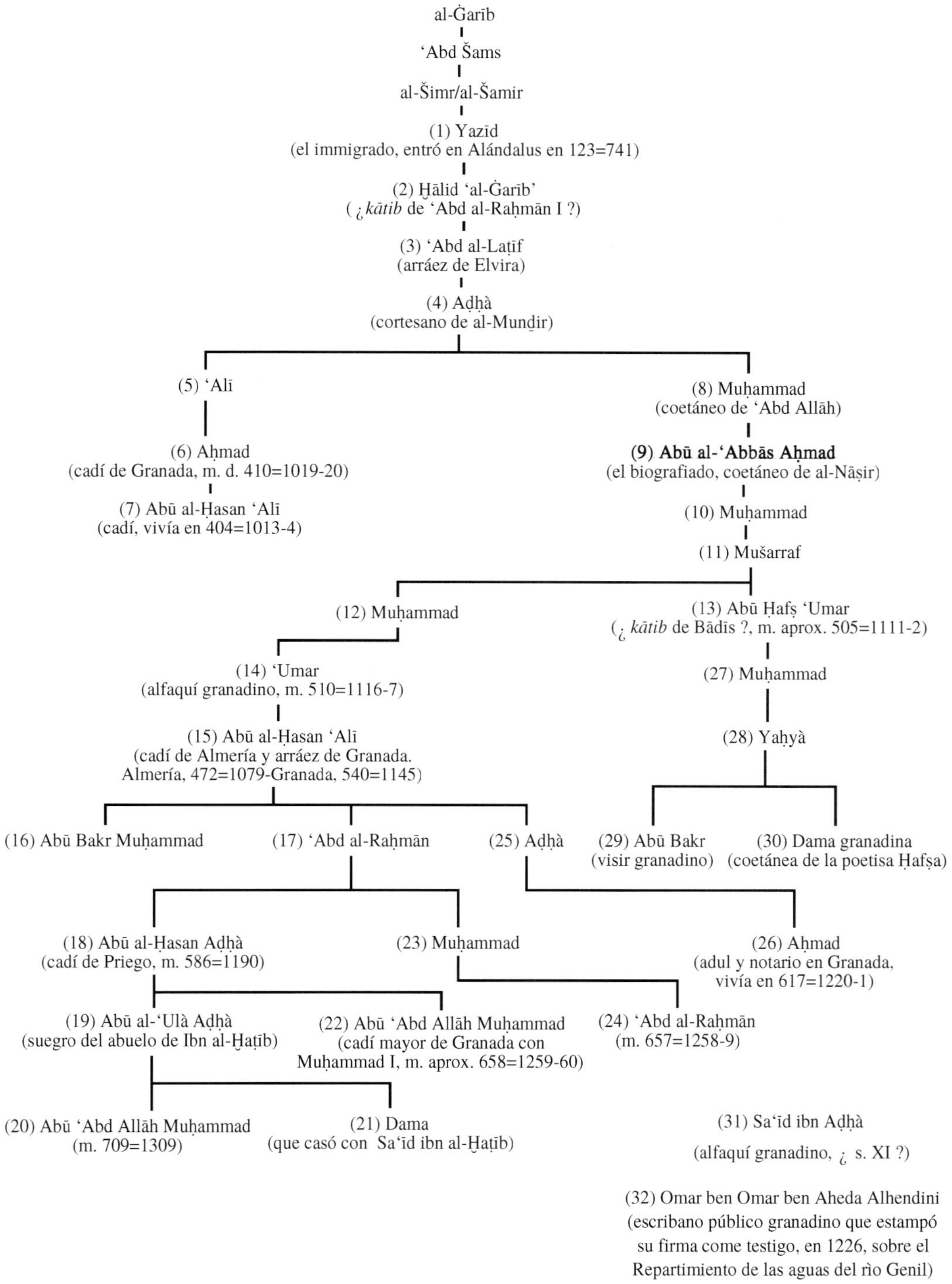
al-Ġarīb
'Abd Šams
al-Šimr/al-Šamir
(1) Yazīd
(el immigrado, entró en Alándalus en 123=741)
(2) Ḫālid 'al-Ġarīb'
(¿kātib de 'Abd al-Raḥmān I ?)
(3) 'Abd al-Laṭīf
(arráez de Elvira)
(4) Aḍḥà
(cortesano de al-Mundir)
(5) 'Alī
(6) Aḥmad
(cadí de Granada, m. d. 410=1019-20)
(7) Abū al-Ḥasan 'Alī
(cadí, vivía en 404=1013-4)
(8) Muḥammad
(coetáneo de 'Abd Allāh)
(9) Abū al-'Abbās Aḥmad
(el biografiado, coetáneo de al-Nāṣir)
(10) Muḥammad
(11) Mušarraf
(12) Muḥammad
(13) Abū Ḥafṣ 'Umar
(¿ kātib de Bādīs ?, m. aprox. 505=1111-2)
(14) 'Umar
(alfaquí granadino, m. 510=1116-7)
(27) Muḥammad
(15) Abū al-Ḥasan 'Alī
(cadí de Almería y arráez de Granada.
Almería, 472=1079-Granada, 540=1145)
(28) Yaḥyà
(16) Abū Bakr Muḥammad
(17) 'Abd al-Raḥmān
(25) Aḍḥà
(29) Abū Bakr
(visir granadino)
(30) Dama granadina
(coetánea de la poetisa Ḥafṣa)
(18) Abū al-Ḥasan Aḍḥà
(cadí de Priego, m. 586=1190)
(23) Muḥammad
(26) Aḥmad
(adul y notario en Granada,
vivía en 617=1220-1)
(19) Abū al-'Ulà Aḍḥà
(suegro del abuelo de Ibn al-Ḫaṭīb)
(22) Abū 'Abd Allāh Muḥammad
(cadí mayor de Granada con
Muḥammad I, m. aprox. 658=1259-60)
(24) 'Abd al-Raḥmān
(m. 657=1258-9)
(20) Abū 'Abd Allāh Muḥammad
(m. 709=1309)
(21) Dama
(que casó con Sa'īd ibn al-Ḫaṭīb)
(31) Sa'īd ibn Aḍḥà
(alfaquí granadino, ¿ s. XI ?)
(32) Omar ben Omar ben Aheda Alhendini
(escribano público granadino que estampó
su firma come testigo, en 1226, sobre el
Repartimiento de las aguas del rìo Genil)

F.N. Velázquez Basanta

V

RELACIÓN DE LOS BANU AḌḤÀ :
DATOS BIOGRÁFICOS, VÍNCULOS FAMILIARES Y FUENTES PARA SU ESTUDIO

al-Ġarīb, oriental.
ʿAbd Šams, oriental.
al-Šimr, oriental.

1. Yazīd ibn al-Šimr. Caballero árabe sirio de la tribu de Qaḥṭān que llegó a Alándalus con las tropas de Balǧ en el año 123/741. Era miembro del *ǧund* de Damasco que se asentó en la cora de Elvira, en Alhendín, y alcanzó a conocer los tiempos de ʿAbd al-Raḥmān I, en la preparación de cuya venida participó activamente.

   — IBN AL-QŪṬIYYA, *Taʾrīḫ* (1926), p. 22/17.
   — IBN AL-ABBĀR, *Ḥulla* (1963-4), II, p. 211.

2. Ḫālid ibn Yazīd, su hijo. Fue el primer árabe sirio nacido en la cora de Elvira, razón por la que recibió el apodo de Ġarīb o al-Ġarīb. ¿*Kātib* de Yūsuf al-Fihrī y de ʿAbd al-Raḥmān I ?

   — IBN ḤAYYĀN, *Muqtabis V* (1979), p. 115.
   — IBN AL-ABBĀR, *Ḥulla* (1963-4), I, p. 228.
   — Ídem, *ʿItāb* (1961), pp. 71-72.
   — IBN ʿABD AL-MALIK AL-MARRĀKUŠĪ, *Ḏayl* (1965), V-1, p. 270.
   — IBN AL-ḪAṬĪB, *Iḥāṭa* (1973-7), I, p. 127, y IV, p. 83.

3. ʿAbd al-Laṭīf ibn al-ʿArīf (sic, por al-Ġarīb) ibn Zayd (sic, por Yazīd) ibn Aḍḥà al-Hamdānī. Hijo del anterior, fue el primer sirio de la segunda generación nacido en la cora de Elvira. Dirigió los asuntos de los árabes de esta región y, al igual que su padre, gozó de la intimidad del soberano en su dignidad de jeque y visir.

   — IBN AL-ḪAṬĪB, *Iḥāṭa* (1988), p. 204, n° 229 y 230.

4. Aḍḥà ibn ʿAbd al-Laṭīf, de Elvira. Su hijo. Fue cortesano del emir al-Munḏir (reg. 886-888). Sus dotes literarias le valieron para figurar en una lista de posibles candidatos que hubieran podido sustituir a Qūmis ibn Antunyān en la secretaría del emir Muḥammad I (reg. 852-886).

   — IBN AL-QŪṬIYYA, *Taʾrīḫ* (1926), p. 83/68.
   — IBN AL-ABBĀR, *Ḥulla* (1963-4), II, p. 379.

5. ʿAlī, hijo del anterior. No disponemos de ninguna información sobre él.
6. Aḥmad [ibn ʿAlī] ibn Aḍḥà, de Elvira. Su hijo. Fue cadí de Granada, transmitió de Abū ʿUmar al-Talamankī y murió después del 410/1019-20.

— IBN BAŠKUWĀL, *Ṣila* (1989), I, pp. 66-67, n° 62.

7. Abū al-Ḥasan ʿAlī ibn Aḥmad ibn ʿAlī ibn Aḍḥà al-Hamdānī, de Granada. Su hijo. Estudió en Pechina con Abū ʿAbd Allāh Ibn Abī Zamanayn y con Ibn Abī al-Hilāl, fue maestro y cadí, y aún vivía en el 404/1013-4.

— IBN AL-ZUBAYR, *Ṣila* (1937), p. 78, n° 142/Ídem, *Ṣila* (1993-5), 4ª parte, p. 83, n° 151.

8. Muḥammad ibn Aḍḥà ibn ʿAbd al-Laṭīf al-Hamdānī, de Elvira. Hijo del n° 4 y hermano del n° 5. Contemporáneo del emir ʿAbd Allāh (reg. 888-912), fue señor de los castillos de Alhama y de Nigüelas, y sucesor de Saʿīd ibn Ǧūdī al frente de los árabes de Elvira.

— IBN ḤAYYĀN, *Muqtabis III* (1990), pp. 51-52 y 84/Ídem, *Muqtabis III* (1951), p. 161, y (1952), p. 153.
— Ídem, *Muqtabis V* (1979), pp. 39 y 113-115.
— IBN AL-ABBĀR, *Ḥulla* (1963-4), I, pp. 157, 228-229, y II, pp. 378-379, n° 209.
— IBN SAʿĪD, *Muġrib* (1953-5), II, p. 106.
— IBN ʿIḎĀRĪ, *Bayān* (1980), pp. 134 y 137.
— IBN ḪALDŪN, *ʿIbar* (1988), IV, p. 180.
— IBN AL-ḪAṬĪB, *Aʿmāl* (1956), p. 27.
— Ídem, *Iḥāṭa* (1973-7), IV, p. 277.

9. Abū al-ʿAbbās Aḥmad ibn Muḥammad ibn Aḍḥà ibn ʿAbd al-Laṭīf ibn Ġarīb ibn Yazīd ibn al-Šimr ibn ʿAbd Šams ibn al-Ġarīb al-Hamdānī al-Ilbīrī, su hijo. Contemporáneo de ʿAbd al-Raḥmān III (reg. 912-961), es nuestro biografiado.

— IBN ḤAYYĀN, *Muqtabis V* (1979), pp. 113-115.
— IBN AL-ABBĀR, *Ḥulla* (1963-4), I, pp. 228-229, n° 88.
— IBN ʿABD AL-MALIK AL-MARRĀKUŠĪ, *Ḏayl* (1971), pp. 400-403, n° 581.
— IBN AL-ḪAṬĪB, *Iḥāṭa* (1955), I, pp. 156-159 ; Ídem, *Iḥāṭa* (1973-7), I, pp. 150-153.

10. Muḥammad, su hijo. La existencia de este Muḥammad es dudosa, pues sólo figura en la cadena onomástica del n° 15 en el *Ḏayl* (... Mušarraf ibn Muḥammad ibn Aḥmad ibn Aḍḥà). La *Ḥulla* no lo recoge en absoluto (... Mušarraf ibn Aḥmad ibn Aḍḥà), y en la *Iḥāṭa* el que no aparece es Aḥmad (... Mušarraf ibn Muḥammad ibn Aḍḥà). Este eslabón, sin embargo, figura también en la *Ṣilat al-Ṣila* y en el *Ḏayl*, en los nombres de los n° 13 y 14.
11. Mušarraf, hijo del anterior. Carecemos de cualquier información sobre él.
12. Muḥammad, su hijo.

— IBN AL-ZUBAYR, *Ṣila* (1937), p. 62, n° 110/Ídem, *Ṣila* (1993-5), 4ª parte, p. 67, n° 118.

13. Abū Ḥafṣ ʿUmar ibn Mušarraf ibn Muḥammad [...] ibn Aḍḥà ibn ʿAbd al-Laṭīf ibn Ġarīb ibn Yazīd ibn al-Šimr al-Hamdānī (m. aprox. 505/1111-2), de Granada. Hermano del anterior. Fue un alfaquí y visir importante. Podría ser el Ibn Aḍḥà citado como *kātib* de Bādīs (reg. 1038-1073) en las 'Memorias' del rey ʿAbd Allāh, su nieto.

— ʿAbd Allāh ibn Buluggīn, *al-Tibyān*, *apud* É. LÉVI-PROVENÇAL/E. GARCÍA GÓMEZ (1980), párrafo 31, nota 19, y párrafo 34.
— IBN AL-ZUBAYR, *Ṣila* (1937), p. 62, n° 109/Ídem, *Ṣila* (1993-5), 4ª parte, p. 67, n° 117.
— IBN ʿABD AL-MALIK AL-MARRĀKUŠĪ, *Ḏayl* (1965), V-2, p. 470, nota 2.

14. ʿUmar ibn Muḥammad ibn Mušarraf ibn Muḥammad [...] ibn Aḍḥà, hijo del n° 12. Alfaquí granadino que fue discípulo de Ibn al-Murābiṭ y de Ḫalaf al-Ǧarāwī en Almería, ciudad en la que enseñó y murió en 510/1116-7, a su vuelta de la peregrinación.

— IBN AL-ZUBAYR, *Ṣila* (1937), p. 62, n° 110/Ídem, *Ṣila* (1993-5), 4ª parte, p. 67, n° 118.
— IBN ʿABD AL-MALIK AL-MARRĀKUŠĪ, *Ḏayl* (1965), V-2, p. 467, nota 2.

15. Abū al-Ḥasan ʿAlī ibn ʿUmar ibn Muḥammad ibn Mušarraf ibn Muḥammad ibn Aḥmad [ibn Muḥammad] ibn Aḍḥà ibn ʿAbd Laṭīf ibn Ḫālid ibn Yazīd ibn al-Šimr ibn ʿAbd Šams ibn al-Ġarīb al-Hamdānī. Hijo del anterior, nació en Almería en el 472/1079. Llegó a ser *ra'īs* de Granada obedeciendo a la llamada a la rebelión contra los almorávides lanzada por Ibn Ḥamdīn de Córdoba. Murió en 540/1145.

— IBN ḪĀQĀN, *Qalā'id* (1990), pp. 418-419 (descripción en prosa rimada de una finca situada a la orilla de un río en las afueras de Granada, que pertenecía al cadí Abū al-Ḥasan ʿAlī ibn Adḥà; esta finca es muy probablemente la que la documentación castellana del s. XVI llama de *Genín Alcadi* o Huertos del Alcalde), y pp. 527-532, n° 45 (biografía del cadí en la que el autor no olvida recoger por segunda vez la noticia sobre su famosa finca de los alrededores de Granada).
— AL-SILAFĪ, *Aḫbār* (1979), pp. 78-79, n° 48 (carta del emir ʿAlī ibn Yūsuf ibn Tāšufīn a los almerienses dando cuenta de la destitución de Abū al-Ḥasan como cadí de Almería, asunto recogido por I. ʿABBĀS (1978), p. 281).
— AL-IṢFAHĀNĪ, *Ḫarīda* (1986), III, pp. 497-499, n° 135.
— AL-ḌABBĪ, *Buġya* (1989), II, pp. 710-711, n° 1556.
— IBN DIḤYA, *Muṭrib* (1954), p. 210 (citado como maestro del tradicionista Abū al-Ḥasan Ṣāliḥ ibn ʿAbd al-Malik ibn Saʿīd al-Awsī, conocido por al-Qantarāl, m. Málaga, 575/1179-80) y p. 214.
— IBN AL-ABBĀR, *Takmila* (1887-9), VI, pp. 664-665, n° 1849.
— Ídem, *Ḥulla* (1963-4), I, p. 229, y II, pp. 211-217, n° 144, y pp. 228 y 379.
— IBN SAʿĪD, *Muġrib* (1953-5), I, pp. 225-226, y II, pp. 108-109, n° 417.
— Ídem, *Rāyāt* (1942), p. 53/200, n° LXXII.
— IBN AL-ZUBAYR, *Ṣila* (1937), pp. 89-90, n° 178/Ídem, *Ṣila* (1993-5), 4ª parte, pp. 95-96, n° 190.
— IBN ʿABD AL-MALIK AL-MARRĀKUŠĪ, *Ḏayl* (1965), V-1, pp. 270-271, n° 532.
— AL-ḎAHABĪ, *Ta'rīḫ* (1997), p. 352, n° 443 (citado como maestro de *fiqh* del granadino ʿAbd Allāh ibn Ṭalḥa ibn Aḥmad ibn ʿAbd al-Raḥmān ibn ʿAṭiyya [m. 518/1124-5]).
— IBN AL-ḪAṬĪB, *Aʿmāl* (1956), pp. 176 y 258.
— Ídem, *Iḥāṭa* (1973-7), I, p. 427 (citado a propósito de unos versos en su honor del Ciego de Almodóvar, m. 541/1146-7) ; II, p. 504 (citado por recibir elogios en verso de Ibn Quzmān, m. 555/1160) ; III, p. 162 (citado como maestro de *fiqh* de Muḥammad ibn Ibrāhīm ibn ʿAbd Allāh ibn Abī Zamanayn al-Murrī, m. 540/1145-6) ; 479 (citado como *qāḍī* y *rayyis* de Granada que recibe copiosas alabanzas en verso del malagueño al-Suhaylī, m. 581/1185-6), y IV, pp. 83-86 (biografía) y 101 (citado como discípulo del *imām al-farīḍa* en la aljama de Granada ʿAlī ibn Aḥmad ibn Ḫalaf ibn Muḥammad ibn al-Bādīš al-Anṣārī, m. 528/1133-4).
— AL-BUNNĀHĪ, *Markaba* (1948), p. 125.
— IBN SIMĀK AL-ʿĀMILĪ, *Zaharāt* (1984), p. 94.

— AL-MAQQARĪ, *Nafḥ* (1968), I, pp. 676-677, n° 61, y IV, pp. 163-166, n° 663 (descripción, según Ibn Ḫāqān, de la finca granadina de *Genín Alcadi* o Huertos del Alcalde, así llamados por su dueño el cadí Abū al-Ḥasan ʿAlī ibn Aḍḥà).

16. Abū Bakr Muḥammad, su hijo y sucesor al frente de los granadinos en la lucha contra los almorávides ; se refugió en Almuñécar y, luego, en Benamejí.

— IBN AL-ABBĀR, *Ḥulla* (1963-4), II, pp. 213-214 y 215.
— IBN SAʿĪD, *Muġrib* (1953-5), II, p. 108.

17. ʿAbd al-Raḥmān, hermano del anterior. No disponemos de información sobre él.
18. Abū al-Ḥasan Aḍḥà ibn ʿAbd al-Raḥmān ibn ʿAlī ibn ʿUmar [...] ibn Aḍḥà al-Hamdānī, de Granada. Hijo del anterior. Ilustre alfaquí, literato y poeta que estudió con Dāwūd ibn Yazīd al-Saʿdī y fue cadí de Priego ; había nacido en 552/1157-8 y murió el 10 de *ḏū al-qaʿda* del año 586/9 de diciembre de 1190.

— AL-SUYŪṬĪ, *Buġya* (1979), I, p. 459, n° 942 (nota biográfica tomada de la *Iḥāṭa* y perdida en esta fuente).

19. Abū al-ʿUlà Aḍḥà ibn Aḍḥà al-Hamdānī, de Granada. Visir, hijo del anterior, que casó a una hija suya con el abuelo de Ibn al-Ḫaṭīb.

— IBN AL-ḪAṬĪB, *Iḥāṭa* (1973-7), III, p. 387, y IV, pp. 440-441.
— AL-MAQQARĪ, *Nafḥ* (1968), V, p. 11.

20. Abū ʿAbd Allāh Muḥammad ibn Aḍḥà al-Hamdānī, de Granada. Hijo del anterior, gobernó algunos distritos del reino ; murió en *rabīʿ* I del año 709 (8 de agosto a 7 de septiembre de 1309).

— IBN ḤAĞAR AL-ʿASQALĀNĪ, *Durar* (s.d.), III, p. 393, n° 1036 (nota biográfica tomada de Ibn al-Ḫaṭīb, por lo que quizás perteneciese a la *Iḥāṭa*).

21. Dama granadina, hija del n° 19, que fue casada con Saʿīd ibn al-Ḫaṭīb.

— IBN AL-ḪAṬĪB, *Iḥāṭa* (1973-7), III, p. 387.
— AL-MAQQARĪ, *Nafḥ* (1968), V, p. 11.

22. Abū ʿAbd Allāh Muḥammad ibn Aḍḥà al-Hamdānī. Podría tratarse de un segundo hijo del n° 18. Fue el quinto *qāḍī al-ǧamāʿa* de Granada bajo Muḥammad I (reg. 629-671/1232-1273). Murió al poco de iniciarse su mandato, aproximadamente en 658/1259-60.

— IBN AL-ḪAṬĪB, *Iḥāṭa* (1973-7), II, p. 97.
— Ídem, *Lamḥa* (1980), p. 46/39.
— AL-BUNNĀHĪ, *Markaba* (1948), pp. 124-125.

23. Muḥammad, probable hijo del n° 17. Carecemos de información sobre él.
24. ʿAbd al-Raḥmān ibn Muḥammad ibn ʿAbd al-Raḥmān ibn ʿAlī ibn ʿUmar [...] ibn Aḍḥà al-Hamdānī, de Granada. Hijo del anterior, fue un visir que vivió retirado en una finca rústica de su propiedad ; murió en 657/1258-9.

— IBN AL-ḪAṬĪB, *Iḥāṭa* (1988), pp. 165-166, n° 167.

25. Aḍḥà, otro hijo del n° 15. No disponemos de información sobre él.
26. Aḥmad ibn Aḍḥà ibn ʿAlī ibn ʿUmar [...] ibn Aḍḥà al-Hamdānī. Hijo del anterior, fue un adul y notario de Granada, su ciudad natal, donde vivía en 617/1220-1.

— IBN ʿABD AL-MALIK AL-MARRĀKUŠĪ, *Ḏayl* (1971), p. 72, n° 72.

27. Muḥammad, probable hijo del n° 13. No tenemos datos sobre él.

28. Yaḥyà, hijo del anterior. Carecemos de cualquier información sobre él.

29. Abū Bakr ibn Yaḥyà ibn Muḥammad ibn ʿUmar al-Hamdānī, hijo del anterior. Visir granadino que da noticia a Abū al-Qāsim al-Mallāḥī de la relación que una hermana suya mantenía con la poetisa Ḥafṣa la Rakūniyya.

— IBN AL-ḪAṬĪB, *Iḥāṭa* (1973-7), I, p. 491.

30. Dama de esta familia, hermana del n° 29, que fue contemporánea de la famosísima Ḥafṣa.

— IBN AL-ḪAṬĪB, *Iḥāṭa* (1973-7), I, p. 491.

31. Finalmente habría que contabilizar a Saʿīd ibn Aḍḥà, un alfaquí granadino que vivió probablemente en el siglo XI y del que se ignora cuál es el grado de parentesco con esta familia.

— AL-MAQQARĪ, *Nafḥ* (1968), III, pp. 343-344, n° 129.

32. Y Omar ben Omar ben Aheda Alhendini, un "escribano público y hombre justo" de Granada, cuyo nombre aparece en último lugar entre los testigos que dan fe de una vieja escritura que se conoce como *Repartimiento de las aguas del río Genil*. Esta escritura, que fue romanceada el día 12 de febrero del año 1502 por el "Escrivano del Rey y de la Reyna Miçer Ambrosyo Xarafy" y se custodia en el Archivo Municipal de Granada, refleja una antigua tradición de reparto — en cinco lotes — de las aguas del río Genil que se remonta a tiempos anteriores al siglo XIII y ha perdurado hasta hoy día. Se ignora si con anterioridad a esta centuria la dicha tradición se transmitía oralmente o por escrito, cosa que sí nos consta que sucedió en época almohade, pues la versión romanceada del documento recoge sucesivas confirmaciones de esta tradición de reparto, la primera de las cuales fue redactada y avalada por una larga lista de testigos "mediada la luna de Çafar (*ṣafar*), año de seysçientos é diez é seys años de la cuenta de los moros (= 2 de mayo de 1219)", y la última "mediada la luna de Jumidiçeni (*ǧumādà al-ṯāniya*), año de ochoçientos é çinquenta é ocho años (= 12 de junio de 1454)", reinando todavía Muḥammad IX el Zurdo, o bien su sucesor Muḥammad X el Chiquito, o icluso Saʿd, más conocido por 'Ciriza', que suplantó al Chiquito, pues todos estos tres sultanes reinaron sucesivamente a lo largo del año 1454, y no "Aben Ismael, décimo octavo rey de la dinastía nazarita", como M. Garrido Atienza llama al sultán Ciriza, siguiendo sin duda a don Miguel Lafuente Alcántara. Nuestro Omar ben Aheda participó en la segunda ratificación, suscrita en Córdoba "á nueve de la luna de Xahaben (*šaʿbān*), año de seyscientos é veynte é tres años (= 5 de agosto de 1226)". Vid. M. GARRIDO ATIENZA (1893), pp. 8, 39, 41 y 48. Decir brevemente que este autor yerra cuando interpreta (p. 8) que el repartimiento de que venimos hablando fue "hecho cuando ménos en el siglo XII de nuestra era, y á lo que parece, por 'Abdalla, el conosçido repartidor del dicho Rio sobre las aldeas de Granada, por su mano [y] por virtud del poder que para ello tenia'", pues a mi entender este personaje, que no se llamaba Abdalla sino "Hamet fijo de Abdalla", era sólo el acequiero mayor del momento, uno de los muchos testigos que estamparon su firma en la primera confirmación de la escritura del año 1219.

Abreviaturas, fuentes y bibliografía

I. ʿABBĀS (1978) : *Ta'rīḫ al-adab al-andalusī. ʿAṣr al-ṭawā'if wa-al-murābiṭīn.* Beirut, 1978[5].

J. AGUIRRE/M.ª C. JIMÉNEZ (1979) : *Introducción al Jaén islámico (Estudio geográfico-histórico).* Jaén.

M.ª L. ÁVILA (1985) : *La sociedad hispanomusulmana al final del Califato (aproximación a un estudio demográfico).* Madrid.

J. BOSCH VILÁ (1990) : *Los almorávides.* Estudio preliminar de E. Molina López, Granada.

AL-BUNNĀHĪ, *Markaba* (1948) : *Histoire des juges d'Andalousie intitulée «Kitāb al-Markaba al-ʿulyā» d'al-Nubāhī.* Ed. É. Lévi-Provençal, El Cairo.

M.ª I. CALERO SECALL (1986) : "Cadíes supremos de la Granada naṣrī", en *Actas del XII Congreso de la U.E.A.I. (Málaga, 1984).* Madrid, pp. 135-159.

F. CODERA (1899) : *Decadencia y desaparición de los almorávides en España.* Zaragoza.

F. CORRIENTE (1992) : "De nuevo en torno al protocéjel del año 913", en *Sefarad* 52 (1992), pp. 69-73.

AL-ḌABBĪ, *Buġya* (1989) : *Buġyat al-multamis fī ta'rīḫ riǧāl ahl al-Andalus.* Ed. Ibrāhīm al-Abyārī, 2 vols., El Cairo-Beirut.

AL-ḎAHABĪ, *Ta'rīḫ* (1997) : *Ta'rīḫ al-islām wa-wafayāt al-mašāhīr wa-al-aʿlām.* Ed. ʿUmar ʿAbd al-Salām Tadmurī, vol. fallecidos entre 591 y 600, Beirut.

R. P. DOZY (1967) : *Supplément aux dictionnaires arabes.* 2 vols., Leiden-París, 1967[3].

EI[2] = *Encyclopédie de l'Islam.* Leiden-París en curso de publicación desde 1960.

R. EL HOUR (1997) : "Biografías de cadíes en época almorávide : análisis de las fuentes", en *EOBA* 8 (Madrid, 1997), pp. 177-199.

R. EL HOUR (1999) : "La transición entre las épocas almorávide y almohade vista a través de las familias de ulemas", en *EOBA* 9 (Madrid-Granada, 1999), pp. 261-305.

EOBA = *Estudios Onomástico-Biográficos de al-Andalus.*

M. FIERRO (1990) : "Familias en el *Ta'rīḫ iftitāḥ al-Andalus* de Ibn al-Qūṭiyya", en *EOBA* 4 (Granada, 1990), pp. 41-70.

M. FIERRO (1994) : "The *qāḍī* as ruler", en *Saber religioso y poder político en el Islam. Actas del Simposio Internacional (Granada, 15-18 octubre 1991),* M. García-Arenal y M. Marín (eds.). Madrid, pp. 71-116.

E. GARCÍA GÓMEZ (1946) : "A propósito de Ibn Ḥayyān. Resumen del estado actual de los estudios ḥayyāníes con motivo de una publicación reciente", en *Al-Andalus* 11 (1946), pp. 395-423.

M. GARRIDO ATIENZA (1893) : *Los alquezáres de Santafé.* Granada. Ed. facsímil con estudio preliminar de M. Espinar Moreno, Granada, 1990.

M.ª D. GUARDIOLA (1990) : "Biografías de andalusíes en dos obras de al-Suyūṭī", en *EOBA* 4 (Granada, 1990), pp. 215-324.

M. GUILLÉN MONJE (1997) : "Dos azahares sobre Granada transmitidos por Ibn Simāk al-ʿĀmilī (s. VIII/XIV)", en *Estudios Nazaríes,* C. Castillo (ed.). Granada, pp. 225-241.

A. HUICI MIRANDA (1975) : art. "Ibn Ḥayyān", en *EI*[2] 3, pp. 812-813.

AL-ḤUMAYDĪ, *Ǧaḏwa* (1963-4) : *Ǧaḏwat al-muqtabis fī ḏikr wulāt al-Andalus.* 2 vols., El Cairo.

IBN AL-ABBĀR, *Ḥulla* (1963-4) : *Kitāb al-Ḥulla al-siyarā'*. Ed. Ḥusayn Mu'nis, 2 vols., El Cairo.

IBN AL-ABBĀR, *ʿItāb* (1961) : *ʿItāb al-kuttāb*. Ed. Ṣāliḥ al-Aštar, Damasco.

IBN AL-ABBĀR, *Takmila* (1887-9) : *Kitāb al-Takmila li-kitāb al-Ṣila*. Ed. F. Codera, 2 vols., Madrid (*Bibliotheca Arabico-Hispana* V-VI).

IBN ʿABD AL-MALIK AL-MARRĀKUŠĪ, *Ḏayl* (1965) : *Kitāb al-Ḏayl wa-al-takmila li-kitābay al-Mawṣūl wa-al-Ṣila*. Vols. V-1 y V-2, ed. Iḥsān ʿAbbās, Beirut.

IBN ʿABD AL-MALIK AL-MARRĀKUŠĪ, *Ḏayl* (1971) : *Kitāb al-Ḏayl wa-al-takmila li-kitābay al-Mawṣūl wa-al-Ṣila*. Vol. I-1, ed. Muḥammad Ibn Šarīfa, Beirut.

IBN ʿABD AL-MALIK AL-MARRĀKUŠĪ, *Ḏayl* (1984) : *Kitāb al-Ḏayl wa-al-takmila li-kitābay al-Mawṣūl wa-al-Ṣila*. Vol. VIII-2, ed. M. Ibn Šarīfa, Rabat.

IBN BAŠKUWĀL, *Ṣila* (1989) : *Kitāb al-Ṣila*. Ed. Ibrāhīm al-Abyārī, 3 vols., Beirut-El Cairo.

IBN ḌIḤYA, *Muṭrib* (1955) : *al-Muṭrib min ašʿār ahl al-Maġrib*. Ed. Ibrāhīm al-Abyārī, Ḥāmid ʿAbd al-Maǧīd y Aḥmad Aḥmad Badawī ; rev. Ṭāhā Ḥusayn, El Cairo.

IBN ḤAĞAR AL-ʿASQALĀNĪ, *Durar* (s.d.) : *al-Durar al-kāmina fī aʿyān al-mi'a al-ṯāmina*. 4 vols., Beirut.

IBN ḪALDŪN, *ʿIbar* (1988) : *Kitāb al-ʿIbar*. Ed. Ḫalīl Šihāda ; rev. S. Zakkār, 8 vols., Beirut, 1988[2].

IBN ḪĀQĀN, *Qalā'id* (1990) : *Qalā'id al-ʿiqyān*. Ed. Muḥammad al-Ṭāhir Ibn ʿĀšūr, Túnez.

IBN AL-ḪAṬĪB, *Aʿmāl* (1956) : *Histoire de l'Espagne musulmane (Kitāb Aʿmāl al-aʿlām)*. Ed. É. Lévi-Provençal, Beirut, 1956[2].

IBN AL-ḪAṬĪB, *Iḥāṭa* (1955) : *al-Iḥāṭa fī aḫbār Ġarnāṭa*. Ed. parcial Muḥammad ʿAbd Allāh ʿInān. 1 vol., El Cairo

IBN AL-ḪAṬĪB, *Iḥāṭa* (1973-7) : *al-Iḥāṭa fī aḫbār Ġarnāṭa*. Ed. íntegra Muḥammad ʿAbd Allāh ʿInān, 4 vols., El Cairo.

IBN AL-ḪAṬĪB, *Iḥāṭa* (1988) : *al-Iḥāṭa. Nuṣūṣ ǧadīda lam tunšar*. Ed. ʿAbd al-Salām Šaqqūr, Tánger.

IBN AL-ḪAṬĪB, *Lamḥa* (1980) : *al-Lamḥa al-badriyya fī al-dawla al-naṣriyya*. Beirut, 1980[3].

IBN AL-ḪAṬĪB, *Lamḥa* (1998) : *al-Lamḥa al-badriyya fī al-dawla al-naṣriyya*. Trad. esp. de J.M.ª Casciaro, *Historia de los reyes de la Alhambra*. Estudio preliminar de E. Molina López, Granada.

IBN ḤAYYĀN, *Muqtabis II-1* (1999) : *al-Muqtabis II-1*. Ed. facsímil, a cargo de J. Vallvé, del manuscrito de la Real Academia de la Historia, Madrid

IBN ḤAYYĀN, *Muqtabis II-1* (2001) : *al-Muqtabis II-1*. Trad. esp. de Maḥmūd ʿAlī Makkī y F. Corriente, *Crónica de los emires Alḥakam I y ʿAbdarraḥmān II entre los años 796 y 847* [*al-Muqtabis II-1*]. Zaragoza.

IBN ḤAYYĀN, *Muqtabis III* (1951-2) : *al-Muqtabis III*. Trad. esp. de J.E. Guraieb, en *Cuadernos de Historia de España* 15 (1951), pp. 157-169 ; 18 (1952), pp. 152-160.

IBN ḤAYYĀN, *Muqtabis III* (1990) : *al-Muqtabis III*. Ed. Ismāʿīl al-ʿArabī, Casa Blanca.

IBN ḤAYYĀN, *Muqtabis V* (1979) : *al-Muqtabis V*. Ed. P. Chalmeta, F. Corriente, M. Sobh, Madrid.

IBN ḤAYYĀN, *Muqtabis V* (1981) : *al-Muqtabis V*. Traducción, notas e índices por M.ªJ. Viguera y F. Corriente, *Ibn Ḥayyān de Córdoba. Crónica del califa ʿAbdarraḥmān III al-Nāṣir entre los años 912 y 942* [*al-Muqtabis V*]. Zaragoza.

IBN ʿIḎĀRĪ, *Bayān* (1980) : *al-Bayān al-muġrib fī aḫbār al-Andalus wa-al-Maġrib*. Vol. II, ed. G.S. Colin y É. Lévi-Provençal, Beirut, 1980[2].

IBN MANṢŪR (1978-98), ʻAbd al-Wahhāb : *Aʿlām al-Maġrib al-ʿarabī*. 6 vols., Rabat.

IBN AL-QŪṬIYYA, *Ta'rīḫ* (1926) : *Ta'rīḫ iftitāḥ al-Andalus*. Ed. y trad. esp. de J. Ribera, Madrid.

IBN SAʿĪD, *Rāyāt* (1942) : *Kitāb Rāyāt al-mubarrizīn wa-ġāyāt al-mumayyizīn*. Ed. y trad. esp. de E. García Gómez, *El libro de las banderas de los campeones*. Madrid

IBN SAʿĪD, *Muġrib* (1953-5) : *al-Muġrib fī ḥulà al-Maġrib*. Ed. Šawqī Ḍayf, 2 vols., El Cairo.

IBN SIMĀK AL-ʿĀMILĪ, *Zaharāt* (1979-82) : *Kitāb al-Zaharāt al-manṯūra fī nukat aḫbār al-ma'ṯūra*. Ed. Maḥmūd ʿAlī Makkī, en *Revista de Instituto Egipcio de Estudios Islámicos* 20 (1979-1980), pp. 5-76 ; 21 (1981-1982), pp. 5-79.

IBN SIMĀK AL-ʿĀMILĪ, *Zaharāt* (1984) : *Kitāb al-Zaharāt al-manṯūra fī nukat aḫbār al-ma'ṯūra*. Ed. M.ʿA. Makkī, Madrid.

IBN AL-ZUBAYR, *Ṣila* (1937) : *La «Ṣilat al-Ṣila» d'Ibn al-Zubair. Répertoire biographique andalou du XIII*[e] *siècle*. Ed. parcial É. Lévi-Provençal, Rabat.

IBN AL-ZUBAYR, *Ṣila* (1993-5) : *Kitāb Ṣilat al-Ṣila*. 3ª, 4ª y 5ª partes, ed. ʿAbd al-Salām al-Harrās y Saʿīd Aʿrab. Al-Muḥammadiyya.

AL-IṢFAHĀNĪ, *Ḫarīda* (1986) : *Ḫarīdat al-qaṣr wa-ǧarīdat al-ʿaṣr*. Ed. Muḥammad al-ʿArūsī al-Maṭwī, al-Ǧīlānī Ibn al-Ḥāǧǧ Yaḥyà y Muḥammad al-Marzūqī. Túnez, vol. I (3ª ed.), vols. II y III (2ª ed.).

M.ª C. JIMÉNEZ MATA (1990) : *La Granada Islámica. Contribución a su estudio geográfico-político-administrativo a través de la toponimia*. Granada.

A. DE B. KAZIMIRSKI (1860) : *Dictionnaire arabe-français*. 2 vols., París.

V. LAGARDÈRE (1986) : "La haute judicature à l'époque almoravide en al-Andalus", en *Al-Qanṭara* 7 (1986), pp. 135-228.

É. LÉVI-PROVENÇAL (1935) : "Un texte arabe inédit sur l'histoire de l'Espagne musulmane dans la seconde moitié du XIe siècle : les «Mémoires» de ʿAbd Allāh, dernier roi zīride de Grenade", en *Al-Andalus* 3 (1935), pp. 233-344.

É. LÉVI-PROVENÇAL (1967) : *España musulmana hasta la caída del Califato de Córdoba (711-1031 de J.C.)*. Vol. IV de la *Historia de España Menéndez Pidal*, trad. esp. de E. García Gómez. Madrid, 1967[3].

É. LÉVI-PROVENÇAL/E. GARCÍA GÓMEZ (1980) : *El siglo XI en 1ª persona. Las «memorias» de ʿAbd Allāh, último rey zīrí de Granada, destronado por los almorávides (1090).* Madrid.
J. LIROLA DELGADO/A. RODRÍGUEZ FIGUEROA (2002) : "Ibn Aḍḥà, Abū l-Ḥasan", en *Enciclopedia de al-Andalus. Diccionario de Autores y Obras Andalusíes,* I. Granada, pp. 408-412.
M.ª M. LUCINI (1992) : "Los Banū Samağūn : una familia de cadíes", en *EOBA* 5 (Madrid, 1992), pp. 171-198.
M. ʿA. MAKKĪ (1968) : *Ensayo sobre las aportaciones orientales en la España musulmana y su influencia en la formación de la cultura hispano-árabe.* Madrid.
M. ʿA. MAKKĪ (1998) : "La cabecera de la mesa. Una anécdota de El Quijote y un antecedente andalusí", en *Al-Qanṭara* 19 (1998), pp. 337-339.
AL-MAQQARĪ, *Analectes* (1967) : *Analectes sur l'histoire et la littérature des arabes d'Espagne.* Ed. R. Dozy, G. Dugat, L. Krehl y W. Wright, 2 vols., Leiden, 1855-1861 ; reimp. Amsterdam.
AL-MAQQARĪ, *Nafḥ* (1968) : *Nafḥ al-ṭīb min ġuṣn al-Andalus al-raṭīb.* Ed. Iḥsān ʿAbbās, 8 vols., Beirut.
M. MARÍN (1986-7) : "Ibn al-Ḫaṭīb, historiador de la época omeya en al-Andalus", en *Revue Faculté des Lettres de Tétouan* 2 (1986-1987), pp. 7-23.
M. MARÍN (1988) : "Nómina de sabios de al-Andalus (93-350/711-961)", en *EOBA* 1 (Madrid, 1988), pp. 23-182.
M. MARÍN (1990) : "Orígenes de las familias de al-Andalus en la época omeya según la obra de Ibn al-Abbār *al-Ḥulla al-siyarā*'", en *Ibn al-Abbār. Polític i escriptor àrab valencià (1199-1260),* M. De Epalza (ed.). Valencia, pp. 237-247.
M. MARÍN (2000) : "Mujeres en al-Andalus", en *EOBA* 11 (monográfico). Madrid.
M. MEOUAK (1990) : "*al-Ḥulla al-siyarā*' d'Ibn al-Abbār : sources écrites et données historiques", en *Ibn al-Abbār. Polític i escriptor àrab valencià (1199-1260),* M. De Epalza (ed.). Valencia, pp. 249-266.
E. MOLINA LÓPEZ (2001) : *Ibn al-Ḫaṭīb.* Granada.
A.R. NYKL (1946) : *Hispano-Arabic poetry and its relations with the old Provençal troubadours.* Baltimore.
J. ORTEGA/C. DEL MORAL (1991) : *Diccionario de escritores granadinos (siglos VIII-XX).* Granada.
M. PENELAS/J. ZANÓN (1999) : "Nómina de ulemas andalusíes de época almohade", en *EOBA* 9 (Madrid-Granada, 1999), pp. 11-222.
H. PÉRÈS (1953) : *La poésie andalouse en arabe classique au XIe siècle. Ses aspects généraux, ses principaux thèmes et sa valeur documentaire.* París, 1953².
H. PÉRÈS (1983) : *La poésie andalouse en arabe classique au XIe siècle. Ses aspects généraux, ses principaux thèmes et sa valeur documentaire.* Trad. esp. de M. GARCÍA-ARENAL, *Esplendor de al-Andalus,* Madrid.
F. PONS BOIGUES (1972) : *Ensayo biobibliográfico sobre los historiadores y geógrafos arábigo-españoles.* Madrid, 1898 ; reimp. Amsterdam.

J. SCHLEIFER (1975) : art. "Hamdān", en *EI*² 3, pp. 125-126.

L. SECO DE LUCENA (1974) : *Topónimos árabes identificados*. Granada.

L. SECO DE LUCENA ESCALADA (1910) : *Plano de Granada árabe*. Granada.

AL-SILAFĪ, *Aḫbār* (1979) : *Aḫbār wa-tarāǧim andalusiyya mustaḫraǧa min Muʿǧam al-safar li-al-Silafī*. Ed. Iḥsān ʿAbbās, Beirut, 1979².

AL-SUYŪṬĪ, *Buġya* (1979) : *Buġyat al-wuʿāt fī ṭabaqāt al-luġawiyyīn wa-al-nuḥāt*. Ed. Muḥammad Abū al-Faḍl Ibrāhīm, 2 vols., El Cairo.

E. TERÉS SÁDABA (1946) : "Ibn Faraǧ de Jaén y su *Kitāb al-Ḥadā'iq*. Las primeras antologías arábigoandaluzas", en *Al-Andalus* 11 (1946), pp. 131-157.

E. TERÉS SÁDABA (1957) : "Linajes árabes en al-Andalus según la *Ǧamhara* de Ibn Ḥazm", en *Al-Andalus* 22 (1957), pp. 55-111 y 337-376.

E. TERÉS SÁDABA (1970) : "Anecdotario de «al-Qalfāṭ», poeta cordobés", en *Al-Andalus* 35 (1970), pp. 227-240.

AL-TUNBUKTĪ, *Nayl* (s.d.) : *Nayl al-ibtihāǧ bi-taṭrīz al-Dībāǧ*. Beirut.

F. N. VELÁZQUEZ BASANTA (1981) : "Cambaluz granadino", en *Gades* 8 (1981), pp. 281-291.

F. N. VELÁZQUEZ BASANTA (1986-7) : "Diálogo poético-amoroso en la Granada almohade", en *Anales de la Universidad de Cádiz* III-IV (1986-1987), pp. 149-169.

F. N. VELÁZQUEZ BASANTA (1991) : "Retrato jaṭībiano del poeta y *qāḍī l-ǧamāʿa* de Granada Abū Ǧaʿfar Aḥmad Ibn Furkūn (el Abuelo)", en *Revista del Centro de Estudios Históricos de Granada y su Reino* 5 (1991), pp. 47-54.

F. N. VELÁZQUEZ BASANTA (1998) : "al-Ḥakam I visto por Ibn al-Ḫaṭīb", en *Qurṭuba* 3 (1998), pp. 171-179.

F. N. VELÁZQUEZ BASANTA (1999) : "Diálogo satírico-poético en la Granada almorávide", en *Bibataubín. Revista de Patrimonio Cultural e Investigación* 1 (1999), pp. 108-114.

F. N. VELÁZQUEZ BASANTA (2001) : "Ibn Abī al-ʿĀṣī, un carismático maestro y poeta gaditano del siglo XIII-XIV", en *Anaquel de Estudios Árabes*, «Homenaje a la Prof.ª Soledad Gibert», 12 (2001), pp. 813-822.

F.N. VELÁZQUEZ BASANTA (en prensa) : *Granada tal como era en tiempos de Ben al-Hatib. Estudio histórico-geográfrico de la Granada Nazari (s. XIV), según el Prólogo de la "Ihata"*. Granada.

M.ª J. VIGUERA MOLÍNS (2000) : "Componentes y estructura de la población", parte primera : "La sociedad", en *El Reino Nazarí de Granada (1232-1492). Sociedad, vida y cultura*, M.ªJ. Viguera (coord.). Vol. VIII-4 de la *Historia de España Menéndez Pidal-Jover Zamora*. Madrid, pp. 19-70.

CUATRO CARTAS INÉDITAS DEL ARABISTA SALVADOR VILA A UNAMUNO[1]

M. DEL AMO
Universidad de Granada

Tras la Guerra Civil española y los largos años de la dictadura, ya comenzada la transición a la democracia, se abrieron los archivos históricos y los investigadores pudieron así consultar los documentos que les llevarían a conocer esta época difícil de la historia de España. Hasta este momento la propaganda franquista había sustituido la aproximación de los ciudadanos a la rebelión de 1936 y posterior represión que se cebó en todas las clases sociales, pero especialmente en los intelectuales republicanos, cuyas cabezas más visibles o fueron cercenadas o tuvieron que exiliarse para poder sobrevivir.

Fue, por tanto, en la segunda mitad de los años setenta, tras la muerte del dictador, cuando los especialistas comenzaron a estudiar la contienda, pero la relectura histórica no llegó a la calle ni a los medios de comunicación, bien por un acuerdo tácito de las principales fuerzas políticas de mantener aún el silencio o, quizá, porque las prioridades eran otras. Lo cierto es que fueron entonces reivindicadas aquellas personalidades que habían obtenido reconocimiento internacional antes del luctuoso 18 de Julio, pero hasta muy recientemente no ha habido un interés generalizado por las historias de vida de los republicanos de a pie o incluso de los que ostentaban algunos cargos públicos menores en la administración republicana. Tal es el caso del rector de la Universidad de Granada, el salmantino y arabista Salvador Vila, pues aunque se le habían dedicado en el año 76 dos artículos de aproximación a su figura no fue hasta 1986 cuando Bernabé López García profundizó más en el tema[2]. A tenor de este artículo y de otros aparecidos más recientemente podemos saber parte de la biografía de este intelectual, detenido y fusilado en octubre de 1936 a la edad de treinta y dos años.

Salvador Vila[3] nació en Salamanca el 2 de agosto de 1904. Hijo de abogado, cursó la enseñanza primaria, secundaria y primera etapa universitaria en la misma ciudad, y en su universidad realizó simultáneamente las carreras de Filosofía y Letras, en cuya Facultad fue discípulo predilecto de Miguel de Unamuno, y la de

---

[1] Y una carta de Unamuno dirigida al rector de la Universidad de Granada en septiembre de 1936, intentando salvar la vida de Salvador Vila. El original de las cuatro cartas de Vila se encuentra en la Casa-museo Unamuno de Salamanca, y la de Unamuno al rector Marín Ocete es propriedad del profesor de la Universidad de Granada Rafael Marín López.

[2] J. BOSCH VILÁ (1975-6), pp. 173-176 ; J. M. PÉREZ PRENDES (1976) ; B. LÓPEZ GARCÍA (1986), pp. 45-48.

[3] Resumo en breves palabras su biografía. Para mayor información, *cf.* B. LÓPEZ GARCÍA (1986), *ibíd*.

Derecho, esta última de forma mucho menos brillante que la primera, quizá sólo por cumplir el deseo paterno. Más tarde se trasladó a la Universidad Central de Madrid (hoy Complutense), donde profundizó en los estudios semíticos. En 1926, en la dictadura del general Primo de Rivera, le ocurrió un hecho que le marcó vitalmente, es decir, su deportación a las Islas Chafarinas siendo aún estudiante, junto con Luis Jiménez de Asúa, Francisco Cossío y Arturo Casanueva[1], por su defensa de principios democráticos, republicanos y de izquierdas, aunque no se tiene noticias de militancia política concreta en ninguno de los partidos de la época. También le influenció grandemente su estancia en Alemania, becado por la Universidad de Salamanca en la de Berlín durante el curso 1928-29, lugar donde conoció a la que luego fuera su mujer, Gerda Leimdörfer.

Su labor como arabista comienzó en la Universidad Central de Madrid en 1930, donde ejerció tres años como Auxiliar temporal, a la vez que como Adjunto de la Escuela de Estudios Árabes de Madrid, desde su fundación en 1932. Catedrático de Cultura Árabe e Instituciones Musulmanas en la Universidad de Granada, de la que tomó posesión en diciembre de 1933, fue coetáneo de otro ilustre arabista : Emilio García Gómez. Vila compatibilizó con esta cátedra el puesto de Encargado de Lección de la Escuela de Estudios Árabes de Granada desde enero de 1934 "y cesó en el cargo de catedrático por fallecimiento el 23 de octubre de 1936", según su Hoja de Servicios en la que consta además : "Nombrado Rector de esta Universidad por Decreto de 20 de abril de 1936 cesó en dicho cargo el 23 de julio de 1936. *Falleció el día 23 de julio* (y sobre julio y retintado) *octubre de 1936*"[2]. Aunque en los documentos de la época no aparezca concretada la causa de su temprano fallecimiento a los 32 años, se sabe que fue fusilado por las tropas franquistas en el mismo lugar que García Lorca, en el mismo año y por idénticos motivos : ser un intelectual republicano.

El contacto de Salvador Vila con Miguel de Unamuno parece anterior a su relación como maestro y discípulo, pues entre ambas familias existían, al parecer, lazos de amistad, aunque quizá el elemento que mejor la definía era la admiración sin límites de Vila hacia su maestro ya desde su época de estudiante universitario. En el examen de licenciatura, conservado en la Universidad de Salamanca, se refleja esta admiración al responder a la cuestión "fenómenos de iotización en la fonética castellana". Dice así :

> "[...] esta clarísima simplificación de la teoría de la iotización se debe al, por tantos conceptos, maestro de la España actual Dr. Miguel de Unamuno que en su

---

1 López García da gran importancia a esta deportación y noticias biográficas de estos intelectuales. *Cf. op. cit.*, p. 46.

2 El subrayado está en la Hoja de Servicios, que está firmada por Nicolás Sánchez Alfambra, Licenciado en Derecho y Secretario General de esta Universidad, el siete de agosto de 1940, es decir, casi cuatro años después de la muerte de Salvador Vila.

> cátedra de esta Universidad viene a ser digno sucesor de aquellos que tanto levantaron su nombre"[1].

Como quiera que el examen se realizó el 6 de Junio de 1924 se percibe en el mismo un reto al tribunal, ya que Unamuno se hallaba desde febrero de ese mismo año deportado a la Isla de Fuerteventura como castigo a la publicación de una carta privada en la que daba su opinión sobre el dictador Primo de Rivera[2]. Esta reivindicación del maestro por parte del discípulo predilecto, había aparecido ya un mes antes en la revista *Mocedad* (4/5/1924) :

> "Era la clase más clara y luminosa de la Universidad [...] Don Miguel se nos aparecía como augusto profeta cuya frente luminosa reflejara el porvenir de España en fuerza de conocer su pasado y de encarnar la esencia misma del espíritu español [...] Por prodigiosas asociaciones de ideas, la clase de Don Miguel era un rico mosaico en el que todos los conocimientos se mezclaban en unidad admirable [...] Hoy, por circunstancias lamentables, el Maestro ha marchado de Salamanca ; su clase, la más luminosa, tiene la tristeza del árbol abandonado por el ruiseñor ; podrán otros pájaros anidar en él pero el recuerdo del canto inimitable despertará siempre en nosotros la añoranza de lo mejor [...] La marcha de D. Miguel nos dolía en el corazón, en la cabeza, en todo nuestro ser."[3]

La deportación de D. Miguel de Unamuno a la isla de Fuerteventura se convirtió en un exilio de 6 años al huir éste a París desde la isla en noviembre del mismo año y más tarde a Hendaya con el fin de estar más cerca de España. No volvería a Salamanca hasta terminada la dictadura, en febrero de 1930, pero su influencia en los estudiantes salmantinos no decayó en estos seis años y siguió tan vigente como el día en que salió de su casa hacia el exilio "escoltado por el cariño y los aplausos de los estudiantes de Salamanca"[4]. Vila no cesó de reivindicar y defender al viejo profesor en todos estos años y tampoco de estar en contacto con él hasta el fin de sus días como atestiguan estas cuatro cartas, y otros testimonios escritos y orales, incluso a riesgo de su seguridad personal.

La deportación de Unamuno conllevó además la separación de su cátedra de griego, que volvió a salir a concurso en 1926 ante el malestar de los seguidores de éste. Vila estuvo presente en la provisión de la cátedra y protestó airadamente, hecho que le supuso ser deportado a su vez a las Islas Chafarinas. El arabista

---

1 Examen de Grado de Licenciado de Salvador Vila Hernández, conservado en el archivo de la Universidad de Salamanca

2 *Cf.* C. DE UNAMUNO PÉREZ (1998), pp. 105-107.

3 S. VILA (1924), p. 3 (conservada entre los fondos documentales de la Casa-Museo Unamuno en Salamanca).

4 L. GONZÁLEZ EGIDO (1983), p. 73.

Bernabé López García (sobrino-nieto de García Lorca) recoge el testimonio de otro de los deportados, Jiménez de Asúa :

> "Al ver como se donaba injustamente la cátedra de Griego, el discípulo fiel no pudo contener sus frases de rebeldía. Frente al Ministerio de Instrucción pública, donde la iniquidad se había cumplido, Salvador Vila apostrofó con palabras breves a uno de los miembros del tribunal que falló las oposiciones. Pero él no era el único reo de ese delito, otros cinco estudiantes se habían hecho *culpables* de la misma honrosa *infracción*. Sin embargo, de los seis detenidos sólo Vila recibió ese trato excepcional. Los otros cinco fueron encerrados en la cárcel, donde sufrieron quince días de arresto, llevado con ejemplar dignidad. Mas apuntemos que Vila era reincidente : el verano anterior fue huésped del presidio por repartir unas hojas en que se censuraba la política del Directorio"[1].

En el destierro tampoco se olvida del maestro y con los otros tres compañeros de confinamiento le escribe una carta que reproduce también López García y de la que sólo destacaré un párrafo :

> "Maestro : estos cuatro confinados piensan un día escalar la despoblada isla del Congreso y apilar con sus manos piedras y tierra. Con ellas quieren elevar un pequeño obelisco en que grabarán toscamente el nombre de usted que recuerdan cada día con superlativa admiración. Para ofrendárselo le escriben ahora estos cuatro discípulos que aprovecharon de su maestro la excelsa lección de dignidad"[2].

El 20 de mayo, condonada la pena por la onomástica del rey Alfonso XII, regresa a Salamanca, desde donde le envía en agosto del mismo año la siguiente misiva :

> "Salamanca 29-VIII-26
> Querido Don Miguel : aunque usted me decía en su carta que ignoraba el paradero actual de Ania, supuse que le había usted enviado la carta a Madrid ; por esto no me apresuré a enviársela, y porque aquí, gracias a Dios, nos arrebataban las cartas de usted de las manos.
> Pero como ve usted la que yo le envié es la única que ha recibido Ania ; él tiene una intervención de correspondencia y me envía para usted ésta que le incluyo.
> Aquí seguimos rodeados del mismo desesperante silencio, y aguijoneados por las mismas vergüenzas ; eso sí, no hay miedo de que dejen apagar en nosotros el fuego sagrado de la indignación.

---

1 L. J. DE ASÚA (1986), p. 46.

2 *Ibíd.*

> Ustedes son los que pueden darnos noticias consoladoras y usted sobre todo avivar nuestras ilusiones, y templar nuestros bríos.
> Recuerdos cariñosos para toda la familia y usted sabe con qué entusiasmo y cariño le sigue su
>
> Salvador Vila"

Esta carta la recibió Unamuno estando ya en Hendaya, pues se había marchado de París a mediados de agosto de 1925. Ignoramos a quien se refiere Vila con el nombre de Ania[1], pero en esta corta misiva se ve el ambiente de represión de la España de los años veinte y el estado de ánimo de él mismo. Da recuerdos a la familia porque, aunque ésta permaneció a lo largo de estos años en Salamanca, desde 1926, año en que empeoró la salud de Unamuno, los familiares se turnaban para estar a su lado y a partir de ese mismo año pasaban los veranos allí[2].

Unamuno estaba siempre informado por su yerno y secretario, José María Quiroga, y por sus más fieles discípulos. Existe una referencia escrita por el yerno de Unamuno sobre la actividad de Salvador a su regreso de las Chafarinas. Su implicación en la revuelta universitaria contra la dictadura debió redoblarse, pues Quiroga le cede el papel de informador sobre el tema universitario : "Y no hay más novedades. De lo de la Universidad, decía Vila que pensaba escribirle a usted minuciosamente. No sé si lo habrá hecho. Él está bien informado"[3].

Tras la lectura de su tesis doctoral en 1927, tesis que versó sobre *Capítulo del matrimonio del formulario notarial de Aben Moguit*, aunando en este tema su formación semítica y jurídica, le fue concedida una beca por parte de la Universidad de Salamanca para completar su formación en la Universidad de Berlín durante el curso 1928-1929[4]. Las primeras impresiones que Berlín causo a Salvador Vila las describe en otra carta a su amiga Teresa de Dios, fechada el 10 de octubre de 1928. En ella compara sus recientes estancias en cuatro ciudades europeas : París, Praga, Viena y Berlín y la que menos le gusta es ésta última precisamente. Lo más interesante de la carta es que describe en ella su vida cotidiana :

> "Al llegar aquí tuve que buscar cuarto y desde aquel día la protección de Dios no me ha abandonado en todo momento ; vivo en un barrio completamente distinto, castizo y bullanguero, y mi cuarto es verdaderamente precioso ; la hija de la patrona se ha instituido en mi protectora y me enseña — además de alemán — a

---

1 Aunque podría tratarse de Ángel Santos, gran amigo de Vila y del yerno de Unamuno, José María Quiroga Pla.

2 *Cf.* C. DE UNAMUNO PÉREZ (1998), pp. 110-111.

3 R. MARTÍNEZ NADAL (2001), p. 35

4 *Cf.* M. J. VIGUERA (1999), pp. 531-541

vivir en este Berlín que como ella dice es un negocio y como negocio hay que tratarlo siempre con vistas al dinero.
Voy todos los días a la Biblioteca Nacional y voy conociendo a estudiantes y profesores, preparando ya los trabajos para el próximo curso que empezará hacia el dieciséis ; voy dando alguna lección de español con vistas a crearme una vida un tanto independiente, ya que a mi familia — por desgracia — y menos ahora, no le sobra el dinero"[1].

Lo que él no sabía cuando escribió esta carta es que Berlín cambiaría su vida por completo al conocer a la que luego se convirtió en su esposa, la estudiante de lenguas modernas Gerda Leimdörfer, hija del redactor-jefe del periódico *Berliner Zeitung am Mittag*. La familia de Gerda introdujo al joven becario en la vida cultural e intelectual berlinesa, que debió de enriquecer enormemente los horizontes que previamente se había marcado.

En abril de 1929 Vila le escribe a Unamuno desde Berlín la segunda epístola de las cuatro que se conservan.

"Berlín 6. 4. 29
Respetable y muy querido Don Miguel : me mandan de España, juntamente con su carta, estas otras hojas que también le han enviado a usted ; por si no las ha recibido se las incluimos a usted pues tal vez la perspicacia extraordinaria de nuestra — es decir, de ellos — policía las haya detenido en la frontera.
Por Rom y Enrique estamos al tanto de todo el movimiento estudiantil : las últimas noticias — casi diarias — de aquel, eran emocionantes y consoladoras ; la agitación y la huelga estaban aseguradas en todas las universidades — excepto Zaragoza — para el día 5 ; y el día 5 ha pasado ya y no han llegado todavía el 8 y el 9 en que podremos tener nosotros las primeras noticias, qué ansiedad, D. Miguel ! Sostendrán los estudiantes su magnífica actitud ciudadana y honrada, ejemplo seguido ya por muchos catedráticos, o perderán con vacilaciones fatales en este momento crítico de reanudación, el vigor de aquellos espléndidos días de marzo ? Es decir, habrán persistido o habrán cedido ya, a estas horas ? Y nosotros aquí separados de ellos, en vez de estar a su lado, luchando como se pueda !
En Salamanca borraron el escarnio de aquel homenaje repugnante, haciendo añicos la lápida a Primo con que el rector [tachada esta palabra] Esperabé y comparsa habían lapidado a la propia Universidad, y que usted gracias a Dios no ha visto[2].

---

1 Carta inédita que me ha sido remitida por Isidro Zatarain de Dios, con el fin de que se pueda completar la estancia de Vila en Berlín. Agradezco aquí esta aportación.

2 La Universidad de Salamanca, en el rectorado de Esperabé, nombró doctor *honoris causa* al dictador Primo de Rivera. *Cf.* L. GONZÁLEZ EGIDO (1998), p.168.

> Rom me decía que tenía el propósito, si los estudiantes iban a clase el día 5, de leer desde la cátedra su carta de usted, y que esperaba no ser él solo quien lo hiciera ; en fin, todo hace pensar que este fuego humano de los estudiantes, avivado por su voz de usted que siempre tiene que ser nuestra propia voz y grito, sea esta vez más fuerte, pero ya tenemos miedo de esperar demasiado ; tantas veces hemos sufrido desilusión.
>
> De todo el mundo, como usted sabe, han tenido adhesiones y ahora queremos lograr nosotros, con ayuda de su traductor Dr. Buecka y otras personas, los de estudiantes e intelectuales de aquí : como hasta mayo no se reanudan las clases, no es tan fácil ponerse en contacto con los estudiantes, pero de cualquier modo lo haremos.
>
> Con ansias de que este movimiento y agitación, traiga una España joven, suya, nueva, le abrazan
>
> Salvador M. Vila
> Emilio Mata"

Las respuestas de Unamuno a todas estas cartas posiblemente se perdieron tras el fusilamiento de Vila y la ocupación de la casa de la familia con todos sus enseres por una persona afecta al régimen de Franco[1], pero por esas fechas existe otra correspondencia entre José María Quiroga y Unamuno, que hacen referencia a los mismo hechos que Vila narra en su carta de Berlín, sobre la agitación de los estudiantes universitarios que se vivía en los meses finales del Directorio de Primo de Rivera. Como puede verse, tampoco Vila había renunciado a su activismo, que seguía ejerciendo desde Berlín. La preocupación por la *res publica* fue una constante en los intelectuales de la generación del 98, representada aquí por Unamuno, y en la del 27, en la que se puede alinear a Vila. José María Quiroga cuenta a Unamuno en su carta del 27 de abril de 1929 lo que está sucediendo en la Universidad española y en general en toda la sociedad : "antes de salir yo de Madrid me dijo una persona de la Universidad que iban a ser clausuradas las de Santiago, Salamanca, Barcelona y Oviedo. Ésta última ya lo ha sido, ahora se une a ellas Granada. Los estudiantes han dejado de entrar hoy y han conminado a los catedráticos a que se les unan"[2]. También sabemos que por estas fechas el viejo profesor estaba al límite de su resistencia en el exilio : "[...] mis tardanzas se deben a la impaciencia que me devora. Este estado de ansiedad le ata a uno a la inacción"[3].

Preocupados por el estado de ánimo del maestro, sus seguidores van siempre que pueden a visitarle a Hendaya. Vila aprovecha su regreso a España, al finalizar

---

1 *Cf.* I. ZATARAIN (2002), p. 349.

2 R. MARTÍNEZ NADAL (2001), p. 121.

3 Carta escrita en Hendaya a Quiroga el 23 de abril de 1929. *Op. cit.*, p. 129.

su estancia en Berlín para pasar unos días con él. A los paseos que en agosto realiza con Unamuno hace referencia la tercera carta.

> "Salamanca 27.9.29
> Respetable y muy querido e inolvidable D. Miguel : Un nuevo saludo cordial, en el día de su Santo y que este próximo año Dios quiera que sea nuevo y veamos en él una España Digna, en la que pueda usted vivir, cerca de nosotros que tanto le necesitamos ; aunque, aún en Hendaya, sigamos estando siempre más cerca de usted que de los habitantes de la pobre España de hoy.
> Con la torpeza de esta desdicha de idea de la nueva (!!) Constitución han logrado remover lo poco que parecía tranquilo y de descalabro en descalabro nada de particular tendrá que se rompan la cabeza.
> Además reciba usted mi felicitación más entusiasta por su elección como representante para la Asamblea por la Universidad de Valladolid ; puesto tan elevado no podía usted ni soñar ; pero al Primo le va a escocer un poco la broma.
> Bien quisiera ir a felicitarle en persona, en vez de enviarle esta carta ; ir a revivir los magníficos paseos por desgracia, tan pocos — del mes pasado ; pero por donde quiero pasear con usted es por esta plaza y por estos campos, y sin duda será pronto.
>
> Con todo cariño y respeto le abrazaría
> Salvador Vila"

Esta carta es un poco admonitoria porque faltaban pocos meses para la caída del dictador y la llegada de Unamuno en loor de multitud a Salamanca. "En 1930 regresó a su patria cruzando la frontera casi al mismo tiempo que lo hacía en sentido opuesto el ex-dictador objeto frecuente de sus mordaces escritos políticos. Y Unamuno fue recibido como nunca antes en la historia española había sido acogido por sus compatriotas un exiliado político ; y como se esperaba ya un cambio de régimen en España fueron muchos los admiradores de Unamuno que esperaban su elección como primer Presidente de la Segunda República."[1]

Los paseos de Unamuno por Salamanca, especialmente por la carretera de Zamora, eran famosos y le servían para reflexionar y como tertulia. En el exilio los echa continuamente de menos y así se lo hace saber a sus amigos. Por eso Vila aprovecha su paso por Hendaya para charlar con su antiguo profesor e informarse de sus actividades. Quiroga vuelve a referirse a este contacto : "Me dice Salvador Vila que ya no escribe usted versos. Es decir, que por ahora no los escribe. Que en cambio, prepara un largo prólogo para sus *Recuerdos de niñez y mocedad*"[2].

---

1 J. MARICHAL (1990), p.14

2 R. MARTÍNEZ NADAL (2001), p. 137.

La vida de Salvador Vila en los años que median entre la tercera y cuarta carta discurren con velocidad de vértigo, pues en estos breves años pasa de estudiante a catedrático de la Universidad de Granada, ocupando antes los siguientes cargos : Catedrático de Literatura Española en el Instituto de Segunda Enseñanza de Baeza por oposición celebrada el 6 de junio de 1930, con toma de posesión de 17 de junio del mismo año (cesó por excedencia voluntaria el 11 de noviembre de 1930) ; Profesor Auxiliar Temporal de la Facultad de Letras de la Universidad Central, por concurso-oposición, desde el 20 de octubre de 1930 hasta el 15 de diciembre de 1933 ; Adjunto de Lección en la Escuela de Estudios Árabes de Madrid (de octubre de 1932 a diciembre de 1933) ; Catedrático de Cultura Árabe e Instituciones Musulmanas en la Universidad de Granada, cargo en el que permanece hasta su muerte tres años más tarde. Compatibilizó con esta cátedra el puesto de encargado de Lección de la Escuela de Estudios Árabes de Granada desde enero de 1934[1].

En la fecha en la que firma la carta su vida estaba aún preñada de promesas : se había casado, tenía un hijo y vivía en un carmen en Granada. Empezaba a ser reconocido por sus compañeros de profesión que le encargan que invite a Unamuno a Granada y así lo hace en la carta que sigue a continuación :

> "Facultad de Letras
> de Granada
> Particular 19/3.34
> Hace algún tiempo, querido D. Miguel, que quería y debía escribirle, pues el principal objeto de esta carta es hacerle una proposición en nombre de la Facultad ; y siendo la proposición de que venga usted por aquí, no tengo que decirle el empeño y entusiasmo con que se la hago. La Facultad organiza ahora una serie de conferencias sobre cuestiones filológicas y literarias y quisiéramos saber si usted podría venir a cerrar el ciclo ; su conferencia sería a últimos de abril o primeros de mayo — más bien, creo yo, entrado el mes de mayo, pues aún no han comenzado —, esto es, en la mejor época para venir a esta ciudad y, sobre todo, a este campo. La Facultad acordó ofrecerle mil pesetas, que es lo que da de sí nuestro pobre presupuesto. Para mí, y para los buenos amigos que usted tiene aquí — conocidos, como Segura, o desconocidos — sería una gran satisfacción el que usted aceptara, pues siempre, y ahora más que nunca, son necesarios excitantes que renuevan la rutinaria vida cotidiana, sobre todo en la Universidad que va por unos derroteros verdaderamente desesperantes.
> Bueno, y salga usted de la Universidad ! Aquí hemos estado esperando, día tras día, la revolución salvadora, la que iba a dejar al mundo — o a lo menos España — como nuevo, pero parece que no llega tampoco ; y, francamente, los que hemos

1 Todos estos datos referentes a su actividad como funcionario docente están sacados de su Hoja de Servicios, que se encuentra en el Archivo de la Universidad de Granada. *Cf.* M. DEL AMO (2002).

sufrido tan íntimamente la de aquel inolvidable 14 de abril, hay veces, que no la echamos de menos ; aunque esta desesperanza sea, en el fondo, algo cobarde y vergonzosa, una especie de entregar demasiado pronto las armas al enemigo que llevamos dentro, contra el cual usted ha luchado tan denodadamente.
Leí en el *Berliner Tagesblatt* su artículo sobre el movimiento anarquista y su interpretación religiosa ; ya era hora de que los pobres anarquistas españoles, tan vilipendiados, encontraran un intérprete digno ; claro que se trata de un simpatizante. Lo grave es que ese movimiento, tan entrañable para España, sea tan poco apto para organizar la vida colectiva, que de la acción directa salga vencedor, en último término, el lobo ; claro que, pensándolo bien, de las indirectas tampoco lleva el cordero la mejor parte. En fin, otra desesperanza.
Le queda a uno la vida retirada de los libros y de las cosas, sobre todo de la tierra y del sol. Yo he tomado una casa con jardín, un carmen, que domina la vega, hasta la sierra, y donde tengo sol casi desde que nace hasta que se pone ; esto, con mujer e hijo, es ya bastante riqueza y, por de pronto, un consuelo.
A Segura lo veo de vez en cuando, ahora está en Almuñecar ; mucho se alegrará también de su venida, si es que se decide usted a venir. De José María y de los amigos de Madrid no tengo noticias. Salude a Doña Concha en nombre de Gerda y mío, y usted sabe es siempre su afectísimo

Salvador Vila

Carril de S. Cecilio 12."

La situación de Unamuno por estas fechas la conocemos por la carta que escribe a su yerno el 20/03/1934 en la que le comenta el deterioro físico de su mujer, Concha, que se halla padeciendo un avanzado cuadro de senilidad, hecho que sume a D. Miguel en un estado de ansiedad que le impide concentrarse en sus clases y conferencias. Incluso la propuesta de investidura como doctor *honoris causa* por la Universidad de Grenoble le supone un esfuerzo que le hace comentar : "Y no tengo ni humor ni 'tiempo espiritual' para redactarla [la conferencia] en francés y he de ir a una improvisación. Si es que de aquí a entonces no se tercia algo – privado o público – que me de pretexto para diferirlo"[1]. Por esta misma misiva sabemos que tampoco ha aceptado otras conferencias en San Sebastián, Córdoba, Lorca o Madrid. La muerte de su hija Salomé el verano anterior, la cercanía de su jubilación en septiembre de ese mismo año, y la enfermedad de su esposa, le hacen reconocerse "con enorme apetencia de descanso y sin poder descansar [...] Si pudiera declararme en huelga como monumento nacional !"[2]. La investidura como doctor *honoris causa* en Grenoble tiene que hacerse en su ausencia el 12 de mayo de 1934, pues la muerte de su mujer ocurrió el día 15 de mismo mes. Es pues comprensible que en estas circunstancias la respuesta de Unamuno a

[1] R. MARTÍNEZ NADAL (2001), p. 241.

[2] *Op. cit.*, pp. 241-243.

Salvador Vila se demorara ; así, en el Acta de la Junta de Facultad de 22 de mayo de 1934 el decano informa de lo siguiente : "haber recibido contestación afirmativa para dar sendas conferencias en esta Facultad de los Srs. Artigas y Guillen, y de haber hecho ofrecimiento análogo al Sr. Unamuno", pero ya no hay constancia ninguna de su aceptación. La Facultad vuelve a intentar otra colaboración con el rector de Salamanca en 1936 para formar parte de un tribunal de la cátedra de griego[1].

En Septiembre de 1934 se produce la jubilación de Unamuno como profesor, que no como rector por el nombramiento vitalicio concedido por el gobierno de la República, pues ya ha llegado a la edad de setenta años. Se hacen con tal ocasión unos importantes festejos a los que asiste, incluso, el Presidente de la República ; Vila también viaja a Salamanca en representación de la Universidad de Granada[2].

Pero más allá de los hechos puntuales a los que se refiere esta carta, toda ella está impregnada de la decepción que Vila siente por la concreción de la república, por la que ha luchado y padecido represión. En este sentimiento le acompaña también Unamuno, cuya frustración le llevó a apoyar en un principio la sublevación militar. Pero antes de 1936 Salvador Vila va consolidando su posición en la Universidad de Granada : de los años 1934 y 1935 sólo se tienen noticias de su actividad académica : sustituciones en actividades que dejan otros profesores que ascienden a puestos de política universitaria (redactor del Boletín), representaciones de la Facultad en otras universidades (Jubilación de Unamuno), cargos menores (Junta del Albergue Universitario), o lo propio de su función como catedrático (clases, conferencias y tribunales) ; pero, cuando en el año1936 García Gómez se traslada a la Universidad Central de Madrid, Salvador Vila comienza a tener un protagonismo mayor. Asume parte de las funciones que detentaba éste, tales como la acumulación de la cátedra de Hebreo, y la dirección accidental de la Escuela de Estudios Árabes de Granada. Por tanto, fue sólo en 1936 cuando, tras su nombramiento como representante de la Facultad de Filosofía y Letras en la Junta de Gobierno de la Universidad, accede al gobierno colegiado de la misma y adquiere una dimensión que le llevaría al rectorado a la edad de 31 años, emulando a su maestro que también fue nombrado rector por primera vez en la treintena.

Si las circunstancias políticas fueron difíciles en los años 1934 y 1935, en 1936 la Universidad de Granada fue engullida por el torbellino que barría el país entero ; y éste fue el momento en el que el destino quiso que Vila se hiciera cargo de la misma, al quedar acéfala tras la dimisión del rector Marín Ocete y del Vicerrector, que ante la agresión de un catedrático republicano por parte de alumnos falangistas de la Facultad de Derecho no habían tomado ninguna medida disciplinaria contra éstos, motivo por el cual una parte del Claustro le retiró su apoyo. En la

---

1 Actas de la Junta de Facultad (20/02/1936), tampoco hay constancia de que esta oposición llegara a realizarse.

2 Actas de la Junta de Facultad (24/09/1934).

calle las algaradas eran continuas por el fraude electoral de la derecha en las últimas elecciones, los estudiantes se habían declarado en huelga y la Universidad estaba cerrada. Este es el ambiente en el que el 21 de abril de 1936 llegó el telegrama del Ministerio de Instrucción Pública en el que se aceptaba la dimisión del rector Marín Ocete y se aprobaba el nombramiento como rector interino de Salvador Vila Hernández. Las razones que llevaron al Ministerio de Instrucción Pública a fijarse en un catedrático tan joven, que apenas llevaba dos años en Granada, son una incógnita más. Bien es verdad que otros catedráticos de izquierdas (no olvidemos que el Frente Popular acababa de ganar las elecciones en el país) más curtidos, o ya habían sido rectores o tenían acta de diputados, o se dedicaban a la política municipal. Lo cierto es que lo nombraron y que él asumió el cargo con total compromiso y el ardor juvenil que ya había demostrado con anterioridad, tomando inmediatamente las medidas oportunas para normalizar la situación en la Universidad y reabriéndola dos días después de tomar posesión[1].

El 18 de Julio, cuando estalló la rebelión militar del general Franco, Salvador Vila se hallaba en Salamanca de vacaciones, allí se enteró de haber sido destituido por el gobernador civil rebelde, y allí permaneció todo el verano. Los encuentros de los dos rectores destituidos (a Unamuno lo destituyó el gobierno republicano por su apoyo a la sublevación militar y fue repuesto inmediatamente por Franco) en la Plaza Mayor y los paseos por la carretera de Zamora se reanudaron. Vila seguía apoyando al gobierno republicano y Unamuno se alineaba ahora con los sublevados pensando que intentaban salvar la República ; las discusiones entre el maestro y el discípulo eran continuas[2], pero nunca les hicieron desistir de su amistad, incluso cuando otros intelectuales republicanos habían renegado ya del maestro[3]. Estas charlas, la detención y asesinato de otros amigos y la misma detención de Vila a principios de octubre, minutos después de uno de sus paseos, arrancaron bien pronto la venda de los ojos del viejo profesor. Salvador Vila fue detenido y trasladado a Granada[4] junto a su esposa que también fue encarcelada[5] . Es posible que se le convocara desde la Universidad de Granada, pues existe una carta de Unamuno en la que intenta evitarle el arresto y la muerte dirigida al profesor Marín Ocete, también repuesto en el cargo de rector. Transcribo literalmente la carta :

---

1 Para profundizar más en este tema *cf.* M. DEL AMO (2002), pp. XXXI-XXXII.

2 I. ZATARAIN (2002), p. 347.

3 *Cf.* L. GONZÁLEZ EGIDO (1998), pp. 168-169.

4 El periódico *Ideal* da esta noticia el día 9 de octubre.

5 Gerda Leimdörfer fue encarcelada a la vez que su marido y acusada de espía por su multilingüismo. El músico Manuel de Falla, que no pudo hacer nada por su marido, consiguió que Gerda fuera liberada tras ser obligada a convertirse al catolicismo, según testimonio de la familia.

"Universidad Literaria
de
Salamanca
N° 2903

Excmo Sr :

Tengo el honor de participar a V.E. que en este Rectorado, se ha presentado una certificación facultativa en la que se hace constar que, Don Salvador Vila Hernández se halla padeciendo en la actualidad una íntensa neuralgia costal que le imposibilita para el ejercicio de su profesión.

Y como el Sr. Vila Hernández es catedrático de esa Facultad de Medicina[1], lo pongo en su conocimiento de V.E. a los efectos oportunos.

Salamanca 22 de Septiembre 1936

-El Rector-
Miguel de Unamuno"

Harto de estas tropelías Unamuno se rebela el día 12 de octubre 1936. Todo el mundo conoce su enfrentamiento con el general Millán Astray, pero quizá convenga recordarlo a través del relato resumido de Isidro Zatarain : "Se celebra la inauguración del Curso Académico en el Paraninfo de la Universidad de Salamanca el 12 de Octubre de 1936. Preside el Rector Unamuno acompañado de Doña Carmen Polo de Franco y del General Millán Astray, héroe fundador de la Legión y multimutilado (le faltan un brazo y un ojo). Asisten generales, oficiales y legionarios. No olvidemos que el cuartel General del Generalísimo se ha establecido en el Palacio Episcopal. Después de un discurso de exaltación patriótico-militarista, alguien lanza el grito legionario de "viva la muerte". Al Rector le corresponde clausurar el acto. Toma la palabra, y visiblemente exaltado, empieza así su discurso : *Todos los presentes me conocen y saben que soy incapaz de seguir callado. Hay ocasiones en que callar es mentir, porque el silencio puede interpretarse como aquiescencia. Aquí donde estamos es el templo del intelecto. Vosotros sois los que profanáis sus sagrados recintos :* Venceréis *porque tenéis la fuerza bruta,* pero no convenceréis, *porque para convencer tendríais que persuadir, y para persuadir no tenéis lo que hace falta : la razón y el derecho.* En este momento la guardia pretoriana de fieles legionarios del General hace ademán de desenfundar sus pistolas. Se crea un tenso clima de crispación de impredecible final. Inesperada y felizmente,

---

1 Como queda claro hasta ahora, Vila no fue nunca catedrático de ninguna Facultad de Medicina, por tanto o es un *lapsus* mental, o no logramos explicarnos el error, pues por estos días los encuentros entre Salvador Vila y Unamuno, ambos en Salamanca, eran habituales según algunos autores. *Cf.* L. GONZÁLEZ EGIDO (1986), p.44.

hay que decir- Doña Carmen lo resuelve agarrando del brazo al viejo Rector y sacándolo de esta forma, y bajo su protección, del docto recinto"[1].

¿ Cual fue el peso de la detención del discípulo predilecto unos pocos días antes en esa decisión de vuelta a sus orígenes ideológicos y de denuncia pública del fascismo, a pesar de las consecuencias que esta actitud le ocasionaría necesariamente ? Las fechas hablan por sí solas : Vila fue conducido a Granada por la Guardia Civil el 7 o el 8 de octubre ; el 12, Día de la Hispanidad, ocurren los sucesos del Paraninfo relatados más arriba ; el día 22 Unamuno es cesado como rector por una orden firmada personalmente por Franco y el mismo día 22 o el 23 es fusilado Vila, cuya vida había permanecido salvaguardada hasta ahora por el maestro y amigo. A las causas que barajan los distintos historiadores del asesinato del rector de Granada (rencillas universitarias, republicanismo de izquierdas, sospechas infundadas de masonería, fusilamiento de personalidades para debilitar la resistencia republicana, etc), hay que añadir otra que hasta ahora había pasado desapercibida ; es decir, la venganza de Franco contra Unamuno, uno de los pocos intelectuales consagrados que se había pasado a sus filas, más por decepción propia de la República que por los méritos del alzamiento militar, y que después había rectificado esta decisión. Sus pensamientos sobre la situación de España durante los dos últimos meses de reclusión voluntaria no fueron publicados hasta en 1991, cuando su nieto decidió que ya había pasado el *lapsus* de tiempo necesario desde los luctuosos hechos que hemos narrado para poder ver la luz. Por esta publicación sabemos que el 26 de noviembre de 1936 Unamuno se enteró, por fin, de la suerte que había corrido el rector legítimo de la Universidad de Granada y también allí se encuentra manuscrito el mayor exabrupto de toda su prolífica obra, como expresión del dolor que le causó esta noticia[2].

Abandonado ahora también por sus amigos de la derecha, alejado de la Universidad, expulsado del casino, Unamuno se encerró en su casa bajo la vigilancia atenta de un policía. "Sus dos últimos meses de la vida los pasó en la mayor soledad trágica, abandonado y castigado por todos. El día 31 de diciembre, murió, victima de su obligada inactividad, de una violenta discusión con un falangista y del monóxido de carbono de la combustión incompleta del brasero doméstico."[3]

---

1 I. ZATARAIN (2002), pp. 347-348.

2 *Cf.* M. DE UNAMUNO (1991), p. 57.

3 L. GONZÁLEZ EGIDO (1998), p. 170.

Bibliografia

J. BOSCH VILÁ (1975-6) : "Evocación del Dr. Salvador Vila Hernández, catedrático de Cultura Árabe: Instituciones Musulmanas", en *Cuadernos de Historia del Islam* 7 (1975-76), pp. 173-176.

L. J. DE ASÚA (1986) : "Notas de un confinado", *apud.* B LÓPEZ GARCÍA (1986), p. 46.

M. DEL AMO (2002) : "Rector Salvador Vila : su itinerario en la Universidad de Granada", en A. Mez, *El renacimiento del Islam*. Trad. Salvador Vila. Granada : Universidad, pp. XI-XLI.

M. DE UNAMUNO (1991) : *El resentimiento trágico de la vida. Notas sobre la revolución y la Guerra Civil españolas.* Madrid : Alianza Tres.

C. DE UNAMUNO PÉREZ (1998) : "El entorno familiar de Miguel de Unamuno", en *El tiempo de Miguel de Unamuno y Salamanca.* Salamanca: Universidad/Diputación/Ayuntamiento, pp. 83-121.

L. GONZÁLEZ EGIDO (1983) : *Salamanca la gran metáfora de Unamuno.* Salamanca : Universidad.

L. GONZÁLEZ EGIDO (1986) : *Agonizar en Salamanca : Unamuno (julio-diciembre 1936).* Madrid : Alianza.

L. GONZÁLEZ EGIDO (1998) : "Unamuno, entre la libertad, el compromiso y el castigo", en *El tiempo de Miguel de Unamuno y Salamanca.* Salamanca : Universidad/Diputación/Ayuntamiento, pp. 149-171.

B. LÓPEZ GARCÍA (1986) : "Salvador Vila Hernández, arabista y universitario en el cincuenta aniversario de su muerte", en *Olvidos de Granada* 15 (1986), pp. 44-48.

J. MARICHAL (1990) : *El Intelectual y la política : Unamuno, Ortega, Azaña y Negrín.* Madrid : Publicaciones de la Residencia de Estudiantes/CSIC.

R. MARTÍNEZ NADAL (ed.) (2001) : *Miguel de Unamuno y José María Quiroga Pla : un epistolario y diez Hojas Libres.* Madrid : Casariego.

J. M. PÉREZ PRENDES (1976) : "Borrador para un recuerdo", en *Ideal* (19/12/1976).

M. J. VIGUERA (1999) : "Aportaciones de Salvador Vila, rector de la Universidad de Granada, al estudio del Derecho Islámico", en *Al-Qantara* XX,2 (1999), pp. 531-541.

S. VILA (1924) : "Recuerdo", en *Mocedad* 1 (04/05/1924), p. 5.

I. ZATARAIN (2002) : "Perfil humano del rector Vila", en *Miscelánea de Estudios Árabes y Hebraicos* 51 (2002), pp. 339-354.

Salvador Vila

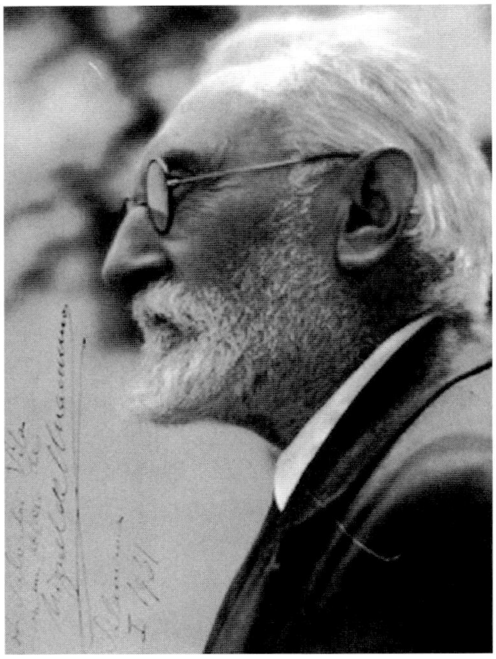

Unamuno

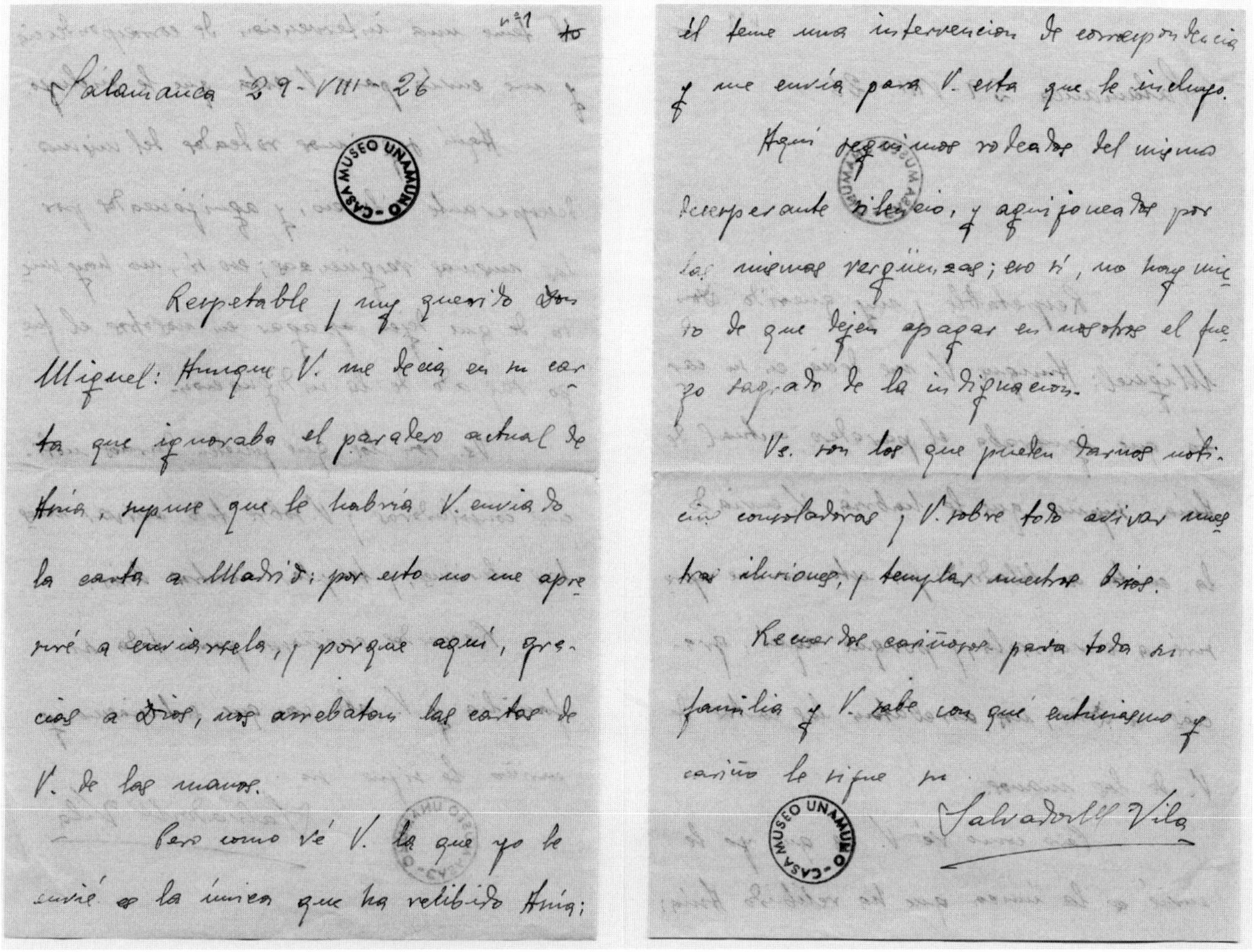

nº1 10

Salamanca 29-VIII-26

Respetable y muy querido Don Miguel: Aunque V. me decía en su carta que ignoraba el paradero actual de Anía, supuse que le habría V. enviado la carta a Madrid; por esto no me apresuré a enviársela, y porque aquí, gracias a Dios, nos arrebatan las cartas de V. de las manos.

Pero como vé V. la que yo le envié es la única que ha recibido Anía; él tiene una intervención de correspondencia y me envía para V. esta que le incluyo.

Aquí seguimos rodeados del mismo desesperante silencio, y aguijoneados por las mismas vergüenzas; eso sí, no hay miedo de que dejen apagar en nosotros el fuego sagrado de la indignación.

Vs. son los que pueden darnos noticias consoladoras y V. sobre todo avivar nuestras ilusiones, y templar nuestros bríos.

Recuerdos cariñosos para toda su familia y V. sabe con qué entusiasmo y cariño le sigue su

Salvador Vila

Primera epístola (recto-verso)

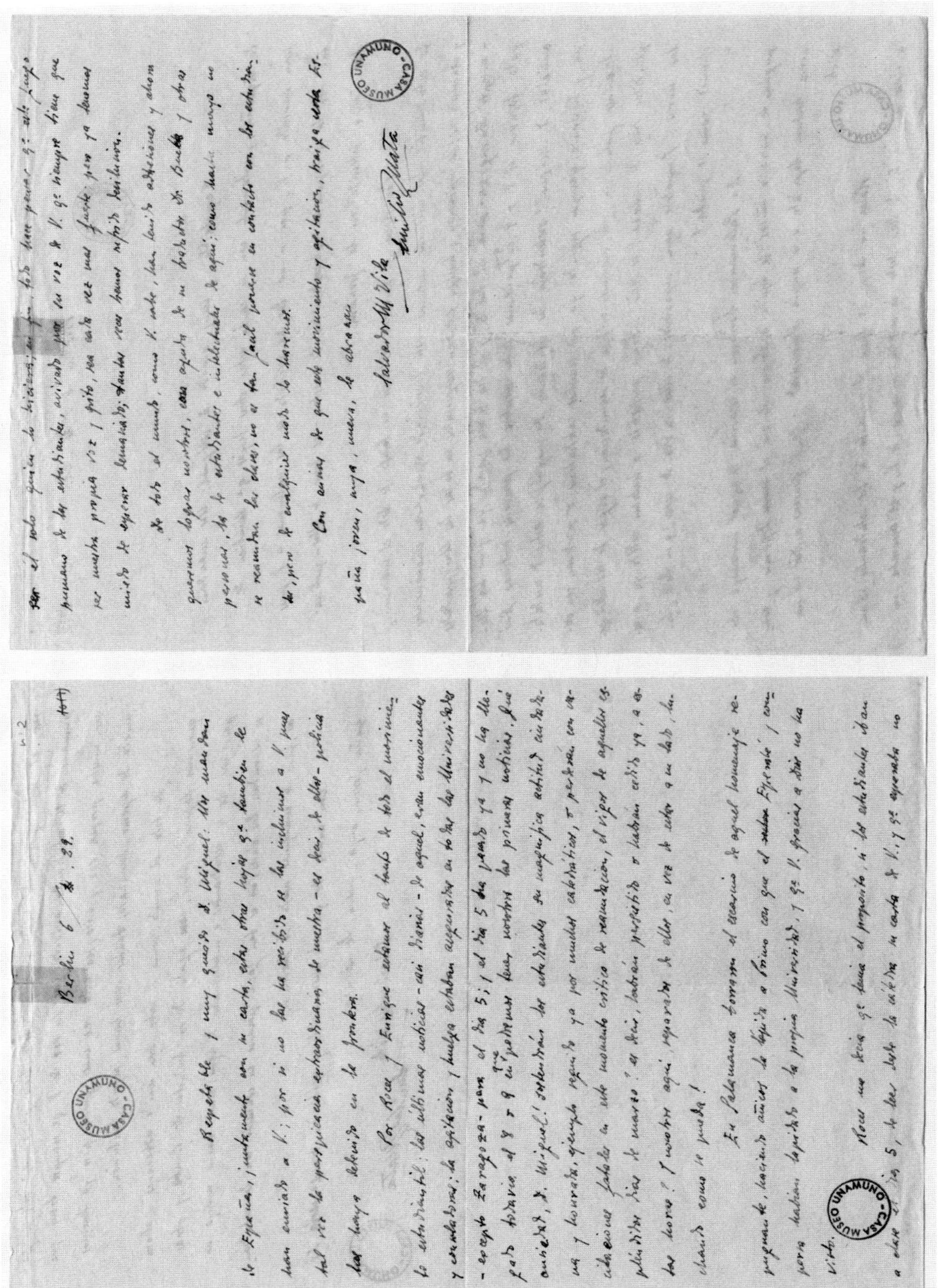

Segunda epístola (recto-verso)

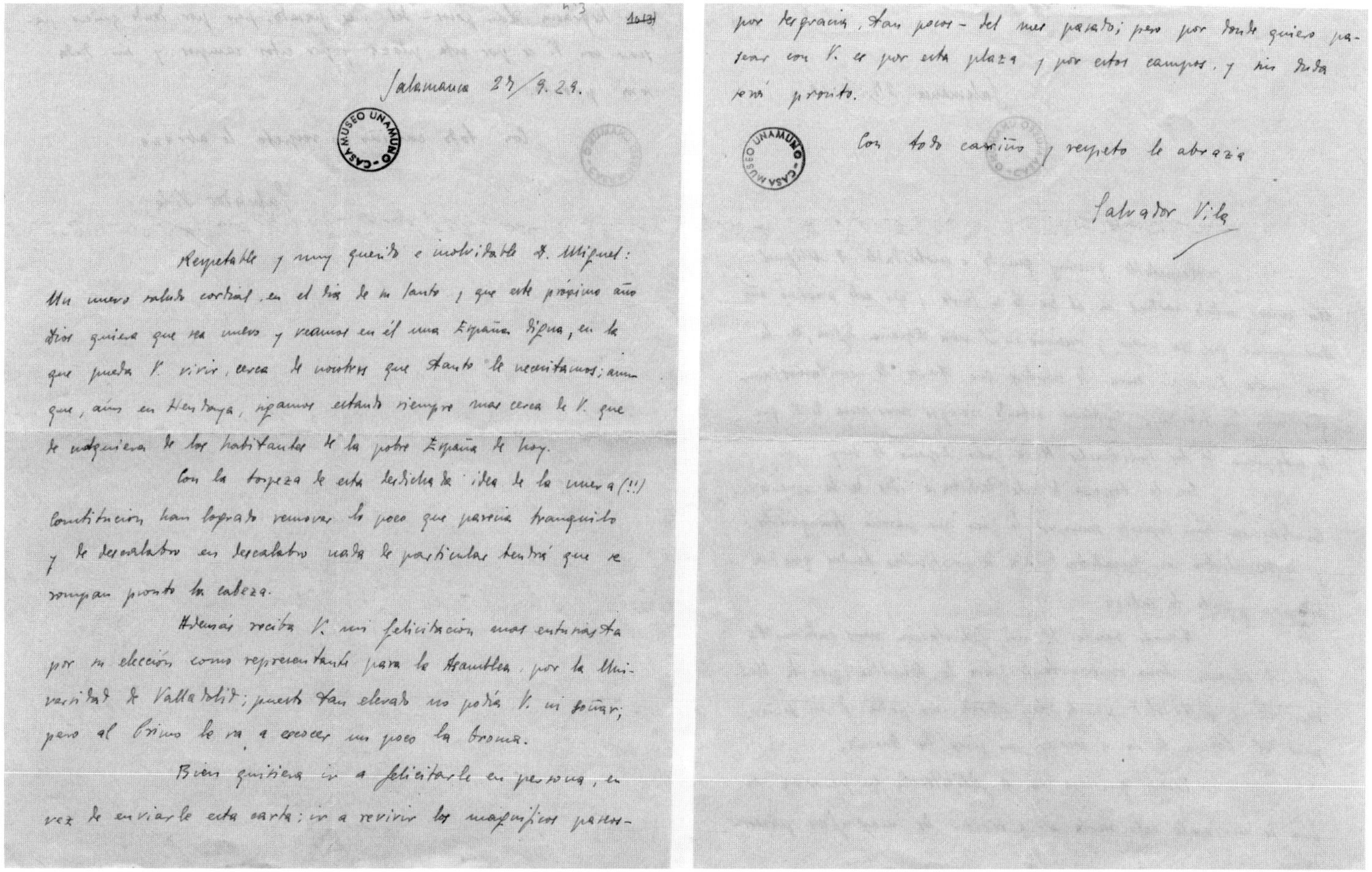

Salamanca 23/9.29.

Respetable y muy querido e inolvidable D. Miguel:

Un nuevo saludo cordial, en el día de su santo, y que este próximo año Dios quiera que sea nuestro y veamos en él una España digna, en la que pueda V. vivir, cerca de nosotros que tanto le necesitamos; aunque, aún en Hendaya, seguimos estando siempre mas cerca de V. que de cualquiera de los habitantes de la pobre España de hoy.

Con la torpeza de esta desdichada idea de la nueva (!!) Constitución han logrado remover lo poco que parecía tranquilo y de descalabro en descalabro nada de particular tendrá que se rompan pronto la cabeza.

Además reciba V. mi felicitación mas entusiasta por su elección como representante para la Asamblea por la Universidad de Valladolid; puesto tan elevado no podía V. ni soñar; pero al Primo le va a crecer un poco la broma.

Bien quisiera ir a felicitarle en persona, en vez de enviarle esta carta; ir a revivir los magníficos paseos por desgracia, tan pocos - del mes pasado; pero por donde quiero pasear con V. es por esta plaza y por estos campos, y sin duda será pronto.

Con todo cariño y respeto le abraza

Salvador Vila

Tercera epístola (recto-verso)

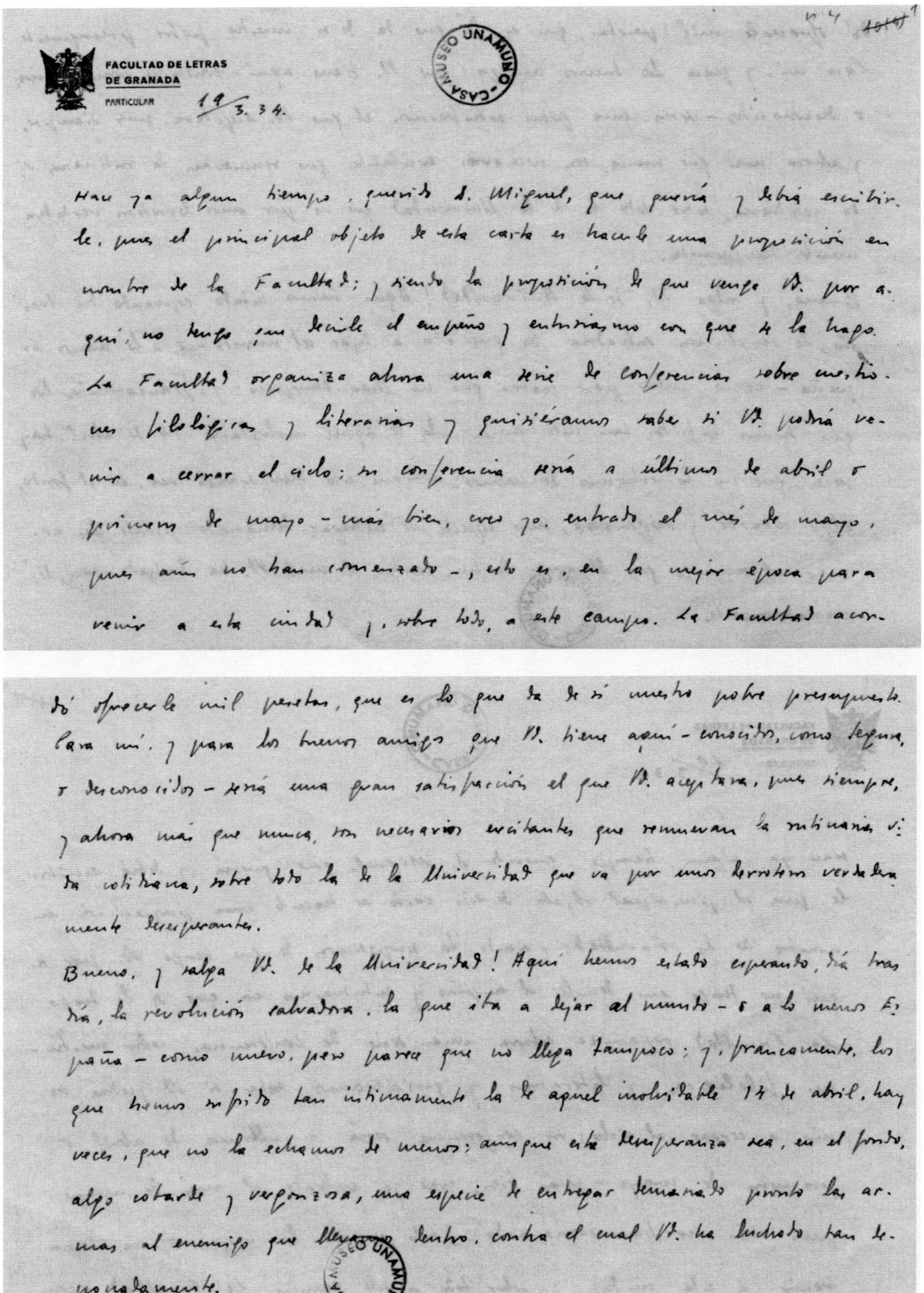
FACULTAD DE LETRAS
DE GRANADA
PARTICULAR 19/3.34.

Hace ya algún tiempo, querido D. Miguel, que quería y debía escribirle, pues el principal objeto de esta carta es hacerle una proposición en nombre de la Facultad; y siendo la proposición de que venga Vd. por aquí, no tengo sino decirle el empeño y entusiasmo con que se la hago.
La Facultad organiza ahora una serie de conferencias sobre cuestiones filológicas y literarias y quisiéramos saber si Vd. podría venir a cerrar el ciclo; su conferencia sería a últimos de abril o primeros de mayo - más bien, creo yo, entrado el mes de mayo, pues aún no han comenzado -, esto es, en la mejor época para venir a esta ciudad y, sobre todo, a este campo. La Facultad acordó ofrecerle mil pesetas, que es lo que da de sí nuestro pobre presupuesto.
Para mí, y para los buenos amigos que Vd. tiene aquí - conocidos, como Segura, y desconocidos - sería una gran satisfacción el que Vd. aceptara, pues siempre, y ahora más que nunca, son necesarios excitantes que remuevan la rutinaria vida cotidiana, sobre todo la de la Universidad que va por unos derroteros verdaderamente desesperantes.
Bueno, y salga Vd. de la Universidad! Aquí hemos estado esperando, día tras día, la revolución salvadora, la que iba a dejar al mundo - o a lo menos España - como nuevo, pero parece que no llega tampoco; y, francamente, los que hemos sentido tan íntimamente la de aquel inolvidable 14 de abril, hay veces, que no la echamos de menos; aunque esta desesperanza sea, en el fondo, algo cobarde y vergonzosa, una especie de entregar demasiado pronto las armas al enemigo que llevamos dentro, contra el cual Vd. ha luchado tan denodadamente.

Cuarta epístola (p. 1, recto-verso)

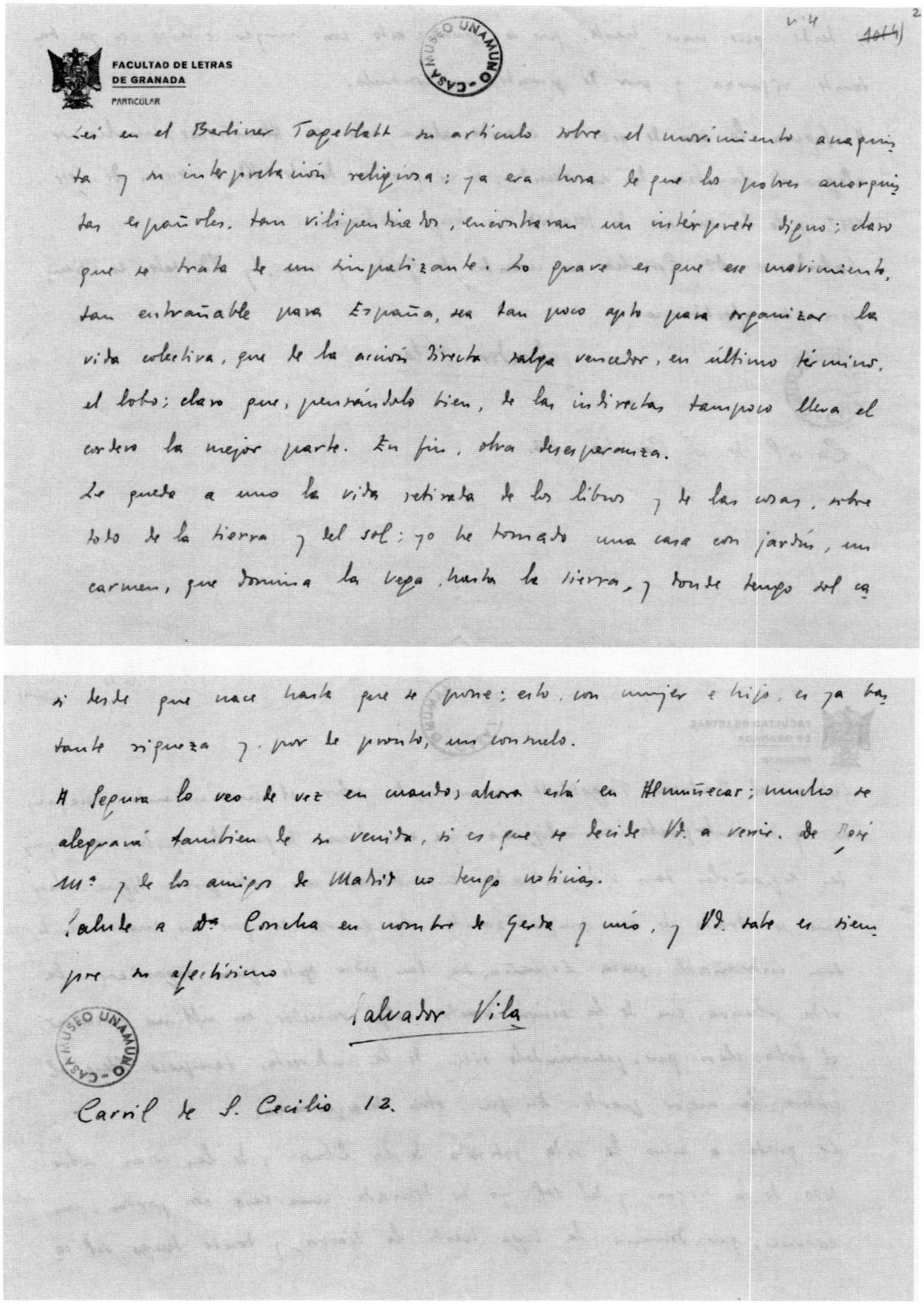

FACULTAD DE LETRAS
DE GRANADA
PARTICULAR

CASA MUSEO UNAMUNO

nº 4

Leí en el Berliner Tageblatt su artículo sobre el movimiento anarquista y su interpretación religiosa; ya era hora de que los pobres anarquistas españoles, tan vilipendiados, encontraran un intérprete digno; claro que se trata de un simpatizante. Lo grave es que ese movimiento, tan entrañable para España, sea tan poco apto para organizar la vida colectiva, que de la acción directa salga vencedor, en último término, el lobo; claro que, pensándolo bien, de las indirectas tampoco lleva el cordero la mejor parte. En fin, otra desesperanza.

Le queda a uno la vida retirada de los libros y de las cosas, sobre todo de la tierra y del sol; yo he tomado una casa con jardín, un carmen, que domina la vega hasta la sierra, y donde tengo sol casi desde que nace hasta que se pone; esto, con mujer e hijo, es ya bastante riqueza y, por lo pronto, un consuelo.

A Segura lo veo de vez en cuando; ahora está en Almuñécar; mucho se alegrará también de su venida, si es que se decide Vd. a venir. De [illegible] y de los amigos de Madrid no tengo noticias.

Salude a Dª Concha en nombre de Gerda y mío, y Vd. sabe es siempre su afectísimo

Salvador Vila

CASA MUSEO UNAMUNO

Carril de S. Cecilio 12.

Cuarta epístola (p. 2, recto-verso)

SHIISM AND RŪMĪ'S *MAṮNAWĪ*

P. HANJOUL[1]
Université Catholique de Louvain

Several elements concerning Ǧalāl al-Dīn Rūmī lead us to think that he could have been close to Shiism, or even that he was a Shiite himself, either an Ismailian or a Twelver. There is no room here to explain those elements[2]. What we shall do is to try to review some notions that appear in the *Maṯnawī* and might be related to Shiism.

We begin our search with the central figure of Shiism, ʿAlī, who appears in several verses of the *Maṯnawī*. Few of them seem really significant as to the importance of that character. Apart from verse II 925 that we shall quote later, two passages are particularly worth mentioning. The first is in Book I, 2958-2979, when Prophet Muḥammad gives advice to ʿAlī[3] :

I 2960 "But do not even rely upon thy lion-heartedness : come into the shade of the palm-tree of hope
Come into the shade (protection) of the Sage whom no conveyer can carry off from the Way.
2967 Go thou, take refuge in the shadow of the Sage, that thou mayst escape from the Enemy that opposes (thee) in secret."

ʿAlī is thus here imperfect, and inferior to the Prophet. The second story is a dialogue between ʿAlī and a Zoroastrian in Book I, 3721-4003, in which some of the terms describing ʿAlī are very strong :

3723 "He spat on the face of ʿAlí, the pride of every prophet and every saint.
He spat on the countenance before which the face of the moon bows low in the place of worship."

Zoroastrian :

3751 "Thine eye has learned to perceive the Unseen, (while) the eyes of bystanders are sealed.

---

[1] Many thanks are due to Cécile Bonmariage (Faculté des Sciences philosophiques, Université catholique de Louvain, Louvain-la-Neuve), especially for lending me a CD containing the translation and commentary of R.A. Nicholson. My thanks also go to Charles Scott Kimball, who kindly answered my questions.

[2] We are about to publish a specific paper on this subject, see P. HANJOUL (to appear).

[3] The quotes that follow come from the translation by R.A. NICHOLSON.

3757 Reveal the mystery, O ʿAlí, thou who art approved (by God), O thou who art goodly ease after evil fate.
3759 From thee it shone forth on me : how shouldst thou hide it ? Without tongue thou art darting rays of light, like the moon.
3762 Inasmuch as the moon (even) without speech is showing the way, when it speaks it becomes *light upon light.*
Since thou art the gate of the city of Knowledge, since thou art the beams of the sun of Clemency,
Be open unto everlasting, O Gate of Mercy, O Entrance-hall to *None is like unto Him.*"

ʿAlī :

3789 "In war I am (manifesting the truth of) *thou didst not throw when thou threwest* : I am (but) as the sword, and the wielder is the (Divine) Sun.
I have removed the baggage of self out of the way, I have deemed (what is) other than God to be non-existence.
3829 Thou art I and I am thou, O illustrious one : thou wert ʿAlí — how should I kill ʿAlí ?
3843 What then do I bestow on the doer of righteousness ? Know thou, (I bestow) treasures and kingdoms everlasting.
3964 I am not a cur, I am the Lion of God, a worshipper of God : the lion of God is he that has escaped from (phenomenal) form."

Zoroastrian :

3982 "Thou hast (really) been the balance (endued) with the (just) nature of the One (God) ; nay, thou hast been the tongue of every balance.
3984 I am the (devoted) slave of that eye-seeking Lamp from which thy lamp received splendour."

Those are very impressive sentences, giving much importance to ʿAlī, but, I think, not definitely trespassing the limits generally authorized in Sunnism as to his character. In I 724, as we have seen, the moon worships ʿAlī ; but this does not mean more than the dream, described in the Quran, in which Joseph saw the moon, sun and stars prostrating themselves before him. We should not, however, overlook these two verses :

I 3810 "There is no means (possibility) of communicating more than this to the people : in the river there is no room for the Sea.
I speak low according to the measure of (their) understandings : 'tis no fault, this is the practice of the Prophet."

What does Rūmī say of other personalities revered by the Shiites ? The following passage praises Ḥasan and Ḥusayn together with their father :

II 925 "When at (the sight of) its countenance Murtaḍá (ʿAlí) began to scatter pearls (of spiritual truth), he became the Lion of God in the pasture of the soul.
When his two sons were illumined by this light, they became the 'pearly earrings of highest heaven'."

This, however, is by no means a proof of Rūmī being a Shiite ; Sunnis, too, hold Ḥasan and Ḥusayn in high esteem. The interesting point is that we quote that last verse from Whinfield's translation (1898) ; neither in Nicholson's nor in de Vitray Meyerovitch and Mortazavi's (1990) is it mentioned. Possible explanations of this difference are that the verse was original but, being felt as pro-Shiite, was dropped ; or, on the contrary, that it was added in order to give the text a pro-Shiite flavour.

Fāṭima, revered by all Muslims as the ideal Muslim woman, but particularly important in Shiism, only appears in II 1741, where it is said that it is an honour for a woman to bear that name, and in II 1743, as a term of 'praise in regard to women'. The *Ahl al-Bayt* as a whole are also spoken of with respectful words. But all this is, again, not particularly meaningful for our search.

What about later imams ? We find what follows in Book VI :

VI 4091 "In his hand (he carries) a copy of the Holy Book as (though he were) Zaynu 'lʿÁbidín, but in his sleeve a vengeful dagger."

Nicholson, in his commentary of that verse, writes that the first to bear the title Zayn al-ʿĀbidīn was ʿAlī ibn al-Ḥusayn. He adds, however, that this can not be an allusion to that imam, because Rūmī reserves such compliments for Sunnis. In our perspective, it may of course be an indication of reverence for that imam, the last shared by Zaydis, Ismailians, and Twelvers ; all the more so since the meaning of the name Daqūqī, in Book III, in the long story concerning that saint, might bear a similar significance.

Who indeed is Daqūqī ? His initial description (III 1924-1933) reminds us of a Qalandar and of Šams-i Tabrīzī, the spiritual master of Rūmī :

III 1930 "During the day he was (engaged) in travel, during the night in ritual prayer : his eye (was) open on the King, and he (himself) was like the falcon."

Rūmī seems to say that the meaning of the story, as of the whole *Maṯnawī*, is to exalt Ḥusām al-Dīn (III 2110-2121). But he adds :

III 2113 "Verily the invocation knows its own house : attach the praise to the name of whomsoever you will.
God hath set down these tales and parables for the purpose of concealing (the true nature of) the praise from the unworthy."

Nicholson himself writes in his *Commentary* that he could not identify Daqūqī. Someone bearing the same name, prior to Rūmī, is mentioned in a modern Zoroastrian text ; written as 'Daquqi', the word is applied to the poet known as Daqīqī, who began the composition of the Šāhnāmeh, continued by Firdawsī after he was murdered[1]. Some poems by Daqīqī seem to indicate that he was a hidden Zoroastrian[2]. Of course, we have candles in the story, thus fire. But even though Rūmī may speak with respect of some Zoroastrians, he does not put their religion on a pedestal at all. I do not think that it could be a right explanation.

On the other hand, the word *Daqūqī* may either mean seller or producer of *daqūq*, a medicinal powder for the eyes ; or originating from Daqūq (or Daqūqā')[3]. The possible symbol of the former meaning is obvious. What of the latter ? Daqūq is a city in Iraq, but not just any city : the tomb of ʿAlī Zayn al-ʿĀbidīn ibn Ḥusayn lies 2.5 km away from it (although he died in Medina)[4]. A coincidence ?

The only mention of the famous imam Ǧaʿfar al-Ṣādiq might be in Book I :

I 2778 "O ye in whose faces are the marks of eminence, O ye whose splendour is more pleasing than the gold of Jaʿfar."

Ǧaʿfar, the last imam that Twelvers and Ismailians have in common, was indeed renowned for his works on alchemy. But this does not mean that Rūmī recognizes him as a spiritual authority. Moreover, Ǧaʿfar is respected by the non-Shiites[5]. A character named Ǧaʿfar is also mentioned with most reverence in Book VI, 3029-3041 ; according to the heading written by Whinfield in his translation, he would be Ǧaʿfar al-Ṣādiq. But we are faced here with an obvious mistake : the episode corresponds to none in the life of Ǧaʿfar al-Ṣādiq, but to one in that of Ǧaʿfar ibn Abī Ṭālib, the Prophet's cousin, as indicated by Nicholson in his *Com-*

---

1 J. DARUWALA (Int. 1).

2 Cl. HUART/[H. MASSÉ] (1954).

3 Nicholson's *Commentary* of the heading of Daqūqī's story.

4 S.H. LONGRIGE (1954).

5 M.G.S. HODGSON (1962).

mentary. Nevertheless, the two Ǧaʿfars are perhaps connected by Rūmī in IV 2059-60, al-Ṣādiq being alluded to through the image of gold.

An interesting occurrence of the word *imām* itself is found in Book II :

II 817 "That saint, then, is the living Imám who arises (in every age), whether he be a descendant of ʿUmar or of ʿAlí."

This verse indicates rather clearly that sanctity is independent of being a Shiite imam or a Sunni caliph. We could even go as far as saying that spiritual imamate has little to do with official imamate, i.e. being a Shiite imam, or a Sunni caliph.

But with the few exceptions we have mentioned, Shiite imams seem absent from the *Maṯnawī*. In opposition to this, numerous passages speak of caliphs, the first three especially ; they do so in a clearly positive manner. Here is a significant excerpt from the story of the king and his two slaves, of which we have already examined verse II 925 :

II 922 "When Abú Bakr became a signal example of (God's) favour, he became the Companion of such a King (as Mohammed) and (received the name) *Ṣiddíq*.
When ʿUmar became distraught with that Beloved, he became a *Fárúq* (discerner), like the heart, between truth and falsehood.
When ʿUthmán became the fountain of that clear (Essence), he was light overflowing and became *Dhú 'l-Núrayn* (Lord of the Two Lights)."

Those verses produce an anti-Shiite impression : Shiism considers indeed that ʿAlī was to be the successor of Muḥammad and that the first three caliphs were unlawful. But, concerning Twelvers at least, this was mainly true in the early stages[1]. Nowadays, even though Shiites still believe that ʿAlī was the appointed successor of Muḥammad, they do not consider Abū Bakr and ʿUmar illegitimate (the case of ʿUṯmān remains more doubtful)[2]. Nevertheless, they do not have much consideration for them ; it is still inconceivable, for instance, for a Shiite to bear any of the names of the first three caliphs.

We must also point to a long story about Muʿāwiya and Iblīs, in Book II, 2604-2743. Throughout the whole tale, Muʿāwiya appears as a man of God, cunningly undoing the tricks of the Devil. Again, how could a Shiite speak in such terms of a man who, in his view, stole the caliphate from ʿAlī ? But ʿAlī's son, Ḥasan, agreed to give him that dignity in exchange for some compensation ; and

---

1 A non-extremist attitude in many issues became general among Twelvers toward the end of the 10th century, under the Buwayhid dynasty; see e.g. M. BAR-ASHER (1993), p. 41.

2 R. CASPAR (1987), p. 156. See also L. AL-SĀFĪ (1994), p. 82.

Muʿāwiya did not kill ʿAlī or Ḥusayn or have them killed. The fact is that Muʿāwiya generally acted as a man of peace, using persuasion rather than violence[1]. Supposing that Rūmī was a Shiite, could he be as open-minded as to recognize those qualities ? This seems difficult, especially as Shiites hold Muʿāwiya responsible for Ḥasan's poisoning[2].

In opposition to this, his son, Yazīd, murderer of Ḥusayn, is described very negatively, compared to the Devil, or presented as an antithesis to the famous sufi Bāyazīd Bisṭāmī ; as in this verse for instance :

VI 3649 "(The meaning of) '*the Devil became a true believer*' is made manifest on the occasion when by His (God's) grace a Yazíd becomes a Báyazíd."

That sentence could have been written by a Shiite, of course ; but by many a Sunni as well. Some Sunnis nowadays even deny that Yazīd was a caliph at all since, in their view, a true caliph must be a good man.

The Abbassid dynasty, certainly not dear to Shiites, is also approved :

I 2794 "ʿAbbás had come to war for vengeance' sake, for the purpose of subduing Aḥmad (Moḥammed) and opposing the (true) religion :
He and his descendants in the Caliphate became a back and front (complete support) to the (true) religion until the Resurrection."

The true religion thus seems to be nothing else than Sunnism in Rūmī's view.

Another passage, however, expresses that the difference between ʿAlī and ʿUmar, which might mean between Sunnism and Shiism, is a matter of double vision :

VI 3224 "And then the illumination produced by not seeing double would have shot (rays) upon the heart of him (the baker) of Kásh, and ʿUmar would have become ʿAlí."

The baker suffering from double vision is probably a Shiite, since the bakers of the city politely avoid selling bread to a stranger bearing the name ʿUmar. As a matter of fact, the story (VI 3220-3247) is located by Rūmī in Kāš or Kāšān, where devotion to the *Ahl al-Bayt* and the twelve imams had been widely attested since the Seljukids[3]. But the tale is more complex than might seem from that verse. The bakers do not perceive that there is no difference between ʿUmar

---

1 See M. HINDS (1991), p. 269.

2 L. AL-ṢĀFĪ (1994), p. 83.

3 The situation was less clear when Šāh Ismāʿīl invaded it. See R. CALMARD (1976), p. 723.

and ʿAlī, but emphasis is laid on the double vision of the stranger, the Sunni. He does not see that all the bakeries of Kāš are but one and that, since ʿUmar and ʿAlī are one, he might present himself as ʿAlī ; in which case all his problems would disappear. So both the stranger and the bakers should perceive ʿAlī in ʿUmar. The story, moreover, illustrates the fact that, in this world symbolized by Kāš, we have to recognize God (apparently in ourselves) :

3234 "But if you get two eyes that can recognise God, (you will) see (that) the (entire) expanse of both worlds (is) full of the Beloved."

ʿAlī is thus a kind of metaphor, a reflection, of God in the tale.

In verse V 2656, Rūmī explains that imagination and fantasy are enemies of faith and cause division. Though not telling us which remains in the right path among the 73 sects into which, according to the *ḥadīṯ*, Islam will have been divided[1], he adds :

2658 "While he that has not the (spiritual) light of ʿUmar as his support is waylaid (deceived) by a crooked hair of the eyebrow."

That sentence makes him appear as a Sunni, especially if we link it to the following :

III 3201 "How can one speak of ʿUmar to Shíʿites ? How can one play a lute before the deaf ?"

In a story unfolding itself in Aleppo (VI 777-805), the Twelver tradition of the mourning of *ʿĀšūrā'* is openly criticized by a poet, clearly expressing an opinion of Rūmī himself. However, the reason for this criticism is not that they should not revere the martyrs of Karbalā', kingly spirits (797) and sovereigns of religion (798) ; they should not mourn holy men who went back to God, but concern themselves with the present :

VI 802 "Mourn for thy corrupt heart and religion, for it (thy heart) sees naught but this old earth.
Or if it is seeing (the spiritual world), why is it not brave and supporting (others) and self-sacrificing and fully contented ?"

Noticeably, the poet does not clearly answer the accusation (789) of his not being a Shiite. He says 'Yes' (*ārī*, v. 793) when the Shiite finishes speaking, but that answer seems to relate to the end of the speech only, in particular to the fact

[1] E.g. Buḫārī, *Ṣaḥīḥ* 40/4579.

that the tragedy of the *Ahl al-Bayt* can not be lightly esteemed by the true believer (791).

Book V, 845-907, contains a story about Muḥammad Alp Uluġ Ḫwārizm Šāh and the people of Sabzawār (near Bayhaq, in Iran ; a region which was said to be inhabited by Twelvers[1]). That Sunni prince, a relative of Rūmī's mother and grandmother, was ruling Balḫ when Rūmī's family had to flee from that city. He is presented here as finding only one man with the name Abū Bakr in the whole of Sabzawār. Bearing that name is synonymous here with being a man of God and having a pure heart (867-868). The heading at the beginning of the story tells us that all the inhabitants of that city are Rāfiḍīs[2]. In its most common meaning, especially in the Middle Ages, the name of *rāfiḍī* was applied to the 'orthodox' Shiites ; i.e., to the Twelvers and their predecessors in the genealogical tree of Shiism (thus neither to Zaydis nor to Ismailians). So, this story might simply refer to Twelvers. However, none of the words *rāfiḍī*, *šīʿī*, or *sunnī* appears in the story itself. The inhabitants are even called 'magians', i.e., Zoroastrians according to Nicholson, by Muḥammad Šāh (855). And why did Rūmī not simply use the word *šīʿī* this time ? The word *rāfiḍī* was also used with other meanings, especially for 'extreme' Shiites that considered that caliphs Abū Bakr and ʿUmar (not to mention ʿUṯmān), or even most of the Companions of the Prophet, were on a wrong path[3]. This could be the right explanation for that word here[4]. But the core of the story is that nobody in the city bears the name Abū Bakr, except for the stranger found by the sultan ; as we have said, this would be true even today among any Shiite population.

On the other hand, according to Nicholson's *Commentary*, the heading preceding verse I 2959 contains a paraphrase of a Shiite *ḥadīṯ*. Now this does not prove anything *per se*. Some *ḥadīṯ*s of Shiite origin were indeed accepted by Sunni scholars ; and, anyway, this only shows that Rūmī was aware of that *ḥadīṯ*.

We find other indications if we look for occurrences of the word *sunnī*. Its connection with *muʿtazilī* is particularly interesting :

II 61 "The doctrine held by the eye of sense is Muʿtazilism, whereas the eye of Reason is Sunnite (orthodox) in respect of (its) union (vision of God).
Those in thrall to sense-perception are Muʿtazilites, (though) from misguidedness they represent themselves as Sunnites.

---

1 A.K.S. LAMBTON (1960).

2 Absent from my CD version of Nicholson's translation, but found in E. DE VITRAY MEYEROVITCH/Dj. MORTAZAVI (1990), p. 1138.

3 E. KOHLBERG (1994).

4 As expressed by E. DE VITRAY MEYEROVITCH/Dj. MORTAZAVI (1990), p. 1138 (note).

> Any one who remains in (bondage to) sense-perception is a Muʿtazilite ; though he may say he is a Sunnite, 'tis from ignorance.
> Any one who has escaped from (the bondage of) sense-perception is a Sunnite : the man endowed with (spiritual) vision is the eye of sweet-paced (harmonious) Reason."

So the Muʿtazili doctrine is opposed here to the right one, which is not simply the non-Muʿtazili, but the Sunni one. The word *sunnī*, which appears elsewhere as marking another opposition (see below), is not likely to be used here with the much wider meaning of 'those who follow the *sunna*'. The same opposition, between Muʿtazilis and Sunnis, is present in III 1539-1540 ; and Rūmī's disagreement with Muʿtazilis appears in other places : I 1229, I 1482, III 1020-1028, IV 218-219. An interesting point is that Muʿtazilism strongly influenced Twelver and Zaydi theology (the latter even adopted it as its official doctrine)[1]. It would thus seem strange, in a first analysis at least, that Rūmī rejected Muʿtazilism if he were a Twelver. Muʿtazili theses were indeed already firmly established in Twelver theology in the middle of our 11th century[2].

Similarly, in verses III 1501-1503 (see further below), Rūmī appears to draw a kind of parallel between another Muslim group, the Ǧabris or Necessitarians (the doctrine of which he clearly opposes in that passage and others[3]), and that of Sunnis. In V 2963 *sqq*, it is also with a Sunni, according to the introductory text[4], that a Necessitarian is confronted. As with Muʿtazilis, Sunnis appear to be the reference group.

The conclusion of all this seems to be that Rūmī, although ranking ʿAlī very high, is a Sunni. What we have said so far, however, essentially concerns Twelvers. But what of Ismailians ? According to some, Šams-i Tabrīzī was of Ismailian origin himself[5]. If the latter is true, we might find traces of Ismailian influence in Rūmī's works.

Nicholson translates the following verse as such :

V 2269 "Let no Frank die such a death : may no *mulḥid* (Ismáʿílí or 'Assassin') have (cause to make) this lamentation !"

---

[1] See R. CASPAR (1987), *ibid.*, and D. GIMARET (1992), pp. 787-788.

[2] See D. GIMARET (1992), p. 788.

[3] See VI 1442-1443, however.

[4] Absent from the CD containing Nicholson's work, but present in E. DE VITRAY MEYEROVITCH/Dj. MORTAZAVI (1990), p. 1288.

[5] See P. HANJOUL (to appear).

The word *mulḥid* is a negative one, meaning « atheist, heretic, apostate ». There is no evidence that the explanation offered by Nicholson in the parenthesis is the only possible one, although the Assassins did happen to be called by that name in some regions and periods, especially after the middle of the 12th c[1].

The word *fidā'ī*, which appears in V 3542 and VI 3037, probably designates Assassins of the lowest grade, the « destroying angels » of the sect ; their characteristic being their readiness to sacrifice themselves (which matches, in fact, the normal meaning of *fidā'ī*), i.e. their own lives[2]. The same group also seems to be referred to in this verse :

IV 2127 "Like the heretics of Girdakúh, every one was ruthlessly stabbing his spiritual Director."

(The word for « heretic » is again *mulḥid*). The Assassins would thus be presented very negatively here ; at least those of the fortress of Gird-i Kūh[3]. De Vitray Meyerovitch and Mortazavi (1990, p. 967, note) seem more restrictive : according to them, the verse concerns an Ismailian sect ; thus not necessarily all the Assassins.

On the other hand, a positive allusion to Alamūt could perhaps be found in this verse :

II 3465 "If the mountain is full of snakes, have no fear, for it is a mine of antidote within."

According to commentaries reported by Nicholson, one of the varieties of that antidote (bezoar) is indeed found near Alamūt.

The word *ismāʿīlī* itself appears in the long story of the deadly mosque in Book III, 3916-4376. A man wanting to sleep in that mosque in spite of the danger compares himself to Ismailian agents, always ready to sacrifice their lives, like Ismāʿīl :

III 4101 "I am unafraid (of death), like the Ismáʿílís ; nay, like Ismáʿíl (Ishmael) I am free from (care for my) head."

The term 'Ismáʿílís', clearly referring to the Assassins in Nicholson's view, is thus very positive here ; especially as the man indeed does make the right

1 See W. MADELUNG (1992).

2 See the list of grades in E.G. BROWNE (1976-78), vol. 2., p. 206; referred to by Nicholson in his *Commentary* on verse IV 2127.

3 Recorded as one of the strongholds of the Assassins in Persia; see *op. cit.*, p. 204.

choice and meets God in all His glory and wealth. That passage seems related to this one in the same story :

4174 "I am Khalíl (Abraham), and thou art my son : lay thy head before the knife : *lo, I see (in a dream) that I shall sacrifice thee.*
Lay thy head before (my) wrath, with heart unmoved, that I may cut thy throat, like (that of) Ismáʿíl (Ishmael)."

In fact, the last terms are "as an Ismailian" in Whinfield's translation. The end of the Persian verse, according to the text at my disposal, seems *Ismāʿīlwār* « like Ismāʿīl », not *Ismāʿīlīwār*. Either Whinfield made a mistake, or he used a different version of the *Maṯnawī* from the ones studied by Nicholson or de Vitray Meyerovitch and Mortazavi. Or should it read *Ismāʿīliwār*, with the long *ī* being shortened according to some poetic licence ? Anyway, those two verses seem to be a reminder of verse 4101, which had indeed associated the two concepts, giving a kind of aura to the word *ismāʿīlī*.

On the other hand, if we are to gather clues about Ismailism, we must also look for the word 'seven'. Although conveying a spiritual connotation in many cultures and being found, in various contexts, in sufism and Islamic philosophy as well as in the *Maṯnawī* itself, this number really lies at the core of Ismailian philosophy and might stand as a hidden indication ; as it does even today in the fountain of the Ismaili Centre in London, for instance[1].

The word appears in several places. Noticeable occurrences concern the Seven Sleepers in Books I, II, and III. But others are particularly numerous in a strange story that some consider to be going beyond the limits of any decipherable symbolism : the visions and miracles of Daqūqī (III 1923-2305)[2]. The fact that Rūmī does not provide any explanation or comment, contrary to his habit[3], lets the reader suspect that the tale might contain a message that he could not state openly. As we said, the meaning of III 2113-2114 seems to be that something, or someone, lies hidden beyond the appearances of the tale. The story, with its nearly obsessive repetition of the word 'seven', might indeed be understood as a hidden profession of Ismailian faith.

What is it about ? A man named Daqūqī sees seven candles above the sea, which remain invisible to other people. The seven candles unite into one. That one candle again separates into seven, which assume the aspect of seven men, who transform themselves into seven trees, unseen by people passing by. The seven trees then become one and seven at every moment. Then, being seven, they

1 A. SCHIMMEL (1994). For old architectural examples, see I. MÉLIKOFF (1999). Research about *Twelve* did not yield any significant results.

2 See E. DE VITRAY MEYEROVITCH/Dj. MORTAZAVI (1990), p. 23.

3 *Ibid.*

perform the prayer behind one of them. After that, they transform themselves into seven men, who ask Daqūqī to lead their prayer. During the prayer, Daqūqī sees a ship and saves it through his intercession from being wrecked ; however, in doing this, he has not led the prayer properly and the seven men disappear from his sight, leaving him desperate and looking for them.

Several interpretations of these seven extraordinary beings are reported by Nicholson : they might be the seven *Abdāl* (an opinion expressed by Ibn ʿArabī in his *Futūḥāt*), the seven principal qualities of God, or some class of 'Men of the Unseen'[1]. Interestingly, in verse 2055 (quoted below), as indicated in Nicholson's *Commentary*, the seven men are called « lions » (*arslān*), a word he translates here as « heroes ». This corresponds to the meaning of *Ḥaydar* and *Asad Allāh*, two titles of ʿAlī : the Lion of God[2]. So the seven men might be somehow seven ʿAlīs. This could maybe fit the *waḥdat al-wuǧūd*, « the unity of existence », in which Rūmī and his father believed[3], but it is also reminiscent of some extreme Shiite and sufi views. Several extreme Shiite groups indeed said that something divine transmigrates through the imams[4].

Here are now the verses in which we find the word 'seven' in the story, together with those expressing the transformations of the beings :

III 1985 "Of a sudden I beheld from afar seven candles and hastened along the shore towards them.

1991 Then I saw the seven (candles) become one, its light cleaving the bosom (rim) of the sky.

Then again that one became seven once more : my intoxication and bewilderment waxed mighty.

2001 The seven candles appeared to the eye as seven men : their light was mounting to the azure vault.

2003 Then each man assumed the shape of a tree : my eye was happy in they greenery.

---

1 Nicholson's *Commentary* of the heading preceding verse III 1985 in Daqūqī's tale.

2 The two are mentioned in Nicholson's *Commentary* on verse I 2959.

3 See E. DE VITRAY MEYEROVITCH/Dj. MORTAZAVI (1990), pp. 25-7, and perhaps verses I 3790 and 3829 quoted above.

4 D. GIMARET (1998), p. 197. According to C.S. KIMBALL (Int. 2), ch. 10, Ismailians (which are not on Gimaret's list) believe that the spirit of Adam has been reincarnated in every imam [this would be taken from N. SMART (1977), p. 212, but I had no possibility of reading that book and tracking the information further]. So this could be an indication that the seven men are the first seven Ismailian imams, for instance. On the other hand, the Bektāšis, who have been very close from old to at least a part of the Mawlawiyya (see below), believe that their eponymic saint, Ḥāǧǧī Bektāš, is a manifestation of ʿAlī, who is himself a manifestation of God on earth; see N. CLAYER (1996), p. 473. And the Qızılbāš, whose religious concepts are close to those of the Bektāšis, believe in reincarnation; see A. GÖKALP (1980), p. 184.

2046 He (Daqúqí) said, "I, the fortunate one, pushed forward ; again all the seven (trees) became one tree.
At every moment they were becoming seven and (also) a single one : (you may imagine) what I was becoming like, through bewilderment
2054 After a long while those (trees) became seven men, all seated (in contemplation) for the sake of God who is single.
I keep rubbing my eyes (and wondering) who are those seven heroes and what they have of this world.
2121 I sing thy praise outside of the five (senses) and the seven (heavens). Now write 'Daqúqí went forward'."

Of the verses containing the word 'seven', seven concern the various transformations of the beings ; and the central verse of those seven, verse 2001, contains two occurrences of the word, instead of one for the others. That double occurrence brings the total number of occurrences to eight in the verses concerning the transformations ; eight, which, beyond the created world, is the number of eternal blessing[1]. Nine verses contain the word 'seven' in the story ; that number, nine, may also bear a significance. It may indeed have played a role in the *bāṭinī* doctrine developed at Alamūt, in which there would have been nine levels of *daʿwa*[2]. From this point of view, verse 2121, being the ninth of those verses, could carry the highest level of information.

Now verse 2121 indeed contains an interesting formula : 'the five and the seven'. Nicholson, as well as de Vitray Meyerovitch and Mortazavi, understands it as referring to the five senses and seven heavens. Of course, the expression has other possible interpretations ; the same translators may understand it differently elsewhere, as in VI 1799, which they interprete as referring to the five senses (ten in I 3577) and seven members of the human body. But there are other potential meanings, linked to Shiism. In Bektāšism, which has always been very close to the *Šamsī* (i.e., Shiite) branch of the disciples of Rūmī, at least since his grandson and fourth successor Ūlū ʿĀrif Çelebī[3], the Five are the *Ahl al-Bayt*, and the Seven are that group plus Salmān al-Fārisī and angel Ğibrīl[4]. Five is also associated with Zaydi Shiism, which is based on five imams ; and seven, with Ismailism. If this last association is right, it seems in contradiction with a profession of Ismailian faith ; unless we have to take in consideration the sum only, twelve, in which case the meaning of the verse would be that Rūmī wants to keep his distance from the Twelvers.

---

1 A. SCHIMMEL, *loc. cit.*

2 A. GÖLPINARLI (1997), pp. 129-130; see also E.G. BROWNE (1976-78), vol. 1, p. 415.

3 A. GÖLPINARLI (1960), pp. 166-169.

4 N. CLAYER (1996), p. 473.

Let us continue, nevertheless, with our quest for number seven. If Rūmī was influenced by Ismailism, we can imagine that he would divide the *Maṯnawī* into seven books, maybe symbolized by the seven trees of the story ; nothwithstanding Nicholson's comments, according to which the seven beings are manifested as trees of Life, Knowledge, etc. In this perspective, too, the people looking at the seven trees without seeing them resemble the readers of the tale, or of the *Maṯnawī*, and do not perceive its true nature. Unfortunately, the *Maṯnawī* contains six books.

But, are they really six ? The Būlāq edition contains a seventh book, discovered in 1625-6 by Ismāʿīl Rusūḫ al-Dīn al-Anqarawī (ob. 1631-2)[1], the renowned commentator of the *Maṯnawī*, who considered it a genuine work of Rūmī, in opposition to prevailing opinion[2]. On the other hand, the abrupt manner in which the sixth book comes to an end, leaving the story of the fortress and the three princes apparently unfinished, together with the fact that this book is the longest of the six and that Rūmī continued to work on the *Maṯnawī* till his death[3], may lead us to suspect that he intended it to be a set of more than six books[4].

All this does not prove anything, however, and we may be completely wrong in our tentative interpretations. Trying to read Daqūqī's story from an Ismailian or *ġulāt* point of view does not seem to bring out any complete and convincing new message. Perhaps our efforts just illustrate the fact that any text, once read in an esoteric light, seems to contain allusions to what we want to find.

Rūmī's general attitude towards the religious division of the world might seem very open, if we look at this verse out of Daqūqī's story :

III 2124 "Inasmuch as the object of praise Himself is not more than One, from this point of view (all) religions are but one religion."

Concerning more specifically the division of Islam, these verses could give the same impression :

III 1448 "Nay, the two-and-seventy sects, every one, are unaware of (the real state of) each other and in a (great) doubt.

1 His commentary on the *Maṯnawī*, *Fātiḥ al-abyāt*, is the main basis of Nicholson's *Commentary*; see T. YAZICI (1973).

2 E.H. WHINFIELD (Int. 4).

3 See E. DE VITRAY MEYEROVITCH/Dj. MORTAZAVI (1990), pp. 23, 31, and 43 (note 124).

4 The *Commentary* of Nicholson on verse I 2795, based on al-Aflākī's *Manāqib al-ʿārifīn*, says that there was a gap of two years between the first and the second books of the *Maṯnawī*. It thus seems that Rūmī wrote the books one after the other. On the other hand, it would probably be interesting to review the issue of the seventh book in the light of current research concerning the structure of the *Maṯnawī* conducted at the SOAS; see M.S. ALAVI/S.G. SAFAVI/S. WEIGHTMAN (2002).

1501 The Sunní is unaware of the Jabrí's (mode of) glorification : the Jabrí is unaffected by the Sunní's (mode of) glorification."
V 3226 "This doctrine has become the adversary and bitter enemy of that, so that the imitator (who adopts the beliefs of others) is in a dilemma."

But this would be a misunderstanding. All religions are not equivalent (see above the attack on magians) ; in several places, Rūmī indicates that Ǧabris, Muʿtazilis, Qadaris are on the wrong path ; and, according to the *ḥadīṯ*, there will have been 73 sects in Islam, which means that Rūmī speaks of those 72 sects from the point of view of the 73rd, the right one. Everywhere, Rūmī expresses his sorrow about that division which puts believers in a perilous position ; as here :

I 3224 "Every false doctrine resembles a mountain-pass, a precipice, and a brigand."

What, then, is the solution to futile reasoning and quarrels between Muslim sects ? There is only one way toward unicity and truth : divine Love.

V 3230 "The only muzzle for evil suggestions (of doubt) is Love ; else, when has any one (ever) stopped (such) temptation !
3241 Eloquence is dumfounded by Love : it dare not engage in altercation.
3246 'Tis as when a bird is (perched) on your head, and your soul trembles for fear of its flitting,
So you dare not stir from your place, lest your beautiful bird should take the air ;
3250 Bewilderment is like that bird : it makes you silent : it puts the lid on the boiling kettle and fills you with the boiling of Love."

The conclusion of our study is that Rūmī was most probably a Sunni, as is usually assumed (although we did not examine what he really means by this word). He criticizes Shiites and nearly ignores their imams. There could be exceptions in a few verses which might be understood as expressing a liking for ʿAlī Zayn al-ʿĀbidīn ibn al-Ḥusayn and for Ismailians. As for passages containing numbers twelve and seven, they reveal nothing but a touch of mystery surrounding the latter.

In any case, Rūmī is not seen as an enemy of Shiism. Indeed, the criticism aimed at Shiism in the *Maṯnawī* does not concern its fundamentals : there are no words against imams, the *Ahl al-Bayt* are treated with the greatest respect, ʿAlī is a high and essential figure. Of course, Abū Bakr, ʿUmar and ʿUṯmān are on a pedestal ; but, as we said, verses III 2113-2114 warn us : the characters of the tales are not essential. And we saw that some passages seem open, not specifically to a pro-Twelver, but to a pro-Shiite (and possibly to a pro-Ismailian) interpretation.

All this helps us understand that the message contained in the *Maṯnawī* was, and remains, attractive for Shiites as well as for Sunnis. And for others, since the understanding that Rūmī calls for reestablishes unity at a higher level :

I 1170 "The religion of Love is apart from all religions : for lovers, the (only) religion and creed is God."

Of course, the ideas we have explored here should be confronted with other comments on the *Maṯnawī* than those used by Nicholson, with other works of Rūmī, ... Would it be really useful, however ? The last verses we quoted reveal that our questions, according to Rūmī himself, are rather vain and that we should silence our boiling kettles. Perhaps the real meaning of the sometimes seemingly contradictory hints that we collected resides in Nicholson's comment on verse III 2007 :

"*the occult nature of the saints transcends logic altogether.*"

References

M.S. ALAVI, S.G. SAFAVI, and S. WEIGHTMAN (2002) : *Structure in the Maṯnawī.* Paper presented at the International Conference on Mawlawi Rūmī, London : Islamic Centre of England, 25-26 January 2002.

M.M. BAR-ASHER (1993) : "Variant Readings and Additions of the Imāmī-Šīʿa to the Quran", in *Israel Oriental Studies* 13 (1993), pp. 39-74.

E.G. BROWNE (1976-78) : *A Literary History of Persia.* 4 vols. Cambridge : University Press, 1902-6. Réimpression.

J. CALMARD (1976) : art. "Kās͟hān", in *EI*² 4, pp. 722-724.

R. CASPAR (1987) : *Traité de théologie musulmane.* Rome : P.I.S.A.I.

N. CLAYER (1996) : *La Bektachiyya*, in A. POPOVIC et G. VEINSTEIN (eds.), *Les Voies d'Allah.* Paris : Fayard, pp. 478-474.

E. DE VITRAY MEYEROVITCH/DJ. MORTAZAVI (1990) : *Djalâl-od-Dîn Rûmî, Mathnawî. La Quête de l'Absolu* (translated by). Paris : Éditions du Rocher.

Encyclopédie de l'Islam. Leyde - Paris : E.J. Brill - C. Klincsieck, 2nd ed. [*EI*²].

D. GIMARET (1992) : art. "Muʿtazila", in *EI*² 7, pp. 785-795.

D. GIMARET (1998) : art. "Tanāsuk͟h", in *EI*² 10, pp. 196-197.

A. GÖKALP (1980) : *Têtes rouges et bouches noires.* Paris : Société d'Ethnographie.

A. GÖLPINARLI (1960) : art. "Mevlevilik", in *Islam Ansiklopedisi* 8, Istanbul : Maarif Basımevi, pp. 164-171.

A. GÖLPINARLI (1997) : *100 soruda Türkiye'de Mezhepler ve Tarikatler.* Istanbul : Gerçek Yayınevi, 1969. Reed. Istanbul : İnkılâp.

P. HANJOUL (to appear) : *Shiite elements concerning Jalāl al-Dīn Rūmī.*

M. HINDS (1991) : art. "Muʿāwiya Ier", in *EI*² 7, pp. 265-270.
M.G.S. HODGSON (1962) : art. "D̲jaʿfar al-Ṣādiq", in *EI*² 2, pp. 384-385.
Cl. HUART/[H. MASSÉ] (1954) : art. "Daḳīḳī", in *EI*² 2, p. 102.
E. KOHLBERG (1994) : art. "al-Rāfiḍa ou al-Rawāfiḍ", in *EI*² 8, pp. 400-402.
A.K.S. LAMBTON (1960) : art. "Bayhaḳ", in *EI*² 1, p. 1164.
S.H. LONGRIGE (1954) : art. "Daḳūḳā'", in *EI*² 2, p. 103.
W. MADELUNG (1992) : art. "Mulḥid", in *EI*² 7, p. 546.
I. MÉLIKOFF (1999) : "Le problème bektaşi-alévi : quelques dernières considérations", in *Turcica* 31 (1999), pp. 7-34.
R.A. NICHOLSON (1926) : *The Mathnawí of Jalálúddín Rúmí.* London : Luzac & Co. (*E.J.W. Gibb Memorial Series, New Series,* IV.2, IV.4, & IV.6), 1926, 1960², 1968³ ; in *Mawlawí Rúmí's Works. Mystical Literature -1-* (CD). London : Institute of Islamic Studies, n. d.
R.A. NICHOLSON (1937-40) : *Commentary on the Mathnawí of Jalálu'ddín Rúmí.* London : Luzac & Co. ; in *Mawlawí Rúmí's Works. Mystical Literature -1-* (CD). London : Institute of Islamic Studies, n. d.
L. AL-ṢĀFĪ (1994) : *La vraie nature de l'école des Ahlul-Bayt.* Firminy : A.R.C.S.
A. SCHIMMEL (1994) : art. "Sabʿ", in *EI*² 8, pp. 681-2.
N. SMART (1977) : *The Long Search.* Boston-Toronto : Little, Brown & Co.
T. YAZICI (1973) : art. "Ismāʿīl al-Anḳarawī", in *EI*² 4, p. 198.

Internet References

J. DARUWALA (Int. 1) : *Life of Zarathustra.* http :// www.parsicommunity.com/Religion/Articles/article8.htm
C.S. KIMBALL (Int. 2) : *A General History of the Middle East.* 2000, http :// xenohistorian.faithweb.com/neareast
E.H. WHINFIELD (Int. 3) : *Masnaví-i Maʿnaví : the Spiritual Couplets of Mauláná Jalálu'ddín Muhammad Rúmí* (translated and abridged by). London, 1887 ; London : Kegan Paul, 1898² ; IntraText, http :// www.intratext.com/ixt/ENG0134/_index.htm
E.H. WHINFIELD (Int. 4) : *Note on Apocryphal Supplements to the Masnavi.* IntraText, http :// www.intratext.com/ixt/ENG0134/$2g.htm

LE *MOI*
D'IBN SĪNĀ AU *KITĀB AL-RUMŪZ* D'AL-ŠAHRAZŪRĪ AL-IŠRĀQĪ
ÉLÉMENTS DE COMPARAISON

M. PRIVOT
FNRS/Université de Liège

Quelque deux siècles après le décès en pleine gloire du *Šayḫ al-Ra'īs* à Hamaḏān[1], et quelques décennies après la mort pour le moins obscure du *Šayḫ al-Išrāq*[2] au fond des geôles alépines, un autre philosophe, Šams al-Dīn Muḥammad ibn Maḥmūd al-Šahrazūrī al-Išrāqī[3] — lui aussi oriental à plus d'un titre — se penche sur la problématique de la définition de l'*égoïté*, du *Moi*, au cours d'un traité abordant l'âme, sa quiddité, son parcours ici-bas et dans l'outre-monde, ainsi que les questions de noétique inévitablement associées à ce thème.

Vraisemblablement l'un des premiers traités de cet auteur, le *Kitāb al-Rumūz wa-al-amṯāl al-lāhūtiyya fī al-anwār al-muǧarrada al-malakūtiyya* (« Le Livre des symboles et des paraboles divines à propos des pures lumières du *Malakūt* ») est une œuvre de confluence où s'entremêlent révélations, philosophies et sagesses héritées de près de deux millénaires de réflexion sur le divin, l'homme et l'univers[4]. Aussi importante que soit l'influence d'un Aristote 'avicennisé', force est de constater que la totalité de cet opuscule reste nimbée des lumières matutinales de l'*Išrāq* sohravardien levé depuis peu à l'horizon oriental de la philosophie islamique[5].

---

1 Ibn Sīnā ou Avicenne (369-428/980-1037). Voir Y. Michot dans IBN SĪNĀ (2000) pour une nouvelle mise en perspective de la vie et de l'œuvre du *Šayḫ al-Ra'īs*.

2 Amīrak Muḥammad ibn Šihāb al-Dīn al-Sohravardī (549-586/1155-1191), fondateur de la Sagesse Orientale (*Ḥikmat al-Išrāq*). Voir M. AMĪN RAZAVĪ (1997) et H. CORBIN (1971).

3 XIIIe siècle. Encore en vie en 686/1287. Voir P. LORY (1996), pp. 225-226.

4 M. PRIVOT (2001), pp. 312-314. L'édition critique de cet ouvrage s'inscrivant dans le cadre de notre thèse de doctorat, nous identifierons les passages cités en fonction de la foliation du manuscrit Lālelī 1376 que nous avons retenu comme source de l'élaboration de notre stemma. Les éléments avancés dans cet article se veulent essentiellement être la présentation de pistes de réflexion pour des recherches ultérieures. Nous ne considérons en aucun cas nos conclusions comme définitives. Offertes comme une concaténation d'éléments *a priori* pertinents, elles se veulent avant tout être ouverture de débat. Nous tenons également à exprimer toute notre reconnaissance à C. Bonmariage dont les conseils éclairés nous furent précieux au cours de la rédaction de cet article. Il va de soi que nous endossons seul la responsabilité pour toute erreur qui pourrait apparaître dans les pages qui suivent.

5 Cela se manifeste notamment par l'utilisation constante d'un vocabulaire ou de concepts typiques de la *Ḥikmat al-Išrāq* (par exemple les « *substances crépusculaires* » [*ǧawāhir ġāsiqa*] dans Lālelī 6v, l'« *illumination présentielle* » [*išrāq ḥuḍūrī*] dans Lālelī 32v, 40v, 41v, la « *perception présentielle* » [*idrāk ḥuḍūrī*] dans Lālelī 47v, la « *contemplation présentielle* » [*mušāhada ḥuḍūriyya*] dans Lālelī 66v. On pourrait encore mentionner le discours qui veut que la différence

C'est donc dans ce contexte général, mais très particulier, et ce dès les premières pages de son traité, qu'al-Šahrazūrī tente de définir ce qui doit être compris (*al-mafhūm*) par le terme *Moi* (*anā*). À quelle réalité ce terme renvoie-t-il ? Réalité générale qu'il désigne par le vocable *anāniyya*, qui semblerait, quant à lui, inconnu chez Ibn Sīnā[1].

L'apparition de ce terme dans les manuscrits du *Kitāb al-Rumūz* pose d'emblée deux problèmes. Tout d'abord un problème de forme : Sohravardī utilise le terme d'*anā'iyya* pour exprimer ce concept d'*égoïté*, de *moi*, de *subjectivité personnelle existentielle*[2], tout comme l'aurait fait al-Šahrazūrī dans son *Šarḥ Ḥikmat al-Išrāq* édité par H. Ziai. Ce dernier précise d'ailleurs en note de son édition qu'il dut choisir entre les lectures *anā'iyya* et *anāniyya*, préférant *in fine* la première option en fonction de la qualité du manuscrit porteur de cette lecture[3]. Différence externe mineure[4], certes, qui ne semble pas entraîner de différence de sens, mais à la suite de laquelle il est toutefois permis de se demander pourquoi la graphie *anāniyya* a paru, à terme, l'emporter au point de faire disparaître son doublet du lexique philosophique courant ?

---

entre les lumières ne se fasse que par l'intensité ou la faiblesse, la perfection ou la déficience, ou encore par des éléments extrinsèques à leur essence, à partir de Lālelī 6v *sqq.*, pour ne citer que quelques uns des indices les plus pertinents). D'autres éléments, qui feront l'objet d'un prochain article, paraissent démontrer clairement qu'al-Šahrazūrī avait le *Kitāb Ḥikmat al-Išrāq* sous les yeux lorsqu'il rédigea ce traité, car il suit parfois mot-à-mot les argumentations de son maître Sohravardī.

1 A.-M. GOICHON (1938). Voir aussi COLLECTIF (s. d.) dans *Manṭiq al-mašriqiyyīn* et *Kitāb al-Šifā'* (Logique et Métaphysique), *s.v. anāniyya, anā' iyya, anā* et *anniyya.*

2 Voir SOHRAVARDĪ (1986), pp. 103-104, 492 ; ainsi que H. CORBIN (1971), p. 63 ; SOHRAVARDĪ (1999), pp. 80-81.

3 Voir AL-ŠAHRAZŪRĪ (1993), p. 295. Tous les manuscrits du *Kitāb al-Rumūz* proposent la lecture *anāniyyatī*, ou un *ductus* s'en approchant. Sauf le manuscrit de l'Escorial qui propose '*anā šay*'' dont le *ductus*, sans point diacritique, est cependant identique à celui d'*anāniyyatī*, ce qui peut expliquer la confusion du copiste. Le manuscrit de la Nūru Osmaniye, daté de 725/1325 et donc le plus proche de la rédaction de l'original — inconnu à ce jour — propose dans le texte principal la lecture *anāniyyatī*, bien que celle-ci soit également corrigée en marge par *anā šay'^{un}*. Cela signifierait donc, en admettant que Sohravardī ait utilisé, voire créé (?) — une recherche plus approfondie serait à réaliser à ce propos — le terme d'*anā'iyya* que, plus ou moins un siècle et demi après sa mort, l'usage de la variante *anāniyya* se serait définitivement imposé auprès du commun des lecteurs ou des copistes à tout le moins, bien que ce mot semble toujours demeurer problématique pour certains au vu des annotations marginales et de certaines graphies hésitantes constatées dans les différentes variantes du *Kitāb al-Rumūz.*

Autre indice concernant la fixation de cette lecture aux alentours du VIIIe/XIVe siècle : *cf.* AL-QĀŠĀNĪ (1996), I, p. 247 (m. 730/1329), qui définit successivement l'*anāniyya*, puis l'*inniyya* (dans ce cas-ci, une autre vocalisation de l'*anniyya*). Voir *infra*.

4 Explicable très simplement par le fait qu'en *scriptio defectiva* manuscrite le *nūn* sans point diacritique et le *yā'* non surmonté de la *hamza* sont identiques.

Ensuite un problème de fond : l'apparente absence de ce terme dans le lexique philosophique d'Ibn Sīnā prouve-t-elle pour autant, chez cet auteur, l'absence de ce concept ou d'un concept qui lui serait proche ? Thèse de prime abord difficile à soutenir d'autant qu'Ibn Sīnā est reconnu pour avoir développé une véritable approche psychologique, au sens moderne du terme, de l'être humain.

Si l'on s'en tient aux évidences lexicales, Ibn Sīnā se serait effectivement attelé à la tâche ardue de définir le *Moi*, sans pour autant ressentir *a priori* le besoin de dériver un terme exprimant cette réalité particulière. On trouve en effet, dans les *Rasā'il aḥwāl al-nafs*, ces deux définitions du *Je*, du *Moi* (*anā*)[1] :

> "Ce qui est désigné par tout un chacun lorsqu'il dit *Moi*, c'est l'âme."

> "Il y a en l'homme une chose unificatrice qui unifie ces perceptions et qui unifie ces actions. Nous savons aussi par nécessité que ce n'est pas une chose relevant des parties de ce corps qui rassemble ces perceptions et ces actions, car elle ne voit pas par l'oreille ni n'entend par le regard, ni ne marche grâce aux mains, ni ne saisit par la jambe. Il y a donc en lui une chose rassemblant l'ensemble des perceptions et des faits divins. Ainsi, l'homme qui se désigne par *Moi* diffère de la compilation des parties du corps. Il s'agit donc d'une chose au-delà du corps."

Dans le livre du *Šifā'*, il définit l'âme en tant que principe unificateur de l'activité psychique, car elle est le *Moi*[2], comme cela apparaît au cours de cette introspection avicennienne[3] :

> "Ce qui est visé comme étant ce que je reconnais être moi-même, c'est ce que j'entends par mon propos : j'ai senti, j'ai pensé, j'ai agi, et ce qui réunit ces propriétés, c'est une autre chose que j'appelle *Moi*."

Dans l'*Épître du Retour*, Ibn Sīnā précise encore[4] :

> "L'homme, ou ce que l'on considère comme étant l'homme, est ce à quoi correspond en lui le *Moi* : c'est l'essence véritable. C'est la chose dont il sait qu'elle est lui-même, et cette chose, c'est l'âme nécessairement."

---

1 IBN SĪNĀ (1957), p. 183, l. 3 et p. 184, l. 17. *Cf.* G. GIHAMY (1998), p. 123, col. 1-2.

2 M. SEBTI (2000), p. 108.

3 *Cf.* IBN SĪNĀ, *Kitāb al-Šifā'* (*De Anima*), V, 7 (éd. I. Madkour), p. 226, *apud* M. SEBTI (2000), *ibid*. Voir aussi A.-M. GOICHON (1938), p. 432, *s.v. waṣf.*

4 IBN SĪNĀ, *al-Risāla al-aḍḥawiyya* (éd. S. Dunya), p. 96, *apud* M. SEBTI (2000), p. 112.

Ces différentes définitions du *Moi* peuvent être rapprochées de celle que donnera de l'*ananiyya*, bien plus tard, ʿAbd al-Razzāq al-Qāšānī dans son célèbre ouvrage de définitions[1] :

> "C'est la réalité telle qu'elle sera connue. Elle est dénommée de cette façon car lui est donnée comme attribut toute chose. On dit : mon âme, mon esprit (*rūḥī*), mon cœur, mon corps, mon tout, ma partie."

Cependant, cela n'est guère analogue à l'*anniyya*, terme couramment utilisé par Ibn Sīnā, qui, bien que proche du *anā* et de l'*anāniyya/anā'iyya* par la racine, exprime une signification fort différente, telle qu'elle est définie par A.-M. Goichon : "*C'est l'haeccéité, l'individu, le réel, considéré quant à son essence*" ou, dans le *cogito* avicennien résultant de l'introspection de l'homme volant, "*l'homme qui plane dans les airs et ne sait ce qu'est le monde ni même son corps, cependant "sait que son haeccéité, sa* anniyya, *(son 'je' existant pour mieux dire) est quelque chose*'"[2]. Elle cite également à ce propos la définition particulièrement claire d'al-Šarīf al-Ǧurǧānī : "*L'*anniyya *est la constatation de l'être concret selon son ordre essentiel*"[3], que l'on peut homologuer sans difficulté à la définition de l'*inniyya* proposée par al-Qāšānī : "*C'est la considération de l'essence selon son rang essentiel*"[4]. Ce dernier, en exposant côte à côte ces deux définitions, rend évident qu'elles ne renvoient en aucun cas aux mêmes réalités, manifestant on ne peut plus clairement que l'*anniyya/inniyya* ne peut en aucun être identifiée à l'*anā'iyya* telle qu'elle est comprise par Sohravardī dans les extraits suivants du *Kitāb Ḥikmat al-Išrāq*[5] :

> "Tu trouveras que ce qui fait que tu es toi n'est qu'une chose qui perçoit son essence, il s'agit de ton égoïté (*anā'iyya*). Tout ce qui perçoit son essence et son égoïté (*anā'iyya*) partage cela avec toi."

> "Le fait de percevoir (*mudrikiyya*) ne se fait pas par un attribut ou par quelque chose qui s'ajouterait, quoi que cela puisse être. Ce n'est pas non plus une partie de ton égoïté, car l'autre partie resterait à ce moment inconnue. Si [cette chose] était au-delà de la perception et de la saisie (*šāʿiriyya*), elle serait inconnue et n'appartiendrait pas à ton essence à laquelle sa propre saisie (*šuʿūr*) ne se surajoute

---

1 AL-QĀŠĀNĪ (1996), I, p. 247. Sur la vie et l'œuvre d'al-Qāšānī, voir D.B. MACDONALD (1960), pp. 91-93.

2 A.-M. GOICHON (1938), pp. 9-11.

3 Voir AL-ŠARĪF AL-ǦURǦĀNĪ (1985), p. 39.

4 AL-QĀŠĀNĪ (1996), *ibid*.

5 SOHRAVARDĪ (1999), pp. 80-81, 82 et 86. Voir également SOHRAVARDĪ (1986), pp. 103-104, pour la traduction des passages correspondants par H. Corbin.

pas. Il est donc manifeste, selon cette méthode, que la choséité n'est pas surajoutée à celui qui saisit[1], car celui-ci est manifeste à soi-même par soi-même, de même que n'existent à son côté d'autres propriétés de sorte que sa manifestation soit en lui un état accidentel. Au contraire, il est ce qui est manifeste [en lui-] même, et rien d'autre. Il est une lumière pour soi-même, et, partant, une lumière inaltérée. Ta perception d'autres choses est consécutive[2] à ton essence, et l'aptitude à la perception accidentelle pour ton essence. Si on émettait l'hypothèse que ton essence est une *haeccéité* (*anniyya*) qui se perçoit elle-même, cela impliquerait qu'elle serait elle-même antérieure à l'acte de perception et donc, par là-même, inconnue. Or, c'est absurde."

"[...] Tout qui perçoit son essence est une lumière inaltérée, et toute lumière inaltérée est manifeste à son essence et perçoit son essence."

"[...] Ton *Moi* (*anā'iyya*) est une lumière séparée se percevant elle-même."

L'*anā'iyya*, ce qui fait que l'on est soi, la conscience de soi, s'inscrit donc bien dans cette perspective qui veut que "*connaître ne se surajoute pas au sujet connaissant. Il est son essence même, l'essence même de l'âme*"[3]. Cette *anāniyya*/*anā'iyya*, chez Sohravardī, est lumière, manifestation, conscience et connaissance de soi par présence à soi-même sans aucune sorte d'intermédiaire :

"Ton *Moi* personnel est une lumière immatérielle se connaissant soi-même."[4]

Mollā Ṣadrā Šīrāzī confirme par ailleurs cette interprétation dans son commentaire du *Kitāb Ḥikmat al-Išrāq* :

---

1 Il existe à cet endroit une différence de lectures entre l'édition de H. Corbin et celle de J. Walbridge et H. Ziai. Nous suivons la lecture de H. CORBIN qui semble plus pertinente dans ce contexte.
al-šāʿir (H. Corbin) : ***al-šāʿiriyya***. *Cf.* SOHRAVARDĪ (1999), p. 81, l. 5 ; Idem (2001), p. 112, l. 16.

2 Ici également, il y a une différence significative de lectures entre la version de J. Walbridge et H. Ziai (SOHRAVARDĪ (1999), p. 81, l. 7-8 : *wa-mudrikiyyatu-ka lā šay'*[a] *āḫar*[a]) et celle d'H. Corbin (Idem (1986), p. 113, l. 3 : *wa-mudrikiyyatu-ka li-ašyā'*[a] *uḫrà*). Nous préférons de même suivre la version d'H. Corbin qui nous semble entraîner des modifications moindres dans le texte original. La traduction de J. Walbridge et H. Ziai est la suivante : "*Your apprehension is not something else posterior to your essence, nor is the capacity for apprehension accidental to your essence. If your essence were assumed to be an identity that apprehends its essence, it would itself be prior to its apprehension and therefore be unknown, which is absurd*".

3 H. CORBIN (1971), p. 63.

4 SOHRAVARDĪ (1986), p. 111.

"[...] son égoïté (*anā' iyya*), c'est-à-dire son âme pensante qui a conscience de soi, est une lumière immatérielle."[1]

Pour en venir au *Kitāb al-Rumūz* ... Le terme d'*anāniyya* n'y apparaît qu'une seule fois (dans Lālelī 6r), au cours d'une interrogation sur la perception de soi :

"Si j'étais toujours non occulté (*ġayr ġā' ib*) à mon essence et si je ne la négligeais ni dans le sommeil, ni en état de veille, alors je la connaîtrais du fait de mon absence d'occultation à elle. Il n'y a ni différence spécifique, ni aucune autre propriété que je ne perçoive lorsque je perçois mon essence et que je ne lui suis pas occulté, car la quiddité n'est pas perçue lors de l'occultation à certaines de ses parties. Et étant donné que la saisie que j'ai de mon essence est toujours continue alors que je suis occulté [6r] à ces choses dont on postule qu'elles en sont des parties, [il en résulte que] celles-ci ne font pas partie de la réalité de l'homme. Aussi, je ne vois en mon essence, lors de [son] examen détaillé (*ʿinda al-tafṣīl*), qu'existence et perception. Or, il ne se peut pas que la perception soit une partie de ton essence, de sorte que l'autre partie serait inconnue. Si elle s'ajoutait à l'essence, elle lui serait alors postérieure (*muta' aḫḫir*), et l'essence serait inconnue avant la perception. Or, c'est absurde. La perception et la perceptive (*mudrikiyya*) ne s'ajoutent pas à mon égoïté (*anāniyyatī*). Ce qui est compris (*mafhūm*) par *Moi* (*anā*) est la réalité même de mon essence, car si ce qui est compris par *Moi* était extrinsèque à mon essence, je percevrais [cette] chose accidentelle à cause de l'absence d'occultation à elle, et je serais [dès lors] occulté à mon essence qui saisit continuellement (*al-mustamirrat al-šuʿūr*). Or, c'est absurde.

Par cet examen détaillé, on sait que mon essence est l'existence même, pure, individuelle, unique, et je ne vois en mon essence, après cet examen (*tafaḥḥuṣ*), que des affaires négatives et relatives ainsi que des considérations intellectuelles, sans plus. Ce qui est compris par *Moi*, lors de cet examen détaillé, c'est une existence qui perçoit son existence, c'est-à-dire son essence. Ainsi, étant donné que je ne perçois seulement que ce qui est compris [par *Moi*], ce qui est excédant à cela comme considérations inconnues est [alors] extrinsèque à ma quiddité.

Tu [*pourrais*] *dire* : ce que tu as mentionné est un terrain glissant [sous] les pieds des sages. Alors que les piliers [de la sagesse d'entre] les théosophes ont mentionné que le Créateur, le Très-Haut, est l'existence même, pure (*ṣirf*) [et] inaltérée (*maḥḍ*), toi, tu viens d'exposer clairement que tu es l'existence même.

---

1 *Op. cit.*, p. 492. Citation du commentaire de la *Ḥikmat al-Išrāq* réalisé par Mollā Ṣadrā. Nous avons adapté la traduction pour la rendre plus proche du lexique que nous utilisons. H. Corbin traduit par *"la subjectivité de l'homme, c'est-à-dire ..."*.

> *Écoute ce que je dis* : en fait, il n'y a pas dans l'existence ce dont la quiddité même est existence, mais il n'y a dans l'existence que les réalités contemplées soit par les sens, soit par l'intellect, et l'existence en tant que l'existence est une considération intellectuelle. Nous avons déjà mentionné que lorsque nous disons : "*l'existence même (nafs al-wuǧūd)*", nous voulons [dire] par là *ce qui est existant-présent*[1] *pour soi-même*, c'est-à-dire *le manifesté à soi-même, celui qui saisit son essence*, que cela s'applique au Créateur, le Très-Haut, ou à l'Intellect ou à l'âme."

Sans analyser toutes les implications potentielles de cet extrait, il n'en reste pas moins que ce dernier demeure intéressant à plus d'un titre concernant le thème étudié au fil de ces lignes. En effet, il montre que, dès le départ, al-Šahrazūrī inscrit sa réflexion ontologique dans le cadre *išrāqī* élaboré par Sohravardī. Outre le fait que la démonstration d'al-Šahrazūrī suit presque pas à pas les étapes de l'argumentation du *Šayḫ al-Išrāq* rappelée ci-dessus, il est également possible de rapprocher de ces extraits de la *Ḥikmat al-Išrāq*, les passages suivants du *Kitāb al-Rumūz* qui insistent sur la connaissance-présence continue à soi, fondatrice du *Moi* comme pure essence dans l'ontologie sohravardienne :

> "Quant à moi, je ne doute pas du fait que je perçois mon essence et que je la connais de façon continue sans avoir besoin de forme, ni de représentation (*miṯāl*), ni de figure. Ta perception de ton essence ne se fera que par ton essence elle-même, et pas autrement (dans Lālelī 8r)."
>
> "Mon essence est la manifestation inaltérée, ainsi que la perception et la science inaltérée, car ce sont des prédicats inhérents à l'essence (dans Lālelī 9r)."
>
> "Sache-le, ta saisie de ton essence, c'est ta perception de ton essence par ton essence elle-même (dans Lālelī 10r)."
>
> "La manifestation de ton essence à ton essence, c'est ta perception et ta saisie de celle-ci ainsi que l'absence d'occultation à elle (dans Lālelī 10v)."

Par ailleurs, quelle que soit la variante du doublet *anāniyya*/*anā'iyya* que l'on décide d'adopter, on ne peut néanmoins que constater une fixation du vocabulaire illuminationiste chez al-Šahrazūrī, fixation obvie tant dans le *Kitāb al-Rumūz* que

---

1 Nous proposons cette traduction pour *al-mawǧūd ʿinda nafsi-hi*, dans la mesure où *mawǧūd* signifie principalement, dans ce contexte, « se trouver, être présent à soi-même », ce qui est d'autant plus compréhensible dans la perspective *išrāqī* telle qu'elle a été envisagée par Sohravardī qui homologue l'existence à la présence, et la présence à la manifestation. Voir M. AMĪN RAZAVĪ (1997), p. 91.

dans son *Šarḥ Ḥikmat al-Išrāq*, au cours duquel il s'attache à préciser la doctrine de son maître. Ainsi, à propos de l'*anā'iyya*[1] :

> "Une chose qui perçoit son essence, c'est ton *anā'iyya*."
>
> "Ton *anā'iyya* est ton âme raisonnable, une existence inaltérée, une lumière séparée qui se perçoit elle-même."

Comme dernier élément, il est possible de mentionner le passage suivant du *Kitāb al-Rumūz* au cours duquel al-Šahrazūrī lui-même utilise le terme d'*inniyya*, au sens d'« *haeccéité* », parallèlement à l'usage du terme *anā*, « moi », insistant de façon indirecte sur la différence de signification qu'il accorde à ces termes au sein de son lexique philosophique (dans Lālelī 21v) :

> "Ainsi, il n'y a pas d'empêchement à ce qu'advienne à certaines âmes puissantes, vertueuses, aptes [à recevoir] l'effusion sanctifiée et la munificence sans commencement ni fin, grâce aux principes supérieurs, un immense attachement relevant de la divinité qui efface d'elles l'inclination vers leurs corps[2]. Elles désignent dès lors de façon spirituelle leurs principes par *Moi* (*anā*), alors que les *haeccéités* (*inniyyāt*) s'anéantissent dans les lumières victoriales relevant de la divinité."

De ces extraits variés, il appert qu'al-Šahrazūrī semble s'être ancré dans la perspective *išrāqī* du monde et ce dès la rédaction du *Kitāb al-Rumūz*. Manifestement, la perception de soi chez cet auteur s'inscrit indubitablement dans le cadre de l'ontologie sohravardienne qui veut que l'*ego*, le *soi*, la lumière, soit connaissance et que "*To know is to exist and to exist is to know*"[3]. Cette connaissance de soi s'effectue par la connaissance présentielle, sans aucune médiation ni intellection d'aucune sorte, transcendant la distinction sujet/objet, par le fait même de la présence du sujet à lui-même, débouchant sur la connaissance, par l'*ego*, de sa nature véritable. Dans cette mesure, la connaissance de soi, de question épistémologique qu'elle était au départ, devient une question ontologique, car cette connaissance est au cœur même de l'être.

Il découle de cela que l'homme ne peut se connaître lui-même qu'à travers lui-même, car ce qui est autre que lui ne peut d'aucune façon être utilisé pour arriver à la connaissance de son propre *ego*. Ce type de connaissance de soi requiert donc l'existence d'un mode précognitif de connaître qui ne peut être possible que par la connaissance présentielle. Ainsi, le fait que le *Moi* peut se connaître par sa simple présence à soi mène à la conclusion que le *Moi* est pure

---

1 AL-ŠAHRAZŪRĪ (1993), pp. 295 et 314.

2 ***abdāni-hā*** : ***ḏāti-hā***.

3 M. AMĪN RAZAVĪ (1997), p. 113.

présence[1], interprétation que confirme d'ailleurs Mollā Ṣadrā dans son commentaire du *Kitāb Ḥikmat al-Išrāq*[2] :

> "Sa connaissance qu'il a de lui-même constitue précisément son essence, sans qu'il ait d'autre quiddité."

En conclusion, al-Šahrazūrī, bien qu'indéniablement influencé par Ibn Sīnā, comme le fut d'ailleurs son maître, ne semble donc plus se situer au sein de l'univers psychologique avicennien voulant que l'aperception de soi — l'aperception qu'a l'âme de son existence, ininterrompue et garante de l'identité propre du sujet — fonde l'*ego* et, par là-même, unifie l'expérience, permettant de connaître l'autre au travers de cette conscience permanente de sa propre existence. En effet, "*Si l'âme ne se connaissait pas elle-même, comment connaîtrait-elle les autres choses ?* [...] *C'est parce que nous avons conscience de nous-même que l'autre peut nous apparaître comme autre ; sa saisie n'est possible que s'il m'apparaît comme m'étant distinct*"[3]. La présence à soi serait ainsi une donnée d'ordre psychologique caractérisant le mode d'être de l'âme déterminée comme *Ego*. Il ne s'agirait en aucune manière de la connaissance véritable de son essence. Ainsi, présence ontologique à soi, cette aperception ne serait ni pure intellection de soi, ni même connaissance de soi, même s'il est vrai qu'Ibn Sīnā aurait laissé, à propos de cette typification, des zones d'ombre dans l'élaboration de son système[4].

En effet, cette aperception que l'âme a d'elle-même, chez Ibn Sīnā, tout en étant absolue et réalisée sans l'intermédiaire d'aucun instrument, ne semble pas mener chez lui à une connaissance véritable par l'âme de son essence, connaissance qui ne peut être obtenue que lorsque l'âme devient transparente à elle-même, une fois séparée de la gangue corporelle. Lors de son attachement au corps, l'âme, toujours présente à soi, ne peut cependant pas atteindre à une connaissance immédiate de sa véritable nature, comme c'est le cas dans la conception sohravardienne du *Moi*. Permettant à l'individu de se poser comme le sujet de son acte, cette aperception ininterrompue de soi[5] ne nous semble donc pas pouvoir être homologuée à cette vision de l'*Ego* comme pure essence ou pure présence-connaissance telle qu'elle se rencontre chez Sohravardī et son disciple al-Šahrazūrī.

---

[1] *Op. cit.*, pp. 99-112. "*For Suhrawardi, the concept of knowledge by presence is therefore defined as an awareness or presence of the object before its essence. He reminds us that this essence, which he considers to be the same as the self, light, and knowledge, is such that by virtue of its presence bridges the subject-object distinction*".

[2] SOHRAVARDĪ (1986), p. 464.

[3] Voir IBN SĪNĀ, *Les notes*, pp. 79-80 *apud* M. SEBTI (2000), p. 105.

[4] M. SEBTI (2000), pp. 113-117.

[5] *Op. cit.*, pp. 99-109.

De ce qui précède, deux observations peuvent donc être formulées : il semblerait *in fine* que l'apparente absence du terme *anā'iyya/anāniyya* dans le lexique utilisé par Ibn Sīnā soit au moins révélatrice de l'absence de ce concept tel qu'il apparaît dans la philosophie de l'*Išrāq*, en tant que perception-présence à soi débouchant sur la connaissance véritable du *Moi*, de l'âme, de son essence. Enfin, cette approche de la connaissance de l'être reprise par al-Šahrazūrī constitue, à notre sens, en dépit des réserves émises par d'aucuns, une preuve supplémentaire de la profonde appartenance *išrāqī* de cet auteur, et ce vraisemblablement dès la première heure ...

Bibliographie

M. AMĪN RAZAVĪ (1997) : *Suhrawardî and the School of Illumination*. Richmond : Curzon (*Sufi Series*).

COLLECTIF (s.d.) : CD-Rom *Noor al-Hikmat* 2. Qom : Computer Research Center of Islamic Studies, [s.d.].

H. CORBIN (1971) : *En islam iranien, aspects spirituels et philosophiques*. T. II : *Sohrawardî et les platoniciens de Perse*. Paris : Gallimard (*Tel* 190).

G. GIHAMY (1998) : *Mawsūʿa muṣṭalaḥāt al-falsafa ʿinda al-ʿArab*. Beyrouth : Maktabat Lubnān Nāširūn (*Silsila mawsūʿāt al-muṣṭalaḥāt al-ʿarabiyya wa-al-islāmiyya*).

A.-M. GOICHON (1938) : *Lexique de la langue philosophique d'Ibn Sînâ*. Paris : Desclée De Brouwer (*Avicenne*).

IBN SĪNĀ (1957) : *Rasā'il fī aḥwāl al-nafs*. Éd. par Aḥmad Fu'ād al-Ahwānī. Le Caire : Dār Iḥyā' al-Kutub al-ʿArabiyya.

IBN SĪNĀ (2000) : *Lettre au vizir Abū Saʿd*. Trad. de Y. Michot. Beyrout : Albouraq (*Sagesses Musulmanes* 4).

P. LORY (1996) : "Al-S̲h̲ahrazūrī", dans *EI*[2] 9, pp. 225-226.

D.B. MACDONALD (1960) : "ʿAbd al-Razzāḳ al-Ḳās̲h̲ānī", dans *EI*[2] 1, pp. 91-93.

M. PRIVOT (2001) : "Some Notes on the Typology of the Works of al-Šahrazūrī al-Išrāqī", dans *Journal of Islamic Studies* 12 (2001), pp. 312-321.

AL-QĀŠĀNĪ, ʿABD AL-RAZZĀQ (1996) : *Laṭā'if al-iʿlām fī išārāt ahl al-ilhām*. 2 vols. Le Caire : Dār al-Kutub al-Miṣriyya.

AL-ŠAHRAZŪRĪ, ŠAMS AL-DĪN : *Kitāb al-Rumūz wa-al-amṯāl al-lāhūtiyya fī al-anwār al-muǧarrada al-malakūtiyya.* Mss. Lālelī 1376 (principal), Nūru Osmaniye 2687/1, Escorial 696/1, Rāğıb Paşa 707/1, Cārullāh 1014, Şehid Alī Paşa 1205/1, Vatican 299/1, Yale (Landberg) 509/1.

AL-ŠAHRAZŪRĪ, ŠAMS AL-DĪN (1993) : *Šarḥ Ḥikmat al-Išrāq*. Ed. by H. Ziai. Téhéran : Institute for Cultural Studies and Research, 1993.

AL-ŠARĪF AL-ĞURĞĀNĪ (1985) : *Kitāb al-Taʿrīfāt*. Beyrouth : Librairie du Liban.

M. SEBTI (2000) : *Avicenne. L'âme humaine*. Paris : PUF (*Philosophies* 129).

SOHRAVARDĪ (1986) : *Le Livre de la Sagesse Orientale*. Trad. de H. Corbin. Lagrasse : Verdier (*Islam Spirituel*).

SOHRAVARDĪ (1999) : *The Philosophy of Illumination*. Trad. de J. Walbridge et H. Ziai. Provo (Utah) : Brigham Young University Press (*Islamic Translation Series*).

SOHRAVARDĪ (2001) : *Œuvres philosophiques et mystiques, Shihaboddin Yahya Sohravardî*. T. II : Textes édités avec prolégomènes en français par H. Corbin. 2e éd. (réimpression anastatique), Téhéran : Institut d'Études et des Recherches Culturelles.

Y. Z. YÖRÜKAN (1998) : *Şihabeddin Sühreverdî ve Nur Heykelleri*. İstanbul : İnsan Yayınları (*Inceleme-Araştırma* 113).

TABLE DES MATIÈRES

Avant-propos I

Bibliographie d'Aubert Martin III

J. Grand'Henry, *Le moyen arabe de la version arabe du discours 40 de Grégoire de Naziance. Premiers éléments d'analyse* 1

L. Bettini, *Remarques sur les parlers arabes du Fezzân (Libye)* 11

J.J. De Ruiter, *Quel arabe pour communiquer ? Passé et présent* 29

L. Denooz, *Tawfīq al-Ḥakīm et les mythologies méditerranéennes* 41

C. Lo Jacono, *Some Topics about Arab pre-Islamic Culture* 57

D. De Smet, *Clot-Bey et les manuscrits druzes en Europe* 75

G. Canova, *Una pagina di* al-Kanz al-madfūn *sugli uomini più illustri* 93

M.H. Custers, *Ibāḍī Publishing Activities in Cairo, c. 1880-1960s* 109

F. Capon, *Umayyades de Syrie et Umayyades d'al-Andalus* 165

F. Bauden, *Les stèles arabes du Musée du Cinquantenaire (Bruxelles)* 175

Mª A. Martínez Núñez, *El califato almohade. Pensamiento religioso y legitimación del poder a través de los textos epigráficos* 195

F.N. Velázquez Basanta, *De Ibn Ḥayyān a Ibn al-Ḫaṭīb. Los Banū Aḍḥà al-Hamdānī, una famiglia árabe de Elvira* 213

M. Del Amo, *Cuatro cartas inéditas del arabista Salvador Vila a Unamuno* 249

J. Hanjoul, *Shiism and Rūmī's* Maṯnawī 271

M. Privot, *Le* Moi, *d'Ibn Sīnā au* Kitāb al-Rumūz *d'al-Šahrazūrī al-Išrāqī* 289